"十三五"国家重点出版物出版规划项目
面向可持续发展的土建类工程教育丛书
普通高等教育工程造价类专业"十三五"系列教材

# 工程经济学

## 第3版

主　编　项　勇　徐姣姣　卢立宇
副主编　黄佳祯　张志盈
主　审　张仕廉

机械工业出版社

本书在第2版的基础上,吸取了教师和学生反馈的意见和建议,同时充分考虑我国当前行业政策的变化和对项目进行经济分析的新要求、新内容,在结构和内容上进行了进一步的优化,并有机融入了课程思政元素。

本书分为3篇14章,其中上篇为工程经济基础知识,包括工程经济学概论、工程项目经济分析基本要素及计算、工程项目融资与资金成本、资金时间价值计算、工程经济指标;中篇为工程经济知识应用,包括工程方案的确定性分析与决策、工程方案的不确定性分析与风险分析、工程项目财务分析、设备更新与租赁分析、国民经济评价;下篇为工程经济相关知识,主要包括工程项目可行性研究、工程项目寿命周期成本与价值工程、工程项目投资物有所值及财政承受能力评价、工程项目后评价。

本书可作为高等院校工程造价、房地产开发与管理、工程管理和土木工程等专业的教材,也可作为造价工程师、建造师、咨询工程师等工程管理相关专业执业资格考试的参考书。

本书以二维码形式链接微课视频讲解知识点、重点、难点、例题等,微信扫描二维码即可观看。书中每章后附有二维码形式的课后习题(客观题),扫描二维码可自行做题,提交后可查看答案。

本书配套丰富的教学资源,如PPT电子课件、课后习题参考答案、模拟试题及参考答案、实际案例、引申文件及阅读资料、教学大纲等,供选用本书作为教材的授课教师参考。需要者请登录机械工业出版社教育服务网(www.cmpedu.com)注册后下载。

**图书在版编目(CIP)数据**

工程经济学/项勇,徐姣姣,卢立宇主编. —3版. —北京:机械工业出版社,2018.9(2024.4重印)

"十三五"国家重点出版物出版规划项目 普通高等教育工程造价类专业"十三五"系列教材

ISBN 978-7-111-60700-7

Ⅰ.①工… Ⅱ.①项…②徐…③卢… Ⅲ.①工程经济学—高等学校—教材 Ⅳ.①F062.4

中国版本图书馆CIP数据核字(2018)第189728号

机械工业出版社(北京市百万庄大街22号 邮政编码100037)
策划编辑:刘 涛 责任编辑:刘 涛 刘 静 商红云
责任校对:王明欣 封面设计:马精明
责任印制:孙 炜
天津嘉恒印务有限公司印刷
2024年4月第3版第10次印刷
184mm×260mm·18印张·440千字
标准书号:ISBN 978-7-111-60700-7
定价:48.00元

电话服务 网络服务
客服电话:010-88361066 机 工 官 网:www.cmpbook.com
          010-88379833 机 工 官 博:weibo.com/cmp1952
          010-68326294 金 书 网:www.golden-book.com
封底无防伪标均为盗版 机工教育服务网:www.cmpedu.com

# 第 3 版前言

本书在重印时有机融入了着力推动高质量发展等党的二十大精神，坚持用经济高质量发展理念、行业可持续发展理念构建相关内容，并对工程投资项目经济分析进行论证。当前，工程建设领域发生了许多新的变化，项目技术要求高，建设内容多，周期长等导致工程经济进行决策的影响因素增加，这对工程经济涵盖的范围和从业人员相关知识掌握的程度提出了新的要求。另外，在进行项目经济分析时，将生命周期理念用于项目的经济分析中，促使经济分析的内容和范围增加，使项目的投资决策更加合理化和理性化。经济工程项目投资决策主体也从单一化开始转向多元化，投资结果不再是以某一主体为主导的盈利模式，合作共赢的局面已经开始产生，投资主体的多元化与利益共享、风险共担在工程项目投资决策中已经形成。在工程项目投资决策的指标上，不再偏重量化的指标进行决策，定性评价开始逐渐上升到了较为重要的高度，这使得对工程项目进行经济决策时，社会性评价、稳定性评价成了决策中不同主体需要重点考虑的方面。

本书在修订过程中以工程经济基本原理和方法为主线，考虑了工程经济中相关内容的重要性和适用性，以及第 2 版使用过程中读者反馈的意见，修订的内容主要体现在以下几个方面：修改和调整了第 2 版在教学使用过程中发现的错误和表述不当等问题；删除了第 2 版中过时的、与学科相关性不大的内容；补充了当前新政策和行业中新规定的内容（如项目投资构成、投资项目物有所值评价及财政承受能力评价）；调整了书的结构，使其更加符合项目投资分析的基本流程。

另外，本书编写团队将课程思政教育贯穿于各章节，注重思政元素与书中知识体系教育的有机统一，充分发掘和运用各章内容蕴含的课程思政教育资源，以培养"具有家国情怀、全球视野、创新精神、实践能力的卓越人才"。

本书的内容主要由三部分构成：上篇为工程经济基础知识，主要包括工程经济学概论、工程项目经济分析基本要素及计算、工程项目融资与资金成本、资金时间价值计算、工程经济指标；中篇为工程经济知识应用，主要包括工程方案的确定性分析与决策、工程方案的不确定性分析与风险分析、工程项目财务分析、设备更新与租赁分析、国民经济评价；下篇为工程经济相关知识，主要包括工程项目可行性研究、工程项目寿命周期成本与价值工程、工程项目投资物有所值及财政承受能力评价、工程项目后评价。

本书大纲及编写原则由项勇教授提出。具体的编写分工为：陶思露、崔雁和魏瑶共同编写第 1 章、第 2 章、第 3 章和第 14 章；项勇和徐姣姣共同编写第 4 章、第 5 章、第 6 章和第 12 章；卢立宇和张志盈共同编写第 7 章、第 8 章和第 9 章；王静和黄佳祯共同编写第 10 章、第 11 章和第 13 章。全书由项勇和魏瑶统稿。

重庆大学建设管理与房地产学院张仕廉教授任本书主审，张教授对本书的修订提出了许多宝贵的意见。此外，西华大学土木建筑与环境学院的陶学明教授、李海凌教授，管理学院的谢合明教授、牟绍波教授在本书的编写过程中提供了很大的支持和帮助，王译彬、唐艳、陈兰等参与了资料搜集和整理工作。在此对以上各位同事、朋友及学者表示衷心的感谢。

西华大学土木建筑与环境学院

项　勇

# 第 2 版前言

随着工程建设项目规模扩大化、风险增大化、投资多元化等特点的出现,投资主体对项目前期决策和分析日益看重。行业发展和项目复杂性的增加对工程建设项目经济性分析方法和技术提出了更高的要求。宏观层面上,国家对固定资产投资管理政策的逐渐调整,国家金融政策变化导致的项目分析条件和参数的变化,均对工程项目的经济分析和决策过程产生了影响。《建设工程工程量清单计价规范》(GB 50500—2013)的颁布,使我国工程项目建设前期投资构成及内容划分产生了变化和调整,这种变化直接影响到了工程项目经济评价的效益性指标。另外,本书第 1 版 2011 年出版以来,得到了使用本书的教师和学生的欢迎,并提出了很多建设性的意见。同时,本书被评为"四川省'十二五'普通高等教育本科规划教材"。鉴于此,笔者对本书进行修订。

第 2 版修订以工程经济基本原理和方法为主线,充分考虑了国家宏观经济政策和行业规范变化对该学科产生的影响,结合了最近几年国家与该学科相关的执业资格(如一级建造师、造价工程师、咨询工程师等)考试内容及深度要求的调整。本次修订的内容主要体现在以下几个方面:首先,针对第 1 版中的错误、表述不当等问题进行了修订;其次,剔除了第 1 版中与现在行业发展相关性不大、过时和不适用的内容;再次,增加了新的政策、规范和行业发展要求等内容;最后,在各章内容后面增加了相应的思考题,并给出了对应的解题过程和答案。

第 2 版的内容构成为:第 1 章主要阐述了基本建设、工程经济的含义,工程经济学基本原理;第 2 章介绍了工程项目投资构成及计算、工程项目成本费用、收入及税金;第 3 章介绍了项目现金流量及现金流量图、资金时间价值及计算、通货膨胀下的资金时间价值;第 4 章介绍了工程经济指标的含义与分类、静态经济指标的计算、动态经济指标的计算;第 5 章介绍了方案类型,独立方案、互斥方案和相关方案的选择及应注意问题;第 6 章介绍了不确定性分析与风险分析的区别、盈亏平衡分析、敏感性分析和概率分析;第 7 章主要介绍了项目资金筹措、项目融资、项目融资成本分析;第 8 章介绍了工程项目财务分析的原则与内容、工程项目投资估算方法、财务基本表格及能力分析,并配以案例分析;第 9 章介绍了项目可行性研究阶段性划分及可行性研究报告的编写、典型项目可行性研究报告的编制要点、市场预测方法;第 10 章就设备的磨损、设备的经济寿命、设备更新技术经济分析、设备租赁经济分析进行了介绍;第 11 章介绍了工程项目寿命周期成本的理解和价值工程原理及基本方法;第 12 章介绍了国民经济评价的原理、费用效益识别与转移支付、国民经济评价参数、国民经济评价指标及计算、国民经济评价中的费用效果分析;第 13 章介绍了工程项目后评价的概念、内容及方法,项目前期工作与实施的后评价,项目运营后评价。

第 2 版修订大纲及编写原则由项勇教授提出。具体的编写分工为:项勇编写第 3 章、第 4 章和第 6 章;卢立宇编写第 2 章、第 7 章;游娜和黄佳祯共同编写第 5 章、第 8 章和第 11 章;郑淑琴和郝利花共同编写第 9 章、第 10 章、第 12 章;胡丹萍和王静共同编写第 1 章和第 13 章。

重庆大学建设管理与房地产学院张仕廉教授担任本书的主审，他对本书的修订提出了很多宝贵的意见。此外，西华大学建筑与土木工程学院的陶学明教授、李海凌副教授等在本书的编写过程中提供了很大的支持和帮助，冯顺、邹婉伶、滕静、付琴等参与了资料搜集和整理工作。在此对以上各位学者、同事及朋友表示衷心的感谢。

编　者

2014 年 3 月

# 第1版前言

工程经济学是将经济学中的规律应用到工程项目中，在工程设计方案情况下分析项目的投资结果、效益和费用，并对此进行系统计量和评价的边缘学科。20世纪80年代，工程经济学教程引入我国后，该理论和方法在各个学科得到应用，并广泛运用于实践中，产生了显著的效果并受到重视。

工程经济学中的方法和原理在工程项目建设前期得到有效的应用，是从事工程造价、工程项目投资管理人员必须具备的专业知识，也是政府和社会投资决策人员进行管理与决策的重要工具，是我国注册造价工程师、注册建造师和注册咨询（投资）工程师执业资格考试的重要内容。

本书是在编写人员从事多年"工程经济学"课程教学并总结教学成果的基础上，吸收了国内外在该学科领域方面的最新成果而形成的。本书在内容上密切结合工程项目实施情况，深入浅出地揭示工程经济的基本原理、概念和方法。

本书内容在工程经济原理和方法的基础上，结合我国相关执业资格考试对该领域的要求，以工程项目投资决策为主线，力求完整体现该学科分析的内容和方法，其重点内容是资金时间价值、投资方案类型及工程经济指标、工程项目财务分析、设备更新与租赁技术经济分析、价值工程分析。

本书结构体系完整，构架思路清晰，知识点分析过程详略得当，在知识点介绍过程中配有相应的例题。各章按照工程经济学原理和方法的教学和应用的逻辑顺序排列，章后附有一定数量的思考题，以帮助学习者加深理解、巩固所学知识，并为授课老师提供电子课件。

本书内容主要构成为：第1章主要阐述工程经济的含义，工程经济学的基本原理。第2章介绍工程项目投资构成及计算，工程项目成本费用，收入及税金。第3章介绍了项目现金流量及现金流量图，资金时间价值及其计算，通货膨胀下的资金时间价值。第4章介绍工程经济指标的理解与分类，静态以及动态经济指标的计算。第5章介绍工程方案类型，独立方案、互斥方案和相关方案的选择及方案选择中的注意问题。第6章介绍工程方案的不确定性分析与风险分析的区别，盈亏平衡分析，敏感性分析和概率分析。第7章主要介绍项目资金筹措，项目融资方式，项目融资成本分析。第8章专门介绍了投资估算的内容，建设项目投资估算的方法和流动资金估算方法，建设项目总投资及分年投资计划。第9章主要讨论了工程项目财务分析的含义和作用，经营性项目的财务分析，并以案例对如何进行财务分析进行了说明。第10章介绍了建设项目分类，建设项目可行性研究阶段性划分及编制，典型项目可行性研究编制要点。第11章就设备的磨损，设备的经济寿命，设备更新技术经济分析，设备租赁经济分析进行了介绍和分析。第12章介绍了工程寿命周期成本和价值工程的原理及基本方法。第13章就国民经济评价的原理、参数、使用范围进行了介绍，在此基础上对费用效益进行了识别与估算和分析。第14章介绍了社会评价的概念特点，社会评价的信息收集与基本方法，社会评价公共参与和报告的撰写。第15章介绍了工程项目后评价的概念、分类、原则、内容及方法。

全书大纲及编写原则由主编项勇提出。具体的编写分工为：第1章、第14章和第15章由胡丹萍编写；第2章、第3章、第4章和第12章由项勇编写；第7章、第9章和第13章由卢立宇编写；第8章、第10章和第11章由黄锐编写；第5章和第6章由项勇和黄锐共同编写。

在本书的编写过程中，重庆大学建设管理与房地产学院张仕廉教授对本书提出了很多宝贵的意见。此外，西华大学建筑与土木工程学院的陶学明教授、李海凌副教授等对本书的编写提供了大力的支持和帮助，陈瑶、刘晓红、赖丽梅和张睿义等参与了资料收集和整理工作。在此对以上各位专家、学者、同事及朋友表示衷心的感谢。

项 勇

2011年3月

# 微课视频二维码索引

| | | |
|---|---|---|
| 微课 1 | 价差预备费 | 21 |
| 微课 2 | 单位生产能力估算法 | 24 |
| 微课 3 | 经营成本 | 30 |
| 微课 4 | 建设期利息的计算 | 46 |
| 微课 5 | 资金时间价值的理解 | 51 |
| 微课 6 | 名义利率与实际利率 | 58 |
| 微课 7 | 净现值 | 75 |
| 微课 8 | 内部收益率的理解 | 78 |
| 微课 9 | 例 6-6 | 91 |
| 微课 10 | 例 6-12 | 95 |
| 微课 11 | 线性盈亏平衡点的理解 | 103 |
| 微课 12 | 现金流量表的现金流入与现金流出 | 123 |
| 微课 13 | 还本付息额的计算——等额本金法 | 129 |
| 微课 14 | 还本付息额的计算——等额偿还法 | 129 |
| 微课 15 | 设备经济寿命静态计算 | 152 |
| 微课 16 | 转移支付 | 175 |
| 微课 17 | 使用影子价格的原因 | 176 |
| 微课 18 | 环比评分法 | 218 |
| 微课 19 | 强制确定法 | 219 |
| 微课 20 | 直接承诺承担的财政支出资金额度测算 | 239 |

# 目 录

第3版前言
第2版前言
第1版前言
微课视频二维码索引

## 上篇　工程经济基础知识

第1章　工程经济学概论 … 2
　本章主要知识点 … 2
　本章重点与难点 … 2
　1.1　工程经济学的含义 … 2
　　1.1.1　技术和经济的概念及关系 … 2
　　1.1.2　工程经济学的概念及其与其他学科之间的关系 … 4
　1.2　工程经济学的发展 … 4
　　1.2.1　西方工程经济学的发展 … 4
　　1.2.2　我国工程经济学的发展 … 5
　1.3　工程经济学的基本原理 … 6
　　1.3.1　工程经济分析的基本原则 … 6
　　1.3.2　工程经济分析的一般程序 … 6
　　1.3.3　工程经济学中的经济效益原理 … 7
　思考题 … 10
　二维码形式客观题 … 10

第2章　工程项目经济分析基本要素及计算 … 11
　本章主要知识点 … 11
　本章重点与难点 … 11
　2.1　工程项目投资构成及计算 … 11
　　2.1.1　工程项目投资构成 … 11
　　2.1.2　设备购置费的计算 … 13
　　2.1.3　建筑安装工程费用项目的组成与计算 … 16
　　2.1.4　工程建设其他费用的组成 … 19
　　2.1.5　预备费的组成 … 21

　2.2　工程项目投资估算 … 22
　　2.2.1　投资估算概述 … 22
　　2.2.2　建设项目投资估算方法 … 23
　2.3　工程项目成本费用构成及计算 … 30
　　2.3.1　总成本费用 … 30
　　2.3.2　经营成本 … 30
　2.4　工程项目收入及税费计算 … 31
　　2.4.1　收入的计算 … 31
　　2.4.2　利润的计算 … 31
　　2.4.3　税金的计算 … 32
　思考题与练习题 … 35
　二维码形式客观题 … 36

第3章　工程项目融资与资金成本 … 37
　本章主要知识点 … 37
　本章重点与难点 … 37
　3.1　工程项目资金筹措 … 37
　　3.1.1　项目资本金制度 … 37
　　3.1.2　项目资金筹措渠道 … 38
　3.2　项目融资主要模式 … 41
　　3.2.1　项目融资的含义 … 41
　　3.2.2　几种主要模式 … 42
　3.3　项目融资成本及计算 … 45
　　3.3.1　资金成本 … 45
　　3.3.2　建设期利息的计算 … 46
　　3.3.3　资金成本的计算 … 46
　思考题与练习题 … 49
　二维码形式客观题 … 49

## 第4章 资金时间价值计算 ………… 50
本章主要知识点 …………………… 50
本章重点与难点 …………………… 50
4.1 工程项目现金流量及
现金流量图 ……………………… 50
4.1.1 项目现金流量的含义 …… 50
4.1.2 项目现金流量图 ………… 50
4.2 资金时间价值的理解及计算 … 51
4.2.1 资金时间价值 …………… 51
4.2.2 资金时间价值的计算 …… 57
4.3 通货膨胀下的资金时间价值 … 61
4.3.1 通货膨胀与货币的购买力 …… 61
4.3.2 投资中的通货膨胀分析 …… 62
思考题与练习题 …………………… 64
二维码形式客观题 ………………… 65

## 第5章 工程经济指标 ………………… 66
本章主要知识点 …………………… 66
本章重点与难点 …………………… 66
5.1 工程经济指标概述 …………… 66
5.2 静态经济指标的计算 ………… 67
5.3 动态经济指标的计算 ………… 74
思考题与练习题 …………………… 81
二维码形式客观题 ………………… 82

# 中篇 工程经济知识应用

## 第6章 工程方案的确定性分析与决策 ………… 84
本章主要知识点 …………………… 84
本章重点与难点 …………………… 84
6.1 方案类型 ……………………… 84
6.2 独立型方案选择 ……………… 86
6.3 互斥型方案选择 ……………… 89
6.4 相关型方案 …………………… 95
6.5 方案选择中应注意的问题 …… 96
思考题与练习题 …………………… 98
二维码形式客观题 ……………… 100

## 第7章 工程方案的不确定性分析与风险分析 ………… 101
本章主要知识点 ………………… 101
本章重点与难点 ………………… 101
7.1 工程方案的不确定性分析 … 101
7.1.1 不确定性分析概述 …… 101
7.1.2 盈亏平衡分析 ………… 102
7.1.3 敏感性分析 …………… 107
7.2 工程方案风险分析 ………… 114
7.2.1 工程方案风险分析概述 …… 114
7.2.2 工程项目投资风险分析
基本方法 ……………… 115
思考题与练习题 ………………… 118
二维码形式客观题 ……………… 118

## 第8章 工程项目财务分析 ………… 119
本章主要知识点 ………………… 119
本章重点与难点 ………………… 119
8.1 工程项目财务分析原则与内容 … 119
8.1.1 财务分析的含义和作用 … 119
8.1.2 财务分析的基本原则 … 120
8.1.3 财务分析的内容与步骤 … 121
8.2 工程项目财务分析主要表格 … 122
8.2.1 财务分析基本表格类型 … 122
8.2.2 财务盈利能力分析 …… 123
8.2.3 偿债能力分析和财务
生存能力分析 ………… 128
8.3 工程项目财务分析案例 …… 134
思考题与练习题 ………………… 143
二维码形式客观题 ……………… 145

## 第9章 设备更新与租赁分析 ……… 146
本章主要知识点 ………………… 146
本章重点与难点 ………………… 146
9.1 设备磨损的相关知识 ……… 146
9.1.1 设备有形磨损及其经济后果 …… 147
9.1.2 设备无形磨损及其经济后果 …… 148
9.1.3 设备综合磨损及其补偿方式 …… 149
9.2 设备的经济寿命及计算 …… 151
9.2.1 设备寿命类型 ………… 151
9.2.2 设备经济寿命类型 …… 152

9.3 设备更新技术经济分析 …………… 155
　9.3.1 设备修理经济分析 …………… 155
　9.3.2 设备更新经济分析 …………… 156
　9.3.3 设备现代化改装的经济分析 … 164
9.4 设备租赁经济分析 …………………… 165
　9.4.1 设备租赁的方式和特点 ……… 165
　9.4.2 影响设备租赁或者购买的
　　　　主要因素 ……………………… 166
　9.4.3 设备租赁与购置分析 ………… 167
思考题与练习题 …………………………… 168
二维码形式客观题 ………………………… 169

第10章 国民经济评价 ……………………… 170
本章主要知识点 …………………………… 170
本章重点与难点 …………………………… 170
10.1 国民经济评价概述 ………………… 170
　10.1.1 国民经济评价的概念及作用 … 170
　10.1.2 国民经济评价与财务
　　　　 评价的区别与联系 …………… 172
　10.1.3 国民经济评价的步骤 ………… 173
10.2 费用效益识别与转移支付 ………… 173
　10.2.1 费用效益识别 ………………… 173
　10.2.2 转移支付 ……………………… 175
10.3 国民经济评价主要参数及
　　 指标计算 …………………………… 176
　10.3.1 国民经济评价主要参数 ……… 176
　10.3.2 国民经济评价指标体系 ……… 180
10.4 国民经济评价中的费用效果分析 … 183
　10.4.1 费用效果分析概述 …………… 183
　10.4.2 费用效果分析方法 …………… 183
思考题与练习题 …………………………… 184
二维码形式客观题 ………………………… 184

## 下篇　工程经济相关知识

第11章 工程项目可行性研究 …………… 186
本章主要知识点 …………………………… 186
本章重点与难点 …………………………… 186
11.1 工程项目可行性研究概述 ………… 186
　11.1.1 可行性研究的理解 …………… 186
　11.1.2 建设项目可行性研究报告
　　　　 的编制 ………………………… 190
11.2 工程项目可行性研究报告编制
　　 的主要内容 ………………………… 191
　11.2.1 工程项目可行性研究报告
　　　　 的内容 ………………………… 191
　11.2.2 工程项目可行性研究报告
　　　　 的深度 ………………………… 194
11.3 典型项目可行性研究报告的
　　 编制要点 …………………………… 195
　11.3.1 房地产开发项目可行性研
　　　　 究报告的编制要点 …………… 195
　11.3.2 改扩建项目可行性研究
　　　　 报告的编制要点 ……………… 197
　11.3.3 市政公用设施项目可行性研
　　　　 究报告的编制要点 …………… 200

思考题与练习题 …………………………… 200
二维码形式客观题 ………………………… 200

第12章 工程项目寿命周期成本与
　　　 价值工程 …………………………… 201
本章主要知识点 …………………………… 201
本章重点与难点 …………………………… 201
12.1 工程项目寿命周期成本 …………… 201
　12.1.1 工程项目寿命周期成本的
　　　　 含义 …………………………… 201
　12.1.2 工程项目寿命周期成本的
　　　　 构成 …………………………… 202
　12.1.3 工程项目寿命周期成本
　　　　 分析方法 ……………………… 204
　12.1.4 工程项目寿命周期成本分
　　　　 析法与传统投资计算的
　　　　 区别 …………………………… 208
　12.1.5 工程项目寿命周期成本分析
　　　　 法的局限性 …………………… 209
12.2 价值工程 …………………………… 210
　12.2.1 价值工程原理 ………………… 210
　12.2.2 价值工程工作程序 …………… 212

12.2.3 价值工程对象选择方法 ………… 212
   12.2.4 价值工程中的功能分析 ………… 214
   12.2.5 价值工程中的功能评价 ………… 217
   12.2.6 价值工程中的方案创造及
          评价 …………………………… 223
思考题与练习题 …………………………… 225
二维码形式客观题 ………………………… 226

# 第13章 工程项目投资物有所值及财政承受能力评价 …………… 227
本章主要知识点 …………………………… 227
本章重点与难点 …………………………… 227
13.1 工程项目投资物有所值评价 ………… 227
   13.1.1 物有所值评价概述 ……………… 227
   13.1.2 物有所值定性评价方法 ………… 231
   13.1.3 物有所值定量评价方法 ………… 232
   13.1.4 物有所值评价的影响因素
          及局限性 ………………………… 237
13.2 工程项目投资财政承受能力论证 …… 238
   13.2.1 财政承受能力概述 ……………… 238
   13.2.2 财政承受能力的测算 …………… 239
   13.2.3 财政承受能力与政府财政承诺 … 242

思考题 ……………………………………… 245
二维码形式客观题 ………………………… 245

# 第14章 工程项目后评价 ……………… 246
本章主要知识点 …………………………… 246
本章重点与难点 …………………………… 246
14.1 工程项目后评价的内容和方法 ……… 246
   14.1.1 工程项目后评价相关知识 ……… 246
   14.1.2 项目后评价的内容 ……………… 251
   14.1.3 项目后评价的方法 ……………… 252
14.2 项目前期工作与实施的后评价 ……… 254
   14.2.1 项目前期工作后评价 …………… 254
   14.2.2 项目实施后评价 ………………… 255
14.3 项目运营后评价 ……………………… 257
   14.3.1 项目运营后评价的目的与
          意义 …………………………… 257
   14.3.2 项目运营后评价的内容与
          方法 …………………………… 258
思考题 ……………………………………… 260
二维码形式客观题 ………………………… 260

附录 复利系数表 ………………………… 261
参考文献 …………………………………… 275

# 上篇

# 工程经济基础知识

# 第 1 章
# 工程经济学概论

> **本章主要知识点：**
> 技术和经济的概念及关系，工程经济学的概念；西方工程经济学的发展，我国工程经济学的发展；工程经济分析的基本原则，工程经济分析的一般程序，工程经济学中的经济效益原理。

> **本章重点与难点：**
> 工程经济分析的基本原则；工程经济学中的经济效益原理。

## 1.1 工程经济学的含义

### 1.1.1 技术和经济的概念及关系

现代科学技术的发展有两个特点：一是向深度发展，形成许多分支学科；二是向广度进军，形成许多边缘学科。

技术经济学就是介于自然科学和社会科学之间的边缘学科，它是根据现代科学技术和社会经济发展的需要，在自然科学和社会科学的发展过程中互相渗透、互相促进，逐渐形成和发展起来的，是技术学和经济学的交叉学科。

**1. 工程**

工程是指土木建筑或其他生产、制造部门用比较大而复杂的设备来进行的工作，如土木工程、机械工程、交通工程、化学工程、采矿工程、水利工程等。

一项工程能被人们所接受必须具备两个条件：技术上可行；经济上合理。

**2. 技术**

广义的技术是指人类利用和改造自然的手段和方法。它不仅包括劳动者的技艺，还包括部分取代这些技艺的物质手段。因此，技术是包括劳动工具、劳动对象等一切劳动的物质手段（硬技术）和体现为工艺、方法、程序、信息、经验、技巧和管理能力的非物质手段（软技术）。从另一个角度来讲，又可以将技术分为自然技术和社会技术。自然技术是指根据生产实践和自然科学原理发展形成的各种工艺操作方法、技能和相应的生产工具及其他物质装备。社会技术是指组织生产及流通等的技术。

技术除了应用性外，还有明显的经济目的性。对于任何一种技术，在一般情况下，都不能不考虑经济效果的问题。脱离了经济效果的标准，技术是好还是坏、是先进还是落后，都无从判断。此外，技术的先进性表现在两个方面：一方面是能够创造原有技术所不能创造的产品和劳务，如宇航技术、海洋技术、微电子技术、新材料技术、新能源技术等；另一方面是能用更少的人力、物力和时间，创造出相同的产品或劳务。

综上所述，技术是为实现投资目标的系统的物质形态技术、社会形态技术和组织形态技术等的总称，不仅包括相应的生产工具和物资设备，还包括生产的工艺过程或作业程序及方法，以及在劳动生产方面的经验、知识、能力和技巧。

**3. 经济**

工程经济学中所说的"经济"属于经济学范畴，可理解为社会生产与再生产过程以及与之相关的政策、制度等方面的总和。通常有四方面的含义：

1）经济是指节约或节省。经济学中的"经济"是个外来语，英语中的 Economy 来自古希腊语的 Oikonoma。Oikonoma 的最初意义是"家政管理"，并由此引申为"节约"。

2）经济是指生产关系。经济是人类社会发展到一定阶段的社会经济制度，是生产关系的总和，是政治和思想意识等上层建筑建立起来的基础，如市场经济、经济制度。

3）经济是指一国国民经济的总称，或指国民经济的各部门，如工业经济、农业经济、运输经济等。

4）经济是指社会生产和再生产，即物质资料的生产、交换、分配、消费的现象和过程，如经济活动、经济增长。

随着科学技术的进步和社会经济的发展，人们在生产实际中越来越体会到工程经济的重要性。因为很多重大工程技术的失误不是科学技术的原因，而是由于经济分析上的失误。一个优秀的工程师不仅要对他所提出方案的技术可行性负责，也必须对其经济合理性负责，这就要求其掌握工程经济学所探讨的客观规律和所体现的思想方法并具备经济意识。

**4. 技术和经济的关系**

技术和经济是人类社会进行物质生产活动中始终并存的两个方面，二者相互促进又相互制约。技术和经济的关系如下：

（1）技术的进步是推动经济发展、提高经济效益的重要条件和手段　技术进步极大地改变了生产中的劳动手段和方式，改善了劳动条件和环境，使人们在广度和深度上更合理地利用自然资源，加速了信息的流通，造就了发达的商品经济体系，推动了社会经济的发展。

（2）发展经济是技术进步的物质基础　技术进步是有前提和条件的，它的发展不能脱离一定的社会经济基础。任何一项技术的产生和发展，都是由于社会经济发展的需要而引起的，并在一定的社会经济条件下得以推广和应用。一个国家、行业、企业的技术选择和技术发展，在很大程度上将受其经济实力的制约。

（3）技术与经济必须协调发展　技术与经济之间的关系可能出现两种情况：一种情况是技术进步能推动经济的发展，技术与经济是协调一致的；另一种情况是，先进的技术方案受到自然、社会条件以及人等因素的制约，不能充分发挥作用，实现最佳经济效果，技术与经济之间存在矛盾。工程经济学的任务就是研究工程技术方案的经济问题，建立起工程技术方案先进性与经济合理性之间的联系桥梁，使两者得到协调发展。

（4）经济的发展为技术的进步提出了新的要求和发展方向　社会经济的发展和人类需求增长，对于生产和生活提出了更高的要求。

社会生产实践中技术与经济之间的关系是很复杂的，而且是多方面的。如何正确认识和处理好技术与经济的关系，以取得最大的社会经济效益，是社会经济发展中的重要问题，也是投资决策、项目评价所要研究的重要课题。

### 1.1.2 工程经济学的概念及其与其他学科之间的关系

**1. 工程经济学的概念**

工程经济学（Engineering Economics）是运用工程学和经济学有关知识相互交融而形成的工程经济分析原理与方法，对能够完成工程项目预定目标的各种可行技术方案进行技术经济论证、比较、计算和评价，优选出技术上、经济上有利的方案，从而为实现正确的投资决策提供科学依据的一门应用性经济学科。

工程经济学是工程与经济的交叉学科，是研究工程技术实践活动经济效果的学科。即以工程项目为主体，以技术-经济系统为核心，研究如何有效利用资源，提高经济效益的学科。工程经济学研究各种工程技术方案的经济效益，研究各种技术在使用过程中如何以最小的投入获得预期产出，或者如何以等量的投入获得最大产出，如何用最低的寿命周期成本实现产品、作业以及服务的必要功能。工程经济学的产生是为了从经济角度解决技术方案的选择问题，这也是工程经济学区别于其他经济学的显著标志。

**2. 工程经济学与其他学科之间的关系**

（1）工程经济学与西方经济学　工程经济学是西方经济学的重要组成部分。它研究问题的出发点、分析的方法和主要指标内容，都与西方经济学一脉相承。西方经济学是工程经济学的理论基础，而工程经济学则是西方经济学的具体化和延伸。

（2）工程经济学与技术经济学　工程经济学与技术经济学既有许多共性，又有所不同。工程经济学与技术经济学的主要区别在于对象不同、研究内容不同。

（3）工程经济学与投资项目评估学　工程经济学是侧重于方法论的科学，而投资项目评估学则是侧重于实质性的科学。投资项目评估学具体研究投资项目应具备的条件，工程经济学为投资项目评估学提供分析的方法和依据。

（4）工程经济学与投资效果学　投资效果学就是研究投资效益在宏观和微观上不同的表现形式和指标体系。工程经济学不含有对比关系，如果有对比关系，也只是一种绝对对比关系；而投资效果学则必须在同一个指标中包含投入和产出的内容，反映投入与产出的相对对比关系。

## 1.2 工程经济学的发展

### 1.2.1 西方工程经济学的发展

**工程经济学**是根据现代科学技术和社会经济发展的需要，在自然科学和社会科学的发展过程中互相渗透、互相促进，逐渐形成和发展起来的。

19世纪以前，技术相当落后，推动经济发展的速度极为缓慢，人们看不到技术对经济的积极促进作用，只能就技术论技术。

19世纪以后，科学技术迅猛发展带来了经济的繁荣。马克思在《资本论》中总结了资本主义发展过程中技术进步对经济所起的作用，指出科学技术创造一种生产力，会产生较大量的使用价值，减少一定量效果上的必要劳动时间。

最早在工程领域开展经济评价工作的是美国的惠灵顿（A. M. Wellington）。他首次将成本分析方法应用于铁路的最佳长度和线路的曲率选择问题，并提出了工程利息的概念，开创了工程领域中的经济评价工作。他于 1887 年出版的《铁路布局的经济理论》一书中，对工程经济下了第一个简明的定义："一门少花钱多办事的艺术。"

20 世纪 20 年代，戈尔德曼（O. B. Goldman）在出版的《财务工程学》中第一次提出用复利法来确定方案的比较值、进行投资方案评价的思想，并且批评了当时研究工程技术问题不考虑成本、不讲究节约的错误倾向。20 世纪 30 年代，经济学家们注意到了科学技术对经济的重大影响，工程经济学的研究也随之展开，逐渐形成一门独立的学科。1930 年，格兰特（E. L. Grant）出版了《工程经济学原理》，他以复利为基础讨论了投资决策的理论和方法，这本书作为教材被广为应用，他的贡献也得到了社会的承认，被誉为"工程经济学之父"。

第二次世界大战以后，受凯恩斯主义经济理论的影响，工程经济学研究内容从单纯的工程费用效益分析扩大到市场供求和投资分配领域，从而取得了重大进展。当然这与工程经济学密切相关的两门学科的重大发展有关，这两门学科，一门是 1951 年由乔尔·迪安（Joel Dean）教授开创的新应用经济学——管理经济学；另一门是公司理财学——企业财务管理学。二者研究公司的资产投资，对把计算现金流量的现值方法应用到资本支出的分析上有重要作用。更重大的转折发生于 1961 年，因为乔尔·迪安教授的《资本预算》一书不仅发展了现金流量的贴现方法，而且开创了资金限额分配的现代分析方法。

1978 年，布西（L. E. Bussey）出版了《工业投资项目的经济分析》，全面、系统地总结了工程项目的资金筹集、经济评价、优化决策以及项目的风险和不确定性分析等。1982 年里格斯（J. L. Riggs）出版了《工程经济学》，系统阐明了货币的时间价值、货币管理、经济决策和风险与不确定性分析等，把工程经济学的学科发展向前推进了一大步。

近 20 年来，西方工程经济学理论研究出现了宏观化趋势，工程经济中的微观部分效果分析正逐渐与宏观的效益研究、环境效益分析结合在一起，国家的经济制度和政策等宏观问题成为当代工程经济学研究的新内容。

## 1.2.2 我国工程经济学的发展

我国工程经济学的研究活动始于 20 世纪 50 年代初期。当时主要的工作是培养建筑经济人才。在《1956—1967 年科学技术发展远景规划》和《1963—1972 年科学技术发展规划》中建筑经济研究作为独立的学科被列入了。初期的研究，是从新材料、新结构、新工艺、新设备的技术经济分析入手的。20 世纪 60 年代，工程经济以建筑经济为主，相继开辟了设计经济、技术定额、计划管理、劳动管理、施工组织、建筑工业化以及运筹学在建筑业中的应用等方面的课题研究，并着重开展了建筑技术经济效果评价理论与方法的研究，注重联系生产实际，为促进建筑新技术的发展和提高建筑施工的组织管理水平服务。20 世纪 70 年代初期，建筑经济研究引进了国外的企业现代化管理方法和计算机应用技术，如目标管理、行业管理、要素管理以及预测、决策方法等。1979 年年末，中国建筑学会正式成立了建筑经济学术委员会。

从 20 世纪 80 年代起，建筑经济得到迅猛发展。期间不仅继续了建筑经济学科理论研究、建筑工程技术经济研究，同时还进行了诸如建筑工程招标承包制、建筑产品价格改革、建筑产业政策研究、我国住宅建设技术政策等经济体制改革的理论研究。从 20 世纪 90 年代起，我国建筑经济研究人员吸收了国外先进的工程项目管理经验，结合我国工程管理的实际，逐渐形成了一套工程经济理论体系和研究方法。

## 1.3 工程经济学的基本原理

### 1.3.1 工程经济分析的基本原则

（1）**资金的时间价值原则**　在不同时间付出或得到同样数额的资金在价值上是不等的。也就是说，资金的价值会随时间而发生变化。今天可以用来投资的一笔资金，即使不考虑通货膨胀因素，也比将来可获得的同样数额的资金更有价值。因为当前可用的资金能够立即用来投资并带来收益，而将来可取得的资金则无法用于当前投资，也无法获取相应收益。若不考虑资金的时间价值，就无法合理地评价项目的未来收益水平。

（2）**现金流量原则**　衡量投资收益用的是现金流量而不是会计利润。现金流量反映项目发生的实际现金的流入与流出，而不反映应收、应付款项及折旧、摊销等非现金性质的款项；会计利润是会计账面数字，而不是手头可用的现金。

（3）**增量分析原则**　对不同方案进行评价和比较必须从增量角度进行。即用两个方案的现金流量差来进行分析，得到各种差额评价指标，再与基准指标对比，以确定投资多的方案是否可行。

（4）**机会成本原则**　企业投资进行项目的建设，只要是资金投入了这个项目，不管这些资金是借来的还是自有的或者是企业自有的机械、设备、厂房等资源，都要计入成本，这个成本就叫作机会成本。

（5）**有无对比原则和前后对比原则**　"有无对比法"是将有这个项目和没有这个项目时的现金流量情况进行对比；"前后对比法"是将某一项目实现以前和实现以后所出现的各种效益费用情况进行对比。

（6）**可比性原则**　进行比较的方案在时间上、金额上必须可比。因此，项目的效益和费用必须有相同的货币单位，并在时间上匹配。

（7）**风险收益的权衡原则**　投资任何项目都是存在风险的，因此必须考虑方案的风险和不确定性。不同项目的风险和收益是不同的，对风险和收益的权衡取决于人们对待风险的态度。但是有一点是可以肯定的，选择高风险的项目，就有较高的收益。

### 1.3.2 工程经济分析的一般程序

工程经济分析主要是对各种可行的技术方案进行综合分析、计算、比较和评价，全面衡量其经济效益，以做出最佳选择，为决策提供科学依据。工程经济分析的一般程序如图 1-1 所示。

（1）**确定目标**　工程经济分析的目的在于寻求各个方案之间的优势比较。要比较就需要有共同的目标。由需要形成问题，由问题产生目标，然后依目标去寻求最佳方案。

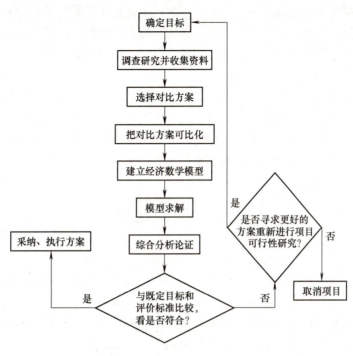

图 1-1 工程经济分析的一般程序

（2）**调查研究并收集资料** 目标确定后，要对实现目标的需求进行调查研究，分析是否具有实现目标所需的资源、技术、经济和信息等条件。

（3）**选择对比方案** 在占有资料的基础上，对比方案尽可能多一些，提供充分的比较对象，以确保优势质量。

（4）**把双比方案可比化** 将不同数量和质量指标尽可能转化为统一的可比性指标，满足可比的要求。

（5）**建立经济数学模型** 经济数学模型是工程经济分析的基础和手段，通过经济数学模型的建立，进一步扩大方案的目标体系和约束条件，为以后的经济分析创造条件。

（6）**模型求解** 把各种具体资料和数据代入数学模型中运算，求出各方案主要经济指标的具体数值并进行比较，初步选定方案。

（7）**综合分析论证** 对不同方案的指标进行分析计算和综合比较，选出最优方案。

（8）**与既定目标和评价标准比较** 将最后选定的方案与既定的目标和评价标准比较，符合的就采纳，不符合的则重新按照此程序进行其他替代方案的分析。

## 1.3.3 工程经济学中的经济效益原理

### 1. 经济效益概述

一切经济活动都是以取得直接的经济效益为目标。经济活动有益无益、益大益小的标准是由社会生产的目的决定的。社会生产的目的是满足人们日益增长的物质与文化需要，所以经济效益的有无和大小，就是由它是否能满足需要的程度来评价。从事实践活动所获得的经济效益可以从两个角度去考察：一是在既定的人力、物力、财力的条件下如何充分合理地使用资源，使其发挥最大的效能，获得最大的产出，更好地满足既定目标的要求；二是在既定目标下，如何充分合理地使用现有的人力、物力、财力等资源，使其消耗量最小。这两种考察方式是同一实践活动的两种表述形式，不同之处在于两种考察方式分别以最大值和最小值来评价实践活动的效果。

**经济效益是指物质资料在生产中所得到的对社会有用的成果和所耗费的社会劳动**（包括物化劳动和活劳动的占用和消耗）之差或之比，该经济效益的取得应以合理利用资源和保护生态环境为前提。从经济效益的概念出发，通过对有用成果和劳动耗费的分析，可列出经济效益的一般表达式。一般表达式有两种表示方法：

1) 比率表示法：

$$经济效益 = \frac{有用成果}{劳动耗费} \tag{1-1}$$

2) 差额表示法：

$$经济效益 = 有用成果 - 劳动耗费 \tag{1-2}$$

**有用成果是指在生产活动中消耗与占用劳动后创造出来的对社会有用的成果**，它既可以是物质产品成果，也可以是非物质产品成果，如能满足人们生产生活需要的产品、为企业增加的有用产量，这些提供给社会的利润和服务等都是有用成果。当然，如果取得的成果毫无用处，就不能说它是有用成果，只能是无效劳动，甚至是浪费。

**劳动耗费是指生产中占用和消耗的活劳动和物化劳动之和。**

活劳动消耗是指生产过程中具有一定的科学知识和生产经验，并掌握一定生产技能的人的脑力劳动和体力劳动的占用及消耗。在生产过程中，以工资、福利、奖金等形式出现。

物化劳动消耗则是指生产过程中耗费的物质资料，它包括原材料、燃料、动力、辅助材料的消耗和机器、设备、厂房等在生产过程中的占用及磨损等。

用有用成果与劳动耗费之比来表示经济效益相对值的大小。如果比值大于1，则说明有经济效益，否则不存在经济效益；比值越大，经济效益越好，比值越小，经济效益越差。用有用成果与劳动耗费之差来表示经济效益的大小，如果差值大于0，则说明有经济效益，否则不存在经济效益；绝对值越大，经济效益越好，反之越差。

**2. 经济效益的评价原则**

在工程经济学中，评价工程项目或技术方案的原则通常有技术和经济相结合的评价原则、定性分析和定量分析相结合的评价原则、财务分析和国民经济分析相结合的评价原则以及可比性原则。这些原则从不同的角度对项目或方案进行考评，综合上述原则便可得到对项目或方案较全面的评价结果。

（1）技术和经济相结合的评价原则　工程经济学是研究技术和经济相互关系的科学，其目的就是根据社会生产的实际情况以及技术与经济的发展水平，研究、探索和寻找技术与经济相互促进、协调发展的途径。此外，工程经济分析的主要内容还包括分析拟建项目各种可能的实施方案在技术上的可行性、先进性，在经济上的合理性、节约性。因此，在讨论、评价工程项目或技术方案时，必须要遵循技术和经济相结合的评价原则。

技术和经济既相互联系、相互促进，又相互制约。一方面，技术是经济发展的重要手段，技术进步是推动经济发展的强大动力。另一方面，技术上的先进性与经济合理性之间又存在着一定的矛盾。所以，在应用工程经济学的理论来评价工程项目或技术方案时，为保证工程技术很好地服务于经济，满足社会的需要，最大限度地创造效益，要采用技术和经济相结合的原则来评价工程项目的经济效果。

（2）定性分析和定量分析相结合的评价原则　多数情况下，工程经济分析都是对拟建项目进行分析，项目尚未实施，项目功能要求还不十分明确，项目的细节问题还有待改进，有些经济问题非常复杂，甚至有些内容难以用准确的数量来表达。所以，在某些情况下，定性分析是十分必要的。定量分析和定性分析相互配合，相互依存，缺一不可。定性分析可以对定量分析进行修正，是定量分析的补充和完善；定性分析又是定量分析的基础，在定量分析以前，又必须进行必要的定性分析，才能正确选择评价的参数。因此，在实际分析评价中，应善于将定性分析与定量分析结合起来，相互补充，从而使分析结果更科学、更准确。

（3）财务分析和国民经济分析相结合的评价原则

1）财务分析是从投资者的角度出发，根据国家现行的财务制度和价格体系，分析和计算项目直接发生的财务效益和费用，考察项目给投资者带来的经济效益，据此判断项目的财务可行性。财务分析是站在企业立场上的微观经济分析，其目的是考察项目给企业带来的经济效益，对于企业或投资者来讲，投资项目的目的就是希望从项目的实施中获得回报，取得效益。这样，企业就必须本着获利的原则对项目进行财务分析，计算项目直接发生的财务效益和费用，编制各种财务报表，计算评价指标，考察项目的盈利能力和偿债能力，以便对项目自身的盈利水平和生存能力做出评价。财务分析是以企业获得最大净收益为目标的。

2）国民经济分析则是从国民经济的角度出发，根据国家的有关政策，按照资源优化配置原则，分析和计算项目发生的间接效益和间接费用，考察项目给国家带来的经济效益，据此判断项目的国民经济可行性。国民经济分析的目的是考察项目给国家带来的净贡献，它是一种站在国家和社会的立场上进行的宏观经济分析。一般情况下，投资项目对整个国民经济的影响不仅仅表现在项目的财务效果上，还可能会对国民经济其他部门和单位或是对国家资源、环境等造成影响，只有通过项目的国民经济分析，才能具体考察项目的整体经济效益。国家的兴旺发达离不开企业的经济发展，任何企业的发展都必须兼顾国家、集体和企业三者的共同发展，企业的发展要有利于国民经济的发展，企业的发展策略也必须在国家的宏观指导下进行。因此，项目必须进行国民经济评价。

从以上内容可以看出，项目的财务分析和国民经济分析都是用来评价投资项目的，但其出发点不同。

当财务分析与国民经济分析结果不一致时，应以国民经济分析结果为主。财务分析与国民经济分析结论均可行的项目，应予以通过。国民经济分析结论不可行而财务分析结果可行的项目应予以否定。对于一些关系国计民生必需的项目，国民经济分析结论可行，但财务分析结果不可行，通常要重新考虑方案，或向有关主管部门建议申请采取相应的经济优惠措施，使得投资项目具有财务上的生存能力，既满足人民群众生产、生活的必需，又不给国家造成严重的经济负担。

（4）可比性原则　在分析中，既要对某方案的各项指标进行研究，以确定其经济效益的大小，也要把该方案与其他方案进行比较评价，以便找出具有最佳经济效果的方案，这便是比较问题。可比性原则是进行工程经济分析时应遵循的重要原则之一。经济效益评价中，只有满足可比条件的方案才能进行比较。这些可比条件有：满足需要上的可比、消耗费用上的可比、时间上的可比和价格上的可比。

1）满足需要上的可比。任何一个项目或方案的实施都是为了满足一定的社会需要，不同的项目可以满足不同的社会需要，只有当进行比较的项目满足相同的社会需要时才能进行比较。一切工程项目或技术方案总是以一定的品种质量和数量来满足社会需要的，因此，满足社会需要上的可比，就要从产品的产量、质量和品种上来考虑。

① 产量的可比。产量的可比是指工程项目或技术方案满足社会需要时的产品产量相等。不同的方案只有在产量相等时才能直接进行比较。

② 质量的可比。在满足需要的可比原则中，除产量可比外，还需满足质量上的可比。如果产品质量不同，必须采取修正计算，将质量差异换算成可比量。

③ 品种的可比。产品品种是指企业在一定时期内应当生产的产品的名称、规格和数量，它反映企业在一定时期里在产品品种方面满足社会需要的程度。在进行经济效益评价时，必须是品种相同的方案才能进行比较。当品种不同时，可以采取不同方法进行修正。

2）消耗费用上的可比。比较项目或技术方案消耗的费用，应该从项目建设到产出产品以及产品消费过程中整个社会的消耗费用进行比较，而不是依据某个个别国民经济部门或个别环节的部门消耗进行比较，应该以总的、全部消耗为出发点考虑。

3）时间上的可比。在投资、成本、产品质量、产量相同条件下的两个项目或方案其投入的时间不同，经济效益也不同。而在相同的时间内，不同规模的项目或方案，其经济效益也不同。时间短、规模小的方案，建设期短，投产后很快实现收益，经济内部贴现率高，资金回收期短，但往往需要追加投资；时间长、规模大且工艺先进的方案，一般经济效益好，但收益的周期长。可见，时间因素对经济效益有直接影响。比较不同的项目或方案的经济效益时，时间因素的可比条件应满足计算期相同、考虑资金的时间价值和整体效益。

4）价格上的可比。在进行经济效益评价时，无论是计算收益还是费用，都要借助于价格，所以价格必须要具有可比性。价格的可比性是分析比较项目或技术方案经济效益的一个重要原则。

要使价格具有可比性，项目或技术方案所采用的价格指标体系必须一致，这是价格具有可比性的基础，每个技术方案，无论是消耗费用还是产值的增加，均按产品的价格计算。

## 思 考 题

1. 简述技术和经济的关系。
2. 工程经济学的概念是什么？
3. 工程经济分析的基本原则有哪些？
4. 简述工程经济分析的一般程序。
5. 什么是经济效益？应怎样理解经济效益的实质？
6. 简述经济效益的评价原则。
7. 项目经济效益评价的可比性原则有哪些？

## 二维码形式客观题

微信扫描二维码，可自行做客观题，提交后可查看答案。

第1章
客观题

# 第 2 章
# 工程项目经济分析基本要素及计算

> **本章主要知识点：**

工程项目投资构成，设备及工器具购置费的计算，建筑安装工程费用项目的组成与计算，工程建设其他费用的组成及计算，预备费的组成及计算；工程项目投资估算的内容和要求，建设项目投资估算方法；工程项目成本费用构成中总成本费用及经营成本的计算；工程项目收入、利润及税费计算。

> **本章重点与难点：**

设备及工器具购置费的计算，建筑安装工程费用项目的组成与计算，建设项目投资估算方法，总成本费用及经营成本的计算。

## 2.1 工程项目投资构成及计算

### 2.1.1 工程项目投资构成

建设项目总投资是指为完成工程项目建设并达到使用要求或生产条件，在建设期内预计或实际投入的总费用，包括工程造价、增值税、资金筹措费和流动资金，如图 2-1 所示。

其中：

1）工程造价是指工程项目在建设期预计或实际支出的建设费用，包括工程费用、工程建设其他费用和预备费。而工程费用是指建设期内直接用于工程建造、设备购置及其安装的费用，包括建筑工程费、设备购置费和安装工程费。

2）增值税是指应计入建设项目总投资内的增值税税额。

3）资金筹措费是指在建设期内应计的利息和在建设期内为筹集项目资金而发生的费用。包括各类借款利息、债券利息、贷款评估费、国外借款手续费及承诺费、汇兑损益、债券发行费用及其他债务利息支出或融资费用。

4）流动资金是指运营期内长期占用并周转使用的运营资金，不包括运营中需要的临时性运营资金。

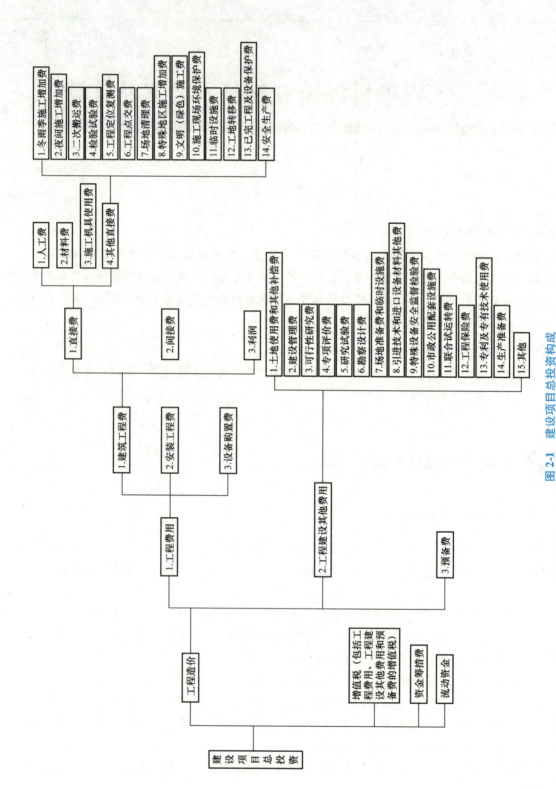

图 2-1 建设项目总投资构成

(说明：增值税的计算在本章第 2.4 节中讲解；资金筹措费计算在第 3 章中讲解；流动资金估算在本章第 2.2 节中讲解)

## 2.1.2 设备购置费的计算

设备购置费由设备原价、工器具原价和运杂费（包括设备成套公司服务费）组成。新建项目和扩建项目的新建车间购置或自制的全部设备、工具、器具，不论是否达到固定资产标准，均计入设备购置费中。

设备购置费分为外购设备费和自制设备费。外购设备是指设备生产厂制造，符合规定标准的设备；自制设备是指按订货要求，并根据具体的设计图自行制造的设备。

**1. 达到固定资产标准的设备购置费的组成和计算**

其计算公式为

$$设备购置费 = 设备原价或进口设备抵岸价 + 设备运杂费$$

式中 设备原价是指国产标准设备、非标准设备的原价；

设备运杂费是指设备原价中未包括的包装和包装材料费、运输费、装卸费、采购费及仓库保管费、供销部门手续费等，如果设备是由设备成套公司供应的，成套公司的服务费也应计入设备运杂费中。

（1）国产标准设备原价　国产标准设备原价一般指的是设备制造厂的交货价，即出厂价。如设备由设备成套公司供应，则以订货合同价为设备原价。有的设备有两种出厂价，即带有备件的出厂价和不带有备件的出厂价。在计算设备原价时，一般按带有备件的出厂价计算。

（2）国产非标准设备原价　国产非标准设备是指国家尚无定型标准，各设备生产厂不可能在工艺过程中采用批量生产，只能按订货要求并根据具体的设计图制造的设备。非标准设备由于单件生产、无定型标准，因此无法获取市场交易价格，只能按其成本构成或相关技术参数估算其价格。其公式如下：

$$自制设备购置费 = \sum (设备数量 \times 设备单价)$$

非标准设备原价有多种不同的计算方法，如成本计算估价法、系列设备插入估价法、分部组合估价法、定额估价法等。但无论采用哪种方法都应该使非标准设备计价接近实际出厂价，并且计算方法要简便。成本计算估价法是一种比较常用的估算非标准设备原价的方法。按成本计算估价法，单台非标准设备的原价由以下各项组成：

1）材料费。其计算公式如下：

$$材料费 = 材料净重 \times (1 + 加工损耗系数) \times 每吨材料综合价$$

2）加工费。包括生产工人工资和工资附加费、燃料动力费、设备折旧费、车间经费等。其计算公式如下：

$$加工费 = 设备总重量(t) \times 设备每吨加工费$$

3）辅助材料费（简称辅材费）。包括焊条、焊丝、氧气、氩气、氮气、油漆、电石等费用。其计算公式如下：

$$辅助材料费 = 设备总重量 \times 辅助材料费指标$$

4）专用工具费。按1）~3）项之和乘以一定的百分比计算。

5）废品损失费。按1）~4）项之和乘以一定的百分比计算。

6）外购配套件费。按设备设计图所列的外购配套件的名称、型号、规格、数量、重量,根据相应的价格加运杂费计算。

说明:虽然是非标准设备,但在设备制造中,并不是所有设备上的机器零件全部由制造商来制造。例如,设备中常用到的缸、泵、阀、专用仪表等,这些要由专业厂商提供,需要从设备制造商处采购取得,也就是外购配套件。

7)包装费。按以上1)~6)项之和乘以一定的百分比计算。

8)利润。可按1)~5)项加第7)项之和乘以一定的利润率计算。

9)税金,主要指增值税,计算公式如下:

$$增值税 = 当期销项税额 - 进项税额$$

$$当期销项税额 = 销售额 \times 适用增值税率(其中:销售额 = 1) \sim 8)项之和)$$

10)非标准设备设计费:按国家规定的设计费收费标准计算。

综上所述,单台非标准设备原价可用下面的公式表达:

单台非标准设备原价 = {[(材料费 + 加工费 + 辅助材料费) × (1 + 专用工具费费率) × (1 + 废品损失费费率) + 外购配套件费] × (1 + 包装费费率) - 外购配套件费} × (1 + 利润率) + 销项税额 + 非标准设备设计费 + 外购配套件费

【例2-1】 某工厂采购一台国产非标准设备,制造厂生产该台设备所用材料费为20万元,加工费为2万元,辅助材料费为4000元,制造厂为制造该设备,在材料采购过程中发生进项增值税税额3.5万元。专用工具费费率为1.5%,废品损失费费率为10%,外购配套件费为5万元,包装费税率为1%,利润率为7%,增值税税率为16%,非标准设备设计费为2万元,求该国产非标准设备的原价。

**解:** 专用工具费 = (20万元 + 2万元 + 0.4万元) × 1.5% = 0.336万元

废品损失费 = (20万元 + 2万元 + 0.4万元 + 0.336万元) × 10% = 2.274万元

包装费 = (22.4万元 + 0.336万元 + 2.274万元 + 5万元) × 1% = 0.300万元

利润 = (22.4万元 + 0.336万元 + 2.274万元 + 0.3万元) × 7% = 1.772万元

销项税额 = (22.4万元 + 0.336万元 + 2.274万元 + 5万元 + 0.3万元 + 1.772万元) × 16% = 5.133万元

国产非标准设备的原价 = 22.4万元 + 0.336万元 + 2.274万元 + 0.3万元 + 1.772万元 + 5.133万元 + 2万元 + 5万元 = 39.215万元

(3)进口设备抵岸价的构成及其计算 进口设备抵岸价是指抵达买方边境港口或边境车站且缴完关税以后的价格。

1)进口设备的交货方式。进口设备的交货方式可分为内陆交货类、目的地交货类和装运港交货类。

① 内陆交货类即卖方在出口国内陆的某个地点完成交货任务。在交货地点,卖方及时提交合同规定的货物和有关凭证,并承担交货前的一切费用和风险;买方按时接收货物,交付货款,承担接货后的一切费用和风险,并自行办理出口手续和装运出口。货物的所有权也在交货后由卖方转移给买方。

② 目的地交货类即卖方要在进口国的港口或内地交货,包括目的港船上交货价,目的港船边交货价(FOS价)和目的港码头交货价(关税已付)及完税后交货价(进口国目的

地的指定地点)。它们的特点是：买卖双方承担的责任、费用和风险是以目的地约定交货点为分界线，只有当卖方在交货点将货物置于买方控制下方算交货，方能向卖方收取货款。这类交货价对卖方来说承担的风险较大，在国际贸易中卖方一般不愿意采用这类交货方式。

③ 装运港交货类即卖方在出口国装运港完成交货任务。主要有装运港船上交货价（FOB价），习惯称为离岸价；运费在内价（CFR价）；运费、保险费在内价（CIF价），习惯称为到岸价。它们的特点主要是：卖方按照约定的时间在装运港交货，只要卖方把合同规定的货物装船后提供货运单据便完成交货任务，并可凭单据收回货款。

2) 进口设备抵岸价的构成。进口设备如果采用装运港船上交货价（FOB价），其抵岸价构成为

进口设备抵岸价 = 货价 + 国外运费 + 国外运输保险费 + 银行财务费 + 外贸手续费 + 进口关税 + 增值税 + 消费税

进口设备的货价 = 离岸价(FOB价) × 人民币外汇牌价

国外运费 = 离岸价 × 运费率 或者 运量 × 单位运价

$$国外运输保险费 = \frac{(离岸价 + 国外运费)}{1 - 国外运输保险费费率} \times 国外运输保险费费率$$

银行财务费 = 离岸价 × 人民币外汇牌价 × 银行财务费费率(0.4% ~ 0.5%)

外贸手续费 = 进口设备到岸价(即离岸价 + 国外运费 + 国外运输保险费) × 人民币外汇牌价 × 外贸手续费率(1.5%)

进口关税 = 到岸价 × 人民币外汇牌价 × 进口关税税率

增值税 = 组成计税价格(即到岸价 × 人民币外汇牌价 + 进口关税 + 消费税) × 增值税税率

$$消费税 = \frac{到岸价 \times 人民币外汇牌价 + 关税}{1 - 消费税税率} \times 消费税税率$$

(4) 设备运杂费

1) 设备运杂费的构成

① 国产标准设备：其运杂费是由设备制造厂交货地点起至工地仓库（或施工组织设计指定的需要安装设备的堆放地点）止所发生的运费和装卸费。

进口设备：其运杂费则是由我国到岸港口、边境车站起至工地仓库（或施工组织设计指定的需要安装设备的堆放地点）止所发生的运费和装卸费。

② 在设备出厂价格中没有包含的设备包装和包装材料器具费；在设备出厂价或进口设备价格中如已包括了此项费用，则不应重复计算。

③ 供销部门的手续费，按有关部门规定的统一费率计算。

④ 建设单位（或工程承包公司）的采购与仓库保管费。它是指采购、验收、保管和收发设备所发生的各种费用，包括设备采购、保管和管理人员工资、工资附加费、办公费、差旅交通费、设备供应部门办公和仓库所占固定资产使用费、工具用具使用费、劳动保护费、检验试验费等。这些费用可按主管部门规定的采购保管费费率计算。

2) 设备运杂费的计算。设备运杂费按设备原价乘以设备运杂费费率计算。其计算公式为

设备运杂费 = 设备原价 × 设备运杂费费率

式中　设备运杂费费率按各部门及省、市等的规定计取。

一般来讲,沿海和交通便利的地区,设备运杂费费率相对低一些;内地和交通不便利的地区就要相对高一些,边远省份则要更高一些。对于非标准设备来讲,应尽量就近委托设备制造厂,以大幅度降低设备运杂费。进口设备由于原价较高,国内运距较短,因而运杂费费率应适当降低。

**【例 2-2】** 某公司拟从国外进口一套机电设备,重量 1500t,装运港船上交货价,即离岸价(FOB 价)为 400 万美元。相关费用参数为:国际运费标准为 360 美元/t,海上运输保险费费率为 0.266%,中国银行手续费费率为 0.5%,外贸手续费费率为 1.5%,关税税率为 22%,增值税的税率为 16%,美元的银行外汇牌价为 1 美元 =6.1 元人民币,设备的国内运杂费费率为 2.5%。估算该设备购置费。

**解:** 根据上述各项费用的计算公式。则有

进口设备货价 = 400 万美元 × 6.1 元/美元 = 2440 万元

国外运费 = 360 美元/t × 1500t × 6.1 元/美元 = 329.4 万元

国外运输保险费 = [(2440 万元 + 329.4 万元)/(1 − 0.266%)] × 0.266% = 7.386 万元

进口关税 = (2440 万元 + 329.4 万元 + 7.386 万元) × 22% = 610.89 万元

增值税 = (2440 万元 + 329.4 万元 + 7.386 万元 + 610.89 万元) × 16% = 542.03 万元

银行财务费 = 2440 万元 × 0.5% = 12.2 万元

外贸手续费 = (2440 万元 + 329.4 万元 + 7.386 万元) × 1.5% = 41.65 万元

国内运杂费 = 2440 万元 × 2.5% = 61 万元

设备购置费 = 2440 万元 + 329.4 万元 + 7.386 万元 + 610.89 万元 + 542.03 万元 + 12.2 万元 + 41.65 万元 + 61 万元 = 4044.56 万元

**2. 工器具及生产家具购置费的构成及计算**

工器具及生产家具购置费是指新建项目或扩建项目初步设计规定所必须购置的不够固定资产标准的仪器、工夹模具、器具、生产家具和备品备件的费用。其计算公式一般为

工器具及生产家具购置费 = 设备购置费 × 定额费费率

### 2.1.3 建筑安装工程费用项目的组成与计算

**建筑工程费**是指建筑物、构筑物及其配套的线路、管道等的建造、装饰费用。**安装工程费**是指设备、工艺设施及其附属物的组合、装配、调试等费用。建筑安装工程费用包括直接费、间接费和利润,如图 2-2 所示。

**1. 直接费的计算**

**直接费**是指施工过程中耗费的构成工程实体或独立计价措施项目的费用,以及按综合计费形式表现的措施费用。直接费包括人工费、材料费、施工机具使用费和其他直接费。

直接费 = 人工费 + 材料费 + 施工机具使用费 + 其他直接费

(1) 人工费 人工费是指直接从事建筑安装工程施工作业的生产工人的薪酬。包括工资性支出、社会保险费、住房公积金、职工福利费、工会经费、职工教育经费及特殊情况下发生的工资等。

$$人工费 = \sum (工日消耗量 \times 日工资单价)$$

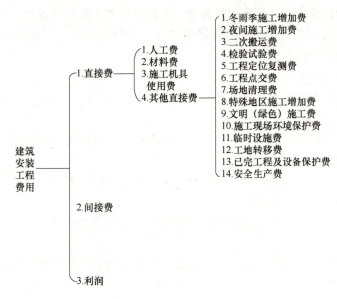

图 2-2 建筑安装工程费用组成

日工资单价由工程造价管理机构通过市场调查,根据工程项目的技术要求,参考实物工程量人工单价综合分析确定。

(2) 材料费  材料费是指工程施工过程中耗费的各种原材料、半成品、构配件的费用,以及周转材料等的摊销、租赁费用。

$$材料费 = \sum(材料消耗量 \times 材料单价)$$

$$材料单价 = (材料原价 + 运杂费) \times [1 + 运输损耗率(\%)] \times [1 + 采购保管费费率(\%)]$$

(3) 施工机具使用费  施工机具使用费是指施工作业所发生的施工机械、仪器仪表使用费或其租赁费,包括施工机械使用费和施工仪器仪表使用费。

1) 施工机械使用费以施工机械台班消耗量与施工机械台班单价的乘积表示,施工机械台班单价由折旧费、检修费、维护费、安拆费及场外运费、人工费、燃料动力费及其他费组成。

$$施工机械使用费 = \sum(施工机械台班消耗量 \times 机械台班单价)$$

施工机械台班单价由工程造价管理机构按《建设工程施工机械台班费用编制规则》及市场调查分析确定。

2) 施工仪器仪表使用费是指工程施工所发生的仪器仪表使用费或租赁费。

施工仪器仪表使用费以施工仪器仪表台班消耗量与施工仪器仪表台班单价的乘积表示,施工仪器仪表台班单价由折旧费、维护费、校验费和动力费组成。

$$仪器仪表使用费 = \sum(仪器仪表台班消耗量 \times 仪器仪表台班单价)$$

施工仪器仪表台班单价由工程造价管理机构按《建设工程施工仪器仪表台班费用编制规则》及市场调查分析确定。

(4) 其他直接费  其他直接费是指为完成建设工程施工,发生于该工程施工前和施工过程中的按综合计费形式表现的措施费用。内容包括冬雨季施工增加费、夜间施工增加费、二次搬运费、检验试验费、工程定位复测费、工程点交费、场地清理费、特殊地区施工增加费、文明（绿色）施工费、施工现场环境保护费、临时设施费、工地转移费、已完工程及设备保护费、安全生产费等。

1）冬雨季施工增加费：
$$冬雨季施工增加费 = 计算基数 \times 冬雨季施工增加费费率(\%)$$

2）夜间施工增加费：
$$夜间施工增加费 = 计算基数 \times 夜间施工增加费费率(\%)$$

3）二次搬运费：
$$二次搬运费 = 计算基数 \times 二次搬运费费率(\%)$$

4）检验试验费：
$$检验试验费 = 计算基数 \times 检验试验费费率(\%)$$

5）工程定位复测费：
$$工程定位复测费 = 计算基数 \times 工程定位复测费费率(\%)$$

6）工程点交费：
$$工程点交费 = 计算基数 \times 工程点交费费率(\%)$$

7）场地清理费：
$$场地清理费 = 计算基数 \times 场地清理费费率(\%)$$

8）特殊地区施工增加费：
$$特殊地区施工增加费 = 计算基数 \times 特殊地区施工增加费费率(\%)$$

9）文明（绿色）施工费：
$$文明(绿色)施工费 = 计算基数 \times 文明(绿色)施工费费率(\%)$$

10）施工现场环境保护费：
$$施工现场环境保护费 = 计算基数 \times 施工现场环境保护费费率(\%)$$

11）临时设施费：
$$临时设施费 = 计算基数 \times 临时设施费费率(\%)$$

12）工地转移费：
$$工地转移费 = 计算基数 \times 工地转移费费率(\%)$$

13）已完工程及设备保护费：
$$已完工程及设备保护费 = 计算基数 \times 已完工程及设备保护费费率(\%)$$

14）安全生产费：
$$安全生产费 = 计算基数 \times 安全生产费费率(\%)$$

上述其他直接费项目费率由工程造价管理机构根据各专业工程特点和调查资料综合分析后确定。

**2. 间接费**

**间接费是指施工企业为完成承包工程而组织施工生产和经营管理所发生的费用。** 内容包括管理人员薪酬、办公费、差旅交通费、施工单位进退场费、非生产性固定资产使用费、工具用具使用费、劳动保护费、财务费、税金，以及其他管理性的费用。

$$间接费 = 计算基数 \times 间接费费率(\%)$$

工程造价管理机构在确定上述费率时，应根据历年工程造价积累的资料，辅以调查数据确定。

### 3. 利润

利润是指企业完成承包工程所获得的盈利。

$$利润 = 计算基数 \times 利润率(\%)$$

施工企业根据企业自身需求并结合建筑市场实际自主确定利润,列入报价中。

工程造价管理机构在确定利润率时,应根据历年工程造价积累的资料,并结合建筑市场实际确定。

## 2.1.4 工程建设其他费用的组成

工程建设其他费用是指建设期发生的与土地使用权取得、整个工程项目建设以及未来生产经营有关的,除工程费用、预备费、增值税、资金筹措费、流动资金以外的费用。

工程建设其他费用主要包括土地使用费和其他补偿费、建设管理费、可行性研究费、专项评价费、研究试验费、勘察设计费、场地准备费和临时设施费、引进技术和进口设备材料其他费、特殊设备安全监督检验费、市政公用配套设施费、联合试运转费、工程保险费、专利及专有技术使用费、生产准备费及其他费用等。详见图2-3。

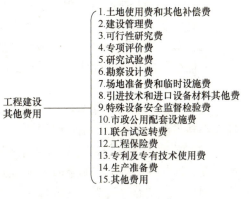

图2-3 工程建设其他费用

### 1. 土地使用费和其他补偿费

(1) 土地使用费是指建设项目使用土地应支付的费用,包括建设用地费和临时土地使用费,以及由于使用土地发生的其他有关费用,如水土保持补偿费等。

1) 建设用地费是指为获得工程项目建设用地的使用权而在建设期内发生的费用。取得土地使用权的方式有出让、划拨和转让三种方式。

2) 临时土地使用费是指临时使用土地发生的相关费用,包括地上附着物和青苗补偿费、土地恢复费以及其他税费等。

(2) 其他补偿费是指项目涉及的对房屋、市政、铁路、公路、管道、通信、电力、河道、水利、厂区、林区、保护区、矿区等不附属于建设用地的相关建构筑物或设施的补偿费用。

### 2. 建设管理费

建设管理费是指为组织完成工程项目建设在建设期内发生的各类管理性质费用。包括建设单位管理费、代建管理费、工程监理费、监造费、招标投标费、设计评审费、特殊项目定额研究及测定费、其他咨询费、印花税等。

### 3. 可行性研究费

可行性研究费是指在工程项目投资决策阶段,对有关建设方案、技术方案或生产经营方案进行的技术经济论证,以及编制、评审可行性研究报告等所需的费用。

### 4. 专项评价费

专项评价费是指建设单位按照国家规定委托有资质的单位开展专项评价及有关验收工作

发生的费用,包括环境影响评价及验收费、安全预评价及验收费、职业病危害预评价及控制效果评价费、地震安全性评价费、地质灾害危险性评价费、水土保持评价及验收费、压覆矿产资源评价费、节能评估费、危险与可操作性分析及安全完整性评价费以及其他专项评价及验收费。

### 5. 研究试验费

研究试验费是指为建设项目提供和验证设计参数、数据、资料等进行必要的研究和试验,以及设计规定在施工中必须进行的试验、验证所需要的费用。包括自行或委托其他部门的专题研究、试验所需的人工费、材料费、试验设备及仪器使用费等。

### 6. 勘察设计费

(1) 勘察费是指勘察人根据发包人的委托,收集已有资料,现场踏勘,制定勘察纲要,进行勘察作业,以及编制工程勘察文件和岩土工程设计文件等收取的费用。

(2) 设计费是指设计人根据发包人的委托,提供编制建设项目初步设计文件、施工图设计文件、非标准设备设计文件、竣工图文件等服务所收取的费用。

### 7. 场地准备费和临时设施费

(1) 场地准备费是指为使工程项目的建设场地达到开工条件,由建设单位组织进行的场地平整等准备工作而发生的费用。

(2) 临时设施费是指建设单位为满足施工建设需要而提供的未列入工程费用的临时水、电、路、通信、气等工程和临时仓库等建(构)筑物的建设、维修、拆除、摊销费用或租赁费用,以及铁路、码头租赁等费用。

### 8. 引进技术和进口设备材料其他费

引进技术和进口设备材料其他费是指引进技术和设备发生的但未计入引进技术费和设备材料购置费的费用。包括图样资料翻译复制费、备品备件测绘费、出国人员费用、来华人员费用、银行担保及承诺费、进口设备材料国内检验费等。

### 9. 特殊设备安全监督检验费

特殊设备安全监督检验费是指对在施工现场安装的列入国家特种设备范围内的设备(设施)检验检测和监督检查所发生的应列入项目开支的费用。

### 10. 市政公用配套设施费

市政公用配套设施费是指使用市政公用设施的工程项目,按照项目所在地政府有关规定建设或缴纳的市政公用设施建设配套费用。

### 11. 联合试运转费

联合试运转费是指新建或新增生产能力的工程项目,在交付生产前按照批准的设计文件规定的工程质量标准和技术要求,对整个生产线或装置进行负荷联合试运转所发生的费用净支出。包括试运转所需材料、燃料及动力消耗、低值易耗品、其他物料消耗、机械使用费、联合试运转人员工资、施工单位参加试运转人工费、专家指导费,以及必要的工业炉烘炉费。

### 12. 工程保险费

工程保险费是指在建设期内对建筑工程、安装工程、机械设备和人身安全进行投保而发生的费用。包括建筑安装工程一切险、工程质量保险、进口设备财产保险和人身意外伤害险等。

### 13. 专利及专有技术使用费

专利及专有技术使用费是指在建设期内取得专利、专有技术、商标、商誉和特许经营的所有权或使用权发生的费用。包括工艺包费、设计及技术资料费，有效专利、专有技术使用费，技术保密费和技术服务费等；商标权、商誉和特许经营权费；软件费等。

### 14. 生产准备费

生产准备费是指在建设期内，建设单位为保证项目正常生产而发生的人员培训、提前进厂费，以及投产使用必备的办公、生活家具用具及工器具等的购置费用。

### 15. 其他费用

其他费用是指以上费用之外，根据工程建设需要必须发生的其他费用。

## 2.1.5 预备费的组成

预备费是指在建设期内因各种不可预见因素的变化而预留的可能增加的费用，包括基本预备费和价差预备费。

### 1. 基本预备费

基本预备费是指在项目实施中可能发生难以预料的支出，需要预先预留的费用，又称不可预见费。主要包括设计变更及施工过程中可能增加工程量的费用。计算公式为

$$基本预备费 = (工程费用 + 工程建设其他费用) \times 基本预备费费率$$

基本预备费费率由工程造价管理机构根据项目特点综合分析后确定。

### 2. 价差预备费

$$P = \sum_{t=1}^{n} I_t [(1+f)^m (1+f)^{0.5} (1+f)^{t-1} - 1]$$

式中　$P$——价差预备费；

　　　$n$——建设期年份数；

　　　$I_t$——建设期第 $t$ 年的投资计划额，包括工程费用、工程建设其他费用及基本预备费，即第 $t$ 年的静态投资计划额；

　　　$f$——投资价格指数；

　　　$t$——建设期第 $t$ 年；

　　　$m$——建设前期年限（从编制概算到开工建设年数）。

价差预备费中的投资价格指数按国家颁布的计取，当前暂时为零，计算式中 $(1+f)^{0.5}$ 表示建设期第 $t$ 年当年投资分期均匀投入考虑涨价的幅度，对设计建设周期较短的项目，价差预备费计算公式可简化处理。特殊项目或必要时可进行项目未来价差分析预测，确定各时期投资价格指数。

【例 2-3】 某建设工程项目在建设期初的建筑安装工程费用、设备及工器具购置费为 45000 万元。按本项目实施进度计划，项目建设期为 3 年，投资分年使用比例为：第 1 年 25%，第 2 年 55%，第 3 年 20%。建设资金在各年年末使用，建设期内预计年平均价格总水平上涨率为 5%。建设期贷款利息为 1395 万元，建设工程项目其他费用为 3860 万元，基本预备费费率为 10%。试估算该项目的建设投资。

解：（1）计算项目的涨价预备费

差价预备费的计算基数 =45000 万元 +3860 万元 +(45000 +28600)万元 ×10% =53746 万元
第 1 年年末的涨价预备费 =53746 万元 ×25% ×[(1 +0.05)$^1$ -1] =671.825 万元
第 2 年年末的涨价预备费 =53746 万元 ×55% ×[(1 +0.05)$^2$ -1] =3029.931 万元
第 3 年年末的涨价预备费 =53746 万元 ×20% ×[(1 +0.05)$^3$ -1] =1694.343 万元
该项目建设期的涨价预备费 =671.825 万元 +3029.931 万元 +1694.343 万元 =5396.099 万元
(2) 计算项目的建设投资
建设投资 =静态投资 +建设期贷款利息 +涨价预备费
　　　　 =(45000 万元 +3860 万元) ×(1 +10%) +1395 万元 +5396.099 万元
　　　　 =60537.099 万元

## 2.2 工程项目投资估算

### 2.2.1 投资估算概述

**1. 投资估算的内容**

**项目总投资由建设投资、建设期利息和流动资金构成。**

1) 建设投资是指在项目筹建与建设期间所花费的全部建设费用,按概算法分类包括工程费用、工程建设其他费用和预备费,其中工程费用包括建筑工程费、设备购置费和安装工程费,预备费包括基本预备费和价差预备费。

2) 建设期利息是指债务资金在建设期内发生并应计入固定资产原值的利息,包括借款(或债券)利息及手续费、承诺费、管理费等。

3) 流动资金是指项目运营期内长期占用并周转使用的营运资金。

**2. 投资估算的要求**

**建设项目决策分析与评价阶段一般可分为投资机会研究、初步可行性研究(项目建议书)、可行性研究、项目前评估四个阶段。** 由于不同阶段工作深度和掌握的资料详略程度不同,在建设项目决策分析与评价的不同阶段,允许投资估算的深度和准确度有所差别。随着工作的进展和项目条件的逐步明确,投资估算应逐步细化,准确度应逐步提高,从而对项目投资起到有效的控制作用。建设项目决策分析与评价的不同阶段对投资估算的准确度要求(即允许误差率)见表2-1。

表2-1　建设项目决策分析与评价不同阶段对投资估算准确度的要求

| 序　号 | 建设项目决策分析与评价的不同阶段 | 投资估算的允许误差率 |
| --- | --- | --- |
| 1 | 投资机会研究阶段 | ±30%以内 |
| 2 | 初步可行性研究(项目建议书)阶段 | ±20%以内 |
| 3 | 可行性研究阶段 | ±10%以内 |
| 4 | 项目前评估阶段 | ±10%以内 |

尽管投资估算在具体数额上允许存在一定的误差,但必须达到以下要求:
1) 估算范围应与项目建设方案所涉及的范围、确定的各项工程内容一致。

2）估算的工程内容和费用构成齐全，计算合理，不提高或者降低估算标准，不重复计算或者漏项少算。

3）估算应做到方法科学、基础资料完整、依据充分。

4）估算选用的指标与具体工程之间存在标准或者条件差异时，应进行必要的换算或者调整。

5）估算的准确度应能满足建设项目决策分析与评价不同阶段的要求。

### 3. 投资估算的依据及作用

（1）建设投资估算的基础资料与依据　建设投资估算的基础资料与依据包括以下几个方面：

1）专门机构发布的建设工程造价费用构成、估算指标、计算方法，以及其他有关工程造价的文件。

2）专门机构发布的工程建设其他费用估算办法和费用标准，以及有关机构发布的物价指数。

3）部门或行业制定的投资估算办法和估算指标。

4）拟建项目所需设备、材料的市场价格。

5）拟建项目建设方案确定的各项工程建设内容及工程量。

（2）投资估算的作用

1）投资估算是投资决策的依据之一。项目前期决策阶段，投资估算确定项目建设与运营所需资金量，是投资者进行投资决策的依据之一。投资者根据自身的财力和信用状况做出是否投资的决策。

2）投资估算是制订项目融资方案的依据。项目前期决策阶段投资估算所确定的项目建设与运营所需的资金量，是项目制订融资方案、进行资金筹措的依据。投资估算准确与否，直接影响融资方案的可靠性，直接影响各类资金在币种、数量和时间要求上能否满足项目建设的需要。

3）投资估算是进行项目经济评价的基础。经济评价是对项目的费用与效益做出全面的分析评价，项目投资额度是项目费用的重要组成部分，是进行经济评价的基础。投资估算准确与否，将直接影响经济评价的可靠性。

在投资机会研究和初步可行性研究阶段，虽然对投资估算的准确度要求相对较低，但投资估算仍然是该阶段的一项重要工作。投资估算完成之后才有可能进行经济效益的初步评价。

4）投资估算是编制初步设计概算的依据，对项目的工程造价起控制作用。按照项目建设程序，应在可行性研究报告被审定或批准后进行初步设计。经审定或批准的可行性研究报告是编制初步设计的依据，报告中所估算的投资额是编制初步设计概算的依据。

## 2.2.2　建设项目投资估算方法

建设投资的估算方法有简单估算法和分类估算法。简单估算法还分为单位生产能力估算法、生产能力指数法、比例估算法、系数估算法和指标估算法等，前四种估算方法估算准确度相对不高，主要适用于投资机会研究和初步可行性研究阶段。项目可行性研究阶段应采用指标估算法和分类估算法。

### 1. 单位生产能力估算法

该方法根据已建成、性质类似的建设项目的单位生产能力投资（如：元/t）乘以拟建项

目的生产能力来估算拟建项目的投资额，其计算公式为

$$Y_2 = \frac{X_2}{X_1} \times Y_1 \times CF$$

式中　$Y_2$——拟建项目的投资额；
　　　$Y_1$——已建类似项目的投资额；
　　　$X_1$——已建类似项目的生产能力；
　　　$X_2$——拟建项目的生产能力；
　　　CF——不同时期、不同地点的定额、单价、费用变更等的综合调整系数。

该方法将项目的建设投资与其生产能力的关系视为简单的线性关系，估算简便迅速，但精确度较差。使用这种方法要求拟建项目与所选取的已建项目相类似，仅存在规模大小和时间上的差异。

【例2-4】　已知2015年建设污水处理能力16万m³/日的污水处理厂的建设投资为18000万元，2018年拟建污水处理能力20万m³/日的污水处理厂一座，工程条件与2015年已建项目类似，调整系数CF为1.25，试估算该项目的建设投资。

解：该项目的建设投资为

$$Y_2 = \frac{X_2}{X_1} Y_1 CF = \frac{20\ \text{万 m}^3/\text{日}}{16\ \text{万 m}^3/\text{日}} \times 18000\ \text{万元} \times 1.25 = 28125\ \text{万元}$$

### 2. 生产能力指数法

该方法根据已建成的、性质类似建设项目的生产能力和投资额与拟建项目的生产能力来估算拟建项目投资额，其计算公式为

$$Y_2 = Y_1 \left(\frac{X_2}{X_1}\right)^n \times CF$$

式中　$n$——生产能力指数；
　　　其他符号含义同前。

计算式表明，建设项目的投资额与生产能力呈非线性关系。运用该方法估算项目投资的重要条件是要有合理的生产能力指数。不同性质的建设项目，$n$的取值是不同的。在正常情况下，$0 \leq n \leq 1$。若已建类似项目的规模和拟建项目的规模相差不大，$Y_1$与$Y_2$的比值在$0.5 \sim 2$，则生产能力指数$n$的取值近似为1。一般认为$Y_1$与$Y_2$的比值在$2 \sim 50$，且拟建项目规模的扩大仅靠增大设备规模来达到时，则$n$的取值约在$0.6 \sim 0.7$；若靠增加相同规格设备的数量来达到时，则$n$取值为$0.8 \sim 0.9$。

采用生产能力指数法，计算简单、速度快；但要求类似项目的资料可靠，条件基本相同，否则误差就会增大。对于建设内容复杂多变的项目，实践中，该方法往往应用于分项装置的工程费用估算。

【例2-5】　已知建设年产30万t尿素项目的装置投资为40000万元，现拟建年产50万t的聚酯项目，工程条件与上述项目类似，生产能力指数$n$为0.8，调整系数CF为1.1，试估算该项目的装置投资。

**解：** 该项目的装置投资为

$$Y_2 = Y_1 \left(\frac{X_2}{X_1}\right)^n CF = 40000 \text{ 万元} \times \left(\frac{50 \text{ 万 t}}{30 \text{ 万 t}}\right)^{0.8} \times 1.1 = 66211 \text{ 万元}$$

**3. 比例估算法**

比例估算法可分为两种：

（1）以拟建项目的设备购置费为基数进行估算　该方法是以拟建项目的设备购置费为基数，根据已建成同类项目的建筑工程费和安装工程费占设备购置费的百分比，求出相应的建筑工程费和安装工程费，再加上拟建项目其他费用（包括工程建设其他费用和预备费等），其总和即为拟建项目的建设投资。计算公式为

$$C = E(1 + f_1 P_1 + f_2 P_2) + I$$

式中　$C$——拟建项目的建设投资；

$E$——拟建项目根据当时当地价格计算的设备购置费；

$P_1$、$P_2$——已建项目中建筑工程费和安装工程费占设备购置费的百分比；

$f_1$、$f_2$——由于时间因素引起的定额、价格、费用标准等综合调整系数；

$I$——拟建项目的其他费用。

**【例 2-6】** 某拟建项目设备购置费为 20000 万元，根据已建同类项目统计资料，建筑工程费占设备购置费的 25%，安装工程费占设备购置费的 10%，该拟建项目的其他有关费用估计为 3000 万元，调整系数 $f_1$、$f_2$ 均为 1.1，试估算该项目的建设投资。

**解：** 该项目的建设投资为

$C = E(1 + f_1 P_1 + f_2 P_2) + I = 20000 \text{ 万元} \times [1 + (25\% + 10\%) \times 1.1] + 3000 \text{ 万元} = 30700$ 万元

（2）以拟建项目的工艺设备投资为基数进行估算　该方法以拟建项目的工艺设备投资为基数，根据同类型的已建项目的有关统计资料，各专业工程（总图、土建、暖通、给排水、管道、电气、电信及自控等）占工艺设备投资（包括运杂费和安装费）的百分比，求出拟建项目各专业工程的投资，然后把各部分投资（包括工艺设备投资）相加求和，再加上拟建项目的其他有关费用，即为拟建项目的建设投资。计算公式为

$$C = E(1 + f_1 P_1' + f_2 P_2' + \cdots) + I$$

式中　$E$——拟建项目根据当时当地价格计算的工艺设备投资；

$P_1'$、$P_2'$——已建项目各专业工程费用占工艺设备投资的百分比；

其他符号含义同前。

**4. 系数估算法**

（1）朗格系数法　以设备购置费为基础，乘以适当系数来推算项目的建设投资。计算公式为

$$C = E(1 + \sum K_i) k_c$$

式中　$C$——建设投资；

$E$——设备购置费；

$K_i$——管线、仪表、建筑物等项费用的估算系数；

$k_c$——管理费、合同费、应急费等间接费在内的总估算系数。

建设投资与设备购置费之比为朗格系数 $k_L$，即

$$k_L = (1 + \sum K_i) k_c$$

运用朗格系数法估算投资，方法比较简单，但由于没有考虑项目（或装置）规模大小、设备材质的影响以及不同地区自然、地理条件差异的影响，所以估算的准确度不高。

（2）设备及厂房系数法　该方法在拟建项目工艺设备投资和厂房土建投资估算的基础上，其他专业工程参照类似项目的统计资料，与设备关系较大的按设备投资系数计算，与厂房土建关系较大的则按厂房土建投资系数计算，两类投资加起来，再加上拟建项目的其他有关费用，即为拟建项目的建设投资。

**【例 2-7】** 某项目工艺设备及其安装费用估计为 3000 万元，厂房土建费用估计为 4200 万元，参照类似项目的统计资料，各专业工程投资系数见表 2-2，其他有关费用为 2400 万元，试估算该项目的建设投资。

表 2-2　各专业工程投资系数

| 工艺设备 | 系　数 | 厂房土建 | 系　数 |
|---|---|---|---|
| 工艺设备 | 1.00 | 厂房土建（含设备基础） | 1.00 |
| 起重设备 | 0.08 | 给排水工程 | 0.04 |
| 加热炉及烟道 | 0.13 | 采暖通风 | 0.03 |
| 汽化冷却 | 0.02 | 工业管道 | 0.01 |
| 余热锅炉 | 0.03 | 电器照明 | 0.01 |
| 供电及转动 | 0.17 | 系数合计 | 1.09 |
| 自动化仪表 | 0.03 | | |
| 系数合计 | 1.46 | | |

**解：** 根据上述方法，则该项目的建设投资为

3000 万元 × 1.46 + 4200 万元 × 1.09 + 2400 万元 = 11358 万元

**5. 指标估算法**

估算指标是比概算指标更为扩大的单项工程指标或单位工程指标，以单项工程或单位工程为对象，综合项目建设中的各类成本和费用，具有较强的综合性和概括性。

单项工程指标一般用单项工程生产能力单位投资表示，如工业窑炉砌筑以元/$m^3$ 表示；变配电站以元/kV·A 表示；锅炉房以元/t 蒸汽表示。单位工程指标一般以如下方式表示：房屋区别不同结构形式以元/$m^2$ 表示；道路区别不同结构层、面层以元/$m^2$ 表示；管道区别不同材质、管径以元/m 表示。

使用估算指标应根据不同地区、不同时期的实际情况进行适当调整，因为地区、时期不同，设备、材料及人工的价格均有差异。

**6. 建设投资分类估算法**

建设投资分类估算法是对构成建设投资的各类投资，即工程费用（含建筑工程费、设

备购置费和安装工程费)、工程建设其他费用和预备费(含基本预备费和价差预备费)分类进行估算。

(1) 建筑工程费估算

1) 估算内容。建筑工程费是指为建造永久性建筑物和构筑物所需要的费用,主要包括以下几部分内容:各类房屋建筑工程和列入房屋建筑工程预算的供水、供暖、卫生、通风、煤气等设备费用及其装饰、油饰工程的费用,列入建筑工程的各种管道、电力、电信和电缆导线敷设工程的费用;设备基础、支柱、工作台、烟囱、水塔、水池、灰塔等建筑工程以及各种窑炉的砌筑工程和金属结构工程的费用;建设场地的大型土石方工程、施工临时设施和完工后的场地清理、环境绿化的费用;矿井开凿、井巷延伸、露天矿剥离,石油、天然气钻井,修建铁路、公路、桥梁、水库、堤坝、灌渠及防洪等工程的费用。

2) 估算方法。建筑工程费的估算方法有单位建筑工程投资估算法、单位实物工程量投资估算法和概算指标投资估算法。前两种方法比较简单,后一种方法要以较为详细的工程资料为基础,工作量较大,实际工作中可根据具体条件和要求选用。

① 单位建筑工程投资估算法。单位建筑工程投资估算法,是以单位建筑工程量投资乘以建筑工程总量来估算建筑工程费的方法。一般工业与民用建筑以单位建筑面积($m^2$)投资,工业窑炉砌筑以单位容积($m^3$)投资,水库以水坝单位长度(m)投资,铁路路基以单位长度(km)投资,矿山掘进以单位长度(m)投资,乘以相应的建筑工程总量计算建筑工程费。

② 单位实物工程量投资估算法。单位实物工程量投资估算法,是以单位实物工程量投资乘以实物工程量总量来估算建筑工程费的方法。土石方工程按每立方米投资,矿井巷道衬砌工程按每延长米投资,路面铺设工程按每平方米投资,乘以相应的实物工程量总量计算建筑工程费。

③ 概算指标投资估算法。在估算建筑工程费时,对于没有前两种估算指标,或建筑工程费占建设投资比例较大的项目,可采用概算指标投资估算法。建筑工程概算指标通常以整个建筑物为对象,以建筑面积、体积等为计量单位来确定劳动、材料和机械台班的消耗量标准和造价指标。建筑工程概算指标分别有一般土建工程概算指标、给排水工程概算指标、采暖工程概算指标、通信工程概算指标、电气照明工程概算指标等。采用概算指标投资估算法,需要占有较为详细的工程资料、建筑材料价格和工程费用指标,工作量较大。具体方法参照专门机构发布的概算编制办法。

(2) 安装工程费估算

1) 估算内容。安装工程费一般包括:生产、动力、起重、运输、传动和医疗、试验等各种需要安装的机电设备、专用设备、仪器仪表等设备的安装费;工艺、供热、供电、给排水、通风空调、净化及除尘、自控、电信等管道、管线、电缆等的材料费和安装费;设备和管道的保温、绝缘、防腐,设备内部填充物等的材料费和安装费。

2) 估算方法。投资估算中安装工程费通常是根据行业或专门机构发布的安装工程定额、取费标准进行估算。具体计算可按安装费费率、每吨设备安装费指标或每单位安装实物工程量费用指标进行估算。计算公式为

$$安装工程费 = 设备原价 \times 安装费费率$$

或

$$\text{安装工程费} = \text{设备吨位} \times \text{每吨设备安装费指标}$$

或

$$\text{安装工程费} = \text{安装工程实物量} \times \text{每单位安装实物工程量费用指标}$$

附属管道量大的项目，还应单独估算管道工程费用，有的还要单独列出主要材料费用。

在项目决策分析与评价阶段，根据投资估算的深度要求，安装工程费也可以按单项工程分别估算。

估算安装工程费应编制安装工程费估算表。

**7. 流动资金估算**

流动资金是指项目运营期内长期占用并周转使用的运营资金，不包括运营中临时性需要的资金。

项目运营需要流动资产投资，但项目评价中需要估算并预先筹措的是从流动资产中扣除流动负债后的流动资金。项目评价中流动资金的估算应考虑应付账款对需要预先筹措的流动资金的抵减作用。对有预收账款的某些项目，还应同时考虑预收账款对需要预先筹措的流动资金的抵减作用。

流动资金估算的基础主要是营业收入和经营成本。因此，流动资金估算应在营业收入和经营成本估算之后进行。

流动资金估算可按行业或前期研究的不同阶段选用扩大指标估算法估算或分项详细估算法估算。扩大指标估算法简便易行，但准确度不高，在项目初步可行性研究阶段可采用扩大指标估算法，某些流动资金需要量小的项目在可行性研究阶段也可采用扩大指标估算法。分项详细估算法虽然工作量较大，但准确度较高，一般项目在可行性研究阶段应采用分项详细估算法。

（1）扩大指标估算法　扩大指标估算法是参照同类企业流动资金占营业收入的比例（营业收入资金率）或流动资金占经营成本的比例（经营成本资金率）或单位产量占用流动资金的数额来估算流动资金。计算公式分别为

$$\text{流动资金} = \text{年营业收入额} \times \text{营业收入资金率}$$

或

$$\text{流动资金} = \text{年经营成本} \times \text{经营成本资金率}$$

或

$$\text{流动资金} = \text{年产量} \times \text{单位产量占用流动资金额}$$

（2）分项详细估算法　分项详细估算法是对流动资产和流动负债主要构成要素，即存货、现金、应收账款、预付账款、应付账款、预收账款等项内容分项进行估算，最后得出项目所需的流动资金数额。计算公式为

$$\text{流动资金} = \text{流动资产} - \text{流动负债}$$

$$\text{流动资产} = \text{应收账款} + \text{预付账款} + \text{存货} + \text{现金}$$

$$\text{流动负债} = \text{应付账款} + \text{预收账款}$$

$$\text{流动资金本年增加额} = \text{本年流动资金} - \text{上年流动资金}$$

流动资金估算的具体步骤是首先确定各分项的最低周转天数，计算出各分项的年周转次数，然后再分项估算占用资金额。

（3）流动资金估算应注意的问题

1）投入物和产出物使用不含增值税价格时，估算中应注意将销项税额和进项税额分别包含在相应的收入成本支出中。

2）项目投产初期所需流动资金在实际工作中应在项目投产前筹措。为简化计算，项目评价中流动资金可从投产第一年开始安排，运营负荷增长，流动资金也随之增加，但采用分项详细估算法估算流动资金时，运营期各年的流动资金数额应以各年的经营成本为基础，依照上述公式分别进行估算，不能简单地按100%运营负荷下的流动资产乘以投产期运营负荷估算。

**8. 建设项目总投资及分年投资计划**

（1）项目总投资估算表的编制　按投资估算内容和估算方法估算上述内容各项投资并进行汇总，编制项目总投资估算表，如表2-3所示。

表2-3　项目总投资估算表

人民币单位:万元　　　　　　　　　　　　外币单位:

| 序号 | 费用名称 | 投资额 | | 估算说明 |
| --- | --- | --- | --- | --- |
| | | 合计 | 其中：外币 | |
| 1 | 建设投资 | | | |
| 1.1 | 建筑工程费 | | | |
| 1.2 | 设备购置费 | | | |
| 1.3 | 安装工程费 | | | |
| 1.4 | 工程建设其他费用 | | | |
| 1.5 | 基本预备费 | | | |
| 1.6 | 价差预备费 | | | |
| 2 | 建设期利息 | | | |
| 3 | 流动资金 | | | |
| | 项目总投资（1+2+3） | | | |

（2）分年投资计划表　估算出项目建设投资、建设期利息和流动资金后，应根据项目计划进度的安排，编制分年投资计划表，如表2-4所示。该表中的分年建设投资可以作为安排融资计划、估算建设期利息的基础。由此估算的建设期利息列入该表。流动资金本来就是分年估算的，可由流动资金估算表转入。分年投资计划表是编制项目资金筹措计划表的基础。

表2-4　分年投资计划表

人民币单位:万元　　　　　　　　　　　　外币单位:

| 序号 | 项目 | 人民币 | | | 外币 | | |
| --- | --- | --- | --- | --- | --- | --- | --- |
| | | 第1年 | 第2年 | … | 第1年 | 第2年 | … |
| 1 | 建设投资 | | | | | | |
| 2 | 建设期利息 | | | | | | |
| 3 | 流动资金 | | | | | | |
| | 项目总投资（1+2+3） | | | | | | |

实际工作中往往将项目总投资估算表、分年投资计划表和资金筹措表合而为一，编制"项目总投资使用计划与资金筹措表"。

## 2.3 工程项目成本费用构成及计算

### 2.3.1 总成本费用

总成本费用是指在一定时期内为生产和销售产品所花费的全部费用。总成本费用包括产品制造成本和期间费用两部分。

**1. 生产成本**

生产成本也称制造成本，是指工业企业为制造一定种类和数量的产品所发生的各项生产费用的总和。生产成本包括直接材料费、直接工资、其他直接支出以及制造费用等。

（1）直接材料费　直接材料费是指在生产过程中直接消耗于产品生产的各种物资费用。它包括生产经营过程中实际消耗的原材料、辅助材料、外购半成品、备品配件、燃料、动力、包装物以及其他直接材料费用。

（2）直接工资　直接工资是指在生产过程中直接从事产品生产人员的工资性消耗，包括直接从事产品生产人员的工资、奖金、津贴和各类补贴。

（3）其他直接支出　其他直接支出包括直接从事产品生产人员的职工福利费等。

（4）制造费用　制造费用是指组织和管理生产所发生的各项间接费用，即发生在生产作业单位的间接费用，包括生产作业单位管理人员工资、职工福利费，生产作业单位房屋建筑和机器设备的折旧费、修理维护费、机物料消耗、取暖费、水电费、低值易耗品、办公费、差旅费、运输费、保险费、设计制图费、试验检验费、劳动保护费、季节性及维修期间停工损失等费用。

直接材料、直接工资及其他直接支出构成产品的直接成本；制造费用则构成产品的间接成本。直接成本加上间接成本构成产品的生产成本，即制造成本。

**2. 期间费用**

期间费用包括销售费用、财务费用和管理费用。

（1）销售费用　销售费用是指销售商品、提供劳务等日常经营过程中发生的各项费用以及专设销售机构的各项经费，包括应由企业负担的运输费、装卸费、包装费、保险费、展览费、差旅费、广告费以及销售部门人员工资、职工福利费、折旧费、修理费及其他销售费用。

（2）财务费用　财务费用是指在企业筹集资金等财务活动中发生的各项费用，包括生产经营期间发生的利息净支出及其他财务费用（汇兑净损失、外汇调剂手续费、支付给金融机构的手续费等）。

（3）管理费用　管理费用是指企业行政管理部门为管理和组织生产经营活动所发生的一般管理费。管理费用包括管理人员工资和福利费、折旧费、修理费、无形资产及递延资产摊销费及其他管理费用（办公费、差旅费、劳动保护费、技术转让费、土地使用税）等。

### 2.3.2 经营成本

经营成本是工程经济中常用的指标。经营成本是从总成本费用中分离出来的一部分费用，它是指总成本费用扣除固定资产折旧费、维简费（维持简单再生产费用）、无形资产及

递延资产摊销费和流动资金贷款利息支出以后的费用。其计算公式为

经营成本 = 总成本费用 − 折旧费 − 维简费 − 摊销费 − 流动资金贷款利息

按照工程经济分析方法，需要考虑生产系统现金流入与流出。而按照会计核算方法，总成本费用中的折旧与摊销等费用既不属于现金流入也不属于现金流出，要计算项目运营期间各年的现金流出，必须将这些费用从总成本费用中剔除。

经营成本中不包括折旧费、摊销费、维简费及流动资金贷款利息，因为：

1) 现金流量表反映项目在计算期内逐年发生的现金流入和流出。与常规会计方法不同，现金收支在何时发生就在何时计入，不做分摊。由于投资已在其发生时作为一次性支出被计入现金流出，所以不能再以折旧和摊销的方式计为现金流出，否则会发生重复计算。因此，作为经常性支出的经营成本中不包括折旧费和摊销费。

2) 全部现金流量表是以全部投资作为计算基础，利息支出不作为现金流出，而自有资金现金流量表中已将利息支出单列，因此，经营成本中也不包括流动资金利息支出。

3) 维简费又称更新改造资金，是从成本中提取专项用于维持简单再生产的资金，该部分资金相当于折旧，依据折旧费性质，该项不能包含在经营成本中，只能计算在总成本费用中。

## 2.4 工程项目收入及税费计算

### 2.4.1 收入的计算

**营业收入**(简称收入) **是企业在销售商品、提供劳务以及让渡资产使用权等日常活动中所形成的经济利益的总流入，包括主营业务收入、其他业务收入。**收入是企业日常经济活动的经济利益流入，必然导致所有者权益的增加。收入也可划分为销售商品收入、提供劳务收入、让渡资产使用权收入、建造合同收入及补贴收入等。

对多数企业而言，收入主要来自于销售。产成品生产完工、验收入库后，标志着生产过程的结束和销售过程的开始。销售过程是企业再生产过程的重要环节，是产成品价值的实现过程。在这一过程中，一方面，企业要把生产出来的产品（劳务），按照合同规定向购货单位提供；另一方面，企业要按照销售的数量和价格，从购货单位收回货币资金。

销售收入与同期总产值不同。总产值是指已加工制造完毕的成品、半成品和正在加工制造的在产品按相应价格计算的总值，是生产阶段效益的反映；销售收入是产品经过流通领域之后，给企业带来的真正效益。

$$销售收入 = \sum (产品或劳务销售量 \times 销售单价)$$

### 2.4.2 利润的计算

**利润是企业在一定会计期间内从事生产经营活动所取得的财务成果。**它能综合地反映企业生产经营各方面的情况。企业产品产量多少、质量的优劣、成本的高低，多种经营情况，以及技术和管理工作的水平等，都可以通过盈利（或亏损）集中地表现出来。利润主要包括营业利润、利润总额、税后利润（净利润）等。

**1. 营业利润**

营业利润是指企业一定期间取得的主营业务利润和其他业务利润减去期间费用之后的余额，即

营业利润 = 营业收入 − 营业成本 − 营业税费 − 期间费用 + 公允价值变动净收益 + 投资净收益

投资净收益是指投资收益扣除投资损失后的余额，投资收益包括对外投资分得的利润、股利和债券利息等。投资损失包括投资作价损失、投资到期收回或者中途转让取得款项低于账面净值的差额等。

**2. 利润总额**

利润总额是指企业一定期间各项收支相抵后的盈亏总额，包括营业利润、营业外收支净额和补贴收入。即

利润总额 = 营业利润 + 营业外收入 − 营业外支出 + 补贴收入

企业的营业外收入、营业外支出，是指与企业生产经营无直接关系的各项收入和支出。营业外收入包括固定资产盘盈、处理固定资产净收益、罚没收入、罚款收入、确实无法支付的应付款项、以前年度收入等。营业外支出包括固定资产盘亏、报废毁损、研究与开发失败损失、非常损失、公益救济性捐赠、罚息、赔偿金、违约金、以前年度损失等。补贴收入是企业从政府或某些国际组织得到的补贴，一般是企业履行了一定的义务后，得到的定额补贴。我国企业的补贴收入主要是按规定应收取的政策性亏损补贴和其他补贴。

**3. 税后利润（净利润）**

企业实现利润，一部分以税金的形式上交国家，另一部分按规定进行分配。企业的税后利润（净利润）为利润总额减去所得税后的余额，即

税后利润(净利润) = 利润总额 − 所得税

企业的利润按照国家规定做相应的调整后，必须依法缴纳所得税。缴纳所得税后的利润，除国家另有规定外，按照以下顺序分配：①被没收财务的损失，违反税法规定支付的滞纳金和罚款；②弥补企业五年内的亏损；③提取法定公积金（法定公积金用于弥补亏损、按照国家规定转增的资本金等）；④提取公益金（公益金主要用于企业职工的集体福利支出）；⑤提取特种基金（企业在盈利的年份计提的、专门用于应对突发自然灾害为企业带来的财务风险的支出）；⑥向投资者分配利润（企业以前年度未分配的利润，可以并入本年度向投资者分配）；⑦未分配利润（留存收益）。

## 2.4.3 税金的计算

税金是指企业根据国家税法规定向国家缴纳的各种税款，是企业为国家提供累积的重要方式。

**1. 消费税**

消费税是对工业企业生产、委托加工和进口的部分应税消费品按差别税率或税额征收的一种税。消费税是在普遍征收增值税的基础上，根据消费政策、产业政策的要求，有选择地对部分消费品征收的一种特殊的税种。目前，我国的消费税共设 11 个税目，13 个子目。消费税的税率有从价定率和从量定额两种，其中，黄酒、啤酒、汽油、柴油产品采用从量定额的方法；其他消费品均为从价定率计税，税率从 3% ~ 45% 不等。应纳税额计算公式分以下情况：

1) 实行从价定率办法计算的,其计算公式为

$$应纳税额 = 应税消费品销售额 \times 适用税率$$
$$= 销售收入(含增值税) \div (1 + 增值税税率) \times 消费税税率$$
$$= 组成计税价格 \times 消费税税率$$

2) 实行从量定额办法计算的,其计算公式为

$$应纳税额 = 应税消费品销售数量 \times 单位税额$$

应税消费品的销售额是指纳税人销售应税消费品向买方收取的全部价款和价外费用,不包括向买方收取的增值税税款。销售数量是指应税消费品数量。

**2. 增值税**

增值税是以商品(含应税劳务)在流转过程中产生的增值额作为计税依据而征收的一种流转税。从计税原理上说,增值税是对商品生产、流通、劳务服务中多个环节的新增价值或商品的附加值征收的一种流转税,是对销售货物或者提供加工、修理修配劳务以及进口货物的单位和个人就其实现的增值额征收的一个税种。根据对外购固定资产所含税金扣除方式的不同,增值税可以分为:生产型增值税、收入型增值税、消费型增值税。

增值税征收的一般范围包括销售(包括进口)货物,提供加工及修理修配劳务,特殊项目货物期货,银行销售金银的业务,典当业销售死当物品业务,寄售业销售委托人寄售物品的业务,集邮商品的生产、调拨及邮政部门以外的其他单位和个人销售集邮商品的业务。

增值税的纳税对象为在中华人民共和国境内销售货物或者提供加工、修理修配劳务以及进口货物的单位和个人,分为一般纳税人和小规模纳税人。一般纳税人是指:生产货物或者提供应税劳务的纳税人,以及以生产货物或者提供应税劳务为主(即纳税人的货物生产或者提供应税劳务的年销售额占应税销售额的比重在50%以上)并兼营货物批发或者零售的纳税人,年应税销售额超过500万元的;从事货物批发或者零售经营,年应税销售额超过500万元的。小规模纳税人是指从事货物生产或者提供应税劳务的纳税人,以及以从事货物生产或者提供应税劳务为主(即纳税人的货物生产或者提供劳务的年销售额占年应税销售额的比重在50%以上)并兼营货物批发或者零售的纳税人,年应税销售额在500万元以下(含本数)的。

自2017年7月1日起,简并增值税税率结构,取消13%的增值税税率。当前,一般纳税人适用的税率有:销售货物或者提供加工、修理修配劳务以及进口货物,提供有形动产租赁服务为16%;提供交通运输服务、农产品等适用10%;提供现代服务业服务(有形动产租赁服务除外)适用6%;出口货物等特殊业务适用零税率。

1) 对于一般纳税人

$$应纳税额 = 当期销项税额 - 当期进项税额$$
$$销项税额 = 销售额 \times 税率$$
$$销售额 = 含税销售额 \div (1 + 税率)$$

销项税额是指纳税人提供应税服务按照销售额和增值税税率计算的增值税税额。

进项税额是指纳税人购进货物或者接受加工修理修配劳务和应税服务,支付或者负担的增值税税额。

**[例2-8]** A公司4月份购买甲产品支付货款10000元,增值税进项税额1600元,取得

增值税专用发票。销售甲产品含税销售额为 23200 元。

$$进项税额 = 1600 元$$
$$销项税额 = 23200 元/(1 + 16\%) \times 16\% = 3200 元$$
$$应纳税额 = 3200 元 - 1600 元 = 1600 元$$

2) 对于小规模纳税人

$$应纳税额 = 销售额 \times 征收率$$
$$销售额 = 含税销售额 \div (1 + 征收率)$$

### 3. 城乡维护建设税

城乡维护建设税是以纳税人实际缴纳的流转税额为计税依据征收的一种税。城乡维护建设税按纳税人所在地区实行差别税率：项目所在地为市区的，税率为 7%；项目所在地为县城、镇的，税率为 5%；项目所在地为乡村的，税率为 1%。

城乡维护建设税以纳税人实际缴纳的增值税、消费税税额为计税依据，并分别与上述两种税同时缴纳。其应纳税额计算公式为

$$应纳税额 = (增值税 + 消费税)的实纳税额 \times 适用税率$$

### 4. 教育费附加

教育费附加是为了加快地方教育事业的发展，扩大地方教育经费的资金来源而开征的一种附加费。根据有关规定，凡缴纳消费税、增值税的单位和个人，都是教育费附加的纳税人。教育费附加伴随消费税、增值税同时缴纳。教育费附加的计征依据是各缴纳人实际缴纳的消费税、增值税的税额，征收率为 3%。其计算公式为

$$应纳教育费附加额 = (消费税 + 增值税)的实纳税额 \times 3\%$$

### 5. 地方教育附加

地方教育附加应专项用于发展教育事业。通常是由实际缴纳的增值税额和消费税额的总和乘以 2% 确定。其计算公式为

$$应纳地方教育附加额 = (消费税 + 增值税)的实纳税额 \times 2\%$$

### 6. 资源税

资源税是对在我国境内开采应税矿产品和生产盐的单位和个人，就其应税数量征收的一种税。在中华人民共和国境内开采《中华人民共和国资源税暂行条例》规定的矿产品或者生产盐的单位和个人，为资源税的纳税义务人，应缴纳资源税。

### 7. 企业所得税

企业所得税适用于中国境内的实行独立经济核算的企业和组织，包括国有企业、集体企业、私营企业、联营企业、股份制企业及其他组织。上述企业在我国境内和境外生产、经营所得和其他所得，为应纳税所得额，按 25% 的税率计算缴纳税款。同时《中华人民共和国企业所得税暂行条例》还对准予扣除的项目做了规定，对民族自治地区的企业和其他有关企业，依照规定经过批准给予优惠政策。

企业所得税的计税依据是企业应纳税所得额，即纳税人在纳税年度取得的总收入减去税收准予扣除项目后的余额。其计算公式为

$$应纳税所得额 = 收入总额 - 税收准予扣除项目金额$$

准予扣除的项目包括国家有关规定的核定成本、费用、税金和损失等项目的金额和税收

调整项目的金额。

计征企业所得税税额的关键是确定应纳税所得额。应纳税所得额乘以适用税率即可计算出所得税税额。最后再考虑有无税收优惠和税额抵免，以确定实际应纳所得税税额。其计算公式为

$$应纳所得税税额 = 应纳税所得额 \times 适用税率 - 税额减免 - 税额抵免$$

销售收入、总成本费用、税金及利润的关系如图 2-4 所示。

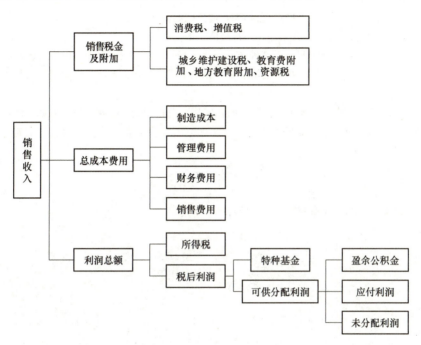

图 2-4　销售收入、总成本费用、税金及利润的关系

## 思考题与练习题

1. 简述工程项目投资构成。
2. 什么是建筑安装工程费用？由什么构成？
3. 什么是工程建设其他费用？可以分为哪几类？
4. 简述投资估算的基本内容。
5. 投资估算在具体数额上允许存在一定的误差，但必须达到的要求是什么？
6. 什么是经营成本？为什么经营成本中不包括折旧费、摊销费、维简费及流动资金贷款利息？
7. 某建设项目工程费用为 7200 万元，工程建设其他费用为 1800 万元，基本预备费为 400 万元。项目前期年限 1 年，建设期 2 年，各年度完成静态投资额的比例分别为 60% 与 40%，年均投资价格上涨率为 6%。则该项目建设期第二年价差预备费为多少？
8. 已知某项目设备及工器具购置费为 1000 万元，建筑安装工程费 580 万元，工程建设其他费用 240 万元，基本预备费 150 万元，价差预备费 50 万元，建设期贷款 500 万元，建设期贷款利息 80 万元，项目正常生产年份流动资产平均占用额为 350 万元，流动负债平均占用额为 280 万元，则该建设项目建设投资为多少？
9. 某工厂采购一台国产非标准设备，制造厂家生产该台设备所用材料费 50 万元，加工费 5 万元，辅

助材料费 1 万元，专用工具费费率 2%，废品损失费费率 5%，外购配套件费 10 万元，包装费费率 1.5%，利润率为 4%，增值税税率为 16%，非标准设备设计费 3 万元，则该国产非标准设备的原价为多少？

10. 进口某设备，已知装运港船上交货价为 500 万美元，国际运费费率为 7.5%，运输保险费费率为 4%，关税税率为 15%，增值税税率为 16%，消费税税率为 10%，则该设备的关税完税价格多少（1 美元 = 6.80 元人民币）？

11. 某建筑公司在某月有一笔工程款 100 万元，其中材料发票 50 万元，材料发票增值税税率应该是 16%，建筑公司税率是 10%。

（1）若 50 万元是不含税价格，则建筑公司当月增值税如何计算？

（2）若 50 万元是含税价格，则建筑公司当月增值税如何计算？

12. 某公司拟定在 2018 年建项目年产某种产品为 200 万 t。调查研究表明，2015 该地区年产该产品 50 万 t 的同类项目的固定资产投资额为 2500 万元，假定从 2015 年到 2018 年每年平均造价指数为 1.10，则拟建项目的投资额为多少？

13. 某年在某地兴建一座年产量 30 万 t 尿素的化肥厂，总投资为 25000 万元，假如 5 年后在该地开工兴建年产量 50 万 t 尿素的工厂，尿素的生产能力指数为 0.7，则所需静态投资为多少（假定该 5 年中每年平均工程造价指数为 1.15）？

## 二维码形式客观题

微信扫描二维码，可自行做客观题，提交后可查看答案。

# 第 3 章
# 工程项目融资与资金成本

▶ **本章主要知识点**:

项目资本金制度;项目资金筹措渠道;项目融资的概念和项目融资的特点;BOT 项目融资模式,ABS 项目融资模式,TOT 项目融资模式,PFI 项目融资模式;资金成本的概念和性质;债务资金成本、权益资金成本的计算,综合资本成本率的测算。

▶ **本章重点与难点**:

项目资本金制度;BOT 项目融资模式,ABS 项目融资模式;债务资金成本、权益资金成本的计算,综合资本成本率的测算。

## 3.1 工程项目资金筹措

### 3.1.1 项目资本金制度

**1. 项目资本金的含义**

项目资本金是指在建设项目总投资中,由投资者认缴的出资额。对于建设项目来说,项目资本金是非债务性资金,项目法人不承担这部分资金的任何利息和债务;对投资者来说,他可按其出资的比例依法享有所有者权益,也可转让其出资及其相应权益,但不得以任何方式抽回。

项目资本金主要强调的是作为项目实体而不是企业所注册的资金。注册资金是指企业实体在工商行政管理部门登记注册的资金,通常是指营业执照登记的资金,即会计上的"实收资本"或"股本",是企业投资者按比例投入的资金。在我国注册资金又称为企业资本金。因此,项目资本金有别于注册资金。

**2. 项目资本金制度的实施范围**

各种经营性固定资产项目,包括国有单位的基本建设、技术改造、房地产项目和集体投资项目,都必须首先落实资本金才能进行建设。

计算资本金基数的总投资,是指投资项目的固定资产投资与铺底流动资金之和。国家为了从宏观上调控固定资产投资,根据不同行业和项目的经济效益,对投资项目资本金占总投资的比例有不同的具体规定:

1) 钢铁、电解铝项目,最低资本金比例为 40%。

2）水泥项目，最低资本金比例为35%。

3）煤炭、电石、铁合金、烧碱、焦炭、黄磷、玉米深加工、机场、港口、沿海及内河航运项目，最低资本金比例为30%。

4）铁路、公路、城市轨道交通、化肥（钾肥除外）项目，最低资本金比例为25%。

5）保障性住房和普通商品住房项目的最低资本金比例为20%，其他房地产开发项目的最低资本金比例为30%。

6）其他项目的最低资本金比例为20%。

**3. 项目资本金来源**

项目投资资本金可以用货币出资，也可以用实物、工业产权、非专利技术、土地使用权等出资，但必须经过有资格的资产评估机构依照法律、法规评估作价。以工业产权、非专利技术作价出资的比例不得超过投资项目资本金总额的20%，国家对采用高新技术成果有特别规定的除外。

投资者以货币方式认缴的资本金，其资金来源有：

1）各级人民政府的财政预算内资金、国家批准的各种专项建设基金、经营性基本建设基金回收的本息、土地批租收入、国有企业产权转让收入、地方人民政府根据国家有关规定收取的各种规费及其他预算外资金。

2）国家授权的投资机构及企业法人的所有者权益、企业折旧资金以及投资者按照国家规定从资金市场上筹措的资金。

3）社会个人合法所有的资金。

4）国家规定的其他可以用作投资项目资本金的资金。

对某些投资回报率稳定、收益可靠的基础设施、基础产业投资项目以及经济效益好的竞争性投资项目，经国务院批准，可以试行通过可转换债券或组建股份制公司发行股票的方式筹措资本金。

## 3.1.2 项目资金筹措渠道

项目资金来源比较复杂，从资金筹措形式上看，项目资金来源可分为投入资金和借入资金，前者形成项目的资本金，后者形成项目的负债。从筹资方式上可以分为自有资本、长期贷款、发行股票筹资、发行债券筹资、融资租赁等方式。这里按资本金和负债资金两种形式进行阐述。

**1. 项目资本金**

建设项目可通过政府投资、股东直接投资、发行股票等多种方式来筹集资本金。

（1）**政府投资** 政府投资资金，包括各级政府的财政预算内资金、国家批准的各种专项建设基金、统借国外贷款、土地批租收入、地方政府按规定收取的各种费用及其他预算外资金等。国家根据资金来源、项目性质和调控需要，分别采取直接投资、资本金注入、投资补助、转贷和贷款贴息等方式，按项目安排政府投资。

（2）**股东直接投资** 股东直接投资包括政府授权投资机构入股资金、国内外企业入股资金、社会团体和个人入股资金以及基金投资公司入股的资金，构成国家资本金、法人资本金、个人资本金和外商资本金。

（3）**发行股票** 股票是一种有价证券，是股份公司在筹集资本时向出资人公开或私下发行的、用以证明出资人的股东身份和权利,并根据持有人所持有的股份数享有权益和承担义务的凭证。股票代表着其持有人(股东)对股份公司的所有权,每一股同类型股票所代表的公司所有权是相等的,即"同股同权"。

股票具有不可偿还性、参与性、收益性、流通性、价格波动性和风险性等特点。按股东承担风险和享有权益的大小,股票可分为普通股和优先股两大类。普通股和优先股是股票最基本的两种类型。普通股是股份公司最基本、最大量、最重要的股票种类,是构成股份公司资本的基础。优先股主要比普通股具有盈利分配的优先性和剩余财产分配的优先性两个方面的优先权。

发行股票筹资是一种有弹性的融资方式,股票无到期日并可降低公司负债比率,提高公司财务信用,增加公司今后的融资能力。但同时具有资金成本高,增发普通股需给新股东投票权和控制权而降低原有股东的控制权,需公开披露信息,接受投资者和社会公众的监督等不足。

**2. 负债资金**

(1) <u>银行贷款</u>  从我国现实来看,银行贷款是项目筹资的主要渠道。它包括商业银行对项目的贷款、国家政策性银行从地区或行业发展需要的角度考虑而对某些项目提供的扶持性贷款。商业银行贷款是我国建设项目获得短期、中长期贷款的重要渠道,国内商业银行贷款手续简单,成本较低,适用于有偿债能力的建设项目;国家政策性银行贷款一般期限较长,利率较低,是为配合国家产业政策等的实施,对有关政策性项目提供的贷款。我国政策性银行有国家开发银行、中国进出口银行和中国农业发展银行。

(2) <u>发行债券</u>  债券是政府、金融机构、工商企业等机构直接向社会借债筹措资金时,向投资者发行,并且承诺按一定利率支付利息并按约定条件偿还本金的债权债务凭证。债券的本质是债的证明,具有法律效力。债券购买者与发行者之间是一种债权债务关系,债券发行人即债务人,投资者(或债券持有人)即债权人。

债券的基本要素包括债券的面值、债券的利率和债券的期限。债券的面值主要指的是债券的面值币种和债券票面上直接标示的货币单位。债券的利率是指债券持有人每年可获得的利息与债券面值的比率。债券利率通常是固定的,即在债券到期之前保持不变。债券的期限即从债券发行日起到本息偿清之日止的时间。债券期限短的只有数月,长的可达几十年。

债券作为一种重要的融资手段和金融工具,具有偿还性、流通性、安全性和收益性的特征。债券融资具有融资成本较低、保障企业控制权、发挥财务杠杆作用的优点同时,也具有财务杠杆负效应、提高企业负债比率、经营管理受限制的缺点。

(3) <u>融资租赁</u>  融资租赁是指出租人根据承租人对出卖人、租赁物的选择,向出卖人购买租赁物件,提供给承租人使用,向承租人收取租金的交易。它以出租人保留租赁物的所有权和收取租金为条件,使承租人在租赁合同期内对租赁物取得占有、使用和受益的权利。与传统租赁一个本质的区别就是:传统租赁以承租人租赁使用物件的时间计算租金,而融资租赁以承租人占用融资成本的时间计算租金。融资租赁是市场经济发展到一定阶段而产生的一种适应性较强的融资方式。

融资租赁一般会涉及三方当事人,包括出租人、承租人和供应商,并同时签订两个或两个以上的合同,即融资租赁合同和买卖合同。租赁物件和供应商由承租人选定,出租人不承担租赁物的瑕疵责任。在租赁期满后,承租人一般对租赁设备有留购、续租和退租三种选择。

融资租赁是筹措资金的新途径。它能缓解承租人为购置设备支付时的现金流压力，解决企业更新和添置生产急需设备而资金不足的困难，并能延长资金融通的期限，保持资金的流动性、提高资金使用效率。在租赁期结束时，承租人可按象征性的价格购买租赁物件，作为承租人自己的财产。

(4) **利用国外资金** 借用国外资金大致可分为以下几种途径：

1) 外国政府贷款。这种贷款的特点是利率较低（年利率一般为2%～4%），期限较长（一般为20～30年，最长可达50年），但数额有限。因此，这种贷款比较适用于建设周期较长、金额较大的工程建设项目，如发电站、港口、铁路及能源开发等项目。目前，我国可利用的外国政府贷款主要有：日本国际协力银行贷款、日本能源贷款、美国国际开发署贷款、加拿大国际发展署贷款以及德国、法国等政府的贷款。外国政府贷款一般以混合贷款方式提供，即在贷款总额中，政府贷款一般占1/3，其余2/3为出口信贷。此外，贷款一般都限定用途，如用于支付从贷款国进口设备，或用于某类项目建设。

2) 国际金融组织贷款。目前与我国关系最为密切的国际金融组织是国际货币基金组织、世界银行和亚洲开发银行。

① 国际货币基金组织贷款。其贷款用途限于弥补国际收支逆差或用于经常项目的国际支付，期限为1～5年。

② 世界银行贷款。世界银行贷款利率低于市场利率，甚至免收利息，贷款期限（含宽限期）均较长，一般为20年左右，最长可达30年，宽限期为5年，借款者主要承担贷款货币汇率变动的风险。世界银行贷款立项认真、严格，一般与特定的工程项目相联系，对项目进行精心挑选、认真核算、系统分析和严格监督，但审批时间较长。

③ 亚洲开发银行贷款。亚洲开发银行（简称亚行）贷款分为普通资金贷款（硬贷款）、亚洲开发基金贷款（软贷款）和技术援助基金。硬贷款是由亚行普通资金提供的贷款，贷款的期限为10～30年，含2～7年的宽限期，贷款的利率为浮动利率，每年调整一次。软贷款是由亚行开发基金提供的贷款，贷款的期限为40年，含10年的宽限期，不收利息，仅收1%的手续费，此种贷款只提供给还款能力有限的发展中国家。技术援助基金来源于亚行发达成员和发展中成员的捐赠，主要用于成员进行技术传播、实施项目开发与运营、专项问题的研究等；普通基金贷款期限一般15年，含3年宽限期，无承诺费；开发基金贷款32年，含8年宽限期，宽限期利率为1%，之后为1.5%。

3) 国外商业银行贷款。国外商业银行贷款是指项目相关方在国际金融市场上以借款方式筹集的资金，主要包括国外开发银行、投资银行、长期信用银行以及开发金融公司提供的贷款。

4) 出口信贷。出口信贷是一种国际信贷方式，是一国为了支持和鼓励本国大型机械设备、工程项目的出口，加强国际竞争力，以向本国出口商或国外进口商提供利息补贴和信贷担保的优惠贷款方式，鼓励本国的银行对本国出口商或国外进口商提供利率较低的贷款，以解决本国出口商资金周转的困难，或满足国外进口商对本国出口商支付货款需要的一种融资方式。

这种贷款的特点是利率较低，期限一般为10～15年，借方所借款项只能用于购买出口信贷国设备。出口信贷利率通常要低于国际上商业银行的贷款利率，但需要支付一定的附加费用（管理费、承诺费、信贷保险费等）。

## 3.2 项目融资主要模式

### 3.2.1 项目融资的含义

**1. 项目融资的概念**

项目融资始于20世纪30年代美国油田开发项目，后来逐渐扩大范围，广泛应用于石油、天然气、煤炭、铜、铝等矿产资源的开发。目前项目融资已成为应用于大型工程项目的资金筹集过程中的重要手段，对于解决大型工程建设的资金缺口，尤其是缓解基础设施项目建设的资金紧张局面，起到了十分重要的作用。

广义的项目融资是指为了建设一个新项目或者收购一个现有项目，或者对已有项目进行债务重组所进行的一切融资活动。本书所讨论的项目融资主要是指无追索或有限追索形式的项目融资。

《美国财会标准手册》中对项目融资的定义为："项目融资是指对需要大规模资金的项目而采取的金融活动。借款人原则上将项目本身拥有的资金及其收益作为还款的资金来源，而且将其项目资产作为抵押条件来处理。"

彼德·内维特（Peter K. Nevitt）在其《项目融资》一书中为项目融资下的定义为："为一特定经济实体所安排的融资，其贷款人在最初考虑安排融资时，将满足于使用该经济实体的现金流量和收益作为偿还贷款的资金来源，并且将满足于使用该经济实体的资产作为贷款的安全保障"。

中国银行官方网站定义项目融资为："项目融资即项目的发起人（即股东）为经营项目成立一家项目公司，以该项目公司作为借款人筹借贷款，以项目公司本身的现金流量和全部收益作为还款来源，并以项目公司的资产作为贷款的担保物。该融资方式一般应用于现金流量稳定的发电、道路、铁路、机场、桥梁等大型基础建设项目。"

以上项目融资的定义有以下共同点：①项目融资至少有项目发起方、项目公司、贷款方三方参与；②项目发起方以股东身份组建项目公司，该项目公司为独立法人，从法律上与股东分离；③贷款银行为项目公司提供贷款，贷款银行主要依靠项目本身的资产和未来的现金流量作为贷款保证，而原则上对项目公司之外的资产没有追索权或仅有有限追索权。

**2. 项目融资的特点**

项目融资有别于传统融资（公司融资）的融资方式，具有以下特点：

（1）**项目导向**　项目融资的第一大特点是主要依赖于项目的现金流量和资产而不是依赖于项目的投资者或发起人的资信来安排融资。在项目融资中，贷款银行在贷款时主要把精力集中于项目在贷款期限内究竟能够产生多少的现金流量用于还款，贷款的数量、融资成本的高低以及融资结构的设计等，这些都与项目的预期现金流量的资产价值直接联系在一起。在传统融资中，贷款银行主要考虑发起人或担保人的信用，并对项目资产实行完全追索权，且贷款金额需要进入发起人的资产负债等，最终影响发起人的信用。

由于以项目为导向，项目融资与传统融资方式相比，可获得较高的贷款比例，根据项目经济效益的状况通常可以得到项目60%~75%的资本需求量。同时，项目融资的贷款期限可以根据项目的具体需要和项目经济生命期来安排设计。近几年的实例表明，有的项目贷款期限可以长达 20 年之久。

(2) **有限追索**　作为有限追索的项目融资来说，贷款人可以在贷款的某个特定阶段（如建设期）对项目借款人实行追索，或者在一个规定的范围内（包括金额和形式的限制）对项目借款人实行追索。除此之外，无论项目出现任何问题，贷款人均不能追索到项目借款人除该项目资产、现金流量以及所承担的义务之外的任何形式的资产。而对于完全追索形式的贷款，贷款人主要依赖的是借款人自身的资信情况，而不是项目的经济效益。

(3) **风险分担**　一项成功的项目融资，应该将项目的各种风险在项目的主要参与者和其他利益相关者之间，以某种形式进行合理分配，而不应该由项目中的任何一方单独承担项目的全部风险。只有进行风险分担，才能实现有限追索。

由于项目融资资金需求量大，风险高，因此往往也由多家金融机构参与提供资金，并通过书面协议明确各贷款银行承担风险的程度，一般还会形成结构严谨而复杂的担保体系。

(4) **实现资产负债表外融资**　资产负债表外融资是指项目的债务不表现在项目投资者的公司资产负债表中。根据项目融资风险分担原则，贷款人对于项目的债务追索权主要被限制在项目公司的资产和现金流量中，项目投资者所承担的是有限责任，因此有条件使融资被安排为一种不需要进入项目投资者的资产负债表的贷款形式。资产负债表外融资对于项目投资者的价值在于使某些财力有限的公司能够从事更多的投资，特别是一个公司在从事超过自身资产规模的投资时，这种融资方式的价值就会充分体现出来。

(5) **信用结构多样化**　采用项目融资的项目，需要大量的资金，面临许多风险，为了获得银行贷款，并尽可能降低和分担风险，需要在很多环节上设计好信用担保结构，这是项目融资能否成功的关键。例如，对于资源性项目融资来说，由于其价格变动影响因素很多，能否获得一个稳定的、合乎贷款银行要求的项目产品，长期销售合同往往成为组织成功项目融资的关键；在工程建设方面，可以要求工程承包公司提供"交钥匙"工程合同，也可以要求项目设计者为工程技术项目产品的价格设计一定的浮动价格，保证最低收益。这些做法，都可以成为项目融资强有力的信用支持。

(6) **信用成本较高**　由于项目融资风险大，融资结构、担保体系复杂，参与方较多，因此前期需要做大量协议签署、风险分担、咨询顾问的工作，需要发生各种融资顾问费、成本费、承诺费、律师费等。另外，由于风险的因素，项目融资的利息一般也要高出同等条件抵押贷款的利息，这些都导致项目融资的融资成本比其他融资方式的融资成本高。

(7) **充分利用税务优势**　所谓"充分利用税务优势"，是指在项目所在国法律允许范围内，通过精心设计的投资结构模式，将所在国政府对投资的税务鼓励政策在项目参与者各方中最大限度地加以分配和利用，以此为杠杆来降低融资成本，减轻项目高负债期内的现金流量压力，提高项目的偿债能力和综合收益率。

### 3.2.2　几种主要模式

#### 1. BOT 项目融资模式

BOT 的概念是由土耳其总理厄扎尔于 1984 年正式提出的，并得到广泛运用。所谓 BOT（Build-Operate-Transfer）即建设-经营-转让，是指政府通过契约授予私营企业（包括外国企业）以一定期限的特许专营权，许可其融资建设和经营特定的公用基础设施，并准许其通过向用户收取费用或出售产品以清偿贷款，回收投资并赚取利润。特许权期限届满时，该基础设施无偿移交给政府。

世界银行在《1994年世界发展报告》中指出，BOT至少有三种具体形式：标准BOT、BOOT、BOO。

（1）标准BOT　在标准的BOT模式中，私人财团或国外财团自己融资来设计、建设基础设施项目。项目开发商根据事先约定，经营一段时间以收回投资。经营期满，项目所有权或经营权将被转让给东道国政府。标准BOT融资模式的基本思路是：由政府或所属机构对项目的建设和经营提供一种特许权协议作为项目融资的基础；由本国公司或者外国公司作为项目的投资者和经营者安排融资，承担风险，开发建设项目，并在有限的时间内经营项目获取商业利润，最后，根据协议将该项目转让给相应的政府机构。有时，标准BOT模式被称为"暂时私有化"过程。

（2）BOOT　BOOT（Build-Own-Operate-Transfer）即建设-拥有-经营-转让。项目公司对所建项目设施拥有所有权并负责经营，经过一定期限后，再将该项目移交给政府。

（3）BOO　BOO（Build-Own-Operate）即建设-拥有-经营。项目一旦建成，项目公司对其拥有所有权，当地政府只是购买项目服务。

BOOT和标准BOT的区别有二：①所有权的区别。标准BOT模式，项目建成后，私人只拥有所建成项目的经营权；而BOOT模式，在项目建成后，在规定的期限内，私人既有经营权，也有所有权。②时间上的区别。采取标准BOT方式，从项目建成到移交给政府这一段时间一般比采取BOOT模式短一些。每一种标准BOT形式及其变形，都体现了对于基础设施部分政府所愿意提供的私有化程度。标准BOT意味着一种很低的私有化程度，因为项目设施的所有权并不转移给私人。BOOT代表了一种居中的私有化程度，因为设施的所有权在一定有限的时间内转给私人。最后，就项目设施没有任何时间限制地被私有化并转移给私人而言，BOO代表的是一种最高级别的私有化。

由于基础设施项目通常直接对社会产生影响，并且要使用公共资源，诸如土地、公路、铁路、管道、广播电视网等，因此，基础设施的私有化是一个特别重要的问题。对于运输项目（如收费公路、收费桥梁、铁路等）都是采用BOT模式，因为政府通常不愿将运输网的私有权转交给私人。在动力生产项目方面，通常会采用标准BOT、BOOT或BOO模式。一些国家很重视发电，因此只会和私人签署标准BOT或是BOOT特许协议；而在电力资源充足的国家（如阿根廷），其政府并不如此重视发电项目，一般会签署一些BOO许可证或特许协议。最后，对于电力的分配和输送，以及天然气、石油来说，这类行业通常被认为是关系到一个国家的国计民生，因此，建设这类设施一般都采用标准BOT或BOOT模式。

标准BOT模式主要应用于投资规模大、建设周期较长、投资风险大而传统融资方式又难以满足的大型资本、技术密集型且竞争性不强的公共基础设施或基础工业项目，如电力、公路、铁路、水利、桥梁、隧道、城市交通、供水、环保排污、港口、码头、机场等。

**2. ABS项目融资模式**

ABS（Asset-Backed Securitization）即资产支持证券，ABS工程项目融资是指以项目所拥有的资产为基础，以项目资产可以带来的预期收益为保证，通过在国际资本市场发行高档债券来募集资金的一种证券化融资方式。

ABS融资模式通过项目公司特殊目的载体（Special Purpose Vehicle，SPV）[通常包括特殊目的公司（Special Purpose Company，SPC）和特殊目的信托（Special Purpose Trust，SPT）两种主要表现形式]发行高档债券筹集资金，接触的多为国际一流的证券机构，能够充分利用外部信用保障。其债券利息低，在发行债券期内项目的资产所有权归SPV所有。

在ABS融资模式中，清偿债务本息的资金与项目资产的未来现金收入有关，ABS对原始权益人没有追索权，因此资产的风险主要由投资者和担保机构承担。同时，在资本市场上发行的债券被众多投资者购买，进一步分散了投资风险。

### 3. TOT项目融资模式

（1）TOT项目融资模式的概念　TOT是英文Transfer-Operate-Transfer的缩写，即移交-经营-移交。TOT模式是国际上较为流行的一种项目融资模式，通常是指政府部门或国有企业将建设好项目的一定期限的产权或经营权，有偿转让给投资人，由其进行运营管理；投资人在约定的期限内通过经营收回全部投资并得到合理的回报，双方合约期满之后，投资人再将该项目交还政府部门或原企业的一种融资模式。

采用TOT项目融资模式，借款人不需要背负较大的债务负担，可以节省沉重的利息费用。TOT模式的流程大致是：首先进行经营权转让，即把存量部分资产的经营权置换给投资者，双方约定一定的转让期限；其次，在此期限内，经营权受让方全权享有经营设施及资源所带来的收益；最后，期满后，再由经营权受让方移交给经营权转让方。它是相对于增量部分资源转让即BOT而言的，TOT和BOT都是融资的方式和手段。

（2）TOT项目融资模式的特点

1）与BOT相比，省去建设环节，使项目接手后就有收益。同时，由于项目收益已步入正常运转阶段，项目经营者通过把经营收益权向金融机构提供质押担保方式再融资，也变得容易多了。

2）以现有投产项目为基础，收益基础相对有保障，项目管理方便，为各种类型的公司或投资主体参与工程融资提供了基础。

3）一般在项目转让过程中，只转让项目经营权，不转让项目所有权。

4）相对而言，实施TOT项目融资风险较小，同时综合了项目建设周期，加快了资金周转，与银行贷款等比较，不需要偿还资金和利息。

### 4. PFI项目融资模式

PFI（Private Finance Initiative）项目融资模式于1992年发源于英国。当时英国政府为了努力降低公共项目的投资支出，鼓励私人资本在服务业等领域进行投资，英国财政大臣Norman Lamon提出了PFI的概念，目的是使私有资金和公共项目更好地结合，明确和规范政府在私有资金建设项目中的角色，提高私有资金的利用率和政府的管理水平，最终获得了巨大的成功，并迅速传播到其他发达国家。PFI模式是国际上用于开发基础设施、公用事业项目的一种模式。

PFI项目融资模式是指利用私营企业进行项目的开发、实施、建设、运营公共项目的一种建设模式，即政府根据社会需求提出建设项目，通过招投标，由获得特权的私营企业进行基础设施和公共物品的建设、运营，并在特许期结束时将项目移交给政府。PFI项目从发起到实施完成的整个过程都存在着风险。在风险的压力下，项目公司（SPV）尽可能地使人、财、物等资源得到优化，从而在一定程度上克服了基础设施和公共事业由政府机构统一经营而造成的效率低下、投资回报率低等弊端。这也是PFI项目价值最大化的来源。

实质上，PFI 模式是提供某种公共项目的服务，并同时负责对公共项目的管理，而不是提供某个具体的建筑物。典型的 PFI 项目，实质上是政府或公众对公共物品生产者提供的公共服务的购买，如购买医院、学校、监狱的服务等。

## 3.3 项目融资成本及计算

### 3.3.1 资金成本

**1. 资金成本的概念**

每种项目融资模式都有资金成本，不可能无偿使用，需要付出代价，也就是要向资金提供者如股东、银行支付股息、利息等作为报酬，即要产生资金成本。资金成本是指企业为筹集和使用资金而付出的代价。**资金成本包括资金筹集费用和资金占用费用两部分**。资金筹集费用是指资金筹集过程中支付的各种费用，如发行股票、发行债券支付的印刷费、律师费、公证费、担保费及广告宣传费。资金占用费用是指占用他人资金应支付的费用，如股东的股息、红利，债券及银行借款支付的利息。

不同的融资模式产生的资金成本不同，因此资金成本通常以相对数表示。企业使用资金所负担的费用同筹集资金净额的比率，称为资金成本率，其定义式为

$$资金成本率 = \frac{资金占用费用}{筹集资金总额 - 资金筹集费用} \times 100\%$$

由于资金筹集费用一般与筹集资金总额成正比，所以一般用筹集费用率表示资金筹集费用，由此资金成本率公式也可表示为

$$资金成本率 = \frac{资金占用费}{筹集资金总额} \times \frac{1}{1 - 筹集费用率} \times 100\%$$

**2. 资金成本的性质和作用**

（1）资金成本的性质　资金成本是一个重要的经济范畴，是在市场经济条件下，由于资金所有权和使用权相分离而形成的一种财务概念，它具有以下性质：

1）资金成本是资金使用者向资金所有者或中介支付的占用费用和筹资费用，因此资金成本是市场经济条件下资金所有权和资金使用权分离的产物。

2）资金成本具有一般产品成本的基本属性，即同为资金耗费，但又不同于一般产品成本的某些特征，因为这种资金耗费，一部分计入成本费用，相当一部分则作为利润分配处理。

3）资金成本的基础是资金时间价值，但通常还包括投资风险价值和物价变动因素。

（2）资金成本的作用

1）资金成本是企业选择资金来源、拟定筹资方案的依据。项目进行融资的方案有多种形式，如发行股票、债券、银行贷款等，每种融资方案的资金成本不同。因此，要比较各种资金来源的成本，合理调整资本结构，确定筹资方案。

2）资金成本是评价投资项目、比较投资的重要经济标准，即最低报酬率。只有项目的预期收益足以弥补资金成本时，项目才可以接受。

3）资金成本可以作为衡量企业经营成果的尺度。

### 3.3.2 建设期利息的计算

建设期利息是指项目借款在建设期内发生并计入固定资产的利息。为了简化计算，在编制投资估算时通常假定借款均在每年的年中支用，借款第一年按半年计息，其余各年份按全年计息。计算公式为

各年应计利息 = (年初借款本息累计 + 本年借款额/2) × 年利率

微课4 建设期利息的计算

【例3-1】 某新建项目，建设期为3年，共向银行贷款1300万元，贷款时间为：第1年300万元，第2年600万元，第3年400万元，年利率为6%，计算建设期利息。

解：在建设期，各年利息计算如下：

第1年应计利息 = $\frac{1}{2}$ × 300 万元 × 6% = 9 万元

第2年应计利息 = $\left(300\text{万元} + 9\text{万元} + \frac{1}{2} \times 600\text{万元}\right) \times 6\% = 36.54\text{万元}$

第3年应计利息 = $\left(300\text{万元} + 9\text{万元} + 600\text{万元} + 36.54\text{万元} + \frac{1}{2} \times 400\text{万元}\right) \times 6\% = 68.73\text{万元}$

建设期利息总和 = 9 万元 + 36.54 万元 + 68.73 万元 = 114.27 万元

### 3.3.3 资金成本的计算

资金成本的计算按照资金来源方式的不同分为债务资金成本的计算和权益资金成本的计算；按照融资方案数量的不同可以分为个别资金成本的计算和综合资金成本的计算。

**1. 债务资金成本**

（1）长期债券资金成本 长期债券资金成本主要包括债券的利息和筹资费用。长期债券资金利息作为财务费用计入所得税前成本费用内，具有抵税作用。债券的筹资费用一般比较高，不可在计算资金成本时省略，它主要是包括发行债券的手续费、注册费用、印刷费以及上市推销费用等。按照一次还本付息、分期付息的方式，债券融资成本的计算公式为

$$K_b = \frac{I_b(1-T)}{B(1-F_b)}$$

式中 $K_b$——债券资金成本；

$I_b$——债券年利息；

$B$——债券发行额，即实际筹集资金额度；

$F_b$——债券筹资费用率；

$T$——所得税税率。

【例3-2】 某公司发行总面额为100万元的10年期债券，票面利率为10%，按面值发行且发行费用率为3%，公司所得税税率为25%，计算资金成本为

$$K_b = \frac{100\text{万元} \times 10\% \times (1-25\%)}{100\text{万元} \times (1-3\%)} = 7.7\%$$

(2) 长期借款资金成本　长期借款手续费较低，包括借款利息和筹资费用两部分。借款利息计入税前成本费用，可以起到抵税作用。因此一次还本息、分期付息借款的成本可表示为

$$K_l = \frac{I_t(1-T)}{L(1-F_l)} = \frac{R_l(1-T)}{1-F_l}$$

式中　$K_l$——项目借款的融资成本；

　　　$I_t$——项目借款第 $t$ 年的利息；

　　　$L$——项目借款筹资额；

　　　$F_l$——项目借款的筹资费用率；

　　　$T$——所得税税率；

　　　$R_l$——借款年利息率。

【例3-3】　某项目公司向某银行借得年利率为8%的5年期借款200万元，每年付息一次，到期一次还本。项目公司所得税税率为25%，融资费用率为1%。这笔借款的资金成本为

$$K_l = \frac{8\% \times (1-25\%)}{1-1\%} = 6.1\%$$

**2. 权益资金成本的计算**

（1）普通股的资金成本　由于普通股股价的变化性，及每股股利的不确定性，因此普通股资金成本不易确定。因此可采用的计算方法主要有：资本资产定价模型法、税前债务成本加风险溢价法和股利增长模型法。

1）采用资本资产定价模型法，普通股资金成本的计算公式为

$$K_s = R_f + \beta(R_m - R_f)$$

式中　$K_s$——普通股资金成本；

　　　$R_f$——社会无风险投资收益率；

　　　$R_m$——市场投资组合预期收益率；

　　　$\beta$——项目的投资风险系数。

2）采用税前债务成本加风险溢价法。普通股资金成本的计算公式为

$$K_s = K_b + RP_c$$

式中　$K_s$——普通股资金成本；

　　　$K_b$——所得税前的债务资金成本；

　　　$RP_c$——投资者比债权人承担更大风险所要求的风险溢价。

3）采用股利增长模型法。普通股资金成本的计算为

$$K_s = \frac{D_1}{P_0(1-f)} + g$$

式中　$P_0$——当年普通股市场价格；

　　　$D_1$——第1年股利；

$f$——普通股融资费用率；

$g$——普通股股利每年预期增长率。

**【例 3-4】** XYZ 公司准备增发普通股，每股发行价为 20 元，发行费用 3 元，预定第一年分派现金股利每股 1 元，以后每年股利增长 5%。求该公司普通股的资金成本。

解：
$$K_s = \frac{1 \text{元}}{20 \text{元} - 3 \text{元}} + 5\% = 10.9\%$$

（2）优先股的资金成本　优先股成本取决于投资者对优先股收益率的要求，股利都是固定的计算公式：

$$K_s = \frac{D_1}{P_0(1-f)}$$

**【例 3-5】** 某公司发行 100 万元优先股，发行费用为 5%，每年支付 10% 的股利。求该公司优先股的资金成本。

解：
$$K_s = \frac{100 \text{万元} \times 10\%}{100 \text{万元} \times (1-5\%)} = 10.52\%$$

**3. 综合资金成本率的测算**

企业从不同来源筹集资金，筹资比例也不同，其资金成本不同。企业出于经济效益的考虑，希望资金成本为最低，因此，为了进行筹资决策和投资决策，就需要计算全部资金来源的综合资金成本率，即加权平均的资金成本率，其计算公式为

$$K_w = \sum_{j=1}^{n} K_j W_j$$

式中　$K_w$——综合资金成本率；

$W_j$——第 $j$ 种资金来源占全部资金的比重；

$K_j$——第 $j$ 种资金来源的资金成本率。

**【例 3-6】** 某公司有长期资本总额 1 亿元，其具体情况见表 3-1。

表 3-1　各类资金额及其占比

| 资金种类 | 资金额（万元） | 资金比例（%） | 个别资金成本率（%） |
|---|---|---|---|
| 长期借款 | 2000 | 20 | 4 |
| 长期债券 | 3500 | 35 | 6 |
| 优先股 | 1000 | 10 | 10 |
| 普通股 | 3000 | 30 | 14 |
| 留存收益 | 500 | 5 | 13 |
| 合计 | 10000 | 100 | — |

解：综合资金成本率为

$K_w = 4\% \times 0.20 + 6\% \times 0.35 + 10\% \times 0.10 + 14\% \times 0.30 + 13\% \times 0.05 = 8.75\%$

## 思考题与练习题

1. 什么是项目资本金？它与企业的注册资金有何区别？
2. 简述投资者以货币方式认缴的资本金来源。
3. 什么是项目融资？有何特点？
4. 什么是资金成本？有何作用？
5. 某新建项目，建设期为3年，分年进行贷款，第一年贷款1000万元，第二年600万元，第三年400万元，年利率为8%，建设期内利息只计息不支付，计算建设期贷款利息。
6. 某企业为建设项目计划筹集资金100万元，所得税税率为25%，相关资料如下：
(1) 向银行借款10万元，借款年利率为7%，手续费费率为2%。
(2) 发行债券，债券面值为14万元，发行价格为15万元，票面利率为9%，期限5年，每年支付一次利息，其筹资费费率为3%。
(3) 发行普通股40万元，每股发行价10元，预计第一年每股股利为1.2元，股利增长率为8%，筹资费费率为6%。
(4) 其余所需资金通过留存收益取得。
要求：(1) 计算债权资本的个别资金成本。
　　　(2) 计算股权资本的个别资金成本。
　　　(3) 计算综合资金成本。
7. 某企业拟采用三种方式筹资，并拟定了三个筹资方案，相关数据见表3-2，要求：选择最佳筹资方案。

表3-2 三个筹资方案

| 筹资方式 | 资金成本（%） | 资本结构（%） | | |
|---|---|---|---|---|
| | | A | B | C |
| 发行股票 | 15 | 50 | 40 | 40 |
| 发行债券 | 10 | 30 | 40 | 30 |
| 长期借款 | 8 | 20 | 20 | 30 |

8. 某项目公司因发展需要，现要追加资金11000万元，有两种方案：
方案一：筹集资金来源有长期借款、发行普通股和短期借款。
(1) 长期借款6000万元，时间5年，年借款利率为8%，手续费费率为0.1%。
(2) 发行普通股，股数为1000万股，每股面值为4元，按面值发行，发行费费率为0.2%，采取固定股利，每股股利为0.5元。
(3) 短期借款1000万元，时间9个月，年借款利率为6%，手续费20万元。
方案二：筹集资金来源为发行长期债券和短期借款。
(1) 发行长期债券10000万元，债券面值为每张10万元，债券期限为5年，债券票面利率为10%，发行费费率为0.1%，发行价格为每张12万元。
(2) 短期借款1000万元，时间9个月，年借款利率为6%，手续费20万元。
问题：请选择追加资金的方案。

## 二维码形式客观题

微信扫描二维码，可自行做客观题，提交后可查看答案。

# 第 4 章
# 资金时间价值计算

▶ **本章主要知识点**：

项目现金流量的含义、项目现金流量图的绘制原则；资金的时间价值概念、利息与利率的概念及内容、单利与复利；资金时间价值计算前提条件；资金时间价值计算公式及主要推导过程；资金时间价值系数之间的相互关系；等值的含义、名义利率与实际利率；通货膨胀与货币的购买力之间的关系、投资中的通货膨胀分析。

▶ **本章重点与难点**：

项目现金流量图的绘制、资金时间价值概念、资金时间价值计算基本公式、名义利率与实际利率。

## 4.1 工程项目现金流量及现金流量图

### 4.1.1 项目现金流量的含义

在进行工程经济分析时，可把所考察的对象视为一个系统。这个系统可以是一个建设项目、一个企业，也可以是一个地区、一个国家。而投入的资金、花费的成本、获取的收益，均可看成是以资金形式体现在该系统的资金流出或资金流入，这种在考察对象整个期间各时点 $t$ 上实际发生的资金流出或资金流入称为**现金流量**。

流入系统的资金称为现金流入（Cash Input），用符号 $CI_t$ 表示，主要有产品销售收入、回收固定资产残值、回收流动资金。流出系统的资金称为现金流出（Cash Output），用符号 $CO_t$ 表示，主要有固定资产投资、投资利息、流动资金、经营成本、销售税金及附加、所得税、借款本金偿还。**现金流入与现金流出之差称为净现金流量**，用符号 $(CI-CO)_t$ 表示，即净现金流量等于项目同一年份的现金流入量减现金流出量。

### 4.1.2 项目现金流量图

#### 1. 现金流量图的含义及基本符号

现金流量图就是在时间坐标轴上用带箭头的垂直线段表示特定系统在一段时间内发生的现金流量的大小和方向。一个项目的现金流，从时间上看，有起点、终点和一系列的中间点。把起点称为"现在"（尽管它可能并不发生在现在这个时刻），除现在以外的时间称

"将来",现金流结束的时点称为"终点"。把发生在现在的资金收支额称为"现值",用符号 $P$ 表示;把发生在"将来"和"终点"的资金收支额称为"终值",用符号 $F$ 表示;当时间间隔相等时,把中间时点发生的资金收支额称为"年值"或"年金",用符号 $A$ 表示,如果系统中的各年值都相等,年值也称"等额年值"。

**2. 现金流量图的绘制原则**

现金流量图如图 4-1 所示。图中横轴表示时间,0 点表示所考察的起始时刻。垂直线的长度与现金流的大小成正比例(但是在实际绘图中,由于现金流的差额较大,通常不以等比例产生,仅用线段的长短象征性表示金额大小,计算分析过程中仍然以图中表示的数字为准)。箭头向下表示资金流出,即货币离开所讨论的经济系统,为负的现金流量。箭头向上,表示资金流入,即货币进入所讨论的经济系统,为正的现金流量。图中的现金流量一般都用数字或字母加以标注。

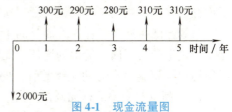

图 4-1 现金流量图

1)对项目投资额,在未特别说明时点的情况下,一律发生在投资各期期初。

2)对项目寿命周期满的残值,在项目寿命周期末产生。

3)对生产期流动资金,通常情况下,在生产期第 1 年年初作为现金流出,在生产期最后 1 年年末收回。

4)对年金 $A$,在未特别说明的情况下,一律发生在等额时段内各时点的期末。

在图 4-1 中,"2000 元"作为现金流出中的投资在第 1 年年初发生,而在各年年末形成不等额的现金流入。

## 4.2 资金时间价值的理解及计算

### 4.2.1 资金时间价值

微课5
资金时间价值的理解

**1. 资金时间价值的理解**

(1)资金的时间价值概念  先用一个实例说明资金的时间价值。

某工厂建厂时因考虑到大量原材料的运输问题,因而打算研究是否将该厂迁至新原材料产地的问题。根据计算,迁到新厂址每年预计可以节约运费 1000 万元,建厂期间原厂照常生产。假设新厂的寿命周期为 20 年,出售现有工厂用地的价格将比购买新厂址用地的价格低,加上搬迁和搬迁期间所造成的损失,以及建新厂所花的投资总额应为多少才合算呢?

根据上述情况,认为 20 年总计可以节约 2 亿元,因而认为搬迁所花总费用只要少于 2 亿元就合算的想法是否正确呢?如果这种想法正确,那么是否意味着当新厂的寿命周期为无限时,建新厂无论花多少钱都是合算的呢?

事实上上述想法是不对的。因为如果这 2 亿元不用于搬迁,而是以 6% 的年利率存于银行,则每年的利息金额就是 1200 万元。该值比每年运费的节约金额还要大,而且将资金存入银行的做法对谁都是可以办到的。另外,如果该厂打算用于搬迁的资金总额有年利率为 10% 的运用机会,且将这种机会比作银行存款,则年利息额将达 2000 万元(2 亿元 × 10% = 2000 万元)。由此可见,现在支出 2 亿元与今后每年收入 1000 万元相比,后者的价值小。换言之，1 年节约 1000 万元，2 年节约 2000 万元……20 年节约 2 亿元的算法是错误的。

可见，当执行某一方案的经济效果持续时间较长时，如果不考虑资金的时间价值，就不能得出正确的判断。资金的运动规律就是资金的价值随时间的变化而变化，其变化的主要原因有：①通货膨胀、货币贬值；②承担风险；③货币增值。

资金的时间价值有两个含义：①将货币用于投资，通过资金的运动而使货币增值；②将货币存入银行，相当于个人失去了对这些货币的使用权，按时间计算这种牺牲的代价。

市场经济条件下，存在着商品的生产，因而货币必然受商品生产的规律所制约，就是说必须通过生产与流通，货币的增值才能实现。因此，为了使有限的资金得到充分的运用，就必须运用"资金只有运动才能增值"的规律，加速资金周转，提高经济效益。

(2) 利息与利率的概念及内容

1) 利息。在借贷过程中，债务人支付给债权人超过原贷款金额（常称作本金）的部分，就是利息。利息的计算公式为

$$利息 = 目前应付(应收)的总金额 - 本金 \tag{4-1}$$

从本质上看，利息是由贷款发生利润的一种再分配。在技术经济研究中，利息常常被看作资金的机会成本。这是因为如果放弃资金的使用权，相当于失去收益的机会，也就相当于付出了一定的代价。比如，资金一旦用于投资，就不能用于现期消费，而牺牲现期消费又是为了能在将来得到更多的消费，从投资者的角度来看，利息体现为对放弃现期消费的损失所做的必要补偿。所以，利息就成了投资分析平衡现在与未来的杠杆，投资这个概念本身就包含着现在和未来两方面的含义。事实上，投资就是为了在未来获得更大的回收而对目前的资金进行某种安排。很显然，未来的回收应当超过现在的投资，正是这种预期的价值增长才能刺激人们从事投资。因此，在技术经济学中，利息是指占用资金所付的代价或者是放弃现期消费所得的补偿。

2) 利率。在经济学中，利率的定义是从利息的定义中衍生出来的。也就是说，在理论上先承认了利息，再以利息来解释利率。在实际计算中，正好相反，常根据利率计算利息，利息的大小用利率来表示。

利率就是在单位时间内（如年、半年、季、月、周、日等）所得利息额与本金之比，常用百分数表示：

$$利率 = \frac{单位时间内所得利息额}{本金} \times 100\% \tag{4-2}$$

式（4-2）用于表示计算利息的时间单位称为计息周期。计息周期通常为年、半年、季、月、周或日。

【例 4-1】 某人现借得本金 1000 元，一年后付息 80 元，试计算其年利率。

解：年利率为

$$80 元/1000 元 \times 100\% = 8\%$$

利率是各国发展国民经济的杠杆之一，利率的高低由如下因素决定：

① 利率的高低首先取决于社会平均利润率，并随之变动。在通常情况下，平均利润率

是利率的最高界限。因为如果利率高于利润率，借款者就会因无利可图而放弃借款。

② 在平均利润率不变的情况下，利率高低取决于金融市场上借贷资本的供求情况。借贷资本供过于求，利率便下降；反之求过于供，利率便上升。

③ 借出资本要承担一定的风险，而风险大小也影响利率的波动。风险越大，利率也就越高。

④ 通货膨胀对利息的波动有直接影响，资金贬值会使利息无形中成为负值。

⑤ 借出资本的期限长短也会影响利率的高低。贷款期限长，不可预见因素多，风险大，利率也就高；反之，贷款期限短，不可预见因素少，风险小，利率就低。

3）利息和利率在技术经济活动中的作用

① 利息和利率是以信用方式动员和筹集资金的动力。以信用方式筹集资金有一个特点，就是自愿性，而自愿性的动力在于利息和利率。比如，一个投资者，他首先要考虑的是投资某一项目所得到的利息（或利润）是否比把这笔资金投入其他项目所得的利息（或利润）多，如果多，他就可以投资这个项目；如果所得的利息（或利润）达不到其他项目利息（或利润）水平，就可能不投资这个项目。

② 利息促进企业加强经济核算，节约使用资金。企业借款需付利息，增加支出负担，这就促使企业必须精打细算，把借入资金用到刀刃上，减少借入资金的占用以少付利息。同时可以使企业自觉压缩库存限额，减少多环节占压资金。

③ 利息和利率是国家管理经济的重要杠杆。国家在不同时期制定不同的利息政策，对不同地区、不同部门规定不同的利率标准，就会对整个国民经济产生影响。如对限制发展的部门和企业，利率规定得高，对提倡发展的部门和企业，利率规定得低，从而引导部门和企业的生产经营服从国民经济发展的总方向。同样，占用资金时间短，收取低息；占用资金时间长，收取高息。对产品适销对路、质量好、信誉高的企业，在资金供应上给予低息支持；反之，收取较高利息。

④ 利息与利率是金融企业经营发展的重要条件。金融机构作为企业，必须获取利润。金融机构的存放款利率不同，其差额成为金融机构业务收入。扣除业务费后就是金融机构的利润，金融机构获取利润才能刺激金融企业的经营发展。

(3) 单利与复利　在评价、比较投资方案时，必须考虑各方案的资金时间价值后才能得出正确的结论。其原因就在于投资方案产生的资金流量大多要持续很长时间。因此，将不同时点的收入或支出简单地予以加减的计算方法是不合理的。

众所周知，如果从银行贷款，则每年必须负担一定的利息。如果是用自有资金去投资，就等于牺牲了运用这笔钱进行其他投资的机会，因而造成相应的机会损失（也称为机会成本）。通常将伴随着这种资金筹措所应负担的利息或某种运用机会的牺牲额称为资本化成本，其利率称为资本的利率。

利息有单利和复利两种，计息期可按一年或不同于一年的计息周期计算。单利是指利息与时间呈线性关系，即只计算本金的利息，而本金所产生的利息不再计算利息。其计算公式为

$$I = Pin \tag{4-3}$$

式中　$P$——表示本金的数额；

　　　$n$——表示计息的周期数；

$i$——表示单利的利率；

$I$——表示利息数额。

例如，以单利方式借款 1000 元，规定年利率为 6%，则在第 1 年年末利息额应为

$$I = 1000 \text{ 元} \times 1 \times 6\% = 60 \text{ 元}$$

年末应付本利和为 1060 元。

当借入资金的期间等于几个计息周期时，例如，上述款项共借 3 年，则偿还情况见表 4-1。

表 4-1　单利计算表　　　　　　　　　　　　　　　　　　（单位：元）

| 年　次 | 贷　款　额 | 利　息 | 负　债　额 | 偿　还　额 |
|---|---|---|---|---|
| 0 | 1000 | — | — | — |
| 1 | — | 60 | 1060 | — |
| 2 | — | 60 | 1120 | — |
| 3 | — | 60 | 1180 | 1180 |

应该指出：单利没有反映出资金运动的规律性，不符合扩大再生产的实际情况。所以，通常采用复利计算。

所谓**复利**，就是借款人在每期期末不支付利息，而将该期利息转为下期的本金，下期再**按本利和的总额计息**。即不但本金产生利息，而且利息的部分也产生利息。上述问题如果按 6% 复利计算，其结果见表 4-2。

表 4-2　复利计算表

| 年　次 | 贷　款　额 | 利　息 | 负　债　额 | 偿　还　额 |
|---|---|---|---|---|
| 0 | 1000 元 | — | — | — |
| 1 | — | 1000 元 × 6% = 60 元 | 1000 元 + 60 元 = 1060 元 | 0 |
| 2 | — | 1060 元 × 6% = 63.6 元 | 1060 元 + 63.6 元 = 1123.6 元 | 0 |
| 3 | — | 1123.6 元 × 6% = 67.42 元 | 1123.6 元 + 67.42 元 = 1191.02 元 | 1191.02 元 |

可见，按复利计算所得 3 年末的本利和比按单利计算的本利和多 11.02 元，该值是利息所产生的利息。

**2. 资金时间价值计算前提条件及基本公式**

（1）**资金时间价值计算前提条件**　依据资金时间价值计算的条件设定计算资金的时间价值，一般通过公式或查表进行。由于实际投资项目千差万别，在计算时往往需要将其抽象为便于计算的模型，因此应遵循以下假定：

1）假设实施方案的初期投资发生在方案的寿命周期期初。

2）方案实施中发生的经常性收益和费用假定发生在计息期的期末，即等额年值发生在期末。

3）本期的期末为下期的期初。

4）现值 $P$ 是当前期初开始时发生的。

5）终值 $F$ 是自期初以后的第 $n$ 期期末发生的。

6）年值 $A$ 是在考察期间各期期末发生的。

7）当问题包括 $P$ 和 $A$ 时，系列的第一个 $A$ 在 $P$ 发生一个期间后的期末发生。

8) 当问题包括 $F$ 和 $A$ 时，系列的最后一个 $A$ 与 $F$ 同时发生。

9) $P_0$ 在第一个（等额增加或减少的数额）$G$ 的前两期发生，$A_1$ 在第一个 $G$ 的前一期发生。

(2) 资金时间价值计算公式

1) 一次性收支行为的资金时间价值计算。这是指现值与将来值的相互计算。

假如按复利 6% 将 1000 元存入银行，则 1 年后的复本利和为

$$1000 \text{ 元} + 1000 \text{ 元} \times 6\% = 1000 \text{ 元} \times (1+6\%) = 1060 \text{ 元}$$

此时若不取出利息而继续存款，则第 2 年年末的复本利和为

$$1000 \text{ 元} + 1000 \text{ 元} \times 6\% + 1000 \text{ 元} \times (1+6\%) \times 6\%$$
$$= 1000 \text{ 元} \times (1+6\%)^2 = 1123.6 \text{ 元}$$

如果用 $F$ 表示第 3 年年末的复本利和，其值则为

$$F = 1000 \text{ 元} \times (1+6\%)^2 + 1000 \text{ 元} \times (1+6\%)^2 \times 6\% = 1191.02 \text{ 元}$$

其资金变化情况如图 4-2 所示。

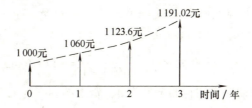

图 4-2 资金变化情况

现设现值为 $P$，利率为 $i$，时间为 $n$，则

第 1 年本利和为 $F_1 = P(1+i)$

第 2 年本利和为 $F_2 = F_1(1+i) = P(1+i)(1+i) = P(1+i)^2$

第 3 年本利和为 $F_3 = F_2(1+i) = P(1+i)^2(1+i) = P(1+i)^3$

依次类推得

$$F_n = P(1+i)^n \tag{4-4}$$

式中 $(1+i)^n$——一次支付本利和系数（或一次支付终值系数），用符号 $(F/P, i, n)$ 表示，意味着当 $P$、$i$、$n$ 为已知时，想知道 $n$ 期期末的值为多少的计算，即将现值 $P$ 换成将来值 $F$，在具体计算时，可直接查表（见附录）。

如果用符号形式计算上例，则有

$$F = 1000 \text{ 元} \times (F/P, 6\%, 3) = 1000 \text{ 元} \times 1.191 = 1191 \text{ 元}$$

当将来值 $F$ 为已知时，可利用式 (4-4) 求出现值。此时只要将式 (4-4) 变换即可，即

$$P = F \frac{1}{(1+i)^n} \tag{4-5}$$

式中 $\frac{1}{(1+i)^n}$——一次支付现值系数，用符号 $(P/F, i, n)$ 表示，意味着已知 $F$ 值求现值 $P$。同样，该系数值可由附录的表中查得，不必自行计算。

例如，欲将一笔资金按年利率6%存入银行，使6年后复利情况下本利和为1000元，则现在应存款额为

$$P = 1000 \text{元} \times (P/F, 6\%, 6) = 1000 \text{元} \times 0.7050 = 705 \text{元}$$

2）年等值与将来值的相互计算。假如每年年末分别按利率6%存入银行1000元，若按式（4-4）逐项折算成将来值，则第4年年末的复本利和F值为（图4-3）：

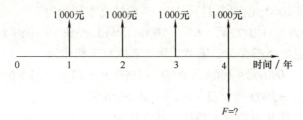

图4-3 已知年值求将来值

$$F = 1000 \text{元} \times (1+6\%)^3 + 1000 \text{元} \times (1+6\%)^2 + 1000 \text{元} \times (1+6\%) + 1000 \text{元}$$
$$= 1000 \text{元} \times [1 + (1+6\%) + (1+6\%)^2 + (1+6\%)^3]$$

应用等比级数求和公式，则上式可变为

$$F = 1000 \text{元} \times \frac{(1+6\%)^4 - 1}{(1+6\%) - 1} = 4374.6 \text{元}$$

当计息期间为$n$，每期期末支付的金额为$A$，资本的利率为$i$，则$n$期末的复利本利和$F$值为

$$F = A + A(1+i) + A(1+i)^2 + \cdots + A(1+i)^{n-1} = A\frac{(1+i)^n - 1}{i} \tag{4-6}$$

式中 $\frac{(1+i)^n - 1}{i}$ ——等额支付将来值系数（或年金终值系数），用符号$(F/A, i, n)$表示。

应用符号形式计算上例，则有

$$F = 1000 \text{元} \times (F/A, 6\%, 4) = 1000 \text{元} \times 4.3746 = 4374.6 \text{元}$$

当已知将来值$F$，欲将其计算成年等值$A$时，只需将式（4-6）变换即可得到

$$A = F\frac{i}{(1+i)^n - 1} \tag{4-7}$$

式中 $\frac{i}{(1+i)^n - 1}$ ——等额支付偿债基金系数，用符号$(A/F, i, n)$表示，意味着由已知$F$值求未知$A$，同样，其值可由附录复利系数表中查到。

例如，欲在7年后偿还100000元借款，打算每年年末存入银行一定数额的款项（称为偿债基金），若存款利率为8%，则每年年末存款额应为

$$A = 100000 \text{元} \times (A/F, 8\%, 7) = 100000 \text{元} \times 0.1121 = 11210 \text{元}$$

即每年年末应存款11210元。

3）年等值与现值的相互计算。若已知各年年等值$A$，要计算现值$P$，只需应用已推导出的$F$值换算成$A$值的式（4-7）与将$F$值换算成$P$值的式（4-5）即可得到

$$P = A\frac{(1+i)^n - 1}{i(1+i)^n} \tag{4-8}$$

若已知 $P$ 值，求年等值 $A$ 的公式，只需将式（4-8）稍加变换即得

$$A = P \frac{i(1+i)^n}{(1+i)^n - 1} \tag{4-9}$$

式（4-8）中与 $A$ 相乘的系数称为等额支付现值系数（或年金现值系数），用 $(P/A, i, n)$ 表示，意味着年等值 $A$ 为已知时，求现值 $P$。式（4-9）中与 $P$ 相乘的系数称为资本回收系数，用符号 $(A/P, i, n)$ 表示。同样，使用时只要从有关表中查出该系数值加以计算即可。该系数在已知现值 $P$ 求年等值 $A$ 时使用。

下面用简单的例子说明上述两个公式的应用。

**【例 4-2】** 如果使某施工过程机械化，则每年将节约人工费 2000 元。若机械的寿命为 8 年，资本利率为 12%，则该机械初期投资额 $P$ 为多少合适？

**解：** $P \leqslant 2000$ 元 $\times (P/A, 12\%, 8) = 2000$ 元 $\times 4.9676 = 9935.2$ 元

即该机械初期投资额小于 9935.2 元时该项投资合适。

**【例 4-3】** 某机械设备初期投资为 2 万元，若该设备使用年限为 10 年，资本利率为 10%，则每年平均设备费用为多少？

**解：** $A = 20000$ 元 $\times (A/P, 10\%, 10) = 20000$ 元 $\times 0.1627 = 3254$ 元

即考虑了资金时间价值后的年平均设备费用为 3254 元。

值得指出的是：当 $n$ 值足够大时，年值 $A$ 和现值 $P$ 之间的换算可以简化。用 $(1+i)^n$ 分别去除式（4-9）中资本回收系数的分子和分母，就可以得到下式：

$$A = P \frac{i}{1 - (1+i)^{-n}}$$

根据数学中极值的概念可知：当 $n$ 趋于无穷大时，$\dfrac{i}{1-(1+i)^{-n}}$ 将趋近于 $i$ 值（即资本回收系数趋近于 $i$ 值）。同样，用 $(1+i)^n$ 分别去除式（4-8）等额支付现值系数的分子和分母可得：当 $n$ 趋于无穷大时，其值趋于 $\dfrac{1}{i}$。事实上系数值收敛的速度很快，当投资的效果持续几十年以上时就可以认为趋于无穷大，此时应用上述的简化计算方法，其计算结果的误差也是在允许范围内的（这种情况从书末的系数表就可以看出来）。

利用上述原理求港湾、道路、寿命周期长的建筑物、构筑物等的投资年等值或者收益的现值时，将给问题的计算带来极大的便利。

## 4.2.2 资金时间价值的计算

### 1. 等值的含义

在工程经济分析中，为了考察投资项目的经济效益，必须对项目寿命周期内不同时间发生的全部收益和全部费用进行分析和计算。资金等值是指在考虑了时间因素之后，把不同时刻发生的数值不等的现金流量换算到同一时点上，从而满足收支在时间上可比的要求。

资金等值的特点是：资金的数额相等，发生的时间不同，其价值肯定不等；资金的数额

不等，发生的时间也不同，其价值却可能相等。

**决定资金等值的因素有：①资金数额；②资金运动发生的时间；③利率。**

在考察资金等值的问题时，通常都以同一利率作为比较计算的依据。利用等值的概念，把在同时点发生的资金金额换算成同一时点的等值金额，这一过程称作资金等值计算。

**2. 名义利率与实际利率**

通常复利计算中的利率一般是指年利率，计息期也以年为单位。但计息期不为一年时也可按上述公式进行复利计算。

当年利率相同，而计息期不同时，其利息是不同的，因而存在名义利率和实际利率之分。实际利率又称为有效利率，名义利率又称非有效利率。

假如年利率为 $i$，而实际上利息不是一年进行一次复利计息，而是将一年分为 4 个季度或分成 12 个月进行复利计算，则实际利息是会有差异的。举例说明如下：设年利率为 12%，现在存款额为 1000 元，期限为一年，试按一年 1 次计息；一年 4 次按每季度 3%（12%÷4）利率计息；一年 12 次按月利率 1%（12%÷12）计息计算复本利和。这三种情况的复本利和分别为

一年 1 次计息：$F = 1000$ 元 $\times (1+12\%) = 1120$ 元

一年 4 次计息：$F = 1000$ 元 $\times (1+3\%)^4 = 1125.51$ 元

一年 12 次计息：$F = 1000$ 元 $\times (1+1\%)^{12} = 1126.8$ 元

这里的 12%，对于一年 1 次计息时它既是实际利率又是名义利率；3% 和 1% 称为周期利率。由上述计算可知：

$$名义利率 = 周期利率 \times 每年的复利周期数$$

对于一年计息 4 次和 12 次来说，12% 就是名义利率。实际利率则分别为

一年计息 4 次时：$(1+3\%)^4 - 1 = 12.55\%$

一年计息 12 次时：$(1+1\%)^{12} - 1 = 12.68\%$

通过上述分析与计算，可以得出名义利率与实际利率间存在着下述关系：

1）当计息周期为一年时，名义利率与实际利率相等，计息周期短于一年时，实际利率大于名义利率。

2）名义利率不能完全地反映资金的时间价值，实际利率才真实地反映资金的时间价值。

3）令 $i$ 为实际利率，$r$ 为名义利率，$m$ 为复利的周期数，则实际利率与名义利率间存在着下述关系：

$$i = \left(1 + \frac{r}{m}\right)^m - 1 \tag{4-10}$$

4）名义利率越大，周期越短，实际利率与名义利率的差值就越大。

用一个例子说明名义利率与实际利率的应用。

---

**【例 4-4】** 年利率为 6%，每季度复利 1 次，若想此后 10 年内每季度都能得到 5000 元，则现在应存款多少？

**解：** 这里的 6% 是名义利率，周期利率为 1.5%（6%÷4），每年按 1.5% 复利 4 次，10 年复利次数为 40（4×10）次，应用式 (4-8)，则有

$$P = A\frac{(1+i)^n - 1}{i(1+i)^n}$$

这里 $A = 5000$ 元，$i = 1.5\%$，$n = 40$，故有

$$P = 5000 \text{ 元} \times \frac{(1+1.5\%)^{40} - 1}{1.5\% \times (1+1.5\%)^{40}} = 149579.226 \text{ 元}$$

或者，首先按式（4-10）求出一年的实际利率为

$$i = \left(1 + \frac{6\%}{4}\right)^4 - 1 = 6.14\%$$

再按资金时间价值的计算公式，求解现在应存款的金额为

$$P = 5000 \text{ 元} \times (F/A, 1.5\%, 4)(P/A, 6.14\%, 10) = 149566.96 \text{ 元}$$

### 3. 资金时间价值计算例题

**【例 4-5】** 某建筑公司计划从 1 年后开始的今后 20 年间，每年能从银行取出 21 万元，第 5 年能多取出 10 万元，第 10 年能多取出 14 万元。若年利率为 6%，则该公司现在应存多少钱才能满足上述用款需要？

**解：** 首先画出现金流量图（图 4-4）。存款总额为等额支付的 $A = 21$ 万元的现值与两次单项支付金额的现值之和。即

$P = 21 \text{ 万元} \times (P/A, 6\%, 20) + 10 \text{ 万元} \times (P/F, 6\%, 5) + 14 \text{ 万元} \times (P/F, 6\%, 10)$
$= 21 \text{ 万元} \times 11.4699 + 10 \text{ 万元} \times 0.7473 + 14 \text{ 万元} \times 0.5584 = 256.16 \text{ 万元}$

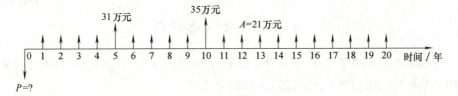

**图 4-4　现金流量图**

**【例 4-6】** 投资 24 万元购置某施工机械，则每年人工费（假设已折算成每年年末支付额）可节约 6 万元。那么该机械的寿命为几年以上时该项投资合适？设 $i = 12\%$。

**解：** 设机械的寿命为 $n$，按题意，则应有：$6 \text{ 万元} \times (P/A, 12\%, n) \geqslant 24 \text{ 万元}$

即 $(P/A, 12\%, n) \geqslant 4$，而 $(P/A, 12\%, 5) = 3.6048$，$(P/A, 12\%, 6) = 4.1114$，用插值法可得寿命周期 $n$ 应满足的条件是

$$n \geqslant 5 \text{ 年} + \frac{4 - 3.6048}{4.1114 - 3.6048} \times (6 - 5) \text{ 年} = 5.78 \text{ 年}$$

**【例 4-7】** 投资 400 万元购置一家宾馆，则每半年的利润额为 30 万元。假设该宾馆的寿命周期为无限（通常寿命周期为几十年时，即可认为寿命周期为无限，以简化 $A$ 值与 $P$ 值的计算），资本的利率每半年为 5%，则该项投资的净收益（减去投资后的余额）为多少？若每年的利润额为 30 万元，其他条件不变时，则该方案的净收益又是多少？分别按现值和

每期平均值（假设每半年为一个期间的净年值）求解。

**解：** 以半年为一个期间，净收益为 30 万元时：

净收益： $P = 30$ 万元 $\div 5\% - 400$ 万元 $= 200$ 万元

每半年的平均净收益额 $A = 30$ 万元 $- 400$ 万元 $\times 0.05 = 10$ 万元

以一年为一个期间，净收益为 30 万元时，年复利的利率为

$$i = (1 + 0.05)^2 - 1 = 10.25\%$$

净收益： $P = 30$ 万元 $\div 10.25\% - 400$ 万元 $= -107.32$ 万元

每年的平均净收益额 $A = 30$ 万元 $- 400$ 万元 $\times 10.25\% = -11$ 万元

【例 4-8】 欲建工厂，需购置土地，与土地所有者商定的结果是：现时点支付 600 万元；此后，第一个 5 年每半年需支付 40 万元；第二个 5 年每半年需支付 60 万元；第三个 5 年每半年需支付 80 万元。按复利计算，每半年的资本利率 $i = 4\%$。则该土地的价格相当于现时点的值是多少？

**解：** 首先画出现金流量图（图 4-5）。解答该题的方法有很多种，下面用几种方法求解，以熟练地掌握资金时间价值的计算公式。

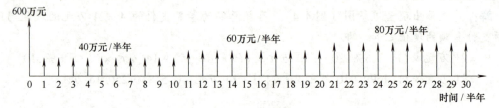

图 4-5 某公司的现金流量图

1) $P = 600$ 万元 $+ 40$ 万元 $\times (P/A, 4\%, 30) + 20$ 万元 $\times (P/A, 4\%, 20)(P/F, 4\%, 10) + 20$ 万元 $\times (P/A, 4\%, 10)(P/F, 4\%, 20) = 1549$ 万元

2) $P = 600$ 万元 $+ 80$ 万元 $\times (P/A, 4\%, 30) - 20$ 万元 $(P/A, 4\%, 20) - 20$ 万元 $(P/A, 4\%, 10) = 1549$ 万元

3) $P = 600$ 万元 $+ [40$ 万元 $\times (F/A, 4\%, 30) + 20$ 万元 $(F/A, 4\%, 20) + 20$ 万元 $\times (F/A, 4\%, 10)](P/F, 4\%, 30) = 1549$ 万元

【例 4-9】 某现金流量图和逐年的利率 $i$ 如图 4-6 所示，试确定该现金流量的现值、将来值和年等值。

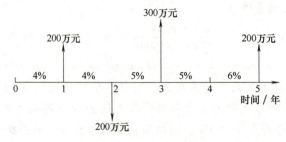

图 4-6 某企业的现金流量图

**解**：以上所举例题都是各期间利率相等的情况。但现实中利率往往是变化的。当各个期间利率值不等时，其计算应按利率相等的区间逐步分别计算。根据这个思路，该题的计算结果如下：

$P = 200$ 万元 $\times (P/F,4\%,1) - 200$ 万元 $\times (P/F,4\%,2) + 300$ 万元 $\times (P/F,5\%,1)(P/F,4\%,2) +$ 200 万元 $\times (P/F,6\%,1)(P/F,5\%,2)(P/F,4\%,2) = 429.79$ 万元

$$F = 200 \text{ 万元} + 300 \text{ 万元} \times (F/P,5\%,1)(F/P,6\%,1)$$
$$- 200 \text{ 万元} \times (F/P,5\%,2)(F/P,6\%,1)$$
$$+ 200 \text{ 万元} \times (F/P,4\%,1)(F/P,5\%,2)(F/P,6\%,1) = 543.25 \text{ 万元}$$

根据已求得的 $P$ 值和年等值 $A$ 的关系，可求出 $A$：

$$P = A(P/F,4\%,1) + A(P/F,4\%,2) + A(P/F,5\%,1)(P/F,4\%,2)$$
$$+ A(P/F,5\%,2)(P/F,4\%,2)$$
$$+ A(P/F,6\%,1)(P/F,5\%,2)(P/F,4\%,2)$$

因 $P = 429.79$，故有

$429.79$ 万元 $= A(0.9615 + 0.9246 + 0.9524 \times 0.9246 + 0.9070 \times 0.9246 + 0.9434 \times 0.9070 \times 0.9246)$

求得

$$A = 97.76 \text{ 万元}$$

## 4.3 通货膨胀下的资金时间价值

### 4.3.1 通货膨胀与货币的购买力

商品和服务的价格客观上是经常波动的。简单地讲，价格水平上升，货币实际购买力下降，即通货膨胀；当价格水平降低，则无形中提高了货币的实际购买力水平，即通货紧缩。为了准确地计算投资方案的支出、收入和经济效果，必须考虑通货水平的变化因素。

**1. 通货膨胀**

为了使问题简化，一般是假定通货膨胀率等于物价上涨率（价格水平上涨率）。于是有计算公式：

$$f = g\overline{p} = \frac{\overline{P}_t - \overline{P}_{t-1}}{\overline{P}_{t-1}} \tag{4-11}$$

式中　$f$——通货膨胀率（%）；

　　　$g\overline{p}$——平均价格水平的年上涨率（%）；

　　　$\overline{P}_t$，$\overline{P}_{t-1}$——第 $t$ 年和第 $t-1$ 年的平均价格水平（%），以物价总指数表示。

【例 4-10】 如果全社会零售物价总指数以 2005 年为 100，则 2007 年和 2008 年分别为 113.7 和 134.7，试求 2007 年到 2008 年的物价上涨率。

**解**：按上式可直接计算：$f = \dfrac{134.7 - 113.7}{113.7} \times 100\% = 18.5\%$

## 2. 货币的购买力

价格水平向上或向下，对货币的购买力有不同的作用。**当价格水平向上运动，货币的购买力下降；当价格水平向下运动，货币的购买力提高。**

【例 4-11】 设某人目前投资 100 元，期望今后 5 年年收益率为 15%。试计算至第 5 年年末的总收入。

解：$F = 100\ \text{元} \times (F/P, 15\%, 5) = 201.14\ \text{元}$

如果目前 100 元可购买 1 辆自行车，5 年后总收入可期望购买 2 辆。现在进一步假设今后 5 年自行车价格年平均上涨 10%，第 5 年年末的自行车价格将为

$$F = 100\ \text{元} \times (F/P, 10\%, 5) = 161.05\ \text{元}$$

那么，此人第 5 年年末总收入只能购买大约 1.25（201.14 元/161.05 元）辆自行车。从此例中可以看出，当物价上涨后，货币的购买能力下降了。因而在货币等值计算中，物价上涨，会进一步造成货币真实收益能力的下降。

值得进一步说明的是，价格上涨 10%，并不意味着货币购买力下降 10%。如果价格上升 10%，则货币购买力下降为

$$1 - \frac{1}{(1+10\%)} \times 100\% = 9.1\%$$

### 4.3.2 投资中的通货膨胀分析

为讨论方便，以下介绍关于市场利率（$u$）、真实利率（$i$）和通货膨胀率（$f$）的定义。

**1. 市场利率**

市场利率反映了在金融和经济活动中的名义投资收益能力，是按照当年值计算的利率。市场利率是在金融市场上和投资经济活动中实际操作的利率。精明的投资者会清醒地意识到，市场利率中包括了货币收益能力和货币购买能力双重因素。

**2. 真实利率**

真实利率中剔除了通货膨胀的效应，反映了货币真实的收益能力。真实利率是一种抽象利率。由于在通常情况下真实利率不实际应用于金融市场的交易中，它必须通过换算才能得到。如果在经济生活中，通货膨胀或通货紧缩为零，则市场利率（$u$）与真实利率（$i$）相等。

**3. 通货膨胀率**

通货膨胀率是某一点的价格水平相对于基年价格水平增长的百分比。若通货膨胀率为负值，即为通货紧缩。

**4. 三者的换算关系**

（1）已知 $i$ 和 $f$，求 $u$　$n$ 年年末的通货将来值为

$$F = P[(1+i)(1+f)]^n$$

若用 $u$ 表示考虑了利率和通货膨胀率的综合利率，则

$$F = P(1+u)^n = P[(1+i)(1+f)]^n$$

$$u = (1+i)(1+f) - 1 = i + f + if \tag{4-12}$$

当 $i$ 和 $f$ 都很小时，综合利率为

$$u = i + f \tag{4-13}$$

在通货膨胀下，只要用综合利率，就能利用复利法公式正确地进行不同时点资金的价值换算。

【例 4-12】 某企业拟购买一设备，设备的市场价格为 20 万元，预计该设备有效使用寿命为 5 年，若该企业要求的最低投资收益率为 15%，通货膨胀率为 5%，问该设备在寿命周期内每年至少产生多少的纯收益企业才会购买？

解：根据公式得

$$i = 15\% + 5\% + 15\% \times 5\% = 20.75\%$$

绘制该设备的现金流量图，如图 4-7 所示。

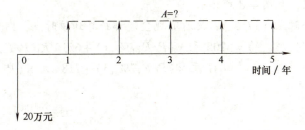

图 4-7 现金流量图

$$A = P(A/P, i, n) = 20 \text{ 万元} \times (A/P, 20.75\%, 5) = 6.799 \text{ 万元}$$

所以，当该设备每年产生至少 6.8 万元的纯收益时，企业才可接受该设备。

(2) 已知 $u$ 和 $f$，求 $i$

$$u = (1+i)(1+f) - 1$$

$$i = \frac{u-f}{1+f} \tag{4-14}$$

【例 4-13】 某人打算投资收益率为 29% 的不动产，估计在投资期内平均通货膨胀率为 5%。问此人投资的真实收益率为多少？

解：由于所有的投资收益都将以现时货币支付，与现时现金流相关的折现率为现时折现率 $u$，所以：$u = 29\%$，$f = 5\%$，代入式 (4-14) 得

$$i = \frac{29\% - 5\%}{1 + 5\%} \times 100\% = 22.86\%$$

此人投资的真实收益率为 22.86%。

由例 4-12 可见，虽然在图 4-7 中每年的现金流量是相等的，但是其货币购买力是不等的。

【例 4-14】 一对青年夫妇为他们 9 岁的儿子准备大学学费，若他 18 岁进大学，在大学

4 年内,每年需要相当于现在物价水平 4000 元的学费。估计年通货膨胀率为 5%,夫妇从儿子 9 岁到 17 岁,每年以等额存入一笔钱,设年利率为 7%。试问:这笔钱为多少时才能支付 4 年的学费?

**解:** 首先,计算通货膨胀率为 5% 时,当年的大学学费,具体见表 4-3。

表 4-3 通货膨胀率下各年的大学学费

| 年 末 | 年 龄 | 考虑通货膨胀率下当年的大学学费 |
|---|---|---|
| 1 | 18 岁 | 4000 元 × (1+5%)$^9$ = 6205 元 |
| 2 | 19 岁 | 4000 元 × (1+5%)$^{10}$ = 6515 元 |
| 3 | 20 岁 | 4000 元 × (1+5%)$^{11}$ = 6841 元 |
| 4 | 21 岁 | 4000 元 × (1+5%)$^{12}$ = 7183 元 |

绘制现金流量图,如图 4-8 所示。

其次,选择一个时点(17 岁),把所有现金流都折算到该时点,则

$$A(F/A, 7\%, 9) = 6205 \text{元} \times (P/F, 7\%, 1) + 6515 \text{元} (P/F, 7\%, 2) + 6841 \text{元} \times (P/F, 7\%, 3) + 7183 \text{元} \times (P/F, 7\%, 4)$$

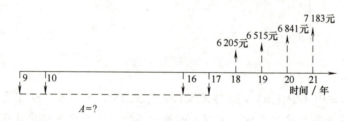

图 4-8 现金流量图

可以求出:$A = 1869$ 元。所以,在他们的儿子 9 ~ 17 岁之间,每年需要存款 1869 元。

这里的 $A$ 等于 1869 元,表示每年必须储蓄的金额,实际每年储蓄按货币购买力计算在递减。而计算的各年大学学费,虽然金额不等,但是其货币购买力却是相同的。

## 思考题与练习题

1. 简述利率的影响因素及利率的作用。
2. 简述资金时间价值计算的前提条件。
3. 简述名义利率与实际利率的关系。
4. 某人借款 10000 元,偿还期为 5 年,年利率为 10%,试就下面四种还款方式,分别计算 5 年还款总额和利息分别是多少?
   (1) 每年年末等额偿还。
   (2) 每年年末支付当年利息,偿还 2000 元本金。
   (3) 每年年末支付当年利息,第 5 年年末一次偿还。
   (4) 第 5 年年末一次还本付息。
5. 某台设备初期投资为 10 万元,投资使用持续时间为 10 年,净收益发生于每年年末且数值相等,资本利率为 10%,年净收益为多少合适?寿命为 20 年、30 年和无期限时又应为多少?
6. 某公司欲买一台机床,卖方提出两种付款方式:①若买时一次付清,则售价 30000 元;②买时第一

次支付 10000 元，以后 24 个月内每月支付 1000 元。当时银行利率为 12%。若这两种付款方案在经济上是等值的话，那么对于等值的两种付款方式，试求卖方实际上得到了多大的名义利率与实际利率。

7. 设有一个 25 岁的人投资人身保险，保险期 50 年，在这段时间，每年缴纳 150 元保险费，在保险期间内，若发生人身死亡或期末死亡，保险人均可获得 10000 元。试求购买这段保险期的实际利率。若该人活到 52 岁去世，银行年利率为 6%，保险公司是否吃亏？

8. 某企业向外资贷款 200 万元建一工程，第 3 年投产，投产后每年净收益为 40 万元，若年利率 10%，试求投产后多少年能归还 200 万元贷款的本息？

## 二维码形式客观题

微信扫描二维码，可自行做客观题，提交后可查看答案。

# 第 5 章 工程经济指标

> **本章主要知识点**：

经济指标的含义、经济指标从不同角度进行的分类；静态指标（总投资收益率、投资利税率、资本金利润率、静态投资回收期、追加投资回收期、借款偿还期、利息备付率、偿债备付率）的计算、评价标准及注意事项；动态指标（动态投资回收期、净现值、净现值率、净年值、内部收益率、费用现值与费用年值）的计算、评价标准、适用范围及指标之间的相互关系。

> **本章重点与难点**：

静态和动态指标的计算、适用范围、评价标准及注意事项。

## 5.1 工程经济指标概述

### 1. 经济指标的含义

经济效果评价是工程项目评价的核心。为了正确、科学地从经济角度对各种项目进行评价，首先要确定经济评价指标，它们从不同角度反映项目经济效益某一方面的数量。由于投资者对投资的目标一般有多方面的要求，因此，项目的经济评价指标也具有多元性。针对同一项目，根据评价深度要求的不同和获得资料的多少，以及项目本身所处条件的不同，可选用不同的评价指标，这些指标从不同的方面反映投资项目的经济效果。本章将详细介绍项目经济评价的各种指标。

### 2. 指标分类

1) 按照投资项目对资金的回收速度、获利能力和资金的使用效率进行分类，经济评价指标可分为时间型指标、价值型指标（即以货币量来表示的）和效率型指标，具体见表5-1。

表 5-1 按回收速度、获利能力和资金的使用效率进行分类

| 评价指标 | 具体指标 | 备 注 |
|---|---|---|
| 时间型指标 | 投资回收期<br>追加投资回收期<br>固定资产投资借款偿还期 | 静态，动态<br>静态，动态<br>静态 |
| 价值型指标 | 净现值、净年值、净未来值 | 动态 |

(续)

| 评价指标 | 具体指标 | 备注 |
|---|---|---|
| 效率型指标 | 投资利润率、投资利税率 | 静态 |
|  | 内部收益率、外部收益率 | 动态 |
|  | 净现值指数 | 动态 |
|  | 效率 – 费用比 | 动态 |
|  | 增额投资收益率 | 静态，用于多个项目比较选择 |

2）按照是否考虑资金时间价值进行分类，分为静态评价指标和动态评价指标，具体见表5-2。

表 5-2　按是否考虑资金时间价值进行分类

| 评价指标 | 具体指标 |
|---|---|
| 静态评价指标 | 总投资收益率、静态投资回收期、资本金净利润率、利息备付率、偿债备付率、资产负债率 |
| 动态评价指标 | 内部收益率、净现值、净现值率、净年值、动态投资回收期 |

3）按照指标表现形式进行分类，分为绝对评价指标和相对评价指标，具体见表5-3。

表 5-3　按指标表现形式进行分类

| 评价指标 | 具体指标 |
|---|---|
| 绝对评价指标 | 静态投资回收期、动态投资回收期、内部收益率、净现值 |
| 相对评价指标 | 净现值率、总投资收益率、资本金净利润率、利息备付率、偿债备付率、资产负债率、净现值率、净年值 |

4）按照指标所表现的经济性质进行分类，分为盈利能力分析指标、偿债能力分析指标和财务生存能力分析指标，具体见表5-4。

表 5-4　按指标所体现经济性质进行分类

| 评价指标 | 具体指标 |
|---|---|
| 盈利能力分析指标 | 投资回收期、总投资收益率、资本金净利润率、净现值、内部收益率、净现值率、净年值 |
| 偿债能力分析指标 | 利息备付率、偿债备付率、资产负债率 |
| 财务生存能力分析指标 | 净现金流量、累积盈亏资金 |

## 5.2　静态经济指标的计算

**1. 总投资收益率**

总投资收益率也称投资利润率，是指工程项目达到设计生产能力时正常年份的年息税前利润或运营期内年平均息税前利润与项目总投资的比率，其计算公式为

$$ROI = \frac{EBIT}{TI} \times 100\% \tag{5-1}$$

式中　ROI——总投资收益率；

EBIT——项目达到设计能力后正常年份的年息税前利润或运营期内年平均息税前利润;

TI——项目总投资。

其中,

年息税前利润 = 年营业收入 − 年销售税金及附加 − 年总成本费用 + 年利息支出

年销售税金及附加 = 年消费税 + 年增值税 + 年资源税 + 年城乡维护建设税 + 年教育费附加 + 地方教育附加

项目总投资 = 建设投资 + 建设期利息 + 流动资金

当计算出的总投资收益率高于行业收益率参考值时,认为该项目盈利能力满足条件。

**2. 投资利税率**

投资利税率是指项目正常年份的利税总额或年平均利税总额与项目总投资额的比值,是考察项目单位投资对国家贡献水平的指标。其计算公式为

$$投资利税率 = \frac{年利税总额或年平均利税总额}{项目总投资} \tag{5-2}$$

式中

年利税总额 = 年销售收入 − 年总成本费用

= 年利润总额 + 年销售税金及附加

当计算出的投资利税率高于行业利税率参考值时,认为该项目经济上可行。

**3. 资本金利润率**

项目资本金利润率表示项目资本金的盈利能力水平,是指项目达到设计能力后正常年份的年净利润或运营期内年平均净利润与项目资本金的比率。其计算公式为

$$ROE = \frac{NP}{EC} \times 100\% \tag{5-3}$$

式中 ROE——项目资本金利润率;

NP——达到设计能力后正常年份年净利润或运营期内年平均净利润;

EC——项目资本金。

当计算出的资本金利润率高于行业净利润率参考值时,表明项目资本金净利润表示的盈利能力满足要求。

**4. 静态投资回收期**

(1) 静态投资回收期概念 在不考虑资金时间价值的情况下,从项目投资建设之日起,用项目各年的净收入,抵偿全部投资(包括固定资产和流动资金)所需要的时间称为静态投资回收期。投资回收期一般是从建设开始年计算,必要时可以从投产期开始算起,但必须说明。

(2) 静态投资回收期的计算 根据静态投资回收期的定义,则计算式为

$$\sum_{t=0}^{P_t}(CI-CO)_t = 0 \quad 或 \quad \sum_{t=0}^{P_t} NCF_t = 0 \tag{5-4}$$

式中 $(CI-CO)_t$——第 $t$ 年的净现金流量;

$NCF_t$——第 $t$ 年的净现金流量;

$P_t$——静态投资回收期。

在实际项目评价中,累计净现金流量等于零时的时点往往不是某一自然年份。这时可以

利用已知的现金流量表或现金流量图,通过累计净现金流量,采用下列公式计算静态投资回收期:

$$P_t = T - 1 + \frac{第(T-1)年累计净现金流量绝对值}{第T年的净现金流量} \tag{5-5}$$

式中　$T$——项目各年累计净现金流量首次出现正值年份或零的年份。

在投资回收期的计算中,回收期是指通过项目的净收益(包括利润和折旧)来回收总投资(包括固定资产和流动资金)所需要的时间。如果项目投产后的年净收益相等或用年平均净收益计算时,则 $P_t$ 的计算式可转化为以下形式:

$$从投资开始年算起的投资回收期为: P_t = \frac{I}{R} + 建设期 \tag{5-6}$$

式中　$I$——总投资;
　　　$R$——年净收益。

【例 5-1】　某建设项目的投资及各年纯收入见表 5-5,期末固定资产的残值忽略不计,试求静态投资回收期。

表 5-5　项目的投资及纯收入　　　　　　　　　　　(单位:万元)

| 年份<br>项目 | 0 | 1 | 2 | 3 | 4 | … | 10 | 11 | 12 |
|---|---|---|---|---|---|---|---|---|---|
| 固定资产投资 | 200 | 300 | 200 | | | | | | |
| 流动资金投资 | | | 300 | | | | | | |
| 纯收入 | | | | 100 | 150 | 200 | 200 | 200 | 200 |

折旧自投产后计提,共 10 年,预计残值为 0,则:
每年折旧费 = 700 万元/10 = 70 万元
将有关现金流量按期末计算法累计,得到表 5-6。

表 5-6　项目的累计现金流量　　　　　　　　　　　(单位:万元)

| 年份<br>项目 | 1 | 2 | 3 | 4 | 5 | 6 | 7 | 8 | 9 | 10 | 11 | 12 |
|---|---|---|---|---|---|---|---|---|---|---|---|---|
| 固定资产投资 | -200 | -300 | -200 | | | | | | | | | |
| 流动资金投资 | | | -300 | | | | | | | | | |
| 纯收入 | | | | 100 | 150 | 200 | 200 | 200 | 200 | 200 | 200 | 200 |
| 纯收入加折旧 | | | | 170 | 220 | 270 | 270 | 270 | 270 | 270 | 270 | 270 |
| 净现金流量 | -200 | -300 | -330 | 220 | 270 | 270 | 270 | 270 | 270 | 270 | 270 | 270 |
| 累计净现金流量 | -200 | -500 | -830 | -610 | -340 | -70 | 200 | 470 | 740 | 1010 | 1280 | 1550 |

$$P_t = (7-1)年 + \frac{|-70|}{270}年 = 6.26 年$$

由表 5-6 计算出来的投资回收期是从基建开始年份算起。若从投产年份算起需减去 2 年,即 6.26 年 - 2 年 = 4.26 年。

（3）关于静态投资回收期的几点说明

1）静态投资回收期的特点。技术方案的决策面临着未来的不确定因素。这种不确定因素所带来的风险随着时间的延长而增加。因为未来的时间越远，人们所确知的东西就越少，风险就越大，为了减少风险，投资者必然希望投资回收期越短越好。

静态投资回收期的优点是：①概念清晰，简单易行，直观，便于理解；②不仅在一定程度上反映了技术方案的经济性，而且从静态角度反映了技术方案的风险大小和投资的补偿速度；③既可判定单个方案的可行性（与预计投资回收期 $P_c$ 比较），也可用于方案间的比较（判定优劣）。

静态投资回收期指标的缺点在于：

① 没有反映资金的时间价值，因此用它来决定项目的取舍，有时会做出错误的判断。

例如，某工程项目需 2 年建成，每年投资 50 亿元，投产后每年可收回资金 7.5 亿元，项目建成后的寿命周期为 50 年，投资经费全部来自贷款，贷款利率为 10%。如按静态投资回收期来计算 $P_t$ =13.3（2×50 亿元/7.5 亿元）年，即建成后 13 年多一点即可收回全部投资，此后剩余的 36.7 年可赚 275.25 亿元（7.5 亿元/年×36.7 年），可以说是一个不坏的项目。但实际上如果考虑了资金的时间价值，项目在建成投产年初欠款金额为 105 亿元[50 亿元×（1+10%）+50 亿元]。因此投产后，利息支出每年为 10.5 亿元（105 亿元×10%）。当实际收入为 7.5 亿元时，收支相抵亏损为 3 亿元，到年底总的亏损金额增加为 108 亿元，再过一年总的欠款金额会升至 111.3 亿元[108 亿元×（1+10%）-7.5 亿元]。这样，欠款金额逐年上升，50 年后将达 3596.73 亿元之多！显然是一个极不可取的项目。

② 静态投资回收期舍弃了方案在回收期以后的收入和支出情况，难以全面反映方案在整个寿命周期内的真实效益，因此用它来选择项目，有可能排错了方案的优劣顺序。

例如，有两个投资项目，初期投资均为 5000 万元。A 项目每年收益 5000 万元，但其经济寿命只有 1 年；B 项目每年收益 2500 万元，有 5 年的经济寿命。分别计算一下它们的静态投资回收期：

A 项目：$P_{tA}$ =5000 万元÷5000 万元/年=1 年

B 项目：$P_{tB}$ =5000 万元÷2500 万元/年=2 年

如果单纯根据投资回收期来判断，A 项目要优于 B 项目。但这个项目实际上不能盈利，即 5000 万元-5000 万元=0，而 B 项目在回收期之后还有 2500 万元的收益，即每年还有 8% 的收益率（动态计算）。

③ 部门或行业的基准投资回收期的合理性难以确定。由于地域性差异，各个地方的经济发展水平、行业管理等存在不同，形成行业的基准投资回收期有时候难以用于项目的评价，甚至会导致项目在该指标方面进行决策的失误。

2）基准投资回收期。基准投资回收期也叫预计投资回收期，用 $P_c$ 表示。不同的地区、行业、时期，$P_c$ 都有所区别。表 5-7 所示的是不同行业的基准投资收益率 $i_0$ 和基准投资回收期 $P_c$。

显然，基准投资回收期一般在 10 年左右。

投资回收期反映了方案的盈利能力，与各年的实际收益有关。收益大、回收快，回收期就短。而折旧期反映了设备（固定资产）的折旧寿命，它与设备的盈利能力无关，与折旧方法、设备投资、设备使用寿命、国家规定等有关。

表 5-7 不同行业基准投资收益率和基准投资回收期

| 行 业 | $i_0$ | $P_c$/年 |
|---|---|---|
| 冶金 | 9%~15% | 8.8~14.3 |
| 煤炭 | 10%~17% | 8~13 |
| 有色金属 | 8%~15% | 9~15 |
| 油田开采 | 12% | 6~8 |
| 机械 | 7%~12% | 8~15 |
| 化工 | 9%~14% | 9~11 |
| 纺织 | 8%~14% | 10~13 |
| 建材 | 8%~10% | 11~13 |

3）静态投资回收期的判别标准。将计算出的静态投资回收期 $P_t$ 与确定的基准投资回收期 $P_c$ 进行比较。若 $P_t \leq P_c$，表明项目投入的总资金能在规定的时间内收回，则方案可行；若 $P_t > P_c$，则方案不可行。

**5. 追加投资回收期**

（1）追加投资回收期概念及计算式　当对单一方案进行评价时，可以用投资回收期分析和判断方案是否可行。当比较和评价两个或两个以上方案时，同样可用投资回收期法计算每个方案的总投资回收期，并根据投资回收期的长短来比较和判断方案是否可行。

现实中，对于有的投资项目，可以形成诸多可以选择的方案。这些方案的效果相同或相似，有时这些方案的效益甚至无法明确计量，但这些方案的投资额、经营成本等费用数据易于收集。一般来讲，投资额大的方案，成本较低；投资额小的方案，成本较高，此时，计算各自的投资回收期就有困难。

例如：甲方案投资 7000 万元，年运行费用 1000 万元；乙方案投资 5000 万元，年运行费用 1300 万元，若两方案的效果相同，问如何决策？

当方案间的投资额相差较大或方案的收益无法计量时，则需要用追加投资回收期指标来判断方案间的优劣。

追加投资回收期指标又称差额投资回收期、追加投资返本期，是指用投资大的方案所节约的年经营成本来偿还其多花的追加投资（或差额投资）所需要的年限。

设两个对比方案的投资分别为 $K_1$ 与 $K_2$，年经营成本为 $C_1$ 与 $C_2$，年净收益相同（或效用相同，或无法计量），并设 $K_1 \leq K_2$，$C_1 \geq C_2$。在不考虑资金时间价值的条件下，静态差额投资回收期（$\Delta T$）计算公式为

$$\Delta T = \frac{\Delta K}{\Delta C} = \frac{K_2 - K_1}{C_1 - C_2} \tag{5-7}$$

据前例，甲方案与乙方案相比有

追加投资为

$$7000 \text{ 万元} - 5000 \text{ 万元} = 2000 \text{ 万元}$$

年运行费用每年可节约

$$1300 \text{ 万元} - 1000 \text{ 万元} = 300 \text{ 万元}$$

$$\Delta T = \frac{2000 \text{ 万元}}{300 \text{ 万元}} = 6.67$$

很明显，$\Delta T$ 所表明的只是追加投资（差额投资）的经济效益，即投资大的方案多花投资的回收时间。

若两方案的年净收益不同，年产量分别为 $Q_1$ 与 $Q_2$，则需要转化为单位产量参数后再计算。此时，静态差额投资回收期（$\Delta T$）的计算式为

$$\Delta T = \left(\frac{K_2}{Q_2} - \frac{K_1}{Q_1}\right) \div \left(\frac{C_1}{Q_1} - \frac{C_2}{Q_2}\right) \tag{5-8}$$

（2）追加投资回收期的判别准则　追加投资回收期的判别准则为：当 $\Delta T \leq P_c$ 时，则投资大、成本低方案的追加投资回收时间较短，投资大的方案较优。

当 $\Delta T > P_c$ 时，则投资大、成本低方案的追加投资回收时间较长，投资小的方案较优。

显然，静态差额投资回收期法主要用于多个方案间的优劣比较。

如果参与比较的可行方案较多，一般需要两两比较、淘汰、循序进行。但计算和比较的工作量较大。

应当指出，差额投资回收期法可以用来比较方案间的优劣与好坏，至于某一较优的方案本身的经济性如何，是否可行，还不能断定。因此，差额投资回收期法仅适合于可行方案间的比较和选优，并在比较和选优中作为辅助指标。

【例 5-2】　某项目有三个可行方案供选择，其投资额与年经营成本如下：

第一方案：$K_1 = 100$ 万元，$C_1 = 120$ 万元。

第二方案：$K_2 = 110$ 万元，$C_2 = 115$ 万元。

第三方案：$K_3 = 140$ 万元，$C_3 = 105$ 万元。

设基准投资回收期 $P_c = 3$ 年，试选择最优方案。

解：第一步，第二方案与第一方案相比较：

$$\Delta T_{2-1} = \frac{K_2 - K_1}{C_1 - C_2} = \frac{110 \text{ 万元} - 100 \text{ 万元}}{120 \text{ 万元} - 115 \text{ 万元}} = 2$$

所以，投资较大的第二方案优于第一方案，第一方案被淘汰。

第二步，第三方案与第二方案相比较：

$$\Delta T_{3-2} = \frac{K_3 - K_2}{C_2 - C_3} = \frac{140 \text{ 万元} - 110 \text{ 万元}}{115 \text{ 万元} - 105 \text{ 万元}} = 3$$

可见，投资较大的第三方案比第二方案优越，故选择第三方案为最优方案。但第三方案是否可行，还需另行判断，或者只有当断定第二方案或第一方案为可行方案时，第三方案才是可行的最优方案。

从以上计算和分析可知，采用静态差额投资回收期法可以进行多方案之间的比较和选择，但较为烦琐。差额投资回收期也可以考虑资金的时间价值，称为动态差额投资回收期。读者可自己推演，这里不做详细介绍。

**6. 借款偿还期**

借款偿还期是指按照国家规定以及在该投资项目具体财务条件下，项目开发经营期内可用作还款的利润、折旧、摊销及其他还款资金偿还项目借款本息所需要的时间。计算公式为

$$I_d = \sum_{t=0}^{P_d} R_t \tag{5-9}$$

式中　$I_d$——项目借款还本付息数额；

　　　$P_d$——借款偿还期（从借款开始年计算）；

　　　$R_t$——第 $t$ 年可用于还款的资金（包括利润、折旧、摊销及其他还款资金）。

当计算结果 $P_d$（借款偿还期）满足贷款机构的要求期限时，即认为项目有清偿能力。

### 7. 利息备付率

利息备付率是指在借款偿还期内的息税前利润与当年应付利息的比值，它从付息资金来源的充裕性角度反映支付债务利息的能力。利息备付率的含义和计算公式均与财政部对企业效绩评价的"已获利息倍数"指标相同。息税前利润等于利润总额和当年应付利息之和，当年应付利息是指计入总成本费用的全部利息。利息备付率计算公式如下：

$$\text{利息备付率} = \frac{\text{息税前利润}}{\text{应付利息}} \tag{5-10}$$

利息备付率应分年计算，分别计算在债务偿还期内各年的利息备付率。若偿还前期的利息备付率数值偏低，为分析所用，也可以补充计算债务偿还期内的年平均利息备付率。

利息备付率表示利息支付的保证倍率，对于正常经营的企业，利息备付率至少应当大于1，一般不宜低于2，并结合债权人的要求确定。利息备付率高，说明利息支付的保证度大，偿债风险小；利息备付率低于1，表示没有足够资金支付利息，偿债风险很大。

### 8. 偿债备付率

偿债备付率是从偿债资金来源的充裕性角度反映偿付债务本息的能力，是指在债务偿还期内，可用于计算还本付息的资金与当年应还本付息额的比值。可用于计算还本付息的资金是指息税折旧摊销前利润（EBITDA，息税前利润加上折旧和摊销）减去所得税后的余额；当年应还本付息额包括还本金额及计入总成本费用的全部利息。国内外也有其他略有不同的计算偿债备付率的公式。

$$\text{偿债备付率} = \frac{\text{息税折旧摊销前利润} - \text{所得税}}{\text{应还本付息额}} \tag{5-11}$$

如果运营期间支出了维护运营的投资费用，应从分子中扣减。

偿债备付率应分年计算，分别计算在债务偿还期内各年的偿债备付率。若偿还前期的偿债备付率数值偏低，为分析所用，也可以补充计算债务偿还期内的年平均偿债备付率。

偿债备付率表示偿付债务本息的保证倍率，至少应大于1，一般不宜低于1.3，并结合债权人的要求确定。偿债备付率低，说明偿付债务本息的资金不充足，偿债风险大。当这一指标小于1时，表示可用于计算还本付息的资金不足以偿付当年债务。

【例5-3】　某项目与备付率指标有关的数据见表5-8，试计算利息备付率和偿债备付率。

表5-8　某项目与备付率指标有关的数据　　　　　　　　（单位：万元）

| 项　目＼年　份 | 2 | 3 | 4 | 5 | 6 |
|---|---|---|---|---|---|
| 应还本付息额 | 97.8 | 97.8 | 97.8 | 97.8 | 97.8 |
| 应付利息额 | 24.7 | 20.3 | 15.7 | 10.8 | 5.5 |

(续)

| 项目\年份 | 2 | 3 | 4 | 5 | 6 |
|---|---|---|---|---|---|
| 息税前利润 | 43.0 | 219.9 | 219.9 | 219.9 | 219.9 |
| 折旧 | 172.4 | 172.4 | 172.4 | 172.4 | 172.4 |
| 所得税 | 6.0 | 65.9 | 67.4 | 69.0 | 70.8 |

**解：** 根据表 5-8 数据计算备付率指标，见表 5-9。

表 5-9  某项目利息备付率与偿债备付率

| 项目\年份 | 2 | 3 | 4 | 5 | 6 |
|---|---|---|---|---|---|
| 利息备付率 | 1.74 | 10.83 | 14.01 | 20.36 | 39.98 |
| 偿债备付率 | 2.14 | 3.34 | 3.32 | 3.31 | 3.29 |

表 5-9 中，1.74 = 43 万元/24.7 万元；2.14 = (172.4 万元 + 43 万元 - 6 万元)/97.80 万元，其他数据用同样的方法计算。

计算结果分析：由于投产后第 1 年负荷低，同时负担利息大，所以利息备付率低，但这种状况从投产后第 2 年起就得到了较大的改善。

## 5.3 动态经济指标的计算

**1. 动态投资回收期**

（1）动态投资回收期的概念  为了克服静态投资回收期未考虑资金时间价值的缺点，在投资项目评价中常常将资金的时间价值考虑在内，此指标称为动态投资回收期。

（2）动态投资回收期的计算  根据动态投资回收期的定义，其表达式为

$$\sum_{t=0}^{P'_t} \left[ (CI - CO)_t (1 + i_0)^{-t} \right] = 0 \tag{5-12}$$

动态投资回收期就是能使该式成立的 $P'_t$。

动态投资回收期 $P'_t$ 的计算通常也用列表法。首先根据各年净现金流，计算出各年折现值的累计值，再采用插值法计算出 $P'_t$。插值公式为

$$P'_t = (累计折现值出现正值的年数 - 1) + \frac{上年累计折现值的绝对值}{当年净现金流量的现值} \tag{5-13}$$

在计算 $P'_t$ 时，如果项目仅第 0 年有一个投资 $P$，以后各年的净现金流量（净效益）均为 $A$，在折现率为 $i_0$ 的情况下动态回收期 $P'_t$ 的解析式为

$$P = A(P/A, i_0, P'_t) = A \left[ \frac{(1 + i_0)^{P'_t} - 1}{i_0 (1 + i_0)^{P'_t}} \right]$$

解得：$P'_t = \dfrac{-\ln\left(1 - \dfrac{Pi_0}{A}\right)}{\ln(1 + i_0)}$

用动态投资回收期 $P'_t$ 评价投资项目的可行性时,需要与基准投资回收期 $P_c$ 相比较。下面举例说明用列表法如何计算动态投资回收期。

**【例 5-4】** 某项目的投资支出和净收益数据见表 5-10 中第 1、2 行。基准折现率 $i_0$ = 10%,基准投资回收期 $P_c$ = 8 年,试计算动态投资回收期,并判断该项目的可行性。

表 5-10 动态投资回收期计算表

| 年 份 | 0 | 1 | 2 | 3 | 4 | 5 |
|---|---|---|---|---|---|---|
| 1. 投资支出（万元） | -20 | -500 | -100 | | | |
| 2. 净收入（万元） | | | | 150 | 250 | 250 |
| 3. 净现金流量(CI-CO)$_t$（万元） | -20 | -500 | -100 | 150 | 250 | 250 |
| 4. 现值系数(1+10%)$^{-t}$ | 1.0 | 0.9091 | 0.8264 | 0.7513 | 0.6830 | 0.6209 |
| 5. 折现值（万元） | -20.0 | -454.6 | -82.6 | 112.7 | 170.8 | 155.2 |
| 6. 累计折现值（万元） | -20.0 | -474.6 | -557.2 | -444.5 | -273.7 | -118.5 |
| 年 份 | 6 | 7 | 8 | 9 | 10 | |
| 1. 投资支出（万元） | | | | | | |
| 2. 净收入（万元） | 250 | 250 | 250 | 250 | 250 | |
| 3. 净现金流量(CI-CO)$_t$（万元） | 250 | 250 | 250 | 250 | 250 | |
| 4. 现值系数(1+10%)$^{-t}$ | 0.5645 | 0.5132 | 0.4665 | 0.4241 | 0.3855 | |
| 5. 折现值（万元） | 141.1 | 128.3 | 116.6 | 106.0 | 96.38 | |
| 6. 累计折现值（万元） | 22.6 | 150.9 | 267.5 | 373.5 | 469.9 | |

**解:** 首先,用投资和收益数据计算出各年净现金流量,再计算出各年净现金流量的折现值,以及折现值的累计值,即 $\sum (CI-CO)_t (1+i_0)^{-t}$。由表中数据可知,投资回收期应在第 5 年和第 6 年之间。

本例中,在第 6 年出现正值,代入式（5-13）得

$$P'_t = (6 \text{ 年} - 1 \text{ 年}) + \frac{|-118.5|}{141.1} \text{ 年} = 5.84 \text{ 年}$$

因为 $P'_t < P_c$,所以项目可以被接受。

(3) 动态投资回收期的判别标准 判别准则为:若 $P'_t \leq P_c$,则项目可以考虑接受;若 $P'_t > P_c$,则项目应被拒绝。

**2. 净现值**

(1) 净现值基本概念及计算 净现值（Net Present Value）是指按一定的折现率将方案计算期内各时点的净现金流量折现到计算期初的现值累加之和。净现值的表达式为

$$\text{NPV} = \sum_{t=0}^{n} (CI - CO)_t (1+i_0)^{-t} \tag{5-14}$$

式中 NPV——净现值;
   $CI_t$——第 $t$ 年的现金流入额;
   $CO_t$——第 $t$ 年现金流出额;
   $n$——项目寿命年限（或计算期）;

微课7 净现值

$i_0$——为基准折现率。

若工程项目只有初始投资 $K_0$，以后各年均获得相等的净收益 NB，则此时式（5-14）可简化为

$$\text{NPV} = \text{NB}(P/A, i_0, n) - K_0 \qquad (5\text{-}15)$$

式中 $(P/A, i_0, n)$——年金现值系数。

(2) 净现值的经济含义　先看一个简单的例子。某方案的现金流量如图 5-1 所示。

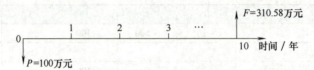

图 5-1　某方案的现金流量

经计算，可得出该投资的收益率 $i = 12\%$。由此可知，如果 $i_0 = 12\%$，$n = 10$，$P = 100$ 万元，$F = 310.58$ 万元，则净现值 NPV $= 0$。

这表明：①从投资回收期角度看，按照给定的贴现率，方案在寿命周期内刚好收回投资；②从定义看，项目各年的净现金流量的现值累计之和刚好为零；③收益率 $i$ 刚好等于项目基准收益率（$i_0$），即技术方案（项目）的获利能力等于给定的贴现率 $i_0$，即达到资本的最低获利要求。

若净现值 NPV $> 0$，则表明项目获利能力高于贴现率，即高于资本的最低获利要求，有附加收益。

若净现值 NPV $< 0$，则表明项目获利能力低于贴现率，即低于资本的最低获利要求（此项目不一定亏损）。

由此可见，当净现值大于零或等于零时，项目可行；反之，项目不可行。

(3) 净现值的判别准则

1) 对单一项目方案而言，若 NPV $\geq 0$，则项目应予以接受；若 NPV $< 0$，则项目应予以拒绝。

2) 多方案比选时，若方案间的投资规模相差不大，根据净现值最大准则，净现值大的方案相对越优。

(4) 净现值的评价　净现值 NPV 通常利用公式计算，也可用现金流量表逐年折现累计而求得。用现金流量表逐年累计计算时，计算结果一目了然，便于检查，适用于寿命周期较长而各年现金流量值不同且无规律可循时项目现值的手工计算；公式法是利用现金流量图来进行资金的等值计算。下面分别举例说明。

【例 5-5】　某项目的各年现金流量见表 5-11，试用净现值指标判断项目的经济性，$i_0 = 10\%$。

表 5-11　某项目的现金流量　（单位：万元）

| 年份（时点） | 0 | 1 | 2 | 3 | 4~10 |
| --- | --- | --- | --- | --- | --- |
| 投资 | 20 | 500 | 100 | | |
| 年经营费用 | | | | 300 | 450 |
| 年收入 | | | | 450 | 700 |
| 净现金流量 | −20 | −500 | −100 | 150 | 250 |

**解**：首先计算各年净现金流量于表中（见表 5-11 最后一行），并绘制现金流量图，如图 5-2 所示。

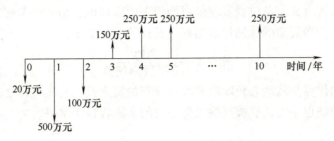

图 5-2　现金流量图

1）公式法。根据表 5-11 中各年的净现金流量，当 $i_0 = 10\%$ 时，有

$$NPV = -20\ 万元 - 500\ 万元 \times (1+10\%)^{-1} - 100\ 万元(1+10\%)^{-2} + 150\ 万元(1+10\%)^{-3}$$
$$+ 250\ 万元 \times (P/A,10\%,7)(P/F,10\%,3) = 469.91\ 万元$$

2）表格法。表格法是在现金流量表 5-11 的基础上，分别计算各年净现金流量折现值，然后进行累计得出项目的净现值，如表 5-12 所示。

表 5-12　现金流量表

| 时点 $t$ | 0 | 1 | 2 | 3 | 4 | 5 | 6 | 7 | 8 | 9 | 10 |
|---|---|---|---|---|---|---|---|---|---|---|---|
| $(CI-CO)_t$（万元） | -20 | -500 | -100 | 150 | 250 | 250 | 250 | 250 | 250 | 250 | 250 |
| 累计净现金流量（万元） | -20 | -520 | -620 | -470 | -220 | 30 | 280 | 530 | 780 | 1030 | 1280 |
| $i=10\%$ 折现系数 | 1 | 0.9091 | 0.8264 | 0.7513 | 0.6830 | 0.6209 | 0.5645 | 0.5132 | 0.4665 | 0.4241 | 0.3855 |
| 各年折现值（万元） | -20 | -454.6 | -82.6 | 112.7 | 170.8 | 155.2 | 141.1 | 128.3 | 116.6 | 106 | 96.38 |
| 累计净现值（万元） | -20 | -474.5 | -557.2 | -444.5 | -273.8 | -118.5 | 22.6 | 150.9 | 267.5 | 373.6 | 469.93 |

根据表 5-12 中的数据，也可以计算出该项目的静态投资回收期为 4.88 年，动态投资回收期为 5.84 年。

（5）关于净现值法的说明

1）净现值法的优点是：①计算较简便，且考虑了资金的时间价值。考虑了项目整个寿命周期内的现金流入、流出情况，全面、科学。②计算结果稳定，不会因现金流量换算方法的不同而带来任何差异。

2）净现值法的缺点是：需要预先给定折现率，这给项目决策带来了困难。因为若折现率定得过高，可行项目就可能被否定；反之，若折现率定得过低，不合理的项目就可能被选中。对于寿命周期不同的技术方案，不宜直接使用净现值（NPV）指标评价。

净现值法一方面可用于独立方案的评价及可行与否的判断，如当 $NPV \geq 0$ 时，方案可行，可以考虑接受；当 $NPV < 0$ 时，方案不可行，应予拒绝。另一方面可以用于多方案的比较、选择，通常以 NPV 大者为优。

**3. 净现值率**

净现值率（NPVR，Net Present Value Rate）又称净现值比、净现值指数，是指项目净现值与总投资现值的比率。净现值率是一种动态投资收益指标，用于衡量不同投资方案的获利能力大小，说明某项目单位投资现值所能实现的净现值大小。净现值率小，单位投资的收益就低；净现值率大，单位投资的收益就高。

净现值率的经济含义是单位投资现值所能带来的净现值，是一个考察项目单位投资盈利能力的指标，常作为净现值的辅助评价指标。其计算公式如下：

$$NPVR = \frac{NPV}{总投资额现值}$$

净现值率法的优点是从动态角度反映项目投资的资金投入与净产出之间的关系。

净现值率法的缺点是无法直接反映投资项目的实际收益率水平。

### 4. 净年值

（1）净年值的含义及计算　净年值（Net Annual Value，NAV）或称平均年盈利（Average Annual Benefit，AAB）指标，有些书上写成 EUAW（Equivalent Uniform Annual Worth）或直接简写成 AW（Annual Worth）。

**净年值的定义为：方案寿命周期内的净现值用复利方法平均分摊到各个年度而得到的等额年盈利额。** 其表达式为

$$NAV = NPV(A/P, i_0, n) \tag{5-16}$$

（2）净年值的经济含义及判别标准　①经济含义：项目在寿命周期内附加收益的年金额。②判据：$NAV \geq 0$，项目可以考虑接受；$NAV < 0$ 时，项目不能接受。③考虑到方案间投资额的大小不同，也可采用净年值指数（NAVI）指标。净年值指数指标可以同时克服 NAV 有利于投资额大和寿命周期长的方案的两个偏差。④经济效益表达很不直观，常常使项目投资者或是经营者感到困惑，因此指标缺乏说服力，一般不用于单个方案的评价。即使用于多个方案的比较评价时，也只是作为辅助指标来考虑。

NAV 指标评价一般适用于现金流量和利率已知、初始投资额相等，但各方案的寿命周期相差悬殊时的方案比较，NAV 最大值的方案是最优的。如果各方案的 NAV 值均为负值时，投资者最佳决策为不投资。

在投资方案的比选中，净年值法是现在广泛应用的净现值法的补充。

例如，现有 A、B 两个方案，基准收益率为 10%，投资均为 5 万元。方案 A 年收益为 2 万元，运行 5 年；方案 B 年收益为 1.5 万元，运行 8 年。用 NAV 评价指标计算可得

$NAV_A = -5\text{万元} \times (A/P, 10\%, 5) + 2\text{万元} = 0.68\text{万元}$

$NAV_B = -5\text{万元} \times (A/P, 10\%, 8) + 1.5\text{万元} = 0.56\text{万元}$

$NAV_A > NAV_B$，这样就得出了方案 A 优于方案 B 的正确结果。

因此，NAV 指标适用于投资额相差不大而寿命周期不等方案的比选。

但是从式（5-16）中可以看出，该指标只考虑了项目中净利润的再投资，而没有考虑到折旧基金和资金中自有资金利息的再投资。因此，从盈利性角度考虑，用 NAV 指标判断后认为是较好的项目，却不一定是最优的。

### 5. 内部收益率

（1）内部收益率的含义　内部收益率（Internal Rate of Return，IRR），又称内部（含）报酬率。在所有的经济评价指标中，内部收益率是最重要的评价指标之一，它是对项目进行盈利能力分析时采用的主要方法。

**内部收益率 IRR 是指项目在整个计算期内各年净现金流量的现值累计等于零（或净年

值等于零）时的折现率。

（2）内部收益率的计算　内部收益率是效率型指标，它反映项目所占用资金的盈利率，是考察项目资金使用效率的重要指标。其定义式为

$$\sum_{t=0}^{n}[(CI-CO)_t(1+IRR)^{-t}]=0 \qquad (5\text{-}17)$$

式中　IRR——内部收益率，或内部报酬率。

由上述概念及式（5-17）可以看出，内部收益率法实质上也是基于现值计算方法的。内部收益率除通过式（5-17）求得外，还可根据现金流量表中的累计净现值，用线性内插法计算求得。从经济意义上讲，内部收益率 IRR 的取值范围应是 $-\infty < IRR < -1$。但大多数情况下，IRR 的取值范围是 $0 < IRR < +\infty$。

（3）内部收益率的判别准则　计算求得的内部收益率 IRR 后，要与项目的设定收益率 $i_0$（财务评价时的行业基准收益率、国民经济评价时的社会折现率）相比较。当 $IRR \geq i_0$ 时，则表明项目的收益率已达到或超过设定的折现率水平，项目可行；当 $IRR < i_0$ 时，则表明项目的收益率未达到设定的折现率水平，项目不可行。

对于互斥项目，IRR 不能直接用于排序选优，应根据具体情况分析。

（4）内部收益率的评价

【例5-6】　有 A、B 两个方案，其逐年投资及收益见表5-13。试评价项目的经济性。

表5-13　A、B 项目的逐年投资及收益　　　　　　　　（单位：万元）

| 年份<br>项目 | 0 | 1 | 2 | 3 | 4 | 5 |
|---|---|---|---|---|---|---|
| A | -50 | 20 | 15 | 15 | 10 | 20 |
| B | -150 | 50 | 60 | 40 | 40 | 20 |
| B-A | -100 | 30 | 45 | 25 | 30 | 0 |

解：由表5-13可求得在不同 $i$ 值下相应的 NPV（表5-14），$IRR_A = 18.69\%$ 和 $IRR_B = 14.35\%$。

表5-14　A、B 项目的 NPV 值　　　　　　　　（单位：万元）

| $i(\%)$<br>项目 | 0 | 5 | 10 | 11.77 | 14.35 | 15 | 18.69 | 20 |
|---|---|---|---|---|---|---|---|---|
| A | 30 | 19.51 | 11.10 | 8.51 | 5.07 | 4.25 | 0 | -1.38 |
| B | 60 | 35.17 | 14.83 | 8.51 | 0 | -2.04 | -12.71 | -16.19 |
| B-A | 30 | 15.66 | 3.73 | 0 | -5.07 | -6.29 | -12.71 | -14.81 |

由表5-14所得的数据可绘得图5-3。在图5-3中，两条曲线交点的数值是8.51，对应的 $i^*$ 是11.77%（即项目 B-A 的内部收益率）。

对互斥项目，不能用 IRR 值来进行排序和选优，对方案 A 和方案 B，尽管 $IRR_A > IRR_B$，但不能就得出应优先选择方案 A 的结论。因为如表5-14和图5-3所示，当投资者的 MARR < 11.77%（MARR，Minimum Attractive Rate of Return，最低可接受的回报率）时，由于 $NPV_A < NPV_B$，应当优选方案 B；当 MARR > 11.77% 时，由于 $NPV_A > NPV_B$，应当选择方案

A；在 MARR = 11.77% 时，可以任选 A 或 B 方案；当 MARR > 18.69% 时，$NPV_A$、$NPV_B$ 均为负值，方案 A 或 B 均不能接受。

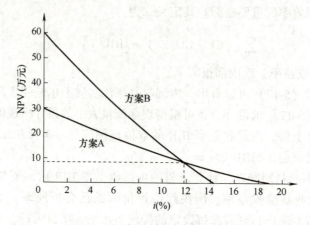

图 5-3　A、B 方案 $NPV - i_0$ 曲线

因此，在进行互斥方案项目的排序优选上，应采用差额投资内部收益率。

应用 IRR 对单一项目（或独立项目组中的各个项目）进行评价的判别标准是：$IRR \geqslant i_0$ 或 MARR，项目经济上可行；$IRR < i_0$ 或 MARR，项目经济上不可行。

### 6. 费用现值与费用年值

（1）费用现值与费用年值的含义　在对多个方案比较选优时，如果诸方案产出价值相同，或者诸方案能够满足同样的需要但其产出效益难以用价值形态（货币）计量（如环保、教育、保健、国防类项目）时，可以通过对各方案费用现值 PC（Present Cost）、费用年值 AC（Annual Cost）或年度费用等值 AAC（Average Annual Cost）的比较进行选择。

费用现值 PC 的定义式为

$$PC = \sum_{t=0}^{n} CO_t (1 + i_0)^{-t} \qquad (5\text{-}18)$$

费用年值 AC 的定义式为

$$AC = \left[\sum_{t=0}^{n} CO_t (1+i_0)^{-t}\right](A/P, i_0, t) = PC(A/P, i_0, t) \qquad (5\text{-}19)$$

式中　PC——费用现值；
　　　AC——费用年值。

（2）费用现值与费用年值判别标准　费用现值和费用年值方法是建立在如下假设基础上的：参与评价的各个方案是可行的；方案的产出价值相同，或者诸方案能够满足同样的需要但是其产出效益难以用价值形态（货币）计量。费用现值和费用年值指标只能用于多个方案的比选，不能用于单个方案评价。其判别准则是：费用现值或费用年值最小的方案为优。下面举例加以说明。

【例 5-7】　某项目有三个采暖方案 A、B、C，均能满足同样的取暖需要。其费用数据见表 5-15。在基准折现率 $i_0 = 10\%$ 的情况下，试用费用现值和费用年值确定最优方案。

表 5-15 三个采暖方案的费用数据 （单位：万元）

| 方 案 | 总投资（0 时点） | 年运营费用（1~10 年） | PC | AC |
|---|---|---|---|---|
| A | 200 | 60 | 568.68 | 92.54 |
| B | 240 | 50 | 547.23 | 89.05 |
| C | 300 | 35 | 515.06 | 83.81 |

解：各方案的费用现值计算如下：

$PC_A = 200$ 万元 $+ 60$ 万元 $\times (P/A, 10\%, 10) = 568.68$ 万元

$PC_B = 240$ 万元 $+ 50$ 万元 $\times (P/A, 10\%, 10) = 547.23$ 万元

$PC_C = 300$ 万元 $+ 35$ 万元 $\times (P/A, 10\%, 10) = 515.06$ 万元

各方案的费用年值计算如下：

$AC_A = 200$ 万元 $\times (A/P, 10\%, 10) + 60$ 万元 $= 92.54$ 万元

$AC_B = 240$ 万元 $\times (A/P, 10\%, 10) + 50$ 万元 $= 89.05$ 万元

$AC_C = 300$ 万元 $\times (A/P, 10\%, 10) + 35$ 万元 $= 83.81$ 万元

根据费用最小的选优准则，费用现值和费用年值的计算结果都表明，方案 C 最优，方案 B 次之，方案 A 最差。

## 思考题与练习题

1. 某企业基建项目设计方案总投资为 1995 万元，投产后年经营成本 500 万元，年销售额 1500 万元，第 3 年年末工程项目配套追加投资 1000 万元，若计算期为 5 年，基准收益率为 10%，残值等于零。试计算投资方案的净现值和净年值。

2. 设基准收益率为 15%，用 IRR 判断方案的可行性，具体数据见表 5-16。

表 5-16 具体数据

| 年 份 | 0 | 1 | 2 | 3 | 4 | 5 |
|---|---|---|---|---|---|---|
| 净现金流量（万元） | -100 | 20 | 30 | 20 | 40 | 40 |

3. 建一个临时仓库需 8000 元，一旦拆除即毫无价值，假定仓库每年净收益为 1360 元；使用 8 年时，其内部收益为多少？若希望得到 10% 的收益率，则该仓库至少使用多少年才值得投资？

4. 已知某项目的有关数据见表 5-17，当基准收益率为 10% 时，分别计算净现值、净年值、静态投资回收期和动态投资回收期。

表 5-17 有关数据

| 年 份 | 1 | 2 | 3 | 4 | 5 | 6 | 7 | 8 | 9 |
|---|---|---|---|---|---|---|---|---|---|
| 净现金流量（万元） | -1000 | -2000 | 300 | 600 | 800 | 800 | 800 | 800 | 800 |

5. 某房地产开发公司拟开发某城市商品房住宅小区，该小区拟建建筑面积 16 万 $m^2$，其中高层 4 万 $m^2$，多层 12 万 $m^2$，两年建成。在该项目决策阶段，业主与其委托的某咨询公司进行了广泛的市场调查和分析研究，得到有关投资决策的数据如下：

（1）该项目平均售房价格为：高层每平方米建筑面积 3800 元，多层每平方米建筑面积 2900 元，预计建设的第 1 年年末销房率为 10%，第 2 年年末销房率为 50%，第 3 年年末销房率为 40%。多层、高层各年平均按上述销房率销房。

(2) 该项目单位建筑面积总投资为 2187.5 元,其中建设期初需投资 5000 万元用于支付土地使用费等前期费用,建设期末需投资 2000 万元用于小区环境建设,其余投资平均在建设期末支出。

问题:

(1) 若该房地产开发公司的内部基准收益率为 15%,请画出现金流量图,并计算该项目的净现值。

(2) 若该项目商品房销售情况不好,第 1 年至第 4 年年末的商品房销房率分别为 10%、20%、40%、30%,绘制现金流量图并计算净现值。

## 二维码形式客观题

微信扫描二维码,可自行做客观题,提交后可查看答案。

第5章
客观题

# 中篇 工程经济知识应用

# 第 6 章 工程方案的确定性分析与决策

> **本章主要知识点:**
> 工程方案的含义、方案独立关系、方案互斥关系和方案相关关系（从属相关型方案、现金流量相关型方案）；资金无限制情况下的独立型方案选择、资金有限情况下的独立型方案选择；寿命周期相等的互斥型方案选择、寿命周期不等的互斥型方案选择、永久性互斥型方案的选择；现金流量相关型方案评价、从属相关型方案的经济效果评价；方案选择中应注意的问题（从投资方案自身效率与资本的效率、投资回收期的应用两个方面介绍）。

> **本章重点与难点:**
> 独立型方案选择、互斥型方案的选择和相关型方案的选择方法、评价及注意事项。

## 6.1 方案类型

### 1. 工程方案的含义

项目投资者为实现经济目标，一般会尽可能多地提出潜在方案供评价和选择。要正确和科学地评价工程项目方案的经济性，仅凭对评价指标的计算和判别是不够的，还必须了解工程项目方案所属的类型。按照方案的类型确定适合的评价指标，最终为做出正确的投资决策提供科学依据。本章将详细介绍工程项目各方案的确定性分析与决策。

**工程方案类型**是指一组备选方案之间所具有的相互关系。这种关系类型一般有单一方案（又称独立型方案）和多方案两类。多方案又分为互斥型和相关型方案，其中，相关型方案分为从属相关型方案和现金流量相关型方案（图 6-1）。

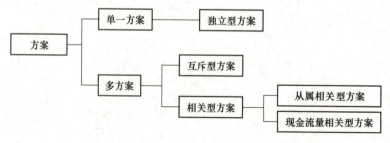

图 6-1 工程方案的分类

现以甲、乙两人分别以不同条件贷款给朋友的问题为例说明。

甲所面对的是借给一个朋友 A 多少钱合适的问题。贷款的方法有三种，皆为一年后收回本利和，贷款金额和获得的利息见表 6-1。对于 A 来说，利率越小就越想多借。甲现有余款 3 万元，因此每个方案都是可能实施的。另外，为了简化问题的分析，不考虑甲做其他投资理财的情况。

表 6-1　甲借给 A 多少钱的问题

| 方　案 | 贷款金额（元） | 贷款利率（%） | 利息额（元） |
|---|---|---|---|
| $A_1$ 方案 | 10000 | 10 | 1000 |
| $A_2$ 方案 | 20000 | 8 | 1600 |
| $A_3$ 方案 | 30000 | 6 | 1800 |

乙所面对的问题是在众多的借款者中选择借给谁适合的问题。借款者有三个人——A、B、C，借款的条件见表 6-2。乙有余款 3 万元，也不考虑乙做其他投资理财的情况。

表 6-2　乙借给 A、B、C 三人的选择问题

| 方　案 | 贷款金额（元） | 贷款利率（%） | 利息额（元） |
|---|---|---|---|
| A 方案 | 10000 | 10 | 1000 |
| B 方案 | 20000 | 8 | 1600 |
| C 方案 | 30000 | 6 | 1800 |

显然，对于甲来说，借给 A 30000 元可使利息额（在这里即是利润）最大；对乙来说，应该同时借给 A 和 B 才能使利息额最大。

由此来看：虽然甲、乙两人可供选择的方案利率都相同，但对于甲最有利的方案是 A 方案，对于乙来说最有利的方案却是 A 和 B 方案。

注意到甲和乙所面对的方案有本质上的区别：甲是从三个方案中仅能选择一个的问题；乙是从三个方案中可任意选择，直到自有资金得到充分运用为止的问题。从上面的例子中可以看出，方案间的关系不同，选择结果则存在差异。

**2. 方案独立关系**

独立型方案是指方案间互不干扰、在经济上互不相关的方案。即这些方案是彼此独立的关系，选择或放弃其中一个方案，并不影响对其他方案的选择。在选择方案时可以任意组合，直到资源得到充分运用为止。例如，某部门欲建几个产品不同、销售数额互不影响的工厂时，这些方案之间的关系就是独立的。

更加严格地讲，独立型方案可以定义为：若方案间加法法则成立，则这些方案是彼此独立的。例如，现有 A、B 两个投资方案（假设投资期为 1 年），仅向 A 方案投资时，投资额为 2000 元，收益为 2600 元；仅向 B 方案投资时，投资额为 3000 元，收益为 3750 元；同时向两个方案投资时，若有投资额为 5000 元（2000 元 + 3000 元），收益为 6350 元（2600 元 + 3750 元）的关系成立，则说明这两个方案间加法法则成立，即 A、B 两个方案是相互独立的。

独立型方案根据资源数量分为资源无限制的独立型方案和资源有限制的独立型方案。

资源无限制的独立型方案是指方案之间的选择不受总资源的控制，方案之间的取舍仅仅是自身指标的衡量。但在若干个可采用的独立型方案中，如果有资源约束条件，如受资金、

劳动力、材料、设备及其他资源拥有量限制，则只能从中选择一部分方案实施。例如，现有独立型方案A、B、C、D，它们所需要的投资分别为10000元、40000元、30000元、20000元。若资金总额限量为60000元，可能选择的方案共有A、B、C、D、A+B、A+C、A+D、B+D、A+C+D这9个组合方案。因此，当受某种资源约束时，独立型方案可以组合成多种组合方案，这些组合方案之间是互斥或排他的。

### 3. 方案互斥关系

**互斥型方案就是指若干个方案中，选择其中任意一个方案，则其他方案必然被排斥的一组方案。** 例如，在某一个确定的地点建工厂、商店、住宅、公园等方案，此时因选择其中任何一个方案其他方案就无法实施，即具有排他性。因此，这些方案间的关系就是互斥的。在工程建设中，互斥型方案还可按以下因素进行分类：

(1) 按服务寿命长短不同分类

1) 相同服务寿命的方案。即参与对比或评价的工程方案服务寿命均相同。

2) 不同服务寿命的方案。即参与对比或评价的工程方案服务寿命均不相同。

3) 无限寿命的方案。在工程建设中永久性工程即可视为无限寿命的工程，如大型水坝、运河工程等。

(2) 按规模不同分类

1) 相同规模的方案。即参加对比或评价的方案具有相同的产出量或容量，在满足相同功能的数量方面具有一致性和可比性。

2) 不同规模的方案。即参与对比或评价的方案具有不同的产出量或容量，在满足相同功能的数量方面不具有一致性和可比性。

项目互斥型方案比较，是工程经济评价工作的重要组成部分，也是寻求合理决策的必要手段。

### 4. 方案相关关系

(1) 从属相关型方案　在多方案中，出现技术经济互补的方案称为从属相关型方案。根据从属相关型方案之间相互依存的关系，从属相关型方案可能是对称的。例如，建一个大型非坑口电站，必须同时建设铁路、电厂，它们无论在建成时间、建设规模上都要彼此适应，缺少其中任何一个项目，其他项目就不能正常运行，它们之间是互补的又是对称的。此外还存在着大量不对称的经济互补方案，如建造一座建筑物A和增加一个空调系统B，建筑物A本身是有用的，增加空调系统B后，建筑物A更有用，但不能说采用A方案的同时一定要采用B方案。

(2) 现金流量相关型方案　现金流量相关是指各方案的现金流量之间存在着相互影响。即使方案间不完全互斥，也不完全互补，但如果若干方案中任一方案的取舍会导致其他方案现金流量的变化，这些方案之间也具有相关性，这种相关性被称为现金流量相关。例如，一过江项目，有两个考虑方案，一个是建桥方案A，另一个是轮渡方案B，两个方案都是收费的。此时任一方案的实施或放弃都会影响另一方案的现金流量。

## 6.2 独立型方案选择

### 1. 资金无限制情况下的独立型方案选择

独立型方案的采用与否，只取决于方案自身的经济性，即只需看它们是否能够通过净现值、净年值或内部收益率指标的评价标准。因此，多个独立型方案与单一方案的评价方法是相同的。

【例 6-1】 三个独立方案 A、B、C 的现金流量见表 6-3。试判断其经济可行性。$i_0 = 15\%$。

表 6-3 A、B、C 的现金流量

| 方 案 | 初始投资（0 年）（万元） | 年收入（万元） | 年支出（万元） | 寿命/年 |
|---|---|---|---|---|
| A | 5000 | 2400 | 1000 | 10 |
| B | 8000 | 3100 | 1200 | 10 |
| C | 10000 | 4000 | 1500 | 10 |

解：首先，计算各方案的 NPV，计算结果如下：

$$NPV_A = -5000 \text{ 万元} + (2400 \text{ 万元} - 1000 \text{ 万元}) \times (P/A, 15\%, 10) = 2027 \text{ 万元}$$

$$NPV_B = -8000 \text{ 万元} + (3100 \text{ 万元} - 1200 \text{ 万元}) \times (P/A, 15\%, 10) = 1536 \text{ 万元}$$

$$NPV_C = -10000 \text{ 万元} + (4000 \text{ 万元} - 1500 \text{ 万元}) \times (P/A, 15\%, 10) = 2547 \text{ 万元}$$

由于 $NPV_A$、$NPV_B$、$NPV_C$ 均大于零，故三方案均可行。

各方案 NAV 的计算结果如下：

$$NAV_A = -5000 \text{ 万元} \times (A/P, 15\%, 10) + (2400 \text{ 万元} - 1000 \text{ 万元}) = 404 \text{ 万元}$$

$$NAV_B = -8000 \text{ 万元} \times (A/P, 15\%, 10) + (3100 \text{ 万元} - 1200 \text{ 万元}) = 306 \text{ 万元}$$

$$NAV_C = -10000 \text{ 万元} \times (A/P, 15\%, 10) + (4000 \text{ 万元} - 1500 \text{ 万元}) = 507 \text{ 万元}$$

由于 $NAV_A$、$NAV_B$、$NAV_C$ 均大于 0，故 A、B、C 三方案均可行。

各方案 IRR 的计算结果如下：

$$-5000 \text{ 万元} + (2400 \text{ 万元} - 1000 \text{ 万元}) \times (P/A, IRR_A, 10) = 0 \rightarrow IRR_A = 25\%$$

$$-8000 \text{ 万元} + (3100 \text{ 万元} - 1200 \text{ 万元}) \times (P/A, IRR_B, 10) = 0 \rightarrow IRR_B = 16\%$$

$$-10000 \text{ 万元} + (4000 \text{ 万元} - 1500 \text{ 万元}) \times (P/A, IRR_C, 10) = 0 \rightarrow IRR_C = 22\%$$

由于 $IRR_A$、$IRR_B$、$IRR_C$ 均大于 15%，故 A、B、C 三方案均可行。

从例 6-1 可见，对于独立方案，不论采用净现值、净年值和内部收益率当中哪种评价指标，评价结论都是一样的。

**2. 资金有限情况下的独立方案选择**

如果独立型方案之间共享的资源是有限的，不能满足所有方案的需要，则在这种不超出资源限额的条件下，独立型方案的选择有两种方法：一是方案组合法；二是内部收益率或净现值率排序法。

（1）方案组合法 方案组合法的原理是：列出独立型方案所有可能的组合，每个组合形成一个组合方案（其现金流量为被组合方案现金流量的叠加）。由于是所有可能的组合，则最终的选择只可能是其中一种组合方案。因此所有可能的组合方案形成互斥关系，可按互斥型方案的比较方法确定最优的组合方案，最优的组合方案即为独立型方案的最佳选择。具体步骤如下：

1）列出 $m$ 个独立型方案的所有可能组合，形成 $2^m$ 个新的互斥的组合方案（其中包括 0

方案，其投资为 0，收益也为 0）。

2）每个组合方案的现金流量为被组合的各独立方案的现金流量的叠加。
3）将所有的组合方案按初始投资额从小到大的顺序排列。
4）排除总投资额超过投资资金限额的组合方案。
5）对剩余的所有组合方案按互斥型方案的比较方法确定最优的组合方案。
6）最优组合方案即为该组独立型方案的最佳选择。

**【例 6-2】** 有 3 个独立型方案 A、B 和 C，寿命周期皆为 10 年，现金流量见表 6-4。基准收益率为 8%，投资资金限额为 12000 万元。试求选择最优方案。

表 6-4　A、B、C 现金流量　　　　　　　　　（单位：万元）

| 方　　案 | 初 始 投 资 | 年 净 收 益 |
| --- | --- | --- |
| A | 3000 | 600 |
| B | 5000 | 850 |
| C | 7000 | 1200 |

**解**：列出所有可能的组合方案（包括 0 方案），见表 6-5。

表 6-5　组合方案　　　　　　　　　（单位：万元）

| 序　号 | 组合方案 | 初 始 投 资 | 年 净 收 益 | 净 现 值 |
| --- | --- | --- | --- | --- |
| 1 | 0 | 0 | 0 | 0 |
| 2 | A | 3000 | 600 | 1026 |
| 3 | B | 5000 | 850 | 704 |
| 4 | C | 7000 | 1200 | 1052 |
| 5 | A + B | 8000 | 1450 | 1730 |
| 6 | A + C | 10000 | 1800 | 2078 |
| 7 | B + C | 12000 | 2050 | 1756 |
| 8 | A + B + C | 15000 | — | — |

对每个组合方案内的各独立型方案的现金流量进行叠加，作为组合方案的现金流量，并按叠加的投资额从小到大的顺序对组合方案进行排列，排除投资额超过资金限制的组合方案（A + B + C）。

按组合方案的现金流量计算各组合方案的净现值。

(A + C) 方案净现值最大，为最优组合方案，故最优的选择应是 A 和 C。

方案组合法的优点是在各种情况下均能保证获得最佳组合方案；缺点是在方案数目较多时，其计算比较烦琐。

(2) 净现值率排序法　净现值率（NPVR）排序法的原理是：计算各方案的净现值，排除净现值小于零的方案，然后计算各方案的净现值率，按净现值率从大到小的顺序，依次选取方案，直至所选取方案的投资额之和最大限度地接近或等于投资限额。

按净现值率排序原则选择项目方案，其基本思想是单位投资的净现值越大，在一定投资限额内所能获得的净现值总额就越大。

净现值率排序法的优点是计算简便，选择方法简明扼要。缺点是由于投资方案的不可分性，即一个方案只能作为一个整体被接受或放弃，经常会出现资金没有被充分利用的情况。

**【例 6-3】** 某一经济区投资预算为 150 万元，有六个投资方案，其净现值与投资额见表 6-6，试按照净现值率排序法对方案进行选择（$i_0 = 10\%$）。

**解：** 计算各方案的净现值及净现值率，见表 6-6。

表 6-6 各方案的净现值及净现值率

| 方　案 | 期初投资（万元） | 净现值（万元） | 净现值率 | 按 NPVR 排序 |
|---|---|---|---|---|
| A | 60 | 13.73 | 0.23 | 1 |
| B | 40 | 1.78 | 0.04 | 5 |
| C | 35 | 5.5 | 0.16 | 3 |
| D | 20 | -1.56 | -0.08 | 6 |
| E | 55 | 11.58 | 0.21 | 2 |
| F | 10 | 1.06 | 0.11 | 4 |

去掉净现值及净现值率为负数的 D 方案，按 NPVR 的大小排序，可知满足资金总额约束的方案为 A、E、C，所用的资金总额为 150 万元，净现值总额为 30.81 万元。

**【例 6-4】** 现有八个独立方案，数据见表 6-7。试在投资预算限额 12000 万元内，用 NPVR 法确定其投资方案的最优组合。

**解：** 计算各方案的净现值率，见表 6-7。

表 6-7 方案基本数据

| 方　案 | A | B | C | D | E | F | G | H |
|---|---|---|---|---|---|---|---|---|
| 投资额（万元） | 4000 | 2400 | 800 | 1800 | 2600 | 7200 | 600 | 3000 |
| NPV（万元） | 2400 | 1080 | 100 | 450 | 572 | 1296 | 84 | 1140 |
| NPVR | 0.6 | 0.45 | 0.13 | 0.25 | 0.22 | 0.18 | 0.14 | 0.38 |
| NPVR 排序 | 1 | 2 | 8 | 4 | 5 | 6 | 7 | 3 |

最佳方案组合投资：$P_{(A+B+H+D)}$ = 4000 万元 + 2400 万元 + 3000 万元 + 1800 万元
= 11200 万元

最佳方案组合 NPV：$NPV_{(A+B+H+D)}$ = 2400 万元 + 1080 万元 + 1140 万元 + 450 万元
= 5070 万元

## 6.3 互斥型方案选择

**1. 寿命周期相等的互斥型方案选择**

（1）净现值法 净现值法就是以基准收益率将包括初期投资额在内的各期净现金流量换算成现值（NPV）的比较方法。首先，分别计算各个方案的净现值，剔除 NPV<0 的方案，然后比较所有 NPV≥0 的方案的净现值，选择净现值最大的方案为最佳方案。净现值评

价互斥型方案的判断准则为：净现值大于或等于零且为最大方案是最优可行方案。

【例6-5】 某企业准备生产某种新产品，为此需增加新的生产线。现有A、B、C三个方案，各自的初期投资额、每年年末的销售收益及作业费用见表6-8。各投资方案的寿命周期均为6年，6年后的残值为零。基准收益率 $i_0 = 10\%$。选择哪个方案最有利？

表6-8 投资方案的现金流量 （单位：万元）

| 投资方案 | 初期投资 | 销售收益 | 作业费用 | 净收益 |
|---|---|---|---|---|
| A | 2000 | 1200 | 500 | 700 |
| B | 3000 | 1600 | 650 | 950 |
| C | 4000 | 1600 | 450 | 1150 |

解：为了正确选择方案，首先将三个方案的现金流量图画出来，如图6-2所示。

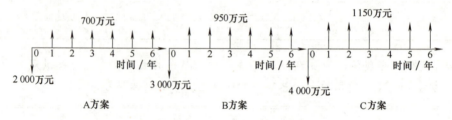

图6-2 互斥型方案的净现金流量图

将各年的净收益折算成现值时，只要利用等额支付现值系数 $(P/A, 10\%, 6) = 4.3553$ 即可。各方案的净现值 $NPV_A$、$NPV_B$、$NPV_C$ 如下：

$$NPV_A = -2000 \text{ 万元} + 700 \text{ 万元} \times (P/A, 10\%, 6) = 1049 \text{ 万元}$$

$$NPV_B = -3000 \text{ 万元} + 950 \text{ 万元} \times (P/A, 10\%, 6) = 1137 \text{ 万元}$$

$$NPV_C = -4000 \text{ 万元} + 1150 \text{ 万元} \times (P/A, 10\%, 6) = 1009 \text{ 万元}$$

B方案是最优方案，相当于现时点产生的利润值为1137万元（已排除了10%的机会成本）。该方案的现值较A方案多88万元，较C方案有利128万元。

(2) 净年值法 净年值法就是以基准收益率将包括初期投资额在内的各期的净现金流量换算成等额年值。净年值法的计算公式为

$$NAV = \left(\sum_{t=0}^{n} (CI - CO)_t (1+i_0)^{-t}\right)(A/P, i_0, n) = NPV(A/P, i_0, n)$$

式中 $(A/P, i_0, n)$——资本回收系数。

其评价准则是：若 $NAV \geq 0$，则项目在经济上可行；若 $NAV < 0$，则项目在经济上不可行。

下面以例6-5为例进行计算：

解：各方案的净年值 $NAV_A$、$NAV_B$、$NAV_C$ 如下：

$$NAV_A = -2000 \text{ 万元} \times (A/P, 10\%, 6) + 700 \text{ 万元} = 241 \text{ 万元}$$

$$NAV_B = -3000 \text{ 万元} \times (A/P, 10\%, 6) + 950 \text{ 万元} = 261 \text{ 万元}$$

$$NAV_C = -4000 \text{ 万元} \times (A/P, 10\%, 6) + 1150 \text{ 万元} = 232 \text{ 万元}$$

可见 B 方案最优,与净现值法计算出的结果一致。

(3) 差额法　差额法就是以基准收益率将包括初期投资额差额在内的各期的差额净现金流量换算成现值。设有方案 1 和方案 2,且方案 2 为投资额大的方案,方案 1 为投资额小的方案,则差额法的计算公式为

$$\text{NPV}_{(2-1)} = \sum_{t=0}^{n}(\text{NCF}_2 - \text{NCF}_1)(P/F, i_0, t) \text{ 或者 } \text{NPV}_{(2-1)} = \text{NPV}_{(2)} - \text{NPV}_{(1)}$$

此方法评价准则为:若 $\text{NPV}_{(2-1)} > 0$,则方案 2 在经济上比方案 1 更优;若 $\text{NPV}_{(2-1)} < 0$,则方案 1 在经济上比方案 2 更优。此方法与净现值法得出的结论是一致的,但直接用净现值的方法来比较更为方便。

(4) 增量投资内部收益率法　应用内部收益率(IRR)对互斥型方案评价,能不能直接按各互斥型方案内部收益率($\text{IRR} \geq i_0$)的高低来选择方案呢?答案是否定的。因为内部收益率不是项目初始投资的收益率,而且内部收益率受现金流量分布的影响很大,净现值相同的两个分布不同的现金流量,会得出不同的内部收益率。因此,直接按各互斥型方案的内部收益率的高低来选择方案并不一定能选出净现值(基准收益率下)最大的方案,即 $\text{IRR}_2 > \text{IRR}_1 \geq i_0$ 并不意味着一定有 $\text{IRR}_{2-1} = \Delta\text{IRR} \geq i_0$。

【例 6-6】 以【例 6-5】某企业的投资方案为例加以说明。向 B 方案投资就意味着比 A 方案多投资 1000 万元,追加投资的结果使 B 方案较 A 方案每年年末多 250 万元的净收益。

**解:** 当 $i = 0$ 时,有

$$\text{NPV}_A = 700 \text{ 万元} \times 6 - 2000 \text{ 万元} = 2200 \text{ 万元}$$
$$\text{NPV}_B = 950 \text{ 万元} \times 6 - 3000 \text{ 万元} = 2700 \text{ 万元}$$

当 $i = i_0 = 10\%$ 时,$\text{NAV}_A = 241$ 万元;$\text{NAV}_B = 261$ 万元;

由 $\text{NPV}_A = 0$,得 $\text{IRR}_A = 26.4\%$;由 $\text{NPV}_B = 0$,得 $\text{IRR}_B = 22.1\%$

增量投资内部收益率 $\Delta\text{IRR}_{B-A}$ 由下式求得

$$250 \text{ 万元} \times (P/A, \Delta\text{IRR}_{B-A}, 6) - 1000 \text{ 万元} = 0 \Rightarrow \Delta\text{IRR}_{B-A} = 13\%$$

根据上述数据绘出图 6-3。

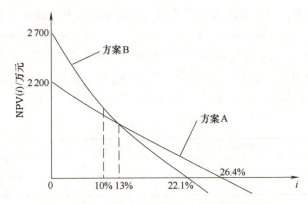

图 6-3　追加投资内部收益率的数学和经济解释

由图 6-3 可知,B 方案的内部收益率低,净现值高。而 A 方案的内部收益率高,净现值低。从计算结果或图 6-3 可看出,$\text{IRR}_A > \text{IRR}_B$,如果以内部收益率为评价准则,则方案 A

优于方案 B；而以净现值为评价准则，基准收益率为 $i_0 = 10\%$ 时，$NPV_B > NPV_A$，方案 B 优于方案 A，这就产生了矛盾。但由净现值的经济含义可知，净现值最大准则因符合收益最大化的决策准则，故是正确的。因此，要确定的差额内部收益率评价准则，应与净现值最大化原则相一致才正确。若用内部收益率，就不能仅看方案自身内部收益率是否最大，还要看其他条件。这就是要看方案 B 比方案 A 多花的投资的内部收益率（即追加投资内部收益率 $\Delta IRR$）是否大于基准收益率 $i_0$，若 $\Delta IRR \geq i_0$，投资大的方案 B 为优；若 $\Delta IRR < i_0$，投资小的方案 A 为优。

增量投资内部收益率 $\Delta IRR$ 是两个方案各年净现金流量的差额的现值之和等于零时的折现率，其表达式为

$$\Delta NPV(\Delta IRR) = \sum_{t=0}^{n}(NCF_1 - NCF_2)(1 + \Delta IRR)^{-t} = 0$$

式中　$\Delta IRR$——增量投资内部收益率。

从上式可以看出，增量投资内部收益率就是 $NPV_1 = NPV_2$ 时的折现率。其评价准则为：若 $\Delta IRR \geq i_0$，投资大的方案为优；若 $\Delta IRR < i_0$，投资小的方案为优。所以增量投资内部收益率评价结果总是与按净现值指标评价的结果一致。

**2. 寿命周期不等的互斥型方案选择**

上面所述内容都是假定各方案的投资寿命周期（服务年限）都是相同情况下的方案选择问题。但现实中很多方案的寿命周期往往不同。例如，在建造各种建筑物、构筑物时，采用的结构形式（例如，木结构、钢结构、钢筋混凝土结构等）不同，其投资额及寿命周期也不同；建筑施工单位所购置的机械设备型号不同、厂家不同，其寿命周期和初期投资额也不同。那么，对于这些寿命周期不同的方案应该采用什么标准和方法加以选择呢？以下介绍两种寿命周期不同的互斥投资方案比选的方法，并用具体例题加以说明。

（1）计算期统一法

1）最小公倍数法。最小公倍数法是以各备选方案计算期的最小公倍数为方案比选的共同计算期，并假设各方案均在这样一个共同的计算期内重复进行。在此基础上计算出各方案的净现值或者费用现值，以净现值最大或费用现值最小的方案为最佳方案。

【例 6-7】　某部门欲购置大型施工机械，现有 A、B 两个互斥的投资方案，该两个方案的工作效率和质量均相同，但每年（已折算到年末）的作业费用不同，寿命周期也不同（表 6-9）。基准收益率为 12%。此时应选哪种机械为好？

表 6-9　两种机械投资、作业费用和寿命周期

| 投资方案 | 初期投资额（万元） | 年作业费用（万元） | 寿命周期/年 |
|---|---|---|---|
| A | 20 | 4.5 | 4 |
| B | 30 | 4.0 | 6 |

解：两设备寿命周期的最小公倍数为 12 年，在此期间 A 方案第一周期的现金流量重复了两次，B 方案重复了一次，因而 A、B 方案的净现金流量如图 6-4 所示。设 A、B 方案 12 年间的费用值分别为 $PC_A(12)$、$PC_B(12)$，则

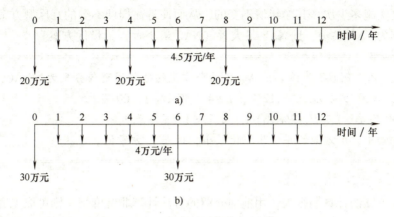

**图 6-4　A、B 方案的净现金流量图**
a) A 方案　b) B 方案

$$PC_A(12) = 4.5 \text{万元} \times (P/A, 12\%, 12) + 20 \text{万元} \times (P/F, 12\%, 8) + 20 \text{万元} \times (P/F, 12\%, 4) + 20 \text{万元} = 68.66 \text{万元}$$

$$PC_B(12) = 4.0 \text{万元} \times (P/A, 12\%, 12) + 30 \text{万元} \times (P/F, 12\%, 6) + 30 \text{万元} = 70 \text{万元}$$

由于两个方案中，A 方案的费用现值最小，因而 A 方案优。

2）研究期法。对计算期不相等的互斥型方案，可采用另一种确定共同计算期的方法——研究期法。这种方法是根据对市场前景的预测，直接选取一个适当的分析期作为各个方案的共同计算期。这样不同期限的方案就转化为相同期限的方案了。

研究期的确定一般以互斥型方案中年限最短或最长方案的计算期作为互斥型方案评价的共同研究期。当然也可取所期望的计算期为共同研究期。通过比较各个方案在研究期内的净现值来对方案进行比选，以净现值（成本现值）最大（最小）的方案为最佳方案。

对于计算期短于共同研究期的方案，仍可假定其计算期完全相同地重复延续，也可按新的不同的现金流量序列延续。需要注意的是：对于计算期（或者是计算期加其延续）比共同研究期长的方案，要对其在研究期以后的现金流量余值进行估算，并回收余值。该项余值估算的合理性及准确性，对方案比选结论有重要影响。

**【例 6-8】** 仍以【例 6-7】为例，取年限短的方案计算期作为共同研究期。本例研究期为 4 年。

**解：**

$$PC_A = 4.5 \text{万元} \times (P/A, 12\%, 4) + 20 \text{万元} = 33.67 \text{万元}$$

$$PC_B = [30 \text{万元} \times (A/P, 12\%, 6) + 4](P/A, 12\%, 4) = 34.31 \text{万元}$$

故两个方案中，A 方案的费用现值最小，因而 A 方案优。

(2) 净年值（费用年值）法　用净年值进行寿命周期不等的互斥型方案经济效果评价，假设备备选方案在其寿命周期结束时均可按原方案重复实施或以与原方案经济效果水平相同的方案接续。净年值（费用年值）是以"年"为时间单位比较各个方案的经济效果，一个方案无论重复实施多少次，其净年值不变的，从而使寿命周期不等的互斥型方案间具有可比性。评价准则为：NAV≥0，且 NAV 最大者（NAC 最小者）为最优方案。

【例 6-9】 仍以例 6-7 为例。设 A、B 两个方案的年费用现值分别为：$NAC_A$、$NAC_B$。

解：$NAC_A = 20$ 万元 $\times (A/P, 12\%, 4) + 4.5$ 万元 $= 11.09$ 万元

$NAC_B = 30$ 万元 $\times (A/P, 12\%, 6) + 4$ 万元 $= 11.3$ 万元

故两个方案中，A 方案的年费用现值最小，因而 A 方案优。

### 3. 永久性互斥型方案的选择

如果评价方案的计算期很大，用前面介绍的方法计算非常麻烦，则可取无穷大计算期法计算 NPV（PC），NPV 最大者（PC 最小者）为最优方案。其计算公式为

$$NPV = NAV(P/A, i, n)$$

当 $n$ 无限大时，有 $NPV = NAV \div i$

【例 6-10】 为在某河上修建大桥，经考虑有 A、B 两处可供选点。在 A 地建桥其投资为 1200 万元，年维护费 2 万元，水泥桥面每 10 年翻修一次需 5 万元；在 B 点建桥，预计投资 1100 万元，年维护费 8 万元，该桥每三年粉刷一次 3 万元，每 10 年整修一次 4 万元。若利率为 10%，试比较两个方案哪个为优？

解：首先画出 A、B 方案的现金流量图，如图 6-5 所示。

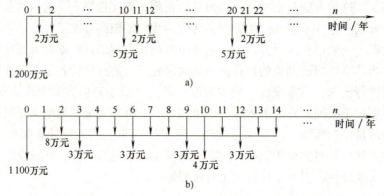

图 6-5　A、B 方案现金流量图

a) A 方案　b) B 方案

设 A、B 方案的费用现值分别为 $PC_A$、$PC_B$，则

$PC_A = 1200$ 万元 $+ 2$ 万元 $\div 10\% + 5$ 万元 $\times (A/F, 10\%, 10) \div 10\%$

$\quad\quad = 1223.14$ 万元

$PC_B = 1100$ 万元 $+ 8$ 万元 $\div 10\% + 3$ 万元 $\times (A/F, 10\%, 3) \div 10\% +$

$\quad\quad 4$ 万元 $\times (A/F, 10\%, 10) \div 10\%$

$\quad\quad = 1191.57$ 万元

由两个方案的费用现值知，B 方案费用现值更小，因而 B 方案优。

## 6.4 相关型方案

### 1. 现金流量相关型方案评价

其主要思路是：先将各方案组合成互斥型方案，计算各互斥型方案的现金流量，再应用各种经济效果评估指标进行评价。

【例6-11】 在两座城市间有两个投资方案A、B，A为建高速公路，B为建铁路。只上一个项目时各项目的净现金流见表6-10；两个方案都上时，会对另一方案的现金流产生影响，估计有关数据见表6-10。基准折现率为10%，试进行方案评价择优。

表6-10 现金流量

| 方  案 | 初始投资额（亿元） | 年净现金流入（亿元） | 寿命周期/年 |
|---|---|---|---|
| 高速公路 A | -50 | 10 | 40 |
| 铁路 B | -30 | 6 | 40 |
| A + B | -80 | 13.5 | 40 |

解：A、B两方案为现金流量相关型方案，可用"方案组合法"评价择优。
第一步，先将各相关方案组合成互斥型方案。
第二步，对各互斥型方案进行评价择优，用净年值法。

$NAV_A = -50$ 亿元 $\times (A/P, 10\%, 40) + 10$ 亿元 $\approx 4.887$ 亿元

$NAV_B = -30$ 亿元 $\times (A/P, 10\%, 40) + 6$ 亿元 $\approx 2.933$ 亿元

$NAV_{A+B} = -80$ 亿元 $\times (A/P, 10\%, 40) + 13.5$ 亿元 $\approx 5.31$ 亿元

$NPV_{A+B} > NPV_A > NPV_B$

故两个方案同时采纳为最佳。

### 2. 从属相关型方案的经济效果评价

如果两个或多个方案之间，某方案的实施要求以另一方案（或另几个方案）的实施为条件，则两个方案之间具有从属性。例如，汽车零配件制造厂与汽车总装厂之间就有从属性。

【例6-12】 有5个投资建议 $A_1$、$A_2$、$B_1$、$B_2$ 及 C，它们的现金流量及净现值见表6-11。今已知 $A_1$ 及 $A_2$ 互斥，$B_1$ 及 $B_2$ 相斥，$B_1$ 及 $B_2$ 都从属于 $A_2$，C 从属于 $B_1$。设定资金限额为220万元，试选择出最优的投资组合方案，基准折现率为10%。

微课10
例6-12

表6-11 方案基本数据表　　　　　　　　　　　　（单位：万元）

| 方  案 | 现金流量 | | | | | NPV |
|---|---|---|---|---|---|---|
|  | 0 | 1 | 2 | 3 | 4 |  |
| $A_1$ | -200 | 80 | 80 | 80 | 80 | 53.6 |
| $A_2$ | -120 | 48 | 48 | 48 | 48 | 32 |
| $B_1$ | -56 | 18 | 18 | 18 | 18 | 1.06 |
| $B_2$ | -60 | 20 | 20 | 20 | 20 | 3.4 |
| C | -40 | 24 | 24 | 24 | 24 | 36 |

**解**：先不考虑资金的限制。5 项投资建议共可组成 5 个互斥的投资方案，如表 6-12 所示。显然方案 5 的净现值最高应优先采纳。方案 5 是由 $A_2$、$B_1$ 及 C 三项投资建议组成。其总投资为 216 万元，净现值为 69.06 万元。

表 6-12　组合方案评价结果表　　　　　　　　　　（单位：万元）

| 组合方案号 | 组合规则 | | | | | 投 资 | NPV |
|---|---|---|---|---|---|---|---|
| | $A_1$ | $A_2$ | $B_1$ | $B_2$ | C | | |
| 1 | 1 | 0 | 0 | 0 | 0 | -200 | 53.6 |
| 2 | 0 | 1 | 0 | 0 | 0 | -120 | 32 |
| 3 | 0 | 1 | 1 | 0 | 0 | -176 | 33.06 |
| 4 | 0 | 1 | 0 | 1 | 0 | -180 | 35.4 |
| 5 | 0 | 1 | 1 | 0 | 1 | -216 | 69.06 |

## 6.5　方案选择中应注意的问题

### 1. 投资方案自身效率与资本的效率

从众多的投资方案中选择最合适的方案时，内部收益率（投资的效率）这个指标在很多情况下都是有效的。此时，重要的是搞清各方案之间的相互关系和资金的制约因素。

本节将讲述以收益率为尺度进行方案选择时应注意的一个问题，即不应将投资方案自身的效率与投入的净资本的效率混同起来。用一个具体的例子予以说明。

**【例 6-13】** 某企业现正在研究互相独立的投资方案 A、B、C 何者有利的问题。三个方案的投资额都为 5000 万元，每年年末的净收益 A 为 800 万元，B 为 700 万元，C 为 600 万元。投资的寿命周期皆为 20 年：如无特殊情况，那么优选的次序应为 A、B、C。

但是各方案的情况是不同的：A 方案是企业内工厂的扩建问题；B 方案是公共工程，其投资的一半（2500 万元）可以由市政府提供 20 年无息贷款；C 方案是引进外资的企业，其中的 4000 万元可以按 4% 的利率获得。

此时各方案自身的效率（即内部收益率）为

A 方案：5000 万元 $\times (A/P, IRR_A, 20) - 800$ 万元 $= 0 \Rightarrow IRR_A = 15\%$

B 方案：5000 万元 $\times (A/P, IRR_B, 20) - 700$ 万元 $= 0 \Rightarrow IRR_B = 12.7\%$

C 方案：5000 万元 $(A/P, IRR_C, 20) - 600$ 万元 $= 0 \Rightarrow IRR_C = 10.3\%$

B 方案其投资的一半（2500 万元）可以由市政府提供 20 年无息贷款，有无息贷款时的现金流量如图 6-6 所示，此时 B 方案自有资金的效率为

2500 万元 + 2500 万元 $(P/F, IRR_B, 20) - 700$ 万元 $\times (P/A, IRR_B, 20) = 0 \Rightarrow IRR_B = 27.6\%$

可见，其投资效率远比 A 方案有利。

C 方案以 4% 的低息贷款 4000 万元，因而每年都需偿还，假如复本利和 20 年内偿还完了，则其现金流量如图 6-7a 所示。其中每年偿还金额为

$$A = 4000 \text{ 万元} \times (A/P, 4\%, 20) = 294.3 \text{ 万元}$$

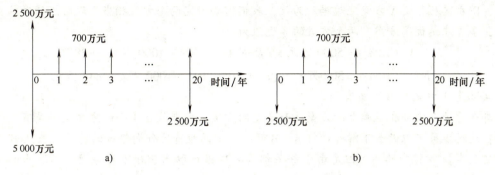

图 6-6　有无息贷款时的现金流量
a) 现金流量　b) 净现金流量

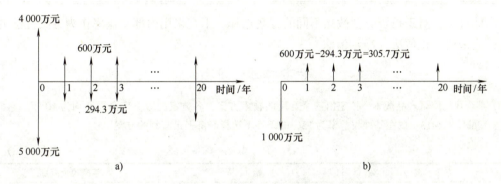

图 6-7　有低息贷款时的现金流量
a) 现金流量　b) 净现金流量

因而其净现金流量如图 6-7b 所示。其他资金的效率为

$$1000 \text{ 万元} \times (A/P, \text{IRR}_C, 20) - 305.7 \text{ 万元} = 0 \Rightarrow \text{IRR}_C = 30.4\%$$

可见 C 方案自有资金的效率比 B 方案还高。

**2. 应用投资回收期时候的注意事项**

在此之前，我们讨论的方案都是在初期投资之后每期末都产生均等净收益情况下的方案评价与选择的问题。但是，假如参加比较的各投资方案现金流量截然不同，那么收益率法有时就不能正确地反映各投资方案的优劣。下面用实例说明。

【例 6-14】　某企业现有 A、B 两个投资方案，其初期投资额都是 1000 万元。但 A 方案投资之后一直没收益，直到第 10 年年末才有一笔 5000 万元的净收益；B 方案初期投资之后第 1 年年末开始每年年末都有相同的净收益 300 万元。假如基准收益率为 10%，那么，哪个投资方案有利？

**解**：A、B 两个方案的内部收益率为

A 方案：$1000 \text{ 万元} \times (F/P, \text{IRR}_A, 10) - 5000 \text{ 万元} = 0 \Rightarrow \text{IRR}_A = 17.5\%$

B 方案：$1000(A/P, \text{IRR}_B, 10) - 300 \text{ 万元} = 0 \Rightarrow \text{IRR}_B = 27.3\%$

如果用内部收益率作为评价投资方案优劣的标准，那么显然 B 方案较 A 方案优越得多。

但是，B方案果真较A方案优越吗？为此，我们需要研究两个方案相当于现时点的净收益哪个多，多者才是优选方案。两个方案的净现值为

$$\text{NPV}_A(10\%) = 5000 \text{ 万元} \times (P/F, 10\%, 10) - 1000 \text{ 万元} = 928 \text{ 万元}$$

$$\text{NPV}_B(10\%) = 300 \text{ 万元} \times (P/A, 10\%, 10) - 1000 \text{ 万元} - 843 \text{ 万元}$$

实际是A方案较B方案有利。

那么为什么内部收益率大的方案反而是差的方案，内部收益率小的方案反而是有利的方案呢？这种现象可以做如下解释：将A、B两个方案的投资比作向银行的存款，虽然B银行存款的利率较A银行的高，但是由于每年都需要从银行取出300万元存款，而取出的款是按基准收益率10%在运用；A银行虽然较B银行存款利率低，但所存款额1000万元始终按17.5%计息，因而导致10年内净现值A方案较B方案大得多。

由此可见，对于投资类型截然不同的方案选择，不宜采用内部收益率作为方案优选的尺度，而应采用净现值法（净年值法）。

## 思考题与练习题

1. 某企业为降低产品成本，拟定出三个互斥的技术方案，各方案的服务寿命周期均为10年，它们的净现金流量见表6-13，试在基准收益率为12%的条件下选择经济上最有利的方案。

表6-13 三个互斥型方案的现金流　　　　　　　　　　　　（单位：元）

| 方　案 | 初始投资 | 年净现金流量 |
|---|---|---|
| A | 5000 | 1400 |
| B | 9000 | 1950 |
| C | 11000 | 2600 |

2. 公司打算购买两种新机器中的一种，假如公司基准贴现率为12%，设备方案数据见表6-14，应购买哪种机器？

表6-14 两方案的数据

| 项　目 | 方案A | 方案B |
|---|---|---|
| 投资额（元） | 10000 | 16000 |
| 年经营收入（元） | 6000 | 6500 |
| 年经营支出（元） | 3000 | 2800 |
| 残值（元） | 1000 | 1600 |
| 寿命周期/年 | 6 | 9 |

3. 某项目有三个方案A、B、C，均能满足同样的需要，但各方案的投资及年运营费用不同，见表6-15，在基准收益率为12%的情况下，对方案进行比选。

表6-15 三个方案的投资费用数据　　　　　　　　　　　　（单位：万元）

| 方　案 | 期初投资 | 1~5年运营费用 | 6~10年运营费用 |
|---|---|---|---|
| A | 70 | 13 | 13 |
| B | 90 | 10 | 10 |
| C | 105 | 6 | 8 |

4. 建一个临时仓库需用1亿元,一旦拆除即毫无价值,假定仓库每年净收益为1500元:
(1) 使用年限8年时,其内部收益率为多少?
(2) 希望得到10%的内部收益率,则该仓库至少使用多少年才值得投资?
5. 试对表6-16中三项寿命周期不等的互斥型投资方案做出取舍决策。基准收益率为12%。

表6-16 现金流量表

| 方案 | A | B | C |
| --- | --- | --- | --- |
| 初始投资(万元) | 6000 | 8000 | 10000 |
| 残值(万元) | 0 | 200 | 350 |
| 年度支出(万元) | 1200 | 1200 | 1600 |
| 年度收入(万元) | 3400 | 4200 | 4800 |
| 寿命周期/年 | 3 | 4 | 6 |

6. 某公司有三个独立方案A、B、C可供选择,A、B、C的投资额均为500万元,寿命周期均为20年,各方案的年净收益不同,方案A的年净收益为80万元,方案B为70万元,方案C为60万元。但是三个方案由于所处的投资环境及投资内容不同,各方案的融资成本不一样,其中:方案A为新设工厂,融资无优惠;方案B为环保项目,可以得到250万元的无息贷款;方案C为新兴扶植产业,当地政府可以给予400万元的低息贷款(年利率4%)。问在这种情况下,如何选择独立方案(基准收益率为12%)?

7. 有A、B、C、D四个投资项目,现金流量见表6-17。

表6-17 现金流量 (单位:万元)

| 项目\年末 | 0 | 1 | 2 |
| --- | --- | --- | --- |
| A | −1000 | 1500 | 0 |
| B | −2000 | 1900 | 750 |
| C | −1000 | 500 | 1000 |
| D | −2000 | 300 | 2600 |

(1) 当基准贴现率为10%时,请分别用内部收益率、净现值、净现值率的大小对项目进行排序。
(2) 如果A、B、C、D为互斥型方案,选择哪个项目?
(3) 如果A、B、C、D为独立型方案,分别用净现值、净现值率选择项目,并进行分析。

8. 公司正在考虑下一个资本预算期内的五个工程项目。五个工程项目的预计净现金流量见表6-18。

表6-18 五个工程项目的预计净现金流量

| 项目 | 第$t$年年末的现金流(万元) | | | | | MARR为每年10%计算的净现值(万元) |
| --- | --- | --- | --- | --- | --- | --- |
| | 0 | 1 | 2 | 3 | 4 | |
| A | −50 | 20 | 20 | 20 | 20 | 13.4 |
| B | −30 | 12 | 12 | 12 | 12 | 8.0 |
| C | −14 | 4 | 4 | 4 | 4 | −1.3 |
| D | −15 | 5 | 5 | 5 | 5 | 0.85 |
| E | −10 | 6 | 6 | 6 | 6 | 9.0 |

项目A和B互斥,项目C和D互斥且依存于B,项目E依存于C。假设MARR每年为10%,如果公司资本限额为60万元,请确定最优项目组合。

9. 建筑企业打算购置一台建筑机械，现有两种可供选择。设基准收益率为15%，相关数据见表6-19，试用费用年值法进行方案选择。

表6-19 两种建筑机械的现金流量

| 机 械 | 机械 A | 机械 B |
| --- | --- | --- |
| 期初投资（元） | 11000 | 18000 |
| 每年费用支出（元） | 3500 | 3100 |
| 残值（元） | 1000 | 2000 |
| 服务期/年 | 6 | 9 |

10. 为某工厂提供两种储存水方案：方案 A 为在高楼上安装水塔，造价为102000元，年运营成本为800元，方案 B 为在离厂一定距离的小山上安装储水池，造价为83000元，年运营成本为1500元。两种方案的寿命周期估计为40年，均无残值。方案 B 还需要购置价值为9500元的附加设备，附加设备寿命周期为20年，第20年年末的残值为500元。基准收益率 $i_c=8\%$，试用 NPV、AC 法比较两种方案。

11. 已知方案 A、B、C 的有关资料见表6-20，在基准折现率为15%时，试分别用净现值法与内部收益率法对这三个方案选优。

表6-20 A、B、C方案的现金流量

| 方 案 | 初始投资（万元） | 年收入（万元） | 年支出（万元） | 经济寿命/年 |
| --- | --- | --- | --- | --- |
| A | 3000 | 1800 | 800 | 5 |
| B | 3650 | 2200 | 1000 | 5 |
| C | 4500 | 2600 | 1200 | 5 |

## 二维码形式客观题

微信扫描二维码，可自行做客观题，提交后可查看答案。

第6章 客观题

# 第 7 章
# 工程方案的不确定性分析与风险分析

▶ **本章主要知识点**：

不确定性分析的概念、不确定性分析产生的原因、不确定性分析的作用；盈亏平衡分析的含义、线性盈亏平衡分析（线性盈亏平衡分析条件、基本的损益方程式和盈亏平衡点的表达形式）、非线性盈亏平衡分析、互斥型方案盈亏平衡分析；敏感性分析的概念、单因素敏感性分析、多因素敏感性分析和敏感性分析的优缺点；风险分析的概念、影响项目效益的风险因素、项目风险分析的方法；概率分析的含义、净现值期望值法、项目决策树法。

▶ **本章重点与难点**：

线性盈亏平衡分析的计算表达式及评价、单因素敏感性分析、多因素敏感性分析过程及评价、概率分析中的净现值期望值法、项目决策树法。

## 7.1　工程方案的不确定性分析

### 7.1.1　不确定性分析概述

#### 1. 不确定性分析的概念

项目经济评价所采用的数据大部分来自预测和估算，具有一定程度的不确定性，预测和估算的结果可能与未来实际情况有较大的出入，甚至有时不可能预测出各种变量的变化情况，因而产生了项目经济评价的不确定性问题。

项目经济评价不确定性的直接后果是使方案经济效果的实际值与评价值相偏离，从而使依据评价值做出的经济决策带有不确定性。严格意义上讲，不确定性分析与风险分析是有差异的。其区别在于不确定性分析是不知道未来可能发生的结果，或不知道各种结果发生的可能性，由此产生的问题称为不确定性问题；风险分析是知道未来可能发生的各种结果的概率，由此产生的问题称为风险问题。

#### 2. 不确定性分析产生的原因

影响项目经济效果的各种因素的未来变化带有不确定性，而且由于测算项目现金流量时，各种数据缺乏足够信息或测算方法上的误差，使得项目经济效果评价指标值带有不确定性。可以说，不确定性是所有项目固有的内在特性。一般情况下，产生不确定性的主要原因如下：

(1) 项目基础数据的偏差　项目经济评价都是基于确定的数据进行的，如项目总投资、建设期、年销售数量、产品价格、年经营成本、年利率、设备残值等基础数据。由于项目经济评价的着眼点是"未来"，而"未来"始终存在不确定性因素。因此，对项目基础数据的预测与估计肯定存在偏差，而这将关系到项目经济评价的结果。

(2) 通货膨胀　因通货膨胀的存在，会产生物价浮动，并影响项目评价中所用的价格，进而导致诸如建设投资、年销售收入、年经营成本、基准收益率等数据与实际发生偏差。

(3) 技术进步　技术进步会引起新老产品和工艺的交替，这样，根据原有技术条件和生产水平所估计出的年销售收入等指标就会与实际值发生偏差。

(4) 市场供求结构的变化　这种变化会影响到产品的市场供求状况，进而对某些指标值产生影响。

(5) 其他外部影响因素　如政府政策的变化、新的法律、法规的颁布、国际政治经济形势的变化等，均会对项目的经济效果产生一定的甚至是难以预料的影响。

**3. 不确定性分析的作用**

1) 进行不确定性分析在一定程度上可以避免投资决策的失误。项目经济评价都是以项目未来的基础数据进行评价，由于不确定性因素的存在，这些基础数据的预测值与实际值之间往往存在着差异，甚至存在很大的差距，仅凭一些基础数据所做的确定性分析来取舍项目，就可能会导致投资决策失误。

2) 进行不确定性分析可以掌握不确定性因素对项目经济评价的影响程度。通过预测不确定性因素的变化范围，分析这些因素变化对项目经济效果的影响程度，可以找出影响项目经济评价效果的不确定性因素，分析项目抗风险的程度。

3) 进行不确定性分析可以为提出防范项目风险措施提供依据。通过不确定性分析所找出的不确定性因素，可以提出相应的防范措施以减少不确定性。

**4. 不确定性分析的方法**

常用的不确定性分析方法有盈亏平衡分析、敏感性分析。

### 7.1.2　盈亏平衡分析

**1. 盈亏平衡分析的含义**

盈亏平衡分析是在一定市场、生产能力及经营管理条件下，通过对产品产量、成本、利润相互关系的分析，判断企业对市场需求变化适应能力的一种不确定性分析方法，故也称为量本利分析。在工程经济评价中，这种方法的作用是找出投资项目的盈亏临界点，以判断不确定性因素对方案经济效果的影响程度，说明方案实施的风险大小及投资项目承担风险的能力，为投资决策提供科学依据。

**2. 线性盈亏平衡分析**

(1) 线性盈亏平衡分析条件

1) 生产量等于销售量。
2) 生产量变化，单位变动成本不变，使总生产成本成为生产量的线性函数。
3) 销售量变化，销售单价不变，从而使销售收入成为销售量的线性函数。
4) 只生产单一产品；或者生产多种产品，但可以换算为单一产品计算。

(2) 线性盈亏平衡分析的计算

1) 基本的损益方程式。根据成本总额对产量的依存关系，全部成本可分解成固定成本和变动成本两部分。在一定期间将成本分解成固定成本和变动成本两部分后，再同时考虑收入和利润，成本、产量和利润的关系就可以统一于一个数学模型。其表达形式为

$$利润 = 销售收入 - 总成本 - 税金 \tag{7-1}$$

假设生产量等于销售量，并且项目的销售收入与总成本均是生产量的线性函数，则式（7-1）中：

$$销售收入 = 单位产品售价 \times 销售量 \tag{7-2}$$
$$总成本 = 变动成本 + 固定成本 = 单位产品变动成本 \times 生产量 + 固定成本 \tag{7-3}$$
$$销售税金 = 单位产品销售税金及附加 \times 销售量 \tag{7-4}$$

将式（7-2）、式（7-3）和式（7-4）代入式（7-1）中，则利润的表达式如下：

$$B = pQ - C_v Q - C_F - tQ \tag{7-5}$$

式中　$B$——利润；

　　　$p$——单位产品售价；

　　　$Q$——销售量或生产量；

　　　$t$——单位产品销售税金及附加；

　　　$C_v$——单位产品变动成本；

　　　$C_F$——固定成本。

式（7-5）明确表达了量本利之间的数量关系，是基本的损益方程式。它含有相互联系的6个变量，给定其中5个，便可求出另一个变量的值。

由于单位产品的销售税金及附加是随产品的销售单价变化而变化的，为了便于分析，将销售收入与销售税金及附加合并考虑，即可将产销量、成本、利润的关系反映在直角坐标系中，成为基本的量本利图，如图7-1所示。

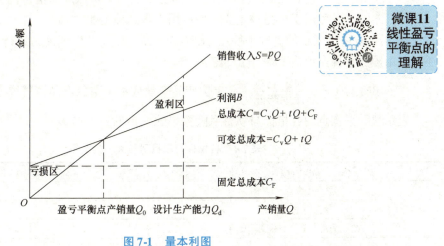

图7-1　量本利图

2) 盈亏平衡点的表达形式。项目盈亏平衡点（Break-Even Point，BEP）的表达形式有多种。可以用实物产销量、年销售额、单位产品售价、单位产品的变动成本以及年固定成本的绝对量表示，也可以用某些相对值表示，例如生产能力利用率。其中，以产销量和生产能

力利用率表示的盈亏平衡点应用最为广泛。

① 用产销量表示的盈亏平衡点 BEP($Q$)。从图 7-1 可见，当企业在小于 $Q_0$ 的产销量下组织生产，则项目亏损；在大于 $Q_0$ 的产销量下组织生产，则项目盈利。显然，产销量 $Q_0$ 是盈亏平衡点的一个重要表达形式。就单一产品企业来说，盈亏临界点的计算并不困难，一般是从销售收入等于总成本费用即盈亏平衡方程式中导出。由式（7-5）可知，令基本损益方程式中的利润 $B=0$，此时的产销量 $Q_0$ 即为盈亏临界点产销量，即

$$\text{BEP}(Q) = \frac{\text{固定成本}}{\text{单位产品售价} - \text{单位产品变动成本} - \text{单位产品销售税金及附加}} \quad (7\text{-}6)$$

② 用生产能力利用率表示的盈亏平衡点 BEP(%)。生产能力利用率表示的盈亏平衡点，是指盈亏平衡点产销量占企业正常产销量的比重。正常产销量是指达到设计生产能力的产销量，也可以用销售收入来表示。

$$\text{BEP}(\%) = \frac{\text{盈亏平衡点产销量}}{\text{正常产销量}} \times 100\% \quad (7\text{-}7)$$

进行项目评价时，生产能力利用率表示的盈亏平衡点常常根据正常年份的产品产销量、变动成本、固定成本、产品价格和销售税金及附加等数据来计算，即

$$\text{BEP}(\%) = \frac{\text{年固定成本}}{\text{年销售收入} - \text{年变动成本} - \text{年销售税金及附加}} \quad (7\text{-}8)$$

由式（7-6）与式（7-8）得到：BEP($Q$) = BEP(%) × 设计生产能力（即正常产销量）
$$\quad (7\text{-}9)$$

盈亏平衡点应按项目的正常年份计算，不能按计算期内的平均值计算。

③ 用年销售收入表示的盈亏平衡点 BEP($S$)。单一产品企业在现代经济中只占少数，大部分企业产销多种产品。多品种企业可以使用年销售收入来表示盈亏临界点：

$$\text{BEP}(S) = \frac{\text{单位产品售价} \times \text{固定成本}}{\text{单位产品售价} - \text{单位产品变动成本} - \text{单位产品销售税金及附加}} \quad (7\text{-}10)$$

式（7-10）既可用于单品种企业，也可用于多品种企业。

④ 用销售单价表示的盈亏平衡点 BEP($p$)。如果按设计生产能力进行生产和销售，BEP 还可以由盈亏平衡点价格 BEP($p$) 来表达，即

$$\text{BEP}(p) = \frac{\text{固定成本}}{\text{设计生产能力}} + \text{单位产品变动成本} + \text{单位产品销售税金及附加} \quad (7\text{-}11)$$

表示盈亏平衡点的各指标与项目风险大小的关系见表 7-1。

表 7-1 各指标与项目风险大小的关系

| BEP 指标 | | 项目风险 |
|---|---|---|
| 盈亏平衡点产销量 | ↑ | ↑ |
| 盈亏平衡点价格 | ↑ | ↓ |
| 盈亏平衡点单位产品变动成本 | ↑ | ↓ |
| 盈亏平衡点生产能力利用率 | ↑ | ↑ |
| 盈亏平衡点销售收入 | ↑ | ↑ |

【例 7-1】 某项目设计生产能力为年产 50 万件产品，根据资料分析，估计单位产品价

格为100元,单位产品变动成本为80元,固定成本为300万元,试用产销量、生产能力利用率、销售额、单位产品价格分别表示项目的盈亏平衡点。已知该产品销售税金及附加的合并税率为5%。

**解**:(1) 计算 BEP($Q$),由式 (7-6) 计算得

$$BEP(Q) = \frac{300 \text{ 万元}}{100 \text{ 元/件} - 80 \text{ 元/件} - 100 \text{ 元/件} \times 5\%} = 200000 \text{ 件}$$

(2) 计算 BEP(%),由式 (7-8) 计算得

$$BEP(\%) = \frac{300 \text{ 万元}}{(100 \text{ 元/件} - 80 \text{ 元/件} - 100 \text{ 元/件} \times 5\%) \times 50 \text{ 万件}} \times 100\% = 40\%$$

(3) 计算 BEP($S$),由式 (7-10) 计算得

$$BEP(S) = \frac{300 \text{ 万元} \times 100 \text{ 元/件}}{100 \text{ 元/件} - 80 \text{ 元/件} - 100 \text{ 元/件} \times 5\%} = 2000 \text{ 万元}$$

(4) 计算 BEP($p$),由式 (7-11) 计算得

$$BEP(p) = \frac{300 \text{ 万元}}{50 \text{ 万件}} + 80 \text{ 元/件} + BEP(p) \times 5\% = 86 \text{ 元/件} + BEP(p) \times 5\% \Rightarrow BEP(p) = 90.53 \text{ 元/件}$$

盈亏平衡点反映了项目对市场变化的适应能力和抗风险能力。从图 7-1 中可以看出,盈亏平衡点越低,达到此点的盈亏平衡产量和成本也就越少,项目投产后盈利的可能性越大,适应市场变化的能力越强,抗风险能力也越强。

线性盈亏平衡分析方法简单明了,但在应用中有一定的局限性。主要表现在实际的生产经营过程中,收益和支出与产品产销量之间的关系往往是呈现出一种非线性的关系,而非所假设的线性关系。例如,当项目的产销量在市场中占有较大份额时,其产销量的高低可能会明显影响市场的供求关系,从而使得市场价格发生变化。再如,根据报酬递减规律,变动成本随着生产规模的扩大而可能与产量呈非线性的关系,在生产中还有一些辅助性的生产费用(通常称为半变动成本)随着产量的变化而呈曲线分布,这时就需要用到非线性盈亏平衡分析方法。

**3. 非线性盈亏平衡分析**

在垄断竞争下,随着项目产销量的增加,市场上产品的单位价格就要下降,因而销售收入与产销量之间是非线性关系;同时,企业增加产量时原材料价格可能上涨,同时要多支付一些加班费、奖金以及设备维修费,使产品的单位变动成本增加,从而总成本与产销量之间也呈非线性关系。这种情况下盈亏平衡点可能出现一个以上,如图 7-2 所示。

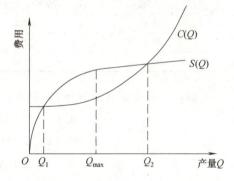

图 7-2 非线性盈亏平衡分析

【**例 7-2**】某企业投产以后,正常年份的年固定成本为 66000 元,单位变动成本为 28 元,单位售价为 55 元。由于原材料整批购买,每多生产 1 件产品,单位变动成本可降低 0.001 元;销量每增加 1 件产品,售价下降 0.0035 元。试求盈亏平衡点的产量 $Q_1$ 和 $Q_2$ 及最大利润时的销售量 $Q_{max}$。

**解**:1) 单位产品的售价为

$$55 - 0.0035Q$$

单位产品的变动成本为

$$28 - 0.001Q$$

$$C(Q) = 66000 + (28 - 0.001Q)Q = 66000 + 28Q - 0.001Q^2$$
$$S(Q) = 55Q - 0.0035Q^2$$

根据盈亏平衡原理：

$$C(Q) = S(Q) \Rightarrow 66000 + 28Q - 0.001Q^2 = 55Q - 0.0035Q^2 \Rightarrow 0.0025Q^2 - 27Q + 66000 = 0$$

解得

$$Q_1 = 3739 \text{ 件} \quad Q_2 = 7061 \text{ 件}$$

2) 由 $B = S - C \Rightarrow B = -0.0025Q^2 + 27Q - 66000$

对 $Q$ 求导并令 $B'(Q) = 0 \Rightarrow -0.005Q + 27 = 0 \Rightarrow Q_{\max} = 5400$ 件

如果一个企业生产多种产品，可换算成单一产品，或选择其中一种不确定性最大的产品进行分析。运用盈亏平衡分析，在方案选择时应优先选择平衡点较低者，盈亏平衡点越低意味着项目的抗风险能力越强，越能承受意外的风险波动。

**4. 互斥型方案盈亏平衡分析**

在需要对若干个互斥型方案进行比选的情况下，如果有某一个共有的不确定性因素影响这些方案的取舍，可以先求出两方案的盈亏平衡点，再根据盈亏平衡点进行方案取舍。

**【例7-3】** 某房地产开发商拟投资开发建设住宅项目，建筑面积为 $5000 \sim 10000\text{m}^2$，现有 A、B、C 三种建设方案，各方案的数据见表7-2。现假设资本利率为 5%，试确定各建设方案经济合理的建筑面积范围。

表7-2 各方案的数据

| 方　案 | 造价（元/m²） | 运营费（万元/年） | 寿命/年 |
|---|---|---|---|
| 方案 A | 1200 | 35 | 50 |
| 方案 B | 1450 | 25 | 50 |
| 方案 C | 1750 | 15 | 50 |

**解：** 假设建筑面积为 $x$，则各方案的年度总成本 AC 为

$$AC(x)_A = 1200x \times (A/P, 5\%, 50) \text{元} + 350000 \text{元}$$
$$AC(x)_B = 1450x \times (A/P, 5\%, 50) \text{元} + 250000 \text{元}$$
$$AC(x)_C = 1750x \times (A/P, 5\%, 50) \text{元} + 150000 \text{元}$$

令：

$$AC(x)_A = AC(x)_B \Rightarrow x_{AB} = 7299\text{m}^2$$
$$AC(x)_B = AC(x)_C \Rightarrow x_{BC} = 6083\text{m}^2$$
$$AC(x)_A = AC(x)_C \Rightarrow x_{AC} = 6636\text{m}^2$$

以横轴表示建筑面积，纵轴表示年度总成本，绘出盈亏平衡分析图，如图7-3所示。从图中可看出：当建筑面积小于 $6083\text{m}^2$ 时，方案 C 为优；当建筑面积为 $6083 \sim 7299\text{m}^2$ 时，方案 B 为优；当建筑面积为大于 $7299\text{m}^2$ 时，方案 A 为优。

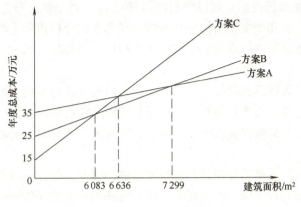

图 7-3　各方案盈亏平衡分析图

盈亏平衡分析虽然能够度量项目风险的大小，但并不能揭示产生项目风险的来源。虽然我们知道降低盈亏平衡点就可以降低项目的风险，提高项目的安全性，也知道降低盈亏平衡点可采取降低固定成本的方法。但是如何降低固定成本，应该采取哪些可行的方法或通过哪些有效的途径来达到这个目的，分析并没有给出答案，还需采用其他一些方法来帮助达到这个目的。因此，在运用盈亏平衡分析时，应注意使用的场合及欲达到的目的，以便能够正确地运用这种方法。

### 7.1.3　敏感性分析

**1. 敏感性分析的概念**

**敏感性分析**系指通过分析不确定性因素发生增减变化时对财务或经济评价指标的影响，并计算**敏感度系数和临界点**，找出敏感因素。

敏感性分析的目的和作用包括：①研究影响因素所引起的经济效果指标变动的范围；②找出影响拟建项目经济效果的最敏感因素；③通过多方案敏感性大小的对比，选取敏感性小的方案，即风险小的方案；④通过对可能出现的最有利与最不利的经济效果范围的分析，用寻找替代方案或对原方案采取某些控制措施的办法，来确定最现实的方案。

项目在其建设与生产经营的过程中，由于其内外部环境的变化，许多因素都会发生变化。一般将建设投资、产品价格、产品成本、产品产量（生产负荷）、主要原材料价格、工期、汇率等作为考察的不确定因素。敏感性分析不仅可以使决策者了解不确定性因素对评价指标的影响，从而提高决策的准确性，还可以启发评价者对那些较为敏感的因素重新进行分析研究，以提高预测的可靠性。

敏感性分析有单因素敏感性分析和多因素敏感性分析两种。

**2. 单因素敏感性分析**

单因素敏感性分析是指假设各不确定性因素之间相互独立，每次只改变一个因素的数值来进行分析，其他因素保持不变，估算单个因素的变化对项目效益的影响。单因素敏感性分析是敏感性分析的基本方法。

单因素敏感性分析一般按以下步骤进行：

(1) 确定敏感性分析指标　建设项目经济评价有一套完整的财务评价指标,敏感性分析可以选定其中一个或几个主要指标进行分析,最基本的分析指标是内部收益率。根据项目的实际情况也可以选择净现值或投资回收期评价指标,必要时可同时针对两个或两个以上指标进行敏感性分析。

如果主要分析方案状态和参数变化对方案投资回收快慢的影响,则可选用投资回收期作为分析指标;如果主要分析产品价格波动对方案超额净收益的影响,则可选用财务净现值作为分析指标;如果主要分析投资大小对方案资金回收能力的影响,则可选用财务内部收益率作为分析指标。

在机会研究阶段,主要是对项目的设想和鉴别,确定投资方向和投资机会。此时,各种经济数据不完整,可信程度低,深度要求不高,可选用静态的评价指标,常采用的指标是投资收益率和投资回收期。如果在初步可行性研究和可行性研究阶段,则需选用动态的评价指标,常用财务净现值、财务内部收益率,也可以辅之以投资回收期。

(2) 选择需要分析的不确定性因素　根据项目特点,结合经验判断选择对项目经济效益影响较大且重要的不确定性因素进行分析。经验表明,主要对产出物价格、建设投资、主要投入物价格或变动成本、生产负荷、建设工期及汇率等不确定性因素进行敏感性分析。

(3) 分析每个不确定性因素的波动程度及其对分析指标可能带来的增减变化情况　对所选定的不确定性因素,应根据实际情况设定这些因素的变动幅度,其他因素固定不变。敏感性分析一般选择不确定性因素的变化百分率为±5%、±10%、±20%等;对于不便于使用百分数表示的因素,例如建设工期,可采用延长一段时间来表示,如延长1年。计算不确定性因素每次变动对经济评价指标的影响;对每一因素的每一次变动,均重复以上计算。然后,把因素变动及相应指标变动结果用表或图的形式表示出来,以便于测定敏感性因素。

(4) 确定敏感性因素　敏感性分析的目的在于寻求敏感性因素。各因素的变化都会引起经济指标一定的变化,但其影响程度却各不相同。有些因素可能仅发生较小幅度的变化就能引起经济评价指标发生大的变动,而另一些因素即使发生了较大幅度的变化,对经济评价指标的影响也不是太大。前一类因素称为敏感性因素,后一类因素称为非敏感性因素。敏感性分析的目的在于寻求敏感性因素,可以通过计算敏感度系数和临界点来判断。

1) **敏感度系数**。敏感度系数是指表示项目评价指标对不确定性因素的敏感程度。计算公式为

$$S_{AF} = \frac{\Delta A/A}{\Delta F/F} \tag{7-12}$$

式中　$S_{AF}$——评价指标 $A$ 对于不确定性因素 $F$ 的敏感度系数;
　　　$\Delta F/F$——不确定性因素 $F$ 的变化率(%);
　　　$\Delta A/A$——不确定性因素 $F$ 发生 $\Delta F$ 的变化时,评价指标 $A$ 的相应变化率(%)。

$S_{AF}>0$,表示评价指标与不确定性因素同方向变化;$S_{AF}<0$,表示评价指标与不确定性因素反方向变化。$S_{AF}$ 的绝对值越大,表明评价指标 $A$ 对于不确定性因素 $F$ 越敏感;反之,则越不敏感。

2) **临界点**。临界点是指项目允许不确定性因素向不利方向变化的极限值。超过极限,项目的效益指标将不可行。例如,当产品价格下降到某一值时,财务内部收益率将刚好等于基准收益率,此点称为产品价格下降的临界点。临界点可用临界点百分比或者临界值分别表

示某一变量的变化达到一定的百分比或者一定数值时，项目的效益指标将从可行转变为不可行。临界点可用专用软件的财务函数计算，也可由敏感性分析图直接求得近似值。

(5) 方案选择　如果进行敏感性分析的目的是对不同的投资项目或某一项目的不同方案进行选择，则一般应选择敏感程度小、承受风险能力强、可靠性大的项目或方案。

**【例 7-4】** 某小型电动汽车的投资方案，用于确定性经济分析的现金流量见表 7-3，所采用的数据是根据未来最可能出现的情况而预测估算的。由于对未来影响经济环境的某些因素把握不大，投资额、经营成本和销售收入均有可能在 ±20% 的范围内变动。设定基准收益率为 10%，不考虑所得税，针对净现值指标就三个不确定性因素做敏感性分析。

表 7-3　项目现金流量　　　　　　　　　　（单位：万元）

| 年　份 | 0 | 1 | 2~10 | 11 |
|---|---|---|---|---|
| 投资额 $K$ | 15000 | | | |
| 销售收入 $B$ | | | 19800 | 19800 |
| 经营成本 $C$ | | | 15200 | 15200 |
| 期末残值 $L$ | | | | 2000 |
| 净现金流量 | -15000 | | 4600 | 6600 |

**解**：(1) 确定性分析

$$NPV = -K + (B-C)(P/A,10\%,10)(P/F,10\%,1) + L(P/F,10\%,11)$$
$$= -15000 \text{ 万元} + 4600 \text{ 万元} \times (P/A,10\%,10)(P/F,10\%,1) +$$
$$2000 \text{ 万元} \times (P/F,10\%,11) = 11397 \text{ 万元}$$

(2) 敏感性分析

1) 求变化关系：设投资额、经营成本和销售收入变动的百分比为 $x$、$y$、$z$ 且其对 NPV 产生线性影响，分析这些百分比对方案 NPV 的影响规律。

投资额（$K$）变动 $x$：

$$NPV_K = -K(1+x) + (B-C)(P/A,10\%,10)(P/F,10\%,1) + L(P/F,10\%,11)$$

整理得 $NPV_K = 11397 \text{ 万元} - 15000x \text{ 万元}$

经营成本（$C$）变动 $y$：

$$NPV_C = -K + [B - C(1+y)](P/A,10\%,10)(P/F,10\%,1) + L(P/F,10\%,11)$$

整理得 $NPV_C = 11397 \text{ 万元} - 84908y \text{ 万元}$

销售收入（$B$）变动 $z$：

$$NPV_B = -K + [B(1+z) - C](P/A,10\%,10)(P/F,10\%,1) + L(P/F,10\%,11)$$

整理得 $NPV_B = 11397 \text{ 万元} + 110604z \text{ 万元}$

2) 求影响方案取舍的不确定性因素变化的临界值——敏感性分析图中（图 7-4）直线与横轴的交点。

令 $NPV = 0 \Rightarrow x' = 76.0\%$，$y' = 13.4\%$，$z' = 10.3\%$。

$C$、$B$ 不变，$K$ 增长大于 76.0%；$K$、$B$ 不变，$C$ 增长大于 13.4%；$K$、$C$ 不变，$B$ 减少大于 10.3% 时方案变得不可行。

分别对 $x$、$y$、$z$ 取不同的值，计算方案的 NPV，结果见表 7-4。

表7-4 单因素变化对NPV的影响 （单位：万元）

| 变动率因素 | -20% | -15% | -10% | -5% | 0 | 5% | 10% | 15% | 20% |
|---|---|---|---|---|---|---|---|---|---|
| 投资额 | 14394 | 13644 | 12894 | 12144 | 11397 | 10644 | 9894 | 9144 | 8394 |
| 经营成本 | 28374 | 24129 | 19844 | 15639 | 11397 | 7149 | 2904 | -1341 | -5586 |
| 销售收入 | -10725 | -5195 | 335 | 5864 | 11397 | 16924 | 22453 | 27983 | 33513 |

绘制单因素敏感性分析图，见图7-4。

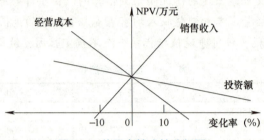

图7-4 单因素敏感性分析图

本例中，销售收入（产品价格）是最敏感的因素，经营成本是次敏感的因素，投资额显然不是影响方案经济性的主要因素。这对项目经营者的启示为：企业在项目生产经营过程中采取科学管理、降低成本和做好市场为主要措施，提高项目经营效益，抵御风险。

【例7-5】 某项目因素对财务净现值的影响计算结果见表7-5。

表7-5 单因素变化对财务净现值（NPV）的影响 （单位：万元）

| 项目 \ 变化幅度 | -20% | -10% | 0 | 10% | 20% | 平均+1% | 平均-1% |
|---|---|---|---|---|---|---|---|
| 投资额 | 361.21 | 241.21 | 121.21 | 1.21 | -118.79 | -9.90% | 9.90% |
| 产品价格 | -308.91 | -93.85 | 121.21 | 336.28 | 551.34 | 17.75% | -17.75% |
| 经营成本 | 293.26 | 207.24 | 121.21 | 35.19 | -50.83 | -7.10% | 7.10% |

试计算财务净现值对投资额、产品价格和经营成本的敏感度系数。

**解：** 财务净现值对投资额的敏感度系数计算如下：

$$S_{AF} = \frac{\Delta A/A}{\Delta F/F} = \frac{\frac{241.21\ 万元 - 121.21\ 万元}{121.21\ 万元} \times 100\%}{-10\% - 0} = -9.9$$

或

$$S_{AF} = \frac{\Delta A/A}{\Delta F/F} = \frac{\frac{121.21\ 万元 - 241.21\ 万元}{121.21\ 万元} \times 100\%}{10\% - 0} = -9.9$$

同理，财务净现值对产品价格的敏感度系数计算结果为17.75，财务净现值对经营成本的敏感度系数计算结果为-7.10。根据计算所得财务净现值对投资额、产品价格和经营成本的敏感度系数可知，财务净现值对产品价格的变动最敏感。

由此可见，按财务净现值对各个因素的敏感程度来排序，依次是产品价格、投资额、经营成本，最敏感的因素是产品价格。因此，从方案决策的角度来讲，应该对产品价格进行进一步更准确的测算，因为从项目风险的角度来讲，如果未来产品价格发生变化的可能性较大，则意味着这一投资项目的风险性也较大。

需要说明的是，单因素敏感性分析虽然对于项目分析中不确定性因素的处理是一种简便易行、有效实用的变化方法，适用于分析最敏感的因素。但它是以假定其他因素不变为前提的，而这种假定条件在实际经济活动中是很难实现的。

### 3. 多因素敏感性分析

多因素敏感性分析是对两个或两个以上互相独立的不确定性因素同时变化时，分析这些变化的因素对经济评价指标的影响程度和敏感程度。

单因素敏感性分析的方法简单，但其不足在于忽略了各因素之间相互作用的可能性。实际上，一个因素的变动往往也伴随着其他因素的变动。例如，固定资产投资的变化可能导致设备残值的变化；产品价格的变化可能引起需求量的变化，从而引起市场销售量的变化；等等。多因素敏感性分析考虑了这种相关性，因而能反映几个因素同时变动对项目评价指标产生的综合影响，弥补了单因素分析的局限性，更全面地揭示了事物的本质。因此，在对一些有特殊要求的项目进行敏感性分析时，除进行单因素敏感性分析外，还应进行多因素敏感性分析。多因素敏感性分析由于要考虑可能发生的各种因素不同变动情况的多种组合，因此，计算起来要比单因素敏感性分析复杂得多。

多因素敏感性分析方法有两种：一是把一次改变一个参数的敏感性分析方法应用于多参数的敏感性分析；二是采用乐观-悲观分析法。

（1）敏感性分析法　一次改变一个参数的敏感性分析可以得到敏感性曲线。如果分析两个参数同时变化的敏感性，则可以得到敏感面。

【例7-6】　某项目有关数据见表7-6。假定最关键的可变因素为初始投资与年收入，并考虑它们同时发生变化，试进行该项目净年值指标的敏感性分析。

表7-6　某项目有关数据

| 项　目 | 初始投资（万元） | 使用寿命/年 | 残值（万元） | 年收入（万元） | 年支出（万元） | 折现率 |
|---|---|---|---|---|---|---|
| 估计值 | 10000 | 5 | 2000 | 5000 | 2200 | 8% |

**解：**　令 $x$、$y$ 分别代表初始投资及年收入变化的百分数，则项目必须满足下式：

$$NAV = -10000 \text{万元} \times (1+x)(A/P,8\%,5) + 5000 \text{万元} \times (1+y) - 2200 \text{万元} + 2000 \text{万元} \times (A/F,8\%,5)$$

$$= 636 \text{万元} - 2505x \text{万元} + 5000y \text{万元} \geq 0$$

如果 NAV≥0 万元或 636 万元 -2505x 万元 +5000y 万元≥0，则该投资方案可以盈利8%以上。将以上不等式绘制成图形，就得到如图7-5所示的两个区域。这是一个直线方程，在临界线上，NAV=0；在临界线左上方的区域 NAV>0；在临界线右下方的区域 NAV<0。在进行双因素敏感性分析时，投资者（决策者）所希望的区域 NAV>0 占优势。

如果预计造成±20%的估计误差，则 NAV 对投资增加比较敏感。例如投资增加10%，年收入减少10%，则 NAV<0，此时便达不到8%的基准收益率。

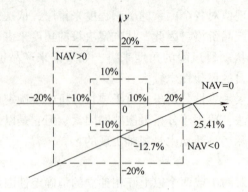

图 7-5 两个参数的敏感性分析图

【例 7-7】 假设例 7-6 中使用寿命也是一个重要的敏感性参数,试进行初始投资、年收入和使用寿命三个参数同时变化的敏感性分析。

解:要推导出一个三维的敏感性分析数学表达式是困难的。但可以先根据每一可能的方案使用寿命画出来的一组盈亏线来考察 NAV,然后根据结果考察改变这三个参数的估计误差的敏感性。

设以使用寿命 $t$ 为自变量,则有

$$NAV_t = -10000\ 万元 \times (1+x)(A/P, 8\%, t) + 5000\ 万元 \times (1+y) - 2200\ 万元 + 2000\ 万元 \times (A/F, 8\%, t) \geq 0$$

则:$NAV(2) = -1846.4 - 5608x + 5000y \geq 0 \Rightarrow y \geq 0.369 + 1.121x$

$NAV(3) = -464 - 3880x + 5000y \geq 0 \Rightarrow y \geq 0.093 + 0.776x$

$NAV(4) = 224.8 - 3019x + 5000y \geq 0 \Rightarrow y \geq -0.045 + 0.604x$

$NAV(5) = 636 - 2505x + 5000y \geq 0 \Rightarrow y \geq -0.127 + 0.50x$

$NAV(6) = 909.6 - 2163x + 5000y \geq 0 \Rightarrow y \geq -0.182 + 0.433x$

$NAV(7) = 1103.2 - 1921x + 5000y \geq 0 \Rightarrow y \geq -0.221 + 0.384x$

根据以上方程,可画出如图 7-6 所示的一组盈亏线。在使用寿命盈亏线上的区域 NAV > 0,

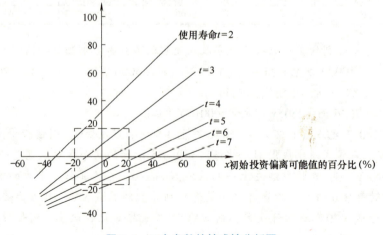

图 7-6 三个参数的敏感性分析图

在盈亏线以下的区域NAV<0。

由图7-6看出，在初始投资（$x$）和年收入（$y$）偏离最可能值±20%的变化范围内，当$t$=5、6、7时，均显示良好的投资盈利效果。但当$t$=4时，所需投资和年收入的允许变动范围非常小。例如，当$t$=4时，如果投资增加20%，为了使NAV>0，年收入至少必须增加7.5%。

（2）乐观-悲观分析法　多因素敏感性分析要考虑可能发生的多种因素不同变动幅度的多种组合，计算起来要比单因素敏感性分析复杂得多。当分析的不确定性因素不超过三个，且指标计算比较简单时，可以采用乐观-悲观分析法。

乐观-悲观分析法的基本思路是：对技术方案的各种参数分别给出三个预测值（估计值），即悲观的预测值$P$，最可能的预测值$M$，乐观的预测值$O$。根据这三种预测值即可对技术方案进行敏感性分析并做出评价。

【例7-8】　某企业准备购置新设备，投资、使用寿命等数据如表7-7所示，假设$i_0$=8%，试就使用寿命、年支出和年销售收入三项因素按最有利、很可能和很不利三种情况，进行净现值敏感性分析。

表7-7　新设备的相关数据

| 因素<br>因素变化 | 总投资（万元） | 使用寿命/年 | 年销售收入（万元） | 年支出（万元） |
|---|---|---|---|---|
| 最有利（$O$） | 15 | 18 | 11 | 2 |
| 很可能（$M$） | 15 | 10 | 7 | 4.3 |
| 最不利（$P$） | 15 | 8 | 5 | 5.7 |

**解：**　计算过程见表7-8。在表7-8中最大的NPV是69.35万元，即使用寿命、年销售收入、年支出均处于最有利状态时，有

$$NPV = (11\ 万元 - 2\ 万元)(P/A, 8\%, 18) - 15\ 万元 = 69.35\ 万元$$

在表7-8中，最小的NPV是-21.56万元，即使用寿命在$O$状态，年销售收入和年支出在$P$状态时，有

$$NPV = (5\ 万元 - 5.7\ 万元)(P/A, 8\%, 18) - 15\ 万元 = -21.56\ 万元$$

表7-8　乐观-悲观敏感性分析　　　　　　　　　　　（单位：万元）

| 年销售收入 | 年支出 | | | | | | | | |
|---|---|---|---|---|---|---|---|---|---|
| | $O$ | | | $M$ | | | $P$ | | |
| | 使用寿命 | | | | | | | | |
| | $O$ | $M$ | $P$ | $O$ | $M$ | $P$ | $O$ | $M$ | $P$ |
| $O$ | 69.35 | 45.39 | 36.72 | 47.79 | 29.89 | 23.5 | 34.67 | 20.56 | 15.46 |
| $M$ | 31.86 | 18.55 | 13.74 | 10.3 | 3.12 | 0.52 | -2.82 | -6.28 | -7.53 |
| $P$ | 13.12 | 5.13 | 2.24 | 8.44 | -10.30 | -10.98 | -21.56 | -19.70 | -19.00 |

#### 4. 敏感性分析的优缺点

综上所述，敏感性分析在一定程度上就各种不确定性因素的变动对方案经济效果的影响做了定量描述。这有助于决策者了解方案的风险情况，有助于确定在决策过程中及各方案实施过程中需要重点研究与控制的因素。

但是，敏感性分析没有考虑各种不确定性因素在未来发生变化的概率，这可能会影响分析结论的准确性。实际上，各种不确定性因素在未来发生某一幅度变动的概率一般是有所不同的。可能有这样的情况，通过敏感性分析找出的某一敏感性因素未来发生不利变动的概率很小，因而实际上所带来的风险并不大，以至于可以忽略不计；而另一不太敏感的因素未来发生不利变动的概率却很大，实际上所带来的风险比那个敏感性因素更大。这种问题是敏感性分析所无法解决的，必须借助于风险概率分析方法。

## 7.2 工程方案风险分析

### 7.2.1 工程方案风险分析概述

#### 1. 风险分析的概念

项目风险分析是指风险管理主体通过风险识别、风险评价去认识项目的风险，并以此为基础，合理地使用风险回避、风险控制、风险分散、风险转移等管理方法、技术和手段对项目的风险进行有效的控制。项目风险分析是在市场预测、技术方案、工程方案、融资方案和社会评价论证中已进行的初步风险分析的基础上，进一步综合分析识别拟建项目在建设和运营中潜在的主要风险因素，揭示风险来源，判别风险程度，提出规避风险对策，降低风险损失。

在可行性研究阶段，项目风险分析是研究分析产品（或服务）的销售量、销售价格、产品成本、投资、建设工期等风险变量可能出现的各种状态及概率分布，计算项目评价指标内部收益率、净现值等的概率分布，以确定项目偏离预期指标的程度和发生偏离的概率，判断项目的风险程度，从而为项目决策提供依据。

#### 2. 影响项目效益的风险因素

1) 项目收益风险。包括产品的数量（服务量）与预测（财务与经济）价格。
2) 建设风险。包括建筑安装工程量、设备选型与数量、土地征用和拆迁安置费、人工、材料价格、机械使用费及取费标准等。
3) 融资风险。包括资金来源、供应量与供应时间等。
4) 建设工期风险。主要是指工期延长。
5) 运营成本费用风险。包括投入的各种原料、材料、燃料、动力的需求量与预测价格、劳动力工资、各种管理费取费标准等。
6) 政策风险。包括税率、利率、汇率及通货膨胀率等。

#### 3. 项目风险分析的方法

常用的风险分析方法包括概率分析法、决策树法、专家调查法等。本书主要介绍概率分析法和决策树法。

## 7.2.2 工程项目投资风险分析基本方法

**1. 概率分析法**

（1）概率分析的含义　概率分析是运用概率方法和数理统计方法，对风险因素的概率分布和风险因素对评价指标的影响进行定量分析。概率分析，首先预测风险因素发生的概率，将风险因素作为自变量，预测其取值范围和概率分布；再将选定的评价指标作为因变量，测算评价指标的相应取值范围和概率分布，计算评价指标的期望值，以及项目成功的概率。

概率分析的步骤如下：

1）选定一个或几个评价指标，通常是将财务内部收益率、财务净现值等作为评价指标。

2）选定需要进行概率分析的风险因素，通常有产品价格、销售量、主要原材料价格、投资额，以及外汇汇率等。针对项目的不同情况，通过敏感性分析，选择最为敏感的因素进行概率分析。

3）预测风险因素变化的取值范围及概率分布。一般分为两种情况：一是单因素概率分析，即设定一个自变量因素变化，其他因素均不变化，进行概率分析；二是多因素概率分析，即设定多个自变量因素同时变化，进行概率分析。

4）根据测定的风险因素值和概率分布，计算评价指标相应取值和概率分布。

5）计算评价指标的期望值和项目可接受的概率。

6）分析计算结果，判断其可接受性，研究减轻和控制风险因素的措施。

风险因素概率分布的测定是概率分析的关键，也是进行概率分析的基础。例如，将产品售价作为概率分析的风险因素，需要测定产品售价的可能区间和在可能区间内各价位发生变化的概率。风险因素概率分布的测定方法，应根据评价需要，以及资料的可得性和费用条件来选择，或者通过专家调查法确定，或者用历史统计资料和数理统计分析方法进行测定。

概率分析的方法有很多，这些方法大多是以项目经济评价指标（主要是 NPV）的期望值的计算过程和计算结果为基础的。这里仅介绍项目净现值的期望值法，通过计算项目净现值的期望值及净现值大于或等于零时的累计概率，判断项目承担风险的能力。

（2）净现值期望值法　期望值是用来描述随机变量的一个主要参数。所谓随机变量，是指能够知道其所有可能的取值范围，也知道它取各种值的可能性，却不能肯定其最后确切取值的变量。在投资项目经济评价中所遇到的大多数变量因素，如投资额、成本、销售量、产品价格、项目寿命周期等，都是随机变量。我们可以预测其未来可能的取值范围，估计各种取值或值域发生的概率，但不可能肯定地预知其取值。投资方案的现金流量序列是由这些因素的取值所决定的，所以，方案的现金流量序列实际上也是随机变量。而以此计算出来的经济评价指标也是随机变量，由此可见，项目净现值也是一个随机变量。

从理论上讲，要完整地描述一个随机变量，需要知道其概率分布的类型和主要参数，但在实际应用中，这样做不仅非常困难，而且也没有太大的必要。因为在许多情况下，只需要知道随机变量的某些主要特征即可，在这些随机变量的主要特征中，最重要也是最常用的就是期望值。

期望值是在大量重复事件中随机变量取值的平均值。换言之，是随机变量所有可能取值的加权平均值，权重为各种可能取值出现的概率。

一般来讲，期望值的计算公式可表达为

$$E(x) = \sum_{i=1}^{n} x_i p_i \tag{7-13}$$

式中　$E(x)$——随机变量 $x$ 的期望值；
　　　$x_i$——随机变量 $x$ 的各种取值；
　　　$p_i$——$x$ 取值 $x_i$ 时所对应的概率值。

根据式（7-13），可以很容易地推导出项目净现值的期望值计算公式。即

$$E(\text{NPV}) = \sum_{i=1}^{n} \text{NPV}_i p_i \tag{7-14}$$

式中　$E(\text{NPV})$——NPV 的期望值；
　　　$\text{NPV}_i$——各种现金流量情况下的净现值；
　　　$p_i$——对应于各种现金流量情况的概率值。

对于多个方案比较，其评价准则为：若标准差相等，则期望值越高，方案风险越低；若期望值相等，则标准差越大，方案风险越高；若期望值与标准差均不相等，则离散系数越小，方案风险越低。

**【例 7-9】** 已知某投资方案各种因素可能出现的数值及其对应的概率见表 7-9。假设投资发生在期初，年净现金流量均发生在各年的年末。已知基准折现率为 10%，试求其净现值的期望值。

表 7-9　投资方案变量因素值及其概率

| 投资额 | | 年净收益 | | 寿命周期 | |
|---|---|---|---|---|---|
| 数值（万元） | 概率 | 数值（万元） | 概率 | 数值/年 | 概率 |
| 120 | 0.30 | 20 | 0.25 | | |
| 150 | 0.50 | 28 | 0.40 | 10 | 1.00 |
| 175 | 0.20 | 33 | 0.35 | | |

**解：** 根据各因素的取值范围，共有 9 种不同的组合状态，根据净现值的计算公式，可求出各种状态的净现值及其对应的概率，见表 7-10。

表 7-10　方案所有组合状态的概率及净现值

| 投资额（万元） | 120 | | | 150 | | | 175 | | |
|---|---|---|---|---|---|---|---|---|---|
| 年净收益（万元） | 20 | 28 | 33 | 20 | 28 | 33 | 20 | 28 | 33 |
| 组合概率 | 0.075 | 0.12 | 0.105 | 0.125 | 0.2 | 0.175 | 0.05 | 0.08 | 0.07 |
| 净现值（万元） | 2.89 | 52.05 | 82.77 | −27.11 | 22.05 | 52.77 | −52.11 | −2.95 | 27.77 |

根据净现值的期望值计算公式，可求出：

$E(\text{NPV}) = 2.89$ 万元 $\times 0.075 + 52.05$ 万元 $\times 0.12 + 82.77$ 万元 $\times 0.105 + \cdots +$
　　　　　　$27.77$ 万元 $\times 0.07 = 24.51$ 万元

投资方案净现值的期望值为 24.51 万元。

净现值的期望值在概率分析中是一个非常重要的指标,在对项目进行概率分析时,一般都要计算项目净现值的期望值及净现值大于或等于零时的累计概率。累计概率越大,表明项目的风险越小。

**2. 决策树法**

决策树法是指在已知各种情况发生概率的基础上,通过构造决策树来求取净现值的期望值大于等于零的概率,评价项目风险、判断其可行性的决策分析方法。它是直观运用概率分析的一种图解方法。决策树法特别适用于多阶段决策分析。

决策树一般由决策点、机会点、方案枝、概率枝等组成,如图7-7所示。为了便于计算,对决策树中的"□"(决策点)和"○"(机会点)均进行编号,编号的顺序是从左到右,从上到下。通过绘制决策树,可以很容易地计算出各个方案的期望值并进行比选。

【例7-10】 某项目有三种方案,面对四种市场状态($\theta_1 \sim \theta_4$)有不同的经济效果,其净现值数据见表7-11,决策者应该选择哪个方案?

表7-11 三个方案的基本数据 (单位:万元)

| 状态与概率<br>NPV<br>方案 | $\theta_1$ | $\theta_2$ | $\theta_3$ | $\theta_4$ |
|---|---|---|---|---|
| | 0.3 | 0.4 | 0.2 | 0.1 |
| A | 140 | 100 | 10 | -80 |
| B | 210 | 150 | 50 | -200 |
| C | 240 | 180 | -50 | -500 |

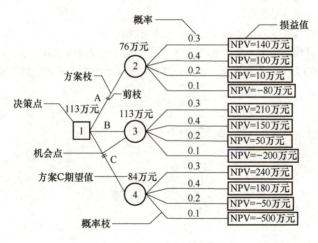

图7-7 三个方案的决策树

由图7-7计算节点2的期望值:
$E(\text{NPV}_A) = 140$万元$\times 0.3 + 100$万元$\times 0.4 + 10$万元$\times 0.2 + (-80)$万元$\times 0.1 = 76$万元
同理可得 $E(\text{NPV}_B) = 113$万元,$E(\text{NPV}_C) = 84$万元
由计算结果,选择B方案。

## 思考题与练习题

1. 某项目设计生产能力为年产 50 万件,每件产品价格为 120 元,单位产品变动成本为 100 元,年固定成本为 700 万元。试计算:
   (1) 产品销售税金及附加忽略不计,盈亏平衡点的生产能力利用率。
   (2) 产品销售税金及附加为 3% 时,盈亏平衡点的生产能力利用率。

2. 某项目所生产的产品的总固定成本为 16 万元,单位变动成本为 1500 元,产品销售收入为 $26000Q^{-1/2}+500Q$ ($Q$ 为产品产销量)。试确定该产品的盈利区域和最大盈利产量。

3. 某投资方案用于确定性分析的现金流量见表 7-12,表中数据是对未来最可能出现的情况预测估算得到的。由于未来影响经济环境的某些因素的不确定性,预计投资额、年收益、年支出参数的最大变化范围为 $-20\% \sim +20\%$,基准折现率为 10%。试对各参数分别做敏感性分析:
   (1) 进行单因素敏感性分析。
   (2) 从投资额、年收益、年支出这三个因素中选两个最敏感因素进行多因素敏感性分析。

表 7-12 现金流量

| 参　数 | 投资额 ($R$) | 年收益 ($AR$) | 年支出 ($AC$) | 残值 ($L$) | 寿命周期 ($N$) |
|---|---|---|---|---|---|
| 单位 | 元 | 元 | 元 | 元 | 年 |
| 预测值 | 15000 | 32000 | 2000 | 2000 | 10 |

4. 某厂生产和销售一种产品,单价为 18 元,单位变动成本为 11 元,销售税率为 6%,全月固定成本 10 万元,每月销售 4 万件。现企业通过市场分析,决定将其产品单价降至 16 元;同时每月还将增加广告费 2000 元。试计算:
   (1) 该产品降价前的盈亏平衡点。
   (2) 该产品降价后的盈亏平衡点。
   (3) 增加销售多少件产品才能使降价后的利润比原来增加 5%。

5. 有一投资方案,其设计能力为年产某产品 1500 台,预计产品售价 1800 元/台,单位经营成本为 700 元/台,估算投资额为 800 万元,方案寿命为 8 年,试对此方案的静态投资回收期做敏感性分析。

## 二维码形式客观题

微信扫描二维码,可自行做客观题,提交后可查看答案。

# 第 8 章
# 工程项目财务分析

> **本章主要知识点：**
>
> 财务分析的含义和作用，财务分析的基本原则，财务分析的内容与步骤；财务分析基本表格类型，融资前和融资后的财务盈利能力分析，反映项目盈利能力的指标；偿债能力分析和财务生存能力分析。
>
> **本章重点与难点：**
>
> 融资前和融资后的财务盈利能力分析，反映项目盈利能力的指标；偿债能力分析和财务生存能力分析。

## 8.1 工程项目财务分析原则与内容

### 8.1.1 财务分析的含义和作用

**1. 财务分析的定义**

财务分析是以财务报告资料及其他相关资料为依据，采用一系列专门的分析技术和方法，对一定期间的财务活动的过程和结果进行研究和评价，借以认识财务活动规律，促进企业提高经济效益的财务管理活动。

财务分析是项目可行性研究的核心内容，其分析结论是决定项目取舍的重要决策依据。各个投资主体、各种投资来源、各种筹资方式兴办的大中型和限额以上的建设项目，均需进行财务分析。

在进行财务分析时，要明确分析范围，根据项目的特点和性质，选取适宜的分析方法，然后在研究和预测的基础上选取必要的基础数据进行成本费用分析、收入税费估算，并编制财务辅助报表。在此基础上，编制主要财务报表和计算财务评价指标进行财务分析。

**2. 财务分析的作用**

财务分析服务于各个信息使用者，即项目的利益相关者。财务分析对项目的利益相关者来说起着非常重要的作用。

1) 财务分析是项目投资决策与评价的重要组成部分。项目评价应从多角度、多方面进行，无论是项目的前评价、中间评价和后评价，财务分析都是必不可少的重要内容。在项目的前评价——投资决策与评价的各个阶段中，无论是机会研究报告、项目建议书、初步可行性研究报告，还是可行性研究报告，财务分析都是其中的重要组成部分。

2）财务分析是重要的决策依据。在经营性项目决策过程中，财务分析结论是重要的决策依据。项目发起人决策是否发起或进一步推进该项目，权益投资人决策是否投资于该项目，债权人决策是否贷款给该项目，审批人决策是否批准该项目，这些都要以财务分析为依据。对于那些需要政府核准的项目，各级核准部门在做出是否核准该项目的决策时，许多相关财务数据可作为该项目社会和经济因素影响大小的估算基础。

3）财务分析在项目或方案比选中起着重要作用。项目投资决策与评价的精髓是方案比选，在规模、技术、工程等方面都必须通过方案比选予以优化，财务分析结果可以反馈到建设方案的构造和研究中，用于方案比选，优化方案设计，使项目整体更趋于合理。

4）财务分析中的财务生存能力分析，对项目特别是对非经营性项目的财务可持续性的考察起着重要作用。

## 8.1.2 财务分析的基本原则

### 1. 费用与效益计算口径的一致性原则

为了正确评价项目的获利能力，必须遵循项目的直接费用与直接效益计算口径的一致性原则。如果在投资估算中包括了某项工程，那么因建设该工程增加的效益就应该考虑，否则就低估了项目的效益；反之，如果考虑了该工程对项目效益的贡献，但投资却未计算进去，那么项目的效益就被高估。只有将投入和产出的估算限定在同一范围内，计算的净效益才是投入的真实回报。

### 2. 费用与效益识别的有无对比原则

有无对比是国际上项目评价中通用的识别费用与效益的基本原则，项目评价的许多方面都需要遵循这条原则，采用有无对比的方法进行。"有"是指实施项目的将来状况，"无"是指不实施项目的将来状况。在识别项目的效益和费用时，须注意只有"有无对比"的差额部分，才是由于项目的建设增加的效益和费用，即增量效益和费用。因为即使不实施该项目，现状也很可能发生变化。

例如农业灌溉项目，即使没有该项目，将来的农产品产量也会由于气候、施肥、种子、耕作技术的变化而变化；又如，计算交通运输项目效益的基础——车流量，无该项目也会由于地域经济的变化而改变。采用有无对比的方法，就是为了识别那些真正应该算作项目效益的部分，即增量效益，排除那些由于其他原因产生的效益；同时也要找出与增量效益相对应的增量费用，只有这样才能真正体现项目投资的净效益。

有无对比直接适用于依托老厂进行的改扩建与技术改造项目的增量盈利能力分析。

### 3. 动态分析与静态分析相结合，以动态分析为主的原则

国际通行的财务分析都是以动态分析方法为主，即根据资金时间价值原理，考虑项目整个计算期内各年的效益和费用，采用现金流量分析的方法，计算内部收益率和净现值等评价指标。我国分别于1987年、1993年和2006年由国家发改委（原国家计委）和建设部发布施行的《建设项目经济评价方法与参数》第1版、第2版以及第3版，都是采用了动态分析与静态分析相结合、以动态分析为主的原则制定出的一整套项目经济评价方法与指标体系。2002年由原国家计委办公厅发文试行的《投资项目可行性研究指南（试用版）》同样采用了这条原则。

**4. 基础数据确定的稳妥原则**

财务分析结果的准确性取决于基础数据的可靠性。财务分析中所需要的大量基础数据都来自预测和估计，难免有不确定性。为了使财务分析结果能提供较为可靠的信息，避免人为的乐观估计所带来的风险，更好地满足投资决策需要，在基础数据的确定和选取中遵循稳妥原则是十分必要的。

## 8.1.3 财务分析的内容与步骤

**1. 财务分析的基本内容**

1）确定财务分析的范围、依据和方法。

2）确定财务分析的基础数据和参数。主要包括计算期、财务基准收益率、成本估算、收入估算及其他相关税费。

3）编制财务报表。主要包括项目全部投资现金流量表、项目资本金现金流量表、利润与利润分配表、资产负债表、借款还本付息计划表、资金来源与运用表等。

4）选取适宜的分析方法和评价指标，进行盈利能力、偿债能力、营运能力分析。

5）进行不确定性分析。如盈亏平衡分析、敏感性分析等。

6）得出财务分析的结论，并提出建议。

**2. 财务分析的基本步骤**

工程项目财务分析的步骤如图 8-1 所示。

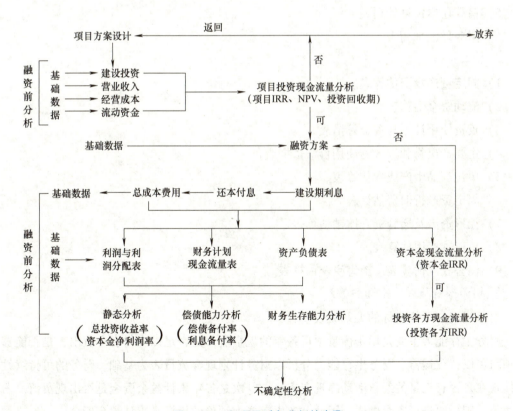

图 8-1 工程项目财务分析的步骤

融资前分析是不考虑债务融资条件下进行的财务分析，只进行盈利能力分析，并以项目投资现金流量分析为主，计算项目投资内部收益率和净现值指标，也可计算投资回收期指标（静态）。

融资后分析是以设定的融资方案为基础进行的财务分析；主要针对项目资本金现金流和投资各方现金流进行分析，既包括盈利能力分析，又包括偿债能力分析和财务生存能力分析等内容。

## 8.2 工程项目财务分析主要表格

### 8.2.1 财务分析基本表格类型

**1. 基本报表**

1）现金流量表。包括全部投资现金流量表、权益投资现金流量表（自有资金现金流量表、资本金现金流量表）、投资各方现金流量表。

2）损益表（利润表，或利润与利润分配表）。

3）资金来源与运用表。

4）资产负债表。

5）借款还本付息计划表。

6）财务外汇平衡表。

**2. 辅助报表**

1）固定资产投资估算表。

2）流动资金估算表。

3）投资使用计划与资金筹措表。

4）主要产出物和投入物使用价格依据表。

5）单位产品生产成本估算表。

6）固定资产折旧费估算表。

7）无形资产及递延资产摊销估算表。

8）总成本费用估算表。

9）销售收入估算表、销售税金估算表。

**3. 财务报表与评价指标的关系**

财务报表与评价指标的关系见表8-1。

财务生存能力主要是用于衡量项目各年的现金流入是否足以应付现金流出，是否能够保证项目可以持续运营。财务生存能力分析以财务计划现金流量表为基础。财务的可持续性首先体现在是否有充足的经营活动净现金流量，其次是各年累计盈余资金是否出现负值。若产生负值，则需要进行资金融通，因此财务生存能力评价的指标是累计盈余资金。

表 8-1 财务报表与评价指标的关系

| 评价内容 | 基本报表 | 静态指标 | 动态指标 |
|---|---|---|---|
| 盈利能力分析 | 项目投资现金流量表 | 静态投资回收期 | 财务内部收益率<br>财务净现值<br>净现值率<br>净年值<br>动态投资回收期 |
| | 资本金现金流量表 | | 资本金财务内部收益率<br>财务净现值<br>净现值率<br>净年值<br>动态投资回收期 |
| | 投资各方现金流量表 | | 投资各方财务内部收益率 |
| | 利润与利润分配表 | 投资利润率<br>投资利税率<br>资本金利润率 | — |
| 偿债能力分析 | 借款还本付息计划表 | 借款偿还期<br>偿债备付率<br>利息备付率 | — |
| | 资产负债表 | 资产负债率<br>流动比率<br>速动比率 | — |

## 8.2.2 财务盈利能力分析

### 1. 融资前分析

微课12
现金流量表的
现金流入与
现金流出

融资前分析（项目投资现金流量分析）可从所得税前和（或）所得税后两个角度进行考察，选择计算所得税前和（或）所得税后分析指标。融资前分析只进行盈利能力分析，即项目投资现金流量分析。融资前分析是针对项目基本方案进行的现金流量分析。它是在不考虑债务融资条件下进行的，从项目投资总获利能力的角度，考察项目方案设计的合理性。即不论实际可能支付的利息是多少，分析结果都不发生变化，因此可以排除融资方案对决策的影响。项目投资现金流量分析，应以动态分析（项目折现现金流量分析）为主，静态分析（非折现现金流量分析）为辅。

（1）项目投资现金流量识别与报表编制　进行现金流量分析，首先要正确识别和选用现金流量，包括现金流入和现金流出。是否能作为融资前分析的现金流量，要看其与融资方案的关系，若与融资方案无关，则可作为融资前分析的现金流量。

1）现金流入。按照上述原则，项目投资现金流量分析的现金流入主要包括营业收入（必要时还包括补贴收入），在计算期的最后一年，还包括回收固定资产余值（该回收固定资产余值应不受利息因素的影响，它区别于项目资本金现金流量表中的回收固定资产余值）及回收流动资金。

2）现金流出。现金流出主要包括建设投资、流动资金、经营成本、销售税金及附加。如果运营期内需要投入维持运营投资，也应将其作为现金流出。所得税后分析还要将所得税作为现金流出。由于是融资前分析，该所得税应与融资方案无关，其数值应区别于其他财务报表中的所得税。该所得税应根据不受利息因素影响的息税前利润（EBIT）乘以所得税税率计算，称为调整所得税，也可称为融资前所得税。

3）净现金流量。即现金流入与现金流出之差，是计算评价指标的基础。

根据上述现金流量编制的现金流量表称为项目投资现金流量表，其格式见表8-2。

表8-2 项目投资现金流量表

| 序号 | 项目 | 合计 | 计算期 | | | | |
|---|---|---|---|---|---|---|---|
| | | | 0 | 1 | 2 | … | $n$ |
| 1 | 现金流入 | | | | | | |
| 1.1 | 营业收入 | | | | | | |
| 1.2 | 补贴收入 | | | | | | |
| 1.3 | 回收固定资产余值 | | | | | | |
| 1.4 | 回收流动资金 | | | | | | |
| 2 | 现金流出 | | | | | | |
| 2.1 | 建设投资 | | | | | | |
| 2.2 | 流动资金 | | | | | | |
| 2.3 | 经营成本 | | | | | | |
| 2.4 | 销售税金及附加 | | | | | | |
| 2.5 | 维持运营投资 | | | | | | |
| 3 | 所得税前净现金流量 | | | | | | |
| 4 | 累计所得税前净现金流量 | | | | | | |
| 5 | 调整所得税 | | | | | | |
| 6 | 所得税后净现金流量（3－5） | | | | | | |
| 7 | 累计所得税后净现金流量 | | | | | | |

计算指标：税前FIRR、税后FIRR、税前FNPV、税后FNPV、税前投资回收期、税后投资回收期。

（2）项目投资现金流量分析的指标 依据项目投资现金流量表可以计算项目投资财务内部收益率（FIRR）和项目投资财务净现值（FNPV），这两项指标通常被认定为主要指标。

另外还可借助该表计算项目投资回收期，可以分别计算静态或动态的投资回收期，我国的评价方法只规定计算静态投资回收期。

### 2. 融资后分析

融资后分析是指以设定的融资方案为基础进行的财务分析。融资后分析应以融资前分析和初步的融资方案为基础，考察项目在拟定融资条件下的盈利能力、偿债能力和财务生存能力等内容，判断项目方案在融资条件下的可行性。融资后分析是比选融资方案、进行融资决策和投资者最终决定投资的依据。可行性研究阶段必须进行融资后分析，但只是阶段性的。实践中，在可行性研究报告完成之后，还需要进一步深化融资后分析，才能完成最终融资决策。

融资后的盈利能力分析应包括动态分析和静态分析两种。融资后的偿债能力和财务生存能力在第8.2.3节介绍。

（1）动态分析 动态分析是指通过编制财务现金流量表，根据资金时间价值原理，计算财务内部收益率和财务净现值等指标，分析项目的获利能力。融资后的动态分析可分为项目资本金现金流量分析和投资各方现金流量分析两个层次。

1）项目资本金现金流量分析。项目资本金现金流量分析是从项目权益投资者整体的角度，考察项目给项目权益投资者带来的收益水平。它是在拟定的融资方案基础上进行的息税后分析，可以进而判断项目方案在融资方案条件下的合理性，因此可以说，项目资本金现金流量分析结果是融资决策的重要依据，有助于投资者在其可接受的融资方案下最终做出出资决策。

① 项目资本金现金流量识别与报表编制。项目资本金现金流量分析需要编制项目资本金现金流量表，其格式见表8-3。

表8-3 项目资本金现金流量表

| 序号 | 项目 | 合计 | 计算期 | | | | |
|---|---|---|---|---|---|---|---|
| | | | 0 | 1 | 2 | … | $n$ |
| 1 | 现金流入 | | | | | | |
| 1.1 | 营业收入 | | | | | | |
| 1.2 | 补贴收入 | | | | | | |
| 1.3 | 回收固定资产余值 | | | | | | |
| 1.4 | 回收流动资金 | | | | | | |
| 2 | 现金流出 | | | | | | |
| 2.1 | 项目资本金 | | | | | | |
| 2.2 | 借款本金偿还 | | | | | | |
| 2.3 | 借款利息支付 | | | | | | |
| 2.4 | 经营成本 | | | | | | |
| 2.5 | 销售税金及附加 | | | | | | |
| 2.6 | 维持运营投资 | | | | | | |
| 2.7 | 所得税 | | | | | | |
| 3 | 净现金流量（1－2） | | | | | | |

计算指标：资本金的税前IRR、税后IRR、税前NPV、税后NPV、税前投资回收期、税后投资回收期。

a. 现金流入。项目资本金现金流量表的现金流入包括营业收入（必要时还包括补贴收入），在计算期的最后一年，还包括回收固定资产余值及回收流动资金。

b. 现金流出。现金流出主要包括建设投资和流动资金中的项目资本金（权益资金）、经营成本、销售税金及附加、借款本金偿还、借款利息支付和所得税。该所得税应等同于利润与利润分配表等财务报表中的所得税，而区别于项目投资现金流量表中的调整所得税。如果运营期内需要投入维持运营投资，也应将其作为现金流出（通常设定维持运营投资由企业自有资金支付）。

c. 净现金流量。即现金流入与现金流出之差。由表8-3可见，该表的净现金流量包括了项目（企业）在缴税和还本付息之后所剩余的收益（含投资者应分得的利润），也即企业的净收益，又是投资者的权益性收益。

② 项目资本金现金流量分析指标。按照我国财务分析方法的要求，一般可以只计算项目资本金财务内部收益率一个指标。

2）投资各方现金流量分析。对于某些项目，为了考察投资各方的具体收益，还需要编制从投资各方角度出发的现金流量表，即应从投资各方实际收入和支出的角度，确定其现金流入和现金流出，分别编制投资各方现金流量表，计算投资各方的财务内部收益率指标，考察投资各方可能获得的收益水平。其格式见表 8-4。

表 8-4 投资各方现金流量表

| 序号 | 项目 | 合计 | 计算期 | | | | |
|---|---|---|---|---|---|---|---|
| | | | 0 | 1 | 2 | … | n |
| 1 | 现金流入 | | | | | | |
| 1.1 | 应得利润 | | | | | | |
| 1.2 | 资产清理分配 | | | | | | |
| (1) | 回收固定资产余值 | | | | | | |
| (2) | 回收流动资金 | | | | | | |
| (3) | 净转收入 | | | | | | |
| (4) | 其他收入 | | | | | | |
| 2 | 现金流出 | | | | | | |
| 2.1 | 建设投资额 | | | | | | |
| 2.2 | 经营出资额 | | | | | | |
| 3 | 净现金流量（1－2） | | | | | | |
| 4 | 累计净现金流量 | | | | | | |

计算指标：投资各方的税前 IRR、税后 IRR、税前 NPV、税后 NPV、税前投资回收期、税后投资回收期。

（2）静态分析　静态分析是指不采取折现方式处理数据，主要依据利润与利润分配表计算总投资利润率（ROI）和项目资本金净利润率（ROE）等静态指标，也可借助前述的现金流量表计算静态投资回收期（$P_t$）指标。

1）利润与利润分配表的概念。利润与利润分配表是反映项目计算期内各年的利润总额、所得税及税后利润的分配情况，用以计算 ROI 和 ROE 等静态财务分析指标的表格。

2）利润与利润分配表的编制。利润与利润分配表的格式见表 8-5。

表 8-5 利润与利润分配表

| 序号 | 项目 | 合计 | 计算期 | | | | |
|---|---|---|---|---|---|---|---|
| | | | 0 | 1 | 2 | … | n |
| 1 | 营业收入 | | | | | | |
| 2 | 销售税金及附加 | | | | | | |
| 3 | 总成本费用 | | | | | | |
| 4 | 补贴收入 | | | | | | |
| 5 | 利润总额（1－2－3＋4） | | | | | | |
| 6 | 弥补以前年度亏损 | | | | | | |
| 7 | 应纳税所得额（5－6） | | | | | | |
| 8 | 所得税 | | | | | | |
| 9 | 净利润（5－8） | | | | | | |
| 10 | 期初未分配利润 | | | | | | |
| 11 | 可供分配的利润（9＋10） | | | | | | |
| 12 | 提取法定盈余公积金 | | | | | | |
| 13 | 可供投资者分配的利润（11－12） | | | | | | |

(续)

| 序号 | 项　　目 | 合计 | 计算期 | | | |
|---|---|---|---|---|---|---|
| | | | 0 | 1 | 2 | … | n |
| 14 | 应付优先股股利 | | | | | |
| 15 | 提取任意盈余公积金 | | | | | |
| 16 | 应付普通股股利 | | | | | |
| 17 | 各投资方利润分配 | | | | | |
| 18 | 未分配利润（13 − 14 − 15 − 16 − 17） | | | | | |
| 19 | 息税前利润（利润总额 + 利息支出） | | | | | |
| 20 | 息税折旧摊销前利润（19 + 折旧费 + 摊销费） | | | | | |

① 利润总额。利润总额是项目在一定时期内实现的盈亏总额，即营业收入扣除销售税金及附加和总成本费用之后（若有补贴收入则加上）的数额。其计算公式为

利润总额 = 营业收入 − 销售税金及附加 − 总成本费用 + 补贴收入

营业收入和销售税金及附加依据"营业收入、销售税金及附加估算表"填列，总成本费用依据"总成本费用估算表"填列。

② 项目亏损及亏损弥补的处理。项目在上一个年度发生亏损，可用当年获得的所得税前利润弥补；当年所得税前利润不足弥补的，可以在5年内用所得税前利润延续弥补；延续5年未弥补的亏损，用缴纳所得税后的利润弥补。

③ 所得税的计算。利润总额按照现行财务制度规定进行调整（如弥补上年的亏损）后，作为计算项目应缴纳所得税税额的计税基数，即应纳税所得额，用公式表示为

应纳税所得额 = 利润总额 − 弥补以前年度亏损

则所得税计算公式为

所得税 = 应纳税所得额 × 所得税税率

所得税税率按照国家规定执行。国家对特殊项目有减免所得税规定的，按国家主管部门有关规定执行。

④ 所得税后利润的分配。缴纳所得税后的利润，即净利润，连同上年度未分配利润，构成了本期可供分配的利润。按照下列顺序分配：

a. 提取法定盈余公积金。法定盈余公积金按当年所得税后净利润计提，一般为10%，其累计额达到项目法人注册资本的50%以上可不再提取。

b. 应付优先股股利。

c. 提取任意盈余公积金。除按法律、法规规定提取法定盈余公积金之外，企业按照公司章程规定或投资者会议决议，还可以提取任意盈余公积金，提取比例由企业自行决定。

d. 向各投资方分配利润。分配比例往往依据投资者签订的协议或公司的章程等有关资料来确定。项目当年无盈利，不得向投资者分配利润；企业上年度未分配的利润，可以并入当年向投资者分配。

e. 未分配利润。未分配利润的计算公式为

未分配利润 = 可供投资者分配的利润 − 应付优先股股利 − 任意盈余公积金 − 应付普通股股利 − 各投资方利润分配额

⑤ 息税前利润。息税前利润（EBIT）是指扣除当年利息和所得税前的利润额，等于当

年利润总额和当年应付利息之和。计算公式为

$$EBIT = 利润总额 + 利息支出$$

利息支出依据"总成本费用估算表"中的利息支出科目填列。

⑥ 息税折旧摊销前利润。息税折旧摊销前利润（EBITDA）是指扣除当年利息、所得税、折旧费和摊销费之前的利润额，等于息税前利润加上折旧费和摊销费，用公式表示为

$$EBITDA = EBIT + 折旧费 + 摊销费$$

折旧费和摊销费依据"总成本费用估算表"中的相应科目填列。

### 3. 反映项目盈利能力的指标

按照是否考虑资金的时间价值，反映盈利能力分析的指标分为静态指标和动态指标两类。

（1）静态指标　静态盈利能力指标是指不考虑资金时间价值因素的影响而计算的盈利能力指标，依据利润与利润分配表和现金流量表中的有关数据计算，主要有总投资收益率、项目资本金净利润率和项目静态投资回收期。

（2）动态指标　动态盈利能力指标是指考虑资金时间价值因素影响而计算的盈利能力指标，需要根据三个层次的现金流量表（即项目投资现金流量表、项目资本金现金流量表和投资各方现金流量表）计算，主要有投资财务内部收益率和财务净现值、项目资本金财务内部收益率、投资各方财务内部收益率及项目动态投资回收期等。

## 8.2.3　偿债能力分析和财务生存能力分析

偿债能力分析和财务生存能力分析都属于融资后分析。偿债能力分析是通过编制相关报表，计算利息备付率、偿债备付率等比率指标，考察项目借款的偿还能力；财务生存能力分析是通过编制财务计划现金流量表，结合偿债能力分析，考察项目（企业）资金平衡和余缺等财务状况，判断其财务可持续性。项目（企业）的利润表以及资产负债表在偿债能力分析和财务生存能力分析中也起着相当重要的作用。

### 1. 偿债能力分析

（1）反映偿债能力的报表　反映偿债能力的报表主要有借款还本付息计划表和资产负债表。

1）借款还本付息计划表。借款还本付息计划表是反映借款偿还期内借款支用和还本付息的情况，用以计算利息备付率和偿债备付率等指标，进行偿债能力分析的表格。

借款还本付息计划表应根据与债权人商定的或预计可能的债务资金条件和方式计算并编制，其格式见表8-6，该表也可与"建设期利息估算表"合并。

表8-6　借款还本付息计划表

| 序号 | 项目 | 利率 | 建设期 | | | 运营期 | | |
|---|---|---|---|---|---|---|---|---|
| | | | 1 | 2 | 3 | 4 | … | n |
| 1 | 年初借款本息累计 | | | | | | | |
| 2 | 本年借款项 | | | | | | | |
| 3 | 本年应计利息 | | | | | | | |
| 4 | 本年偿还本金 | | | | | | | |
| 5 | 本年支付利息 | | | | | | | |
| 6 | 年末剩余借款项 | | | | | | | |

关于还款方式及还本付息额的计算，有以下四种方法：

① 等额利息法。每期付相同的利息，不还本金，最后一期全部还清。

每期偿还利息额为
$$I_t = L_a i, \quad t = 1,2,3\cdots n$$

偿还本金为
$$CP_t = \begin{cases} 0 & t = 1,2,\cdots n-1 \\ L_a & t = n \end{cases}$$

式中　$I_t$——第 $t$ 期付息额；

　　　$i$——贷款利率；

　　　$CP_t$——第 $t$ 期还本额；

　　　$n$——贷款年限；

　　　$L_a$——贷款总额。

② 等额本金法。每期偿还相等的本金和相应的利息。

每期偿还利息额为
$$I_t = i[L_a - L_a(t-1)/n], t = 1,2,\cdots n$$

每期偿还本金为
$$CP_t = L_a/n, t = 1,2,\cdots n$$

③ 等额偿还法。每期偿还相等的本利额（等额分付资本回收），计算公式为
$$I_t + CP_t = A = L_a(A/P, i, n)$$

式中　每年支付利息 $I_t =$ 年初借款累计 $\times i$，每年偿还本金 $CP_t = A - I_t$。

④ 气球法。任意偿还本利，到期全部还清。

【例 8-1】 某工程项目投资每年借款 1438.6 万元，借款期 3 年，利率为 10%，则建设期末，投产期初借款额累计为 5000 万元。假定这笔贷款的偿还期为 5 年，利率为 10%；生产期可用于还本的折旧费、摊销费和未分配利润每年共为 1500 万元。试计算以等额本金法、等额偿还法、气球法还款方式偿还贷款需偿还本金和利息各为多少？

解：三种方法解题过程见表 8-7、表 8-8、表 8-9。

表 8-7　等额本金法还本付息表　　　　　　　　（单位：万元）

| 项　目 | 1 | 2 | 3 | 4 | 5 |
|---|---|---|---|---|---|
| 年初借款本息累计 | 5000 | 4000 | 3000 | 2000 | 1000 |
| 本年借款项 | | | | | |
| 本年应计利息 | 500 | 400 | 300 | 200 | 100 |
| 本年偿还本金 | 1000 | 1000 | 1000 | 1000 | 1000 |
| 本年支付利息 | 500 | 400 | 300 | 200 | 100 |
| 年末剩余借款项 | 4000 | 3000 | 2000 | 1000 | 0 |

表 8-8　等额偿还法还本付息表　　　　　　　　　　　（单位：万元）

| 项　目 | 1 | 2 | 3 | 4 | 5 |
|---|---|---|---|---|---|
| 年初借款本息累计 | 5000 | 4181 | 3280 | 2289 | 1199 |
| 本年借款项 | | | | | |
| 本年应计利息 | 500 | 418.1 | 328 | 228.9 | 119.9 |
| 本年偿还本金 | 819 | 900.9 | 991 | 1090 | 1199 |
| 本年支付利息 | 500 | 418.1 | 328 | 228.9 | 119.9 |
| 年末剩余借款项 | 4181 | 3280 | 2289 | 1199 | 0 |

表 8-9　气球法还本付息表　　　　　　　　　　　（单位：万元）

| 项　目 | 1 | 2 | 3 | 4 | 5 |
|---|---|---|---|---|---|
| 年初借款本息累计 | 5000 | 3500 | 2000 | 500 | 0 |
| 本年借款项 | | | | | |
| 本年应计利息 | 500 | 350 | 200 | 50 | |
| 本年偿还本金 | 1500 | 1500 | 1500 | 500 | |
| 本年支付利息 | 500 | 350 | 200 | 50 | |
| 年末剩余借款项 | 3500 | 2000 | 500 | 0 | |

2) 资产负债表。资产负债表通常按企业范围编制，企业资产负债表是国际上通用的财务报表，表中数据可由其他报表直接引入或经适当计算后列入，用以反映企业某一特定日期的财务状况。编制过程中应实现资产与负债和所有者权益两方的自然平衡。与实际企业相比，工程项目财务分析中资产负债表的科目可以适当简化，它反映的是各年年末的财务状况，必要时也可以按"有项目"范围编制。其格式见表 8-10。

表 8-10　资产负债表

| 序号 | 项　目 | 建设期 | | | 运营期 | | | |
|---|---|---|---|---|---|---|---|---|
| | | 0 | 1 | 2 | 3 | 4 | … | $n$ |
| 1 | 资产 | | | | | | | |
| 1.1 | 流动资产总额 | | | | | | | |
| 1.1.1 | 应收账款 | | | | | | | |
| 1.1.2 | 存货 | | | | | | | |
| 1.1.3 | 现金 | | | | | | | |
| 1.1.4 | 累计盈余资金 | | | | | | | |
| 1.2 | 在建工程 | | | | | | | |
| 1.3 | 固定资产净值 | | | | | | | |
| 1.4 | 无形及递延资产净值 | | | | | | | |
| 2 | 负债及所有者权益 | | | | | | | |
| 2.1 | 流动负债总额 | | | | | | | |
| 2.1.1 | 应付账款 | | | | | | | |
| 2.1.2 | 流动资金借款 | | | | | | | |
| 2.1.3 | 其他短期借款 | | | | | | | |

(续)

| 序号 | 项目 | 建设期 | | | 运营期 | | | |
|---|---|---|---|---|---|---|---|---|
| | | 0 | 1 | 2 | 3 | 4 | … | n |
| 2.2 | 长期借款 | | | | | | | |
| | 负债小计 | | | | | | | |
| 2.3 | 所有者权益 | | | | | | | |
| 2.3.1 | 资本金 | | | | | | | |
| 2.3.2 | 资本公积金 | | | | | | | |
| 2.3.3 | 累计盈余公积金 | | | | | | | |
| 2.3.4 | 累计未分配利润 | | | | | | | |

计算指标：资产负债率、流动比率、速动比率。

（2）反映项目偿债能力的指标　根据借款还本付息计划表数据、利润表以及总成本费用估算表的有关数据可以计算利息备付率、偿债备付率指标。

**2. 财务生存能力分析**

（1）财务生存能力分析的报表　财务生存能力分析旨在分析考察"有项目"时（企业）在整个计算期内的资金充裕程度，分析财务可持续性，判断在财务上的生存能力，应编制资金来源与运用表和财务计划现金流量表。

资金来源与运用表，简称资金表，是综合反映一定期间内运营资金来源和运用及其增减变动情况的报表。该表是用来反映一定期间内各种资金来源、资金运用和资金盈余增减变化的原因，分析资金取得的来源和运用的方向，说明项目财务情况变动的动态报表。

财务计划现金流量表是国际上通用的财务报表，用以反映计算期内各年的投资活动、融资活动和经营活动所产生的现金流入、现金流出和净现金流量，考察资金平衡和余缺情况，是表示财务状况的重要财务报表。表中绝大部分数据可来自其他表格。

1）资金来源与运用表。资金来源与运用表格式参见表8-11。

**表8-11　资金来源与运用表**

| 序号 | 项目 | 建设期 | | 运营期 | | | 合计 | 上年余值 |
|---|---|---|---|---|---|---|---|---|
| | | 0 | 1 | 2 | 3 | … | n | | |
| | 生产负荷 | | | | | | | | |
| 1 | 资金来源 | | | | | | | | |
| 1.1 | 利润总额 | | | | | | | | |
| 1.2 | 折旧费 | | | | | | | | |
| 1.3 | 摊销费 | | | | | | | | |
| 1.4 | 长期借款 | | | | | | | | |
| 1.5 | 流动资金借款 | | | | | | | | |
| 1.6 | 其他短期借款 | | | | | | | | |
| 1.7 | 自有资金 | | | | | | | | |
| 1.8 | 其他 | | | | | | | | |
| 1.9 | 回收固定资产余值 | | | | | | | | |
| 1.10 | 回收流动资金 | | | | | | | | |

（续）

| 序号 | 项目 | 建设期 | | | 运营期 | | | 合计 | 上年余值 |
|---|---|---|---|---|---|---|---|---|---|
| | | 0 | 1 | 2 | 3 | ... | n | | |
| 2 | 资金运用 | | | | | | | | |
| 2.1 | 固定资产投资 | | | | | | | | |
| 2.2 | 建设期利息 | | | | | | | | |
| 2.3 | 流动资金 | | | | | | | | |
| 2.4 | 所得税 | | | | | | | | |
| 2.5 | 应付利润 | | | | | | | | |
| 2.6 | 长期借款本金偿还 | | | | | | | | |
| 2.7 | 流动资金借款本金偿还 | | | | | | | | |
| 2.8 | 其他短期借款本金偿还 | | | | | | | | |
| 3 | 盈余资金 | | | | | | | | |
| 4 | 累计盈余资金 | | | | | | | | |

需要说明的是：利润计算已经考虑了投产期利息，因此资金运用只考虑建设期利息。

折旧费与摊销费在利润计算时考虑成支出，但是并没有实际支出，故可以作为资金来源继续利用。年盈余资金反映了项目的年资金平衡情况，出现负值表明项目维持需要进一步借贷或通过其他年利润补充；累计盈余资金要求大于零，否则项目无法进行下去。

2）财务计划现金流量表。财务计划现金流量表格式见表 8-12。

表 8-12　财务计划现金流量表

| 序号 | 项目 | 建设期 | | | 运营期 | | | |
|---|---|---|---|---|---|---|---|---|
| | | 0 | 1 | 2 | 3 | 4 | ... | n |
| 1 | 经营活动净现金流量 | | | | | | | |
| 1.1 | 现金流入 | | | | | | | |
| 1.1.1 | 销售收入 | | | | | | | |
| 1.1.2 | 增值税销项税额 | | | | | | | |
| 1.1.3 | 补贴收入 | | | | | | | |
| 1.1.4 | 其他收入 | | | | | | | |
| 1.2 | 现金流出 | | | | | | | |
| 1.2.1 | 经营成本 | | | | | | | |
| 1.2.2 | 增值税进项税额 | | | | | | | |
| 1.2.3 | 销售税金及附加 | | | | | | | |
| 1.2.4 | 增值税 | | | | | | | |
| 1.2.5 | 所得税 | | | | | | | |
| 1.2.6 | 其他流出 | | | | | | | |
| 2 | 投资活动净现金流量 | | | | | | | |
| 2.1 | 现金流入 | | | | | | | |
| 2.2 | 现金流出 | | | | | | | |
| 2.2.1 | 建设投资 | | | | | | | |
| 2.2.2 | 设备更新投资 | | | | | | | |
| 2.2.3 | 流动资产投资 | | | | | | | |
| 2.2.4 | 其他 | | | | | | | |

(续)

| 序号 | 项 目 | 建 设 期 | | | 运 营 期 | | | |
|---|---|---|---|---|---|---|---|---|
| | | 0 | 1 | 2 | 3 | 4 | … | n |
| 3 | 筹资活动净现金流量 | | | | | | | |
| 3.1 | 现金流入 | | | | | | | |
| 3.1.1 | 权益资金投入 | | | | | | | |
| 3.1.2 | 建设资金借款 | | | | | | | |
| 3.1.3 | 流动资金借款 | | | | | | | |
| 3.1.4 | 债券 | | | | | | | |
| 3.1.5 | 应付账款 | | | | | | | |
| 3.1.6 | 短期借款 | | | | | | | |
| 3.1.7 | 其他 | | | | | | | |
| 3.2 | 现金流出 | | | | | | | |
| 3.2.1 | 债券债务利息 | | | | | | | |
| 3.2.2 | 债券债务本金 | | | | | | | |
| 3.2.3 | 应付利润 | | | | | | | |
| 3.2.4 | 其他 | | | | | | | |
| 4 | 净现金流量 | | | | | | | |
| 5 | 累计盈余资金 | | | | | | | |

(2) 财务生存能力分析的要点　财务生存能力分析应结合偿债能力分析进行，项目的财务生存能力分析可通过以下相辅相成的两个方面进行：

1) 分析是否有足够的净现金流量维持正常运营。

① 在项目（企业）运营期间，只有能够从各项经济活动中得到足够的净现金流量，项目才能持续生存。财务生存能力分析中应根据财务计划现金流量表，考察项目计算期内各年的投资活动、融资活动和经营活动所产生的各项现金流入和流出，计算净现金流量和累计盈余资金，分析项目是否有足够的净现金流量维持正常运营。

② 拥有足够的经营净现金流量是财务上可持续的基本条件，特别是在运营初期。一个项目具有较大的经营净现金流量，说明项目方案比较合理，实现自身资金平衡的可能性大，不会过分依赖短期融资来维持运营；反之，一个项目不能产生足够的经营净现金流量，或经营净现金流量为负值，说明维持项目正常运行会遇到财务上的困难，实现自身资金平衡的可能性小，有可能要靠短期融资来维持运营，有些项目可能需要政府补助来维持运营。

③ 通常因运营期前期的还本付息负担较重，故应特别注重运营期前期的财务生存能力分析。如果拟安排的还款期过短，致使还本付息负担过重，导致为维持资金平衡必须筹借的短期借款过多，可以设法调整还款期，甚至寻求更有利的融资方案，减轻各年还款负担，所以财务生存能力分析应结合偿债能力分析进行。

2) 各年累计盈余资金不出现负值是财务上可持续的必要条件。在整个运营期间，允许个别年份的净现金流量出现负值，但不能允许任一年份的累计盈余资金出现负值。一旦出现负值时应适时进行短期融资，该短期融资应体现在财务计划现金流量表中，同时短期融资的利息也应纳入成本费用和其后的计算。较大的或较频繁的短期融资，有可能导致以后的累计盈余资金无法实现正值，致使项目难以持续运营。

## 8.3 工程项目财务分析案例

某公司新建一个项目，生产市场较为紧俏的产品 A。项目经济评价前的基础工作已经完成。对项目市场、生产规模、工艺技术方案、原材料和燃料及动力供应、建厂条件和厂址方案、公用工程和辅助设施、环境保护、工厂组织和劳动定员，以及项目实施规划等诸方面进行了全面、充分的研究论证和多方案比较，确定了项目的最优方案并将在此基础上进行财务评价。

项目拟 3 年建成，第 3 年和第 4 年为投产期，从第 5 年开始进入达产期，第 3 年设计生产能力为 24%，第 4 年设计生产能力为 64%，达产期设计生产能力为 80%。生产期按 8 年计算，计算期为 10 年。

**1. 第一步：财务预测数据**

（1）投资估算、资金使用计划及资金筹措

1）建设投资估算。该项目建设投资估算额为 4320.02 万元，无外汇投资。

2）无形资产和其他资产。该项目估算时暂不考虑无形资产和其他资产。

3）建设期利息估算。建设期利息根据资金来源及投资使用计划估算，估算额为 417.86 万元。

4）流动资金估算。本项目流动资金按分项详细估算法进行，估算总额为 1500 万元。

5）建设项目投资总额。建设项目投资总额 = 建设投资 + 无形资产和其他资产 + 建设期利息 + 铺底流动资金 = 4320.02 万元 + 0 + 417.86 万元 + 1500 万元 = 6237.88 万元。建设项目投资总额见表 8-13。

表 8-13 建设项目投资总额 （单位：万元）

| 序号 | 项目 | 估算价值 | | | | 合计 | 备注 |
|---|---|---|---|---|---|---|---|
| | | 建筑工程费 | 设备购置费 | 安装工程费 | 其他费用 | | |
| 1 | 建设投资合计 | | | | | 4320.02 | |
| 1.1 | 设备购置费 | | 3944 | | | 3944 | |
| 1.2 | 其他费用 | | | | | 170.3 | |
| 1.2.1 | 设备安装调试费 | | | | 160 | 160 | |
| 1.2.2 | 试生产费用 | | | | 10.3 | 10.3 | |
| 1.3 | 预备费 | | | | | 205.72 | |
| 1.3.1 | 基本预备费 | | | | | 205.72 | |
| 2 | 无形资产和其他资产 | | | | | 0 | |
| 3 | 建设期利息 | | | | 417.86 | 417.86 | |
| 4 | 流动资金 | | | | | 1500 | |
| | 总投资合计 | | | | | 6237.88 | |

6）项目其他基础数据。项目每年的流动资产、流动负债及所有者权益见表 8-14。

表 8-14 项目其他基础数据　　　　　　　　　　（单位：万元）

| 序号 | 项目 | 计算期 | | | | | | | | | |
|---|---|---|---|---|---|---|---|---|---|---|---|
| | | 0 | 1 | 2 | 3 | 4 | 5 | 6 | 7 | 8 | 9 |
| 1 | 流动资产总额 | 0 | 0 | 1123.22 | 3120.26 | 3869.07 | 3869.07 | 3869.07 | 3869.07 | 3869.07 | 3869.07 |
| 1.1 | 货币资金 | 0 | 0 | 20.1 | 53.59 | 66.99 | 66.99 | 66.99 | 66.99 | 66.99 | 66.99 |
| 1.2 | 应收账款 | 0 | 0 | 405.41 | 1127.22 | 1397.49 | 1397.49 | 1397.49 | 1397.49 | 1397.49 | 1397.49 |
| 1.3 | 存货 | 0 | 0 | 697.71 | 1939.45 | 2404.59 | 2404.59 | 2404.59 | 2404.59 | 2404.59 | 2404.59 |
| 2 | 流动负债总额 | 0 | 0 | 326.4 | 870.41 | 1088.01 | 1088.01 | 1088.01 | 1088.01 | 1088.01 | 1088.01 |
| 2.1 | 应付账款 | 0 | 0 | 326.4 | 870.41 | 1088.01 | 1088.01 | 1088.01 | 1088.01 | 1088.01 | 1088.01 |
| 3 | 所有者权益 | 700 | 240 | 2389.773 | 10172.04 | 16845.85 | 23939.44 | 31019.35 | 38041.37 | 45774.43 | 57290.15 |
| 3.1 | 资本金 | 700 | 240 | 1145.93 | 5597.94 | 5633.31 | 5137.47 | 4641.63 | 4101.57 | 3602.65 | 3103.73 |
| 3.2 | 累计盈余公积金 | 0 | 0 | 1243.843 | 3427.179 | 6430.823 | 9475.476 | 12561.15 | 15687.83 | 19539.1 | 27227.72 |
| 3.3 | 累计未分配利润 | | 0 | 0 | 1146.92 | 4781.72 | 9326.49 | 13816.57 | 18251.97 | 22632.68 | 26958.7 |

7) 投资使用计划。按该项目实施进度计划，项目建设期为 3 年。流动资金在第 2 年和第 3 年投入，第 3 年和第 4 年为投产期，第 5 年进入达产期。

8) 资金筹措。本项目自有资金为 3237.88 万元，其余均为借款。人民币借款均为某银行贷款，年有效利率为 8%。投资使用计划与资金筹措表见表 8-15。

表 8-15 投资使用计划与资金筹措表　　　　　　　（单位：万元）

| 序号 | 项目 | 合计 | 计算期 | | |
|---|---|---|---|---|---|
| | | | 0 | 1 | 2 |
| 1 | 总投资使用计划 | 6237.88 | | | |
| 1.1 | 固定资产投资 | 4737.87 | 1740 | 1800 | 1198 |
| 1.1.1 | 建设投资 | 4320.02 | 1700 | 1657 | 963.22 |
| 1.1.2 | 建设期利息 | 417.86 | 40 | 143 | 235 |
| 1.2 | 流动资金 | 1500 | | 500 | 1000 |
| 1.2.1 | 其中：铺底流动资金 | | | | |
| | 规模总投资（1.1+1.2） | 6237.88 | 1740.00 | 2300.00 | 2197.88 |
| 2 | 资金筹措及使用 | 6237.88 | 1740.00 | 2300.00 | 2197.88 |
| 2.1 | 项目资本金 | 3237.88 | 740.00 | 800.00 | 1697.88 |
| 2.1.1 | 用于建设投资 | 1820.02 | 700.00 | 156.80 | 963.22 |
| 2.1.2 | 用于流动资金 | 1000.00 | | 500.00 | 500.00 |
| 2.1.3 | 用于建设期利息 | 417.86 | 40.00 | 143.20 | 234.66 |
| 2.2 | 债务资金 | 3000.00 | 1000.00 | 1500.00 | 500.00 |
| 2.2.1 | 用于建设投资 | 2500.00 | 1000.00 | 1500.00 | |
| 2.2.2 | 用于流动资金 | 500.00 | | | 500.00 |

(2) 折旧费及摊销费计算

1) 项目计算期。根据项目实施进度计划，本项目建设期为 3 年；由于项目技术经济特点等因素，本项目生产期确定为 8 年，其中，投产期为 2 年（第 3 年部分投入运营），项目计算期为 10 年。

2) 固定资产折旧费用。本项目计入固定资产原值的费用主要包括设备原值。固定资产原值为 4737.87 万元，按平均年限法进行折旧。其折旧年限为 15 年，预计净残值率为 5%，年折旧额约为 300.07 万元。固定资产折旧费估算详见表 8-16。

表 8-16 固定资产折旧费估算表

| 序号 | 项目 | 合计 | 计算期 | | | | | | | |
|---|---|---|---|---|---|---|---|---|---|---|
| | | | 2 | 3 | 4 | 5 | 6 | 7 | 8 | 9 |
| 1 | 固定资产原值（万元） | — | 4737.87 | 4437.81 | 4137.74 | 3837.68 | 3537.61 | 3237.55 | 2937.48 | 2637.41 |
| | 当期折旧额（万元） | 2400.52 | 300.07 | 300.07 | 300.07 | 300.07 | 300.07 | 300.07 | 300.07 | 300.07 |
| | 净值（万元） | — | 4437.81 | 4137.74 | 3837.68 | 3537.61 | 3237.55 | 2937.48 | 2637.41 | 2337.35 |
| 2 | 平均年限法 | | | | | | | | | |
| | 预计净残值率（%） | 5 | | | | | | | | |
| | 折旧年限/年 | 15 | | | | | | | | |
| | 净残值额（万元） | 236.89 | | | | | | | | |
| | 折旧率（%） | 6.33 | | | | | | | | |

3) 无形资产和其他资产摊销费。本项目暂不考虑无形资产和其他资产摊销。

(3) 营业收入、销售税金及附加和增值税估算 产品销售价格根据财务评价的定价原则确定。考虑到本项目产品属于市场较为紧俏的产品，在一定时期内仍呈供不应求状态，经分析论证确定产品销售价格以近几年国内市场已实现的价格为基础，预测到生产期期初的市场价格（不含税价），产品 2.6 万元/t。正常生产年份的年收入估算值为 10400 万元（不含税收入）。

销售税金及附加按国家规定计取。城市维护建设税按照消费税和增值税的 7% 计算；教育费附加按照消费税和增值税的 3% 计算；销项税率为 16%；进项税率为 16%。正常年份的销售税金及附加估算值为 1056.80 万元。营业收入、销售税金及附加的估算详见表 8-17。

表 8-17 营业收入、销售税金及附加估算表

| 序号 | 项目 | 税率 | 合计 | 计算期 | | | | | | | |
|---|---|---|---|---|---|---|---|---|---|---|---|
| | | | | 2 | 3 | 4 | 5 | 6 | 7 | 8 | 9 |
| | 生产负荷 | | | 24% | 64% | 80% | 80% | 80% | 80% | 80% | 80% |
| 1 | 营业收入（万元） | | 85654.40 | 3619.20 | 9651.20 | 12064.00 | 12064.00 | 12064.00 | 12064.00 | 12064.00 | 12064.00 |
| 1.1 | 产品A营业收入（万元） | | 73840.00 | 3120.00 | 8320.00 | 10400.00 | 10400.00 | 10400.00 | 10400.00 | 10400.00 | 10400.00 |
| | 单价（万元/t） | | | 2.60 | 2.60 | 2.60 | 2.60 | 2.60 | 2.60 | 2.60 | 2.60 |
| | 数量/t | | 28400.00 | 1200.00 | 3200.00 | 4000.00 | 4000.00 | 4000.00 | 4000.00 | 4000.00 | 4000.00 |
| | 销项税额（万元） | | 11814.40 | 499.20 | 1331.20 | 1664.00 | 1664.00 | 1664.00 | 1664.00 | 1664.00 | 1664.00 |
| 2 | 销售税金及附加（万元） | | 7506.98 | 328.10 | 838.07 | 1056.80 | 1056.80 | 1056.80 | 1056.80 | 1056.80 | 1056.80 |
| 2.1 | 消费税（万元） | 3% | 2215.20 | 93.60 | 249.60 | 312.00 | 312.00 | 312.00 | 312.00 | 312.00 | 312.00 |
| 2.2 | 城市维护建设税（万元） | 7% | 477.72 | 20.88 | 53.33 | 67.25 | 67.25 | 67.25 | 67.25 | 67.25 | 67.25 |

（续）

| 序号 | 项目 | 税率 | 合计 | 计算期 | | | | | | |
|---|---|---|---|---|---|---|---|---|---|---|
| | | | | 2 | 3 | 4 | 5 | 6 | 7 | 8 | 9 |
| 2.3 | 教育费附加（万元） | 3% | 204.74 | 8.95 | 22.86 | 28.82 | 28.82 | 28.82 | 28.82 | 28.82 | 28.82 |
| 2.4 | 增值税（万元）（2.4.1－2.4.2） | | 4609.33 | 204.67 | 512.28 | 648.73 | 648.73 | 648.73 | 648.73 | 648.73 | 648.73 |
| 2.4.1 | 销项税额（万元） | 16% | 11814.40 | 499.20 | 1331.20 | 1664.00 | 1664.00 | 1664.00 | 1664.00 | 1664.00 | 1664.00 |
| 2.4.2 | 进项税额（万元） | 16% | 7205.07 | 294.53 | 818.92 | 1015.27 | 1015.27 | 1015.27 | 1015.27 | 1015.27 | 1015.27 |

（4）产品成本费用估算 本项目的单位产品生产成本费用估算及总成本费用估算分别见表8-18和表8-19。

表8-18 单位产品生产成本费用估算表

| 序号 | 项目 | 单位 | 消耗定额 | 单价（元） | 金额（元） | 年耗量 |
|---|---|---|---|---|---|---|
| | 产品A | | | | | |
| 1 | 原辅材料 | | | | 13.53 | |
| 1.1 | 原材料 | kg | 0.86 | 14.16 | 12.18 | 3962903.23 |
| 1.2 | 辅助材料 | kg | 0.89 | 1.52 | 1.35 | 3962903.23 |
| 2 | 燃料、动力及水 | | 0.2 | 0.99 | 0.20 | 3962903.23 |
| 3 | 工资福利 | | | 0.47 | 0.47 | 3962903.23 |
| 4 | 制造费用 | | | 0.37 | 0.37 | 3962903.23 |
| 5 | 副产品回收 | | | | | |
| | 计算结果：单位产品生产成本费用 | | | | 14.57 | |

表8-19 总成本费用估算表 （单位：万元）

| 序号 | 项目 | 合计 | 计算期 | | | | | | | |
|---|---|---|---|---|---|---|---|---|---|---|
| | | | 2 | 3 | 4 | 5 | 6 | 7 | 8 | 9 |
| | 生产负荷 | | 24% | 64% | 80% | 80% | 80% | 80% | 80% | 80% |
| 1 | 外购原辅材料费 | 38066.71 | 1608.45 | 4289.20 | 5361.51 | 5361.51 | 5361.51 | 5361.51 | 5361.51 | 5361.51 |
| 1.1 | 原材料 | 34265.80 | 1447.85 | 3860.93 | 4826.17 | 4826.17 | 4826.17 | 4826.17 | 4826.17 | 4826.17 |
| 1.2 | 辅助材料 | 3800.91 | 160.60 | 428.27 | 535.34 | 535.34 | 535.34 | 535.34 | 535.34 | 535.34 |
| 2 | 外购燃料及动力费 | 557.63 | 23.56 | 62.83 | 78.54 | 78.54 | 78.54 | 78.54 | 78.54 | 78.54 |
| 3 | 工资及福利费 | 1324.37 | 55.96 | 149.23 | 186.53 | 186.53 | 186.53 | 186.53 | 186.53 | 186.53 |
| 4 | 修理费 | 1380.40 | 0.00 | 197.20 | 197.20 | 197.20 | 197.20 | 197.20 | 197.20 | 197.20 |
| 5 | 其他费用 | 1053.78 | 44.53 | 118.73 | 148.42 | 148.42 | 148.42 | 148.42 | 148.42 | 148.42 |
| | 其他制造费用 | 1053.78 | 44.53 | 118.73 | 148.42 | 148.42 | 148.42 | 148.42 | 148.42 | 148.42 |
| 6 | 经营成本（1＋2＋3＋4＋5） | 42382.89 | 1732.50 | 4817.20 | 5972.20 | 5972.20 | 5972.20 | 5972.20 | 5972.20 | 5972.20 |
| 7 | 折旧费 | 2400.52 | 300.07 | 300.07 | 300.07 | 300.07 | 300.07 | 300.07 | 300.07 | 300.07 |

(续)

| 序号 | 项　目 | 合　计 | 计　算　期 | | | | | | | |
|---|---|---|---|---|---|---|---|---|---|---|
| | | | 2 | 3 | 4 | 5 | 6 | 7 | 8 | 9 |
| 8 | 利息支出 | 820.29 | 0.00 | 273.43 | 218.74 | 164.06 | 109.37 | 54.69 | 0.00 | 0.00 |
| 9 | 总成本费用合计(6+7+8) | 45603.70 | 2032.57 | 5390.69 | 6491.01 | 6436.33 | 6381.64 | 6326.96 | 6272.27 | 6272.27 |
| | 其中：变动成本 | 39678.12 | 1676.54 | 4470.77 | 5588.47 | 5588.47 | 5588.47 | 5588.47 | 5588.47 | 5588.47 |
| | 固定成本 | 5925.58 | 356.03 | 919.93 | 902.54 | 847.86 | 793.17 | 738.49 | 683.80 | 683.80 |

1）所有的原材料和辅助材料价格均以近几年国内市场已实现的价格为基础，预测到生产期初的价格（到厂含税价）。

2）生产人工工资及福利根据市场一般情况估算，达产年年工资及福利费总额为 186.53 万元。

3）修理费按设备原价的 5% 估算，每年为 197.20 万元。

4）财务费用包括建设期贷款利息和流动资金借款利息。建设期借款还本付息计划表见表 8-20；此项目流动借款利息为 0。

表 8-20　建设期借款还本付息计划表　　　　　　　　　（单位：万元）

| 序号 | 项　目 | 合计 | 计　算　期 | | | | | | | |
|---|---|---|---|---|---|---|---|---|---|---|
| | | | 0 | 1 | 2 | 3 | 4 | 5 | 6 | 7 |
| 1 | 年初借款本息累计 | | 0.00 | 1040.00 | 2683.20 | 3417.86 | 2734.28 | 2050.71 | 1367.14 | 683.57 |
| 1.1 | 本金 | | 0.00 | 1000.00 | 2500.00 | 3000.00 | 2734.28 | 2050.71 | 1367.14 | 683.57 |
| 1.2 | 期初累计建设期利息 | | 0.00 | 40.00 | 183.20 | 417.86 | | | | |
| 2 | 本年借款项 | | 1000.00 | 1500.00 | 500.00 | 0.00 | 0.00 | 0.00 | 0.00 | 0.00 |
| 3 | 本年应计利息 | | 40.00 | 143.20 | 234.66 | 273.43 | 218.74 | 164.06 | 109.37 | 54.69 |
| 4 | 本年偿还本金 | | | | | 683.57 | 683.57 | 683.57 | 683.57 | 683.57 |
| 5 | 本年支付利息 | | | | | 273.43 | 218.74 | 164.06 | 109.37 | 54.69 |

（5）利润与利润分配　本项目利润与利润分配表见表 8-21。

表 8-21　利润与利润分配表　　　　　　　　　（单位：万元）

| 序号 | 项　目 | 合　计 | 计　算　期 | | | | | | | |
|---|---|---|---|---|---|---|---|---|---|---|
| | | | 2 | 3 | 4 | 5 | 6 | 7 | 8 | 9 |
| 1 | 营业收入 | 85654.40 | 3619.20 | 9651.20 | 12064.00 | 12064.00 | 12064.00 | 12064.00 | 12064.00 | 12064.00 |
| 2 | 销售税金及附加 | 7506.98 | 328.10 | 838.07 | 1056.80 | 1056.80 | 1056.80 | 1056.80 | 1056.80 | 1056.80 |
| 3 | 总成本费用 | 45603.70 | 2032.57 | 5390.69 | 6491.01 | 6436.33 | 6381.64 | 6326.96 | 6272.27 | 6272.27 |
| 4 | 利润总额 | 32543.72 | 1258.54 | 3422.45 | 4516.19 | 4570.87 | 4625.56 | 4680.24 | 4734.93 | 4734.93 |
| 5 | 弥补以前年度亏损 | 0.00 | 0.00 | | | | | | | |
| 6 | 应纳税所得额 | 32543.72 | 1258.54 | 3422.45 | 4516.19 | 4570.87 | 4625.56 | 4680.24 | 4734.93 | 4734.93 |
| 7 | 所得税（25%） | 8135.93 | 314.63 | 855.61 | 1129.05 | 1142.72 | 1156.39 | 1170.06 | 1183.73 | 1183.73 |
| 8 | 净利润 | 24407.79 | 943.90 | 2566.84 | 3387.14 | 3428.15 | 3469.17 | 3510.18 | 3551.20 | 3551.20 |
| 9 | 期初未分配利润 | 24407.79 | 943.90 | 2566.84 | 3387.14 | 3428.15 | 3469.17 | 3510.18 | 3551.20 | 3551.20 |

（续）

| 序号 | 项目 | 合计 | 计算期 | | | | | | | |
|---|---|---|---|---|---|---|---|---|---|---|
| | | | 2 | 3 | 4 | 5 | 6 | 7 | 8 | 9 |
| 10 | 可供分配的利润 | 24407.79 | 943.90 | 2566.84 | 3387.14 | 3428.15 | 3469.17 | 3510.18 | 3551.20 | 3551.20 |
| 11 | 提取法定盈余公积金 | 2440.78 | 94.39 | 256.68 | 338.71 | 342.82 | 346.92 | 351.02 | 355.12 | 355.12 |
| 12 | 可供投资者分配的利润 | 21967.01 | 849.51 | 2310.15 | 3048.43 | 3085.34 | 3122.25 | 3159.16 | 3196.08 | 3196.08 |
| 13 | 未分配利润 | 21967.01 | 849.51 | 2310.15 | 3048.43 | 3085.34 | 3122.25 | 3159.16 | 3196.08 | 3196.08 |
| 14 | 息税前利润 | 33364.01 | 1258.54 | 3695.88 | 4734.93 | 4734.93 | 4734.93 | 4734.93 | 4734.93 | 4734.93 |
| 15 | 息税折旧摊销前利润 | 35764.53 | 1558.60 | 3995.94 | 5035.00 | 5035.00 | 5035.00 | 5035.00 | 5035.00 | 5035.00 |

1）所得税按利润总额的25%计取，不计特种基金。

2）可供分配利润不计应付利润，全部计入未分配利润。

（6）借款还本付息估算　本项目借款还本付息计划表见表8-20；累计生产期初的建设期利息转化为借款本金，生产期应计利息计入财务费用，还款资金来源为利润、折旧费和摊销费。该项目按等额还本利息照付法归还借款本金。

**2. 第二步：财务评价**

（1）财务盈利能力分析

1）项目全部投资现金流量表见表8-22。从表中得到的财务评价指标看：

① 项目所得税前和所得税后的动态投资回收期分别为3.46年和3.93年，均小于项目的基准投资回收期7年，表明项目投资能够在规定时间内回收。

② 项目所得税前和所得税后的内部收益率分别为54%和72%，均大于行业的基准收益率$i=12\%$；项目所得税前和所得税后财务净现值（$i=12\%$）分别为14659.23万元和10413.37万元，均大于零。从全部投资角度来看，该项目盈利能力已满足行业最低要求。

表8-22　项目全部投资现金流量表　　　　　　　　　　（单位：万元）

| 序号 | 项目 | 合计 | 计算期 | | | | | | | | |
|---|---|---|---|---|---|---|---|---|---|---|---|
| | | | 0 | 1 | 2 | 3 | 4 | 5 | 6 | 7 | 8 | 9 |
| 1 | 现金流入 | 89491.75 | 0.00 | 0.00 | 3619.20 | 9651.20 | 12064.00 | 12064.00 | 12064.00 | 12064.00 | 12064.00 | 15901.35 |
| 1.1 | 营业收入 | 85654.40 | 0.00 | 0.00 | 3619.20 | 9651.20 | 12064.00 | 12064.00 | 12064.00 | 12064.00 | 12064.00 | 12064.00 |
| 1.2 | 回收固定资产余值 | 2337.35 | | | | | | | | | | 2337.35 |
| 1.3 | 回收流动资金 | 1500.00 | | | | | | | | | | 1500.00 |
| 2 | 现金流出 | 56127.87 | 1740.00 | 2300.00 | 4258.60 | 5655.26 | 7029.00 | 7029.00 | 7029.00 | 7029.00 | 7029.00 | 7029.00 |
| 2.1 | 固定资产投资 | 4738.00 | 1740.00 | 1800.00 | 1198.00 | | | | | | | |
| 2.2 | 流动资金 | 1500.00 | | 500.00 | 1000.00 | | | | | | | |
| 2.3 | 经营成本 | 42382.89 | 0.00 | 0.00 | 1732.50 | 4817.19 | 5972.20 | 5972.20 | 5972.20 | 5972.20 | 5972.20 | 5972.20 |

(续)

| 序号 | 项目 | 合计 | 计算期 | | | | | | | | | |
|---|---|---|---|---|---|---|---|---|---|---|---|---|
| | | | 0 | 1 | 2 | 3 | 4 | 5 | 6 | 7 | 8 | 9 |
| 2.4 | 销售税金及附加 | 7506.98 | 0.00 | 0.00 | 328.10 | 838.07 | 1056.80 | 1056.80 | 1056.80 | 1056.80 | 1056.80 | 1056.80 |
| 3 | 所得税前净现金流量（1−2） | | −1740.00 | −2300.00 | −639.40 | 3995.94 | 5035.00 | 5035.00 | 5035.00 | 5035.00 | 5035.00 | 8872.35 |
| 4 | 累计所得税前净现金流量 | | −1740.00 | −4040.00 | −4679.40 | −683.45 | 4351.54 | 9386.54 | 14421.54 | 19456.53 | 24491.53 | 33363.88 |
| 5 | 调整所得税 | 8135.93 | 0.00 | 0.00 | 314.63 | 855.61 | 1129.05 | 1142.72 | 1156.39 | 1170.06 | 1183.73 | 1183.73 |
| 6 | 所得税后净现金流量（3−5） | | −1740.00 | −2300.00 | −954.03 | 3140.33 | 3905.95 | 3892.28 | 3878.61 | 3864.94 | 3851.26 | 7688.61 |
| 7 | 累计所得税后净现金流量 | | −1740.00 | −4040.00 | −4994.03 | −1853.70 | 2052.25 | 5944.53 | 9823.13 | 13688.07 | 17539.33 | 25227.95 |

| 计算指标： | | |
|---|---|---|
| | 所得税前 | 所得税后 |
| 项目投资财务内部收益率（FIRR）： | 54% | 72% |
| 项目投资财务净现值（FNPV）： | 14659.23 万元 | 10413.37 万元 |
| 项目动态投资回收期 $T$： | 3.46 年 | 3.93 年 |

2）项目资本金现金流量表见表8-23，从表计算得到的财务评价指标看，财务净现值为9835.07万元，大于零，项目财务内部收益率为57%大于12%，表明项目在财务上可考虑接受。

表8-23 项目资本金现金流量表　　　　　　　　　　　（单位：万元）

| 序号 | 项目 | 合计 | 计算期 | | | | | | | | | |
|---|---|---|---|---|---|---|---|---|---|---|---|---|
| | | | 0 | 1 | 2 | 3 | 4 | 5 | 6 | 7 | 8 | 9 |
| 1 | 现金流入 | 89491.75 | 0.00 | 0.00 | 3619.20 | 9651.20 | 12064.00 | 12064.00 | 12064.00 | 12064.00 | 12064.00 | 15901.35 |
| 1.1 | 营业收入 | 85654.40 | 0.00 | 0.00 | 3619.20 | 9651.20 | 12064.00 | 12064.00 | 12064.00 | 12064.00 | 12064.00 | 12064.00 |
| 1.2 | 回收固定资产残值 | 2337.35 | | | | | | | | | | 2337.35 |
| 1.3 | 回收自有流动资金 | 1000.00 | | | | | | | | | | 1000.00 |
| 2 | 现金流出 | 66501.81 | 740.00 | 1300.00 | 4573.10 | 7467.87 | 9060.36 | 9019.35 | 8978.33 | 8937.32 | 8212.74 | 8212.74 |
| 2.1 | 项目资本金 | 3237.87 | 740.00 | 800.00 | 1697.87 | | | | | | | |
| 2.2 | 流动资金 | 1000.00 | | 500.00 | 500.00 | | | | | | | |
| 2.3 | 长期借款本金偿还 | 3417.85 | 0.00 | 0.00 | 0.00 | 683.57 | 683.57 | 683.57 | 683.57 | 683.57 | 0.00 | 0.00 |

(续)

| 序号 | 项目 | 合计 | 计算期 | | | | | | | | | |
|---|---|---|---|---|---|---|---|---|---|---|---|---|
| | | | 0 | 1 | 2 | 3 | 4 | 5 | 6 | 7 | 8 | 9 |
| 2.4 | 借款利息支付 | 820.29 | 0.00 | 0.00 | 0.00 | 273.43 | 218.74 | 164.06 | 109.37 | 54.69 | 0.00 | 0.00 |
| 2.5 | 经营成本 | 42382.89 | 0.00 | 0.00 | 1732.50 | 4817.19 | 5972.20 | 5972.20 | 5972.20 | 5972.20 | 5972.20 | 5972.20 |
| 2.6 | 销售税金及附加 | 7506.98 | 0.00 | 0.00 | 328.10 | 838.07 | 1056.80 | 1056.80 | 1056.80 | 1056.80 | 1056.80 | 1056.80 |
| 2.7 | 所得税 | 8135.93 | 0.00 | 0.00 | 314.63 | 855.61 | 1129.05 | 1142.72 | 1156.39 | 1170.06 | 1183.73 | 1183.73 |
| 2.8 | 维持运营投资 | | | | | | | | | | | |
| 3 | 净现金流量（1-2） | | -740.00 | -1300.00 | -953.90 | 2183.33 | 3003.64 | 3044.65 | 3085.67 | 3126.68 | 3851.26 | 7688.61 |
| 计算指标： | | | | | | | | | | | | |
| 资本金财务内部收益率（FIRR）： | | | 57% | | | | | | | | | |
| 资本金财务净现值（FNPV）： | | | 9835.07 万元 | | | | | | | | | |

（2）偿债能力分析　项目资金来源与运用表见表8-24，很容易分析出该项目能够满足贷款机构的要求，具有偿债能力。

表 8-24　资金来源与运用表　　　　　　　　　　　（单位：万元）

| 序号 | 项目 | 计算期 | | | | | | | | | |
|---|---|---|---|---|---|---|---|---|---|---|---|
| | | 0 | 1 | 2 | 3 | 4 | 5 | 6 | 7 | 8 | 9 |
| 1 | 资金来源 | 1780.00 | 2443.20 | 3991.14 | 3722.52 | 4816.26 | 4870.94 | 4925.63 | 4980.31 | 5035.00 | 8872.35 |
| 1.1 | 利润总额 | 0.00 | 0.00 | 1258.54 | 3422.45 | 4516.19 | 4570.87 | 4625.56 | 4680.24 | 4734.93 | 4734.93 |
| 1.2 | 折旧费 | 0.00 | 0.00 | 300.07 | 300.07 | 300.07 | 300.07 | 300.07 | 300.07 | 300.07 | 300.07 |
| 1.3 | 摊销费 | 0.00 | 0.00 | 0.00 | 0.00 | 0.00 | 0.00 | 0.00 | 0.00 | 0.00 | 0.00 |
| 1.4 | 长期借款及利息 | 1040.00 | 1643.20 | 734.66 | | | | | | | |
| 1.5 | 流动资金借款 | | | | | | | | | | |
| 1.6 | 自有资金 | 740.00 | 800.00 | 1697.87 | | | | | | | |
| 1.7 | 项目资金 | | | | | | | | | | |
| 1.8 | 地方财政配套补助 | | | | | | | | | | |
| 1.9 | 回收固定资产余值 | | | | | | | | | | | 2337.35 |
| 1.10 | 回收流动资金 | | | | | | | | | | 1500.00 |
| 2 | 资金运用 | 1780.00 | 2443.20 | 2747.29 | 1539.18 | 1812.62 | 1826.29 | 1839.96 | 1853.63 | 1183.73 | 1183.73 |
| 2.1 | 固定资产投资 | 1740.00 | 1800.00 | 1198.00 | | | | | | | |
| 2.2 | 无形资产及其他资产 | | | | | | | | | | |
| 2.3 | 建设期利息 | 40.00 | 143.20 | 234.66 | | | | | | | |
| 2.4 | 流动资金 | 0.00 | 500.00 | 1000.00 | | | | | | | |
| 2.5 | 所得税 | 0.00 | 0.00 | 314.63 | 855.61 | 1129.05 | 1142.72 | 1156.39 | 1170.06 | 1183.73 | 1183.73 |
| 2.6 | 应付利润 | 0.00 | 0.00 | 0.00 | 0.00 | 0.00 | 0.00 | 0.00 | 0.00 | 0.00 | 0.00 |
| 2.7 | 长期借款还本 | 0.00 | 0.00 | 0.00 | 683.57 | 683.57 | 683.57 | 683.57 | 683.57 | 0.00 | 0.00 |
| 2.8 | 流动资金还本 | | | | | | | | | | |
| 3 | 盈余资金 | 0.00 | 0.00 | 1243.84 | 2183.34 | 3003.64 | 3044.65 | 3085.67 | 3126.68 | 3851.27 | 7688.62 |
| 4 | 累计盈余资金 | 0.00 | 0.00 | 1243.84 | 3427.18 | 6430.82 | 9475.48 | 12561.15 | 15687.83 | 19539.10 | 27227.72 |

项目的资产负债表见表 8-25，表中计算了反映项目各年财务风险程度和偿债能力的资产负债率、流动比率、速动比率指标。

表 8-25　资产负债表　　　　　　　　　　　　　　　　　　　　（单位：万元）

| 序号 | 项目 | 计算期 | | | | | | | | | |
|---|---|---|---|---|---|---|---|---|---|---|---|
| | | 0 | 1 | 2 | 3 | 4 | 5 | 6 | 7 | 8 | 9 |
| 1 | 资产 | 1700.00 | 1657.00 | 6524.24 | 7258.00 | 7706.74 | 7406.68 | 7106.61 | 6806.55 | 6506.48 | 6206.42 |
| 1.1 | 流动资产总额 | 0.00 | 0.00 | 1123.22 | 3120.26 | 3869.07 | 3869.07 | 3869.07 | 3869.07 | 3869.07 | 3869.07 |
| 1.1.1 | 货币资金 | 0.00 | 0.00 | 20.10 | 53.59 | 66.99 | 66.99 | 66.99 | 66.99 | 66.99 | 66.99 |
| 1.1.2 | 应收账款 | 0.00 | 0.00 | 405.41 | 1127.22 | 1397.49 | 1397.49 | 1397.49 | 1397.49 | 1397.49 | 1397.49 |
| 1.1.3 | 存货 | 0.00 | 0.00 | 697.71 | 1939.45 | 2404.59 | 2404.59 | 2404.59 | 2404.59 | 2404.59 | 2404.59 |
| 1.2 | 在建工程 | 1700 | 1657.00 | 963.22 | | | | | | | |
| 1.3 | 固定资产净值 | 0.00 | 0.00 | 4437.80 | 4137.74 | 3837.67 | 3537.61 | 3237.54 | 2937.48 | 2637.41 | 2337.35 |
| 2 | 负债及所有者权益 | 1700 | 1740.00 | 3216.17 | 11042.45 | 17933.86 | 25027.45 | 32107.36 | 39129.38 | 46862.44 | 58378.16 |
| 2.1 | 流动负债总额 | 0.00 | 0.00 | 326.40 | 870.41 | 1088.01 | 1088.01 | 1088.01 | 1088.01 | 1088.01 | 1088.01 |
| 2.1.1 | 应付账款 | 0.00 | 0.00 | 326.40 | 870.41 | 1088.01 | 1088.01 | 1088.01 | 1088.01 | 1088.01 | 1088.01 |
| 2.2 | 固定资产投资借款 | 1000.00 | 1500.00 | 0.00 | | | | | | | |
| 2.3 | 流动资金借款 | 0.00 | 0.00 | 500.00 | | | | | | | |
| 2.4 | 负债小计 | 1000.00 | 1500.00 | 826.40 | 870.41 | 1088.01 | 1088.01 | 1088.01 | 1088.01 | 1088.01 | 1088.01 |
| 2.5 | 所有者权益 | 700 | 240.00 | 2389.77 | 10172.04 | 16845.85 | 23939.44 | 31019.35 | 38041.37 | 45774.43 | 57290.15 |
| 2.5.1 | 资本金 | 700.00 | 240.00 | 1145.93 | 5597.94 | 5633.31 | 5137.47 | 4641.63 | 4101.57 | 3602.65 | 3103.73 |
| 2.5.2 | 累计盈余公积金 | 0.00 | 0.00 | 1243.84 | 3427.18 | 6430.82 | 9475.48 | 12561.15 | 15687.83 | 19539.10 | 27227.72 |
| 2.5.3 | 累计未分配利润 | | 0.00 | 0.00 | 1146.92 | 4781.72 | 9326.49 | 13816.57 | 18251.97 | 22632.68 | 26958.70 |
| 计算指标 | 资产负债率 | 58.82% | 90.53% | 12.67% | 11.99% | 14.12% | 14.69% | 15.31% | 15.98% | 16.72% | 17.53% |
| | 流动比率 | | | 3.44 | 3.58 | 3.56 | 3.56 | 3.56 | 3.56 | 3.56 | 3.56 |
| | 速动比率 | | | 1.30 | 1.36 | 1.35 | 1.35 | 1.35 | 1.35 | 1.35 | 1.35 |

（3）不确定性分析

1）盈亏平衡分析。本项目盈亏平衡分析表见表 8-26。

表 8-26　盈亏平衡分析表

| 序号 | 项目 | 计算期 | | | | | | | | | |
|---|---|---|---|---|---|---|---|---|---|---|---|
| | | 0 | 1 | 2 | 3 | 4 | 5 | 6 | 7 | 8 | 9 |
| 1 | 年销售收入（万元） | 0 | 0 | 3120.00 | 8320.00 | 10400.00 | 10400.00 | 10400.00 | 10400.00 | 10400.00 | 10400.00 |
| 2 | 年销售税金及附加（万元） | 0 | 0 | 328.10 | 838.07 | 1056.80 | 1056.80 | 1056.80 | 1056.80 | 1056.80 | 1056.80 |
| 3 | 年利润总额（万元） | 0 | 0 | 1258.54 | 3422.45 | 4516.19 | 4570.87 | 4625.56 | 4680.24 | 4734.93 | 4734.93 |
| 4 | 年变动成本（万元） | 0 | 0 | 1676.54 | 4470.76 | 5588.47 | 5588.47 | 5588.47 | 5588.47 | 5588.47 | 5588.47 |
| 5 | 年固定成本（万元） | 0 | 0 | 356.03 | 919.93 | 902.54 | 847.86 | 793.17 | 738.49 | 683.80 | 683.80 |

(续)

| 序号 | 项 目 \ 计算期 | 0 | 1 | 2 | 3 | 4 | 5 | 6 | 7 | 8 | 9 |
|---|---|---|---|---|---|---|---|---|---|---|---|
| 6 | 盈亏临界点销售量/t | 0 | 0 | 383.04 | 977.61 | 961.49 | 903.24 | 844.98 | 786.73 | 728.46 | 728.46 |
| 7 | 盈亏临界点销售额（万元） | | | 995.91 | 2541.79 | 2499.88 | 2348.42 | 2196.94 | 2045.49 | 1894.00 | 1894.00 |
| 8 | 盈亏临界点作业率 | | | 9.58% | 24.44% | 24.04% | 22.58% | 21.12% | 19.67% | 18.21% | 18.21% |
| 9 | BEP（生产能力利用率） | | | 9.58% | 24.44% | 24.04% | 22.58% | 21.12% | 19.67% | 18.21% | 18.21% |

按项目第 5 个计算期的年固定成本、变动成本、产品销售收入和销售税金及附加计算，以生产能力利用率表示的项目盈亏平衡点 BEP 为 22.58%，它小于 80%，表明项目具有较强的抗风险能力。

2）敏感性分析。本项目分别就运营成本、固定资产投资和产品销售价格三个主要因素，对项目 NPV、投资利润率、销售利润率、静态投资回收期和财务内部收益率进行单因素敏感性分析，取变化率为 ±10%。敏感性因素分析表见表 8-27，得出敏感性因素从大到小依次为产品销售价格、经营成本和固定资产投资。

表 8-27 敏感性因素分析表

| 序号 | 敏感性因素 | | 投资利润率 | | 销售利润率 | | 静态投资回收期/年 | | NPV 值（万元）($i=12\%$) | | 财务内部收益率 | |
|---|---|---|---|---|---|---|---|---|---|---|---|---|
| | | | 税前 | 税后 | 税前 | 税后 | 税前 | 税后 | 税前 | 税后 | 税前 | 税后 |
| 1 | 运营成本因素 | -10% | 76.00% | 74.35% | 43.32% | 32.49% | 3.04 | 3.30 | 16887.94 | 12642.07 | 59.35% | 82.08% |
| | | 正常 | 66.86% | 65.21% | 37.99% | 28.50% | 3.18 | 3.52 | 14659.23 | 10413.37 | 54.33% | 72.24% |
| | | 10% | 57.72% | 56.08% | 32.67% | 24.50% | 3.35 | 3.83 | 12430.53 | 8184.66 | 49.06% | 62.15% |
| 2 | 固定资产投资因素 | -10% | 74.29% | 72.46% | 38.27% | 28.71% | 3.08 | 3.36 | 15039.81 | 10967.95 | 59.14% | 79.62% |
| | | 正常 | 66.86% | 65.21% | 37.99% | 28.50% | 3.18 | 3.52 | 14659.23 | 10413.37 | 54.33% | 72.24% |
| | | 10% | 60.78% | 59.29% | 37.71% | 28.29% | 3.27 | 3.69 | 14278.65 | 9858.79 | 50.21% | 66.09% |
| 3 | 产品销售价格因素 | -10% | 52.08% | 50.44% | 32.65% | 22.04% | 3.50 | 4.09 | 10780.58 | 6534.71 | 44.95% | 54.44% |
| | | 正常 | 66.86% | 65.21% | 37.99% | 28.50% | 3.18 | 3.52 | 14659.23 | 10413.37 | 54.33% | 72.24% |
| | | 10% | 80.07% | 78.43% | 42.22% | 34.27% | 2.95 | 3.19 | 18127.69 | 13881.83 | 62.06% | 87.51% |

## 思考题与练习题

1. 什么是财务分析？为什么要进行财务分析？
2. 简述财务分析的基本原则和内容。
3. 某人年初欲购商业店铺，总价为 20 万元，可经营 15 年，经市场调查及预测，市场上同类店铺的销售利润率可达 20%，营业额每 5 年增长 10%，问：①在 15 年经营期内，各年营业额为多少才能保证收益率达到 14%？②若营业额为 20 万元，销售利润率为多少才能保证 14% 的收益率？③若按 20% 的销售利润率，营业额为 18 万元，试计算基准收益率 14% 下的财务净现值、财务内部收益率和动态投资回收期。

4. 某建设项目有关资料如下：

项目计算期 10 年，其中建设期 2 年。项目第 3 年投产，第 5 年开始达到 100% 设计生产能力。项目固定资产投资 9000 万元（不含建设期贷款利息和固定资产投资方向调节税），预计 8500 万元形成固定资产，500 万元形成无形资产。固定资产年折旧费为 673 万元，固定资产残值在项目运营期末收回，固定资产投资方向调节税税率为 0。无形资产在运营期 8 年中，均匀摊入成本。流动资金为 1000 万元，在项目计算期末收回。项目的设计生产能力为年产量 1.1 万 t，预计每吨销售价为 6000 元，年销售税金及附加按销售收入的 5% 计取，所得税税率为 25%。项目的资金投入、收益及成本等基础数据见表 8-28。还款方式：在项目运营期间（即从第 3~10 年）按等额还本利息照付方式偿还，流动资金贷款每年付息。长期贷款利率为 6.22%（按年付息），流动资金贷款利率为 3%。经营成本的 80% 作为固定成本。

表 8-28 建设项目的资金投入、收益及成本

| 序号 | 项目 | | 年份 | 1 | 2 | 3 | 4 | 5 |
|---|---|---|---|---|---|---|---|---|
| 1 | 建设投资（万元） | 自有资金 | | 3000 | 1000 | | | |
| | | 贷款（不含贷款利息） | | | 4500 | | | |
| 2 | 流动资金（万元） | 自有资金部分 | | | | 400 | | |
| | | 贷款 | | | | 100 | 500 | |
| 3 | 年销售量/万 t | | | | | 0.8 | 1.0 | 1.1 |
| 4 | 年经营成本（万元） | | | | | 4200 | 4600 | 5000 |

（1）计算无形资产摊销费。
（2）编制借款还本付息计划表。
（3）编制总成本费用估算表。
（4）编制项目损益表（盈余公积金提取比例为 10%）。
（5）计算第 7 年的产量盈亏平衡点（保留两位小数）和单价盈亏平衡点（取整），分析项目盈利能力。

5. 某工程项目估计建设期 3 年，第 1 年建设投资 600 万元，第 2 年建设投资 2000 万元，第 3 年投资 800 万元。投产第 1 年达到设计能力的 60%，第 2 年达到设计能力的 80%，第 3 年达到设计能力的 100%。正常年份的销售收入为 3500 万元，正常年份的经营成本为 2000 万元，正常年份的销售税金及附加为 210 万元，残值为 400 万元，项目经营期为 7 年（不含建设期），流动资金总额为 600 万元，从投产年开始按生产能力分 3 次投入，投入比例为 60%、30%、10%。基准收益率为 12%，标准静态投资回收期为 9 年。

（1）试给出该项目全部投资税前的现金流量表。
（2）计算该项目所得税前的静态投资回收期。
（3）计算该项目所得税前的 FNPV、FIRR 和动态投资回收期指标。
（4）评价该项目是否可行。

6. 某建设项目有关数据如下：

建设期 2 年，运营期 8 年，固定资产投资 5000 万元（不含建设期贷款利息），其中包括无形资产 600 万元。项目固定资产投资资金来源为自有资金和贷款，贷款总额 2200 万元，建设期每年贷入 1100 万元，贷款年利率为 5.85%（按季计息）。流动资金 900 万元，全部为自有资金。

无形资产在 8 年运营期中，均匀摊入成本。固定资产使用年限为 10 年，残值为 200 万元，按照直线法折旧。

固定资产投资贷款在运营期前 3 年按照等额偿还法偿还。

项目运营期的年经营成本见表8-29。

表8-29　运营期的年经营成本　　　　　　　　　　　　（单位：万元）

| 年　份<br>项　目 | 3 | 4 | 5 | 6~10 |
| --- | --- | --- | --- | --- |
| 经营成本 | 1960 | 2800 | 2800 | 2800 |

问题：

（1）计算建设期贷款利息、运营期固定资产年折旧费和期末固定资产余值。

（2）按照格式，编制借款还本付息计划表和总成本费用估算表。

7. 复利现值系数见表8-30。项目净现金流量见表8-31。

表8-30　复利现值系数

| $n$ | 1 | 2 | 3 | 4 | 5 | 6 | 7 |
| --- | --- | --- | --- | --- | --- | --- | --- |
| $i=10\%$ | 0.909 | 0.826 | 0.751 | 0.683 | 0.621 | 0.564 | 0.531 |
| $i=15\%$ | 0.870 | 0.756 | 0.658 | 0.572 | 0.497 | 0.432 | 0.376 |
| $i=20\%$ | 0.833 | 0.694 | 0.579 | 0.482 | 0.402 | 0.335 | 0.279 |
| $i=25\%$ | 0.800 | 0.640 | 0.512 | 0.410 | 0.328 | 0.262 | 0.210 |

表8-31　项目净现金流量

| 年　份 | 1 | 2 | 3 | 4 | 5 | 6 | 7 |
| --- | --- | --- | --- | --- | --- | --- | --- |
| 净现金流量（万元） | -100 | -80 | 50 | 60 | 70 | 80 | 90 |

根据项目各年的净现金流量，计算该项目的财务内部收益率（$i_2$ 和 $i_1$ 的差额为5%）。

## 二维码形式客观题

微信扫描二维码，可自行做客观题，提交后可查看答案。

第8章
客观题

# 第 9 章
# 设备更新与租赁分析

▶ **本章主要知识点：**

设备有形磨损、无形磨损及其经济后果和设备综合磨损及其补偿方式；设备寿命类型（物理寿命、折旧寿命、技术寿命、经济寿命），静态和动态情况下设备经济寿命的计算分析；设备修理、设备更新和设备现代化改装经济分析的基本方法与评价规则；设备租赁的方式和特点、影响设备租赁或者购买的主要因素。

▶ **本章重点与难点：**

静态和动态情况下设备经济寿命的计算分析；设备修理、设备更新和设备现代化改装经济分析的基本方法。

## 9.1 设备磨损的相关知识

机械设备的质量和技术水平是衡量一个国家工业化水平的重要标志，是判断一个企业技术能力、开发能力和创新能力的重要标准，也是影响企业和国民经济各项经济技术指标的重要因素。

企业购置设备之后，从投入使用到最后报废，通常要经历一段较长的时间，在这段时间内，设备会逐渐磨损，当设备因物理损坏而陈旧落后不能继续使用或不宜继续使用时，设备就需要进行更新。由于技术进步的速度加快，设备更新的速度也相应加快。作为企业，为了促进技术进步和提高经济效益，需要对设备整个运行期间的技术经济状况进行分析和研究，以做出正确的决策。

设备在使用或闲置过程中不可避免地发生的实物形态变化及技术性能的低劣化，这一现象称为设备磨损。设备磨损分两种形式，即有形磨损和无形磨损。而有形磨损又包括第Ⅰ类有形磨损和第Ⅱ类有形磨损，无形磨损也包括第Ⅰ类无形磨损和第Ⅱ类无形磨损，如图 9-1 所示。

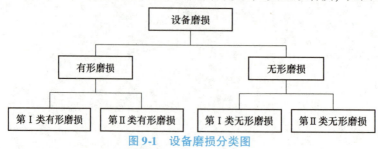

图 9-1 设备磨损分类图

### 9.1.1 设备有形磨损及其经济后果

**1. 有形磨损的概念、分类及成因**

设备有形磨损是指机械设备在使用或闲置过程中逐渐发生的实体磨损,也称为物质磨损。

运转中的机械在外力作用下,实体产生的磨损、变形和损坏叫作第Ⅰ类有形磨损。产生第Ⅰ类有形磨损的原因有摩擦磨损、机械损伤和热损伤。第Ⅰ类有形磨损会使设备精度降低,劳动生产率下降。当这种有形磨损达到一定程度时,整个机械的功能就会下降,发生故障,导致设备磨损加剧,难以持续正常工作,失去工作能力,甚至丧失使用价值。加强维护保养和提高工人操作技能,可以延缓这种磨损。

自然力的作用是造成有形磨损的另一个因素,称为第Ⅱ类有形磨损。这种磨损与生产过程无关,甚至在一定程度上还同使用程度成反比。设备闲置或封存不用,同样也会产生有形磨损,如金属件生锈、腐蚀、橡胶件老化等。设备闲置时间长了,会自然丧失精度和工作能力,失去使用价值。加强维护保养和管理,可以减少第Ⅱ类有形磨损。

**2. 有形磨损的度量**

可以用经济指标对设备的有形磨损加以度量,其计算公式有两种表达方式:

$$\alpha_p = \frac{\sum_{i=1}^{n} \alpha_i k_i}{\sum_{i=1}^{n} k_i}$$

式中 $\alpha_p$——设备的有形磨损程度;
$\alpha_i$——零件 $i$ 的实体磨损量;
$n$——设备零件总数;
$k_i$——零件 $i$ 的价值。

或

$$\alpha_p = \frac{R}{K_1}$$

式中 $R$——修复全部磨损零件所用的修理费用;
$K_1$——在确定磨损时,该种设备的再生产价值。

**3. 有形磨损的规律**

研究设备磨损的规律,有助于正确计算设备磨损程度,从而能够在设备磨损后做出正确的决策,如修理、更换还是现代化改装。设备有形磨损分为初期磨损、正常磨损和剧烈磨损三大阶段,如图9-2所示。

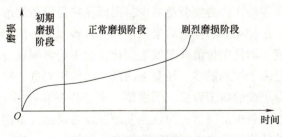

图9-2 设备有形磨损曲线图

（1）初期磨损阶段　这一阶段主要是相对运动的零件表面微观几何形状在受力情况下迅速磨损，以及不同形状抱合所发生的磨损，特点是磨损速度快，时间短。

（2）正常磨损阶段　此时设备处于最佳技术状态，设备的生产率、产品质量最有保证，其特点是磨损速度平稳，磨损量增加缓慢。

（3）剧烈磨损阶段　此时零件的正常磨损被破坏，磨损速度急剧增加，设备性能迅速降低。如不进行修理、更新或停止使用，将会产生质量事故和生产事故。

设备在使用寿命周期内的故障率或故障发展变化的规律与设备的有形磨损是紧密联系的，其故障率发展变化规律形似一个澡盆的断面，故理论上将之称为"澡盆理论"，如图9-3所示。

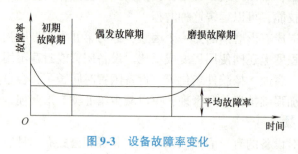

图9-3　设备故障率变化

（1）初期故障期　此时期内故障发生的原因多是由设备设计制造的缺陷、零件的抱合关系不好、搬运及安装时的疏忽或操作不当所致。

（2）偶发故障期　此时期设备处于正常运转时期，故障发生得最少，发生故障的原因主要是由于操作不当或疏忽所致。

（3）磨损故障期　此时期是故障的多发时期，故障主要是由于磨损、腐蚀引起的，为降低故障率，就需要对设备进行修理及更换。

## 9.1.2　设备无形磨损及其经济后果

### 1. 无形磨损的概念、分类及成因

设备无形磨损（Immaterial Abrasion of Equipment）又称精神磨损，是指由于科学技术的进步而不断出现性能更加完善、生产效率更高的设备，相比之下原有设备的价值降低或者是生产同样结构设备的价值不断降低而使原有设备贬值。由此可见，无形磨损不是由于在生产过程中的使用或自然力的作用造成的，所以它不表现为设备实体的变化，而表现为设备原始价值的贬值。

设备无形磨损也可以分为两类：第Ⅰ类无形磨损和第Ⅱ类无形磨损。

第Ⅰ类无形磨损是由于设备制造工艺不断改进，成本不断降低，劳动生产率不断提高，使生产同种机器设备所需的社会必要劳动减少，因而使机器设备的市场价格降低，原来购买的设备价值相应贬值。这种无形磨损的后果只是现有设备原始价值部分贬值，设备本身的技术特性和功能并未改变，即使用价值并未发生变化，故不会影响现有设备的使用。

第Ⅱ类无形磨损是由于技术进步，社会上出现了结构更先进、技术更完善、生产效率更高、耗费原材料和能源更少的新型设备，而使原有机器设备在技术上显得陈旧落后造成的。它的后果不仅是使原有设备价值降低，而且会使原有设备局部或全部丧失其使用价值。这是因为，虽然原有设备的使用期还未达到其物理寿命，能够正常工作，但由于技术上更先进的

新设备的发明和应用,使原有设备的生产效率大大低于社会平均生产效率,如果继续使用,就会使产品成本大大高于社会平均成本。在这种情况下,由于使用新设备比使用旧设备在经济上更合算,所以原有设备应该被淘汰。

第Ⅱ类无形磨损导致原有设备使用价值降低的程度与技术进步的具体形式有关。例如,当技术进步表现为不断出现性能更完善、效率更高的新设备,但加工方法没有原则变化时,将使原有设备的使用价值大幅度降低。如果这种技术进步的速度很快,则继续使用旧设备就可能是不经济的;当技术进步表现为采用新的加工对象,如新材料时,则加工旧材料的设备必然要被淘汰;当技术进步表现为改变原有生产工艺、采用新的加工方法时,则旧工艺服务的原有设备将失去使用价值;当技术进步表现为产品的换代时,不能适用于新产品生产的原有设备也将被淘汰。

**2. 无形磨损的度量**

设备的无形磨损也可以度量。其度量公式为

$$\alpha_1 = \frac{K_0 - K_1}{K_0} = 1 - \frac{K_1}{K_0}$$

式中 $\alpha_1$——设备的无形磨损程度;

$K_0$——设备的原始价值;

$K_1$——设备的再生产价值。

在计算无形磨损 $\alpha_1$ 时,$K_1$ 必须反映技术进步的两个方面对现有设备贬值的影响:一是相同设备再生产价值的降低;二是具有较好功能和更高效率的设备出现。可用下面的公式计算 $K_1$ 的值:

$$K_1 = K_n \left(\frac{q_0}{q_n}\right)^{\alpha} \left(\frac{C_n}{C_0}\right)^{\beta}$$

式中 $K_n$——新设备的价值;

$q_0$、$q_n$——使用相应的旧设备、新设备时的年生产率;

$C_0$、$C_n$——使用相应的旧设备、新设备时的单位产品耗费;

$\alpha$、$\beta$——分别为劳动生产率提高和成本降低指数。

指数取值范围:$0 < \alpha < 1$,$0 < \beta < 1$,可根据相应设备的实际材料获得。

在上式中,当 $q_0 = q_n$、$C_0 = C_n$,即新旧机器的劳动生产率及使用成本均相同时,$K_1 = K_n$,表示发生第Ⅰ类无形磨损。

在上式中出现下面三种情况之一时,即表示发生第Ⅱ类无形磨损:

当 $q_0 > q_n$,$C_0 = C_n$,则 $K_1 = K_n \left(\frac{q_0}{q_n}\right)^{\alpha}$;

当 $q_0 = q_n$,$C_0 < C_n$,则 $K_1 = K_n \left(\frac{C_n}{C_0}\right)^{\beta}$;

当 $q_0 > q_n$,$C_0 < C_n$,则 $K_1 = K_n \left(\frac{q_0}{q_n}\right)^{\alpha} \left(\frac{C_n}{C_0}\right)^{\beta}$。

## 9.1.3 设备综合磨损及其补偿方式

**1. 综合磨损的概念**

设备综合磨损是指机器设备在使用期内,既要遭受有形磨损,又要遭受无形磨损,所以机器设备所受的磨损是双重的、综合的。两种磨损都引起机器设备原始价值贬值，这一点两者是相同的。不同的是，遭受有形磨损的设备，特别是有形磨损严重的设备，在修理之前，常常不能工作；而遭受无形磨损的设备，即使无形磨损很严重，仍然可以使用，只不过继续使用它在经济上是否合算，需要分析研究。

**2. 综合磨损的度量**

假设设备有形磨损后尚余部分（百分数）为 $1-\alpha_p$，设备无形磨损后尚余部分（百分数）为 $1-\alpha_I$，两种磨损同时发生后尚余部分（百分数）为 $(1-\alpha_p)(1-\alpha_I)$。则设备综合磨损程度可表示如下：

$$\alpha = 1 - (1-\alpha_p)(1-\alpha_I)$$

式中　$\alpha$——设备综合磨损程度；
　　　$\alpha_p$——设备的有形磨损程度；
　　　$\alpha_I$——设备的无形磨损程度。

任何时候，设备在两种磨损作用下的净值 $K$ 都可用下式计算：

$$K = (1-\alpha)K_0 = \{1-[1-(1-\alpha_p)(1-\alpha_I)]\}K_0 = \left(1-\frac{R}{K_1}\right)\left(1-\frac{K_0-K_1}{K_0}\right)K_0 = K_1 - R$$

可以看出，设备遭受综合磨损后的净值等于等效设备的再生价值减去修理费用。

**3. 设备磨损的补偿**

要维持企业再生产的正常进行，必须对设备的磨损进行补偿，由于机器设备遭受磨损的形式不同，补偿磨损的方式也不一样。设备的磨损有两种补偿方式，即局部补偿和完全补偿。局部补偿只对磨损的设备进行局部的替换或修理。完全补偿是对磨损设备进行全部替换。设备有形磨损的局部补偿是修理，设备无形磨损的局部补偿是现代化改装。有形磨损和无形磨损的完全补偿是更新，即淘汰旧设备更换新设备，如图9-4所示。

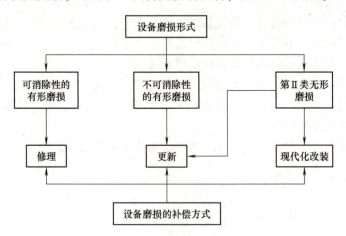

图9-4　设备磨损与补偿方式

（1）设备修理　设备修理是指修复由于正常或不正常的原因造成的设备损坏和精度劣化的过程。通过修理，更换已经磨损、老化和腐蚀的零部件，使得设备性能得到恢复。按照修理程度和工作量的大小，修理分为大修、中修和小修。大修、中修和小修的修理内容不同，间隔时间也不同，所花费的资金及资金来源也不同。中修和小修所需要的资金一般直接计入生产成本，而大修费用则由大修费用专项资金开支。设备大修是通过调整、修复或更换磨损的零部件的办法，恢复设备的精度、生产效率，恢复零部件及整机的全部或接近全部的功能，以达到出厂的标准精度。设备中修、小修是则是通过调整、修复和更换易损件的办法，以达到工艺要求。

（2）设备更新　设备更新是指以效率更高、性能更好、结构更先进、技术更完善、外观更新颖、消耗更低的设备代替落后陈旧、遭受第Ⅱ类无形磨损，且在经济上不宜继续使用的设备。设备更新是实现企业技术进步、提高经济效益的主要途径。可以用结构相同的新设备去代替有形磨损严重而不能继续使用的旧设备。由于当今科学技术发展迅速，对设备大修理不宜过多采用，否则会导致企业技术发展停滞。

（3）设备现代化改装　设备现代化改装是指应用先进的经验和现代化的技术成就，根据生产的具体需要，改变旧设备的结构或增加新装置、新部件等，以改善旧设备的技术性能与使用指标，使它局部或全部达到所需要的新设备水平。设备现代化改装，可以提高机械化、自动化水平，扩大设备工艺范围，改善设备技术性能，改善劳动条件和安全作业条件，提高设备精度，延长设备寿命等。

## 9.2　设备的经济寿命及计算

### 9.2.1　设备寿命类型

由于研究的角度不同，设备寿命含义也不同，设备寿命一般分为物理寿命、折旧寿命、技术寿命与经济寿命四种。

#### 1. 物理寿命

物理寿命又称为自然寿命或物质寿命，它是指从设备投产使用起由于物质磨损，使设备老化、损坏，直至报废所经历的时间长度。这种寿命主要取决于设备的质量、使用和维修的质量。一般来说，设备的质量越高、日常使用和维修工作做得越好，设备的物理寿命就会越长。

#### 2. 折旧寿命

折旧寿命是从折旧制度角度考察设备寿命的一项时间指标，也称为设备的折旧年限，是指设备从投产使用到提满折旧为止的时间。一般情况下，设备的折旧寿命及折旧的计提方法和原则由我国的《企业财务通则》或财务制度及相关法规规定。折旧寿命一般要小于物理寿命。

#### 3. 技术寿命

技术寿命是指生产设备能够维持其使用价值的时间过程。技术寿命的长短主要取决于无形磨损的速度。

#### 4. 经济寿命

经济寿命是指使用一台设备的年平均使用成本最低的年数。从经济角度看，经济寿命是指设备最合理的使用期限，它是由有形磨损和无形磨损共同决定的。例如，一辆汽车，随着使用时间的延长，平均每年分摊的汽车购置费（一次投资）就越少，仅此而言似乎使用时间越长越好；但是随着使用年限的延长，旧汽车的维护费和燃料费等将不断递增。因此，前者越来越低的成本将被后者越来越高的成本所抵消，在这个变化过程中，必定有某一时点的年度总成本最低，这一时点被称为经济寿命。

## 9.2.2 设备经济寿命类型

**1. 不考虑资金时间价值的经济寿命**

计算设备的经济寿命，要明确两个概念：一是设备的购置费，包括在设备购置中实际支付的买价、税金、运杂费、包装费和安装成本等；二是设备的运行成本，包括能源费、保养费、修理费、停工损失、废品和次品损失等。一般情况下，运行成本是逐年递增的，这种递增称为设备的劣化。

设备的经济寿命是由设备年均费用决定的，年均费用包括了年资金费用和年经营费用。年资金费用就是固定资产价值的年减少额，实质上就是固定资产的年折旧额加上未回收资金的利息；年经营费用就是设备的运行成本。设备的经济寿命就是计算设备年均费用最小的使用年数。

（1）公式计算法计算设备的经济寿命 假定设备的年运行成本的劣化是呈线性增长的，每年运行成本的增加额为 $\lambda$，若设备使用了 $T$ 年，则第 $T$ 年时设备的运行成本 $C_T$ 为

$$C_T = C_1 + (T-1)\lambda$$

式中 $C_1$——运行成本的初始值；

$T$——设备的使用年数。

$T$ 年内设备运行成本的平均值为

$$C_1 + \frac{T-1}{2}\lambda$$

设备年均费用中还有每年分摊的设备购置费用，称为年资金费用，其计算公式如下：

$$年资金费用 = \frac{K_0 - V_L}{T}$$

式中 $K_0$——设备原始价值；

$V_L$——设备净残值。

由此可见，设备年资金费用是随着使用年数增加而降低的，而设备年运行成本则是递增的，设备年均费用为

$$AC = C_1 + \frac{T-1}{2}\lambda + \frac{K_0 - V_L}{T}$$

设备经济寿命为其年均费用最小的年数，求年均费用的最小值。

令 $\frac{d(AC)}{dT} = 0$，则可得设备的经济寿命为

$$T_{OPT} = \sqrt{\frac{2(K_0 - V_L)}{\lambda}}$$

---

【例9-1】 设有一台设备，其原始价值为 8000 元，预计残值为 800 元，年运行成本劣化值 $\lambda$ 为 300 元/年，求该设备的经济寿命。

解：$T_{OPT} = \sqrt{\frac{2(K_0 - V_L)}{\lambda}} = \sqrt{\frac{2(8000 - 800)}{300}}$ 年 $\approx 6.93$ 年

即该设备的经济寿命为 6.93 年。

当设备年运行成本的劣化值不变，也就是当设备每年运行成本增加额 λ 为 0 元，则设备年均费用为：$AC = C_1 + \dfrac{K_0 - V_L}{T}$。设备的经济寿命为其年均费用最小的年份，若 $\lambda = 0$，则其经济寿命是无穷大的，显然不符合设备运行的实际情况。随着有形磨损的增加，维修费必然递增；同时，由于无形磨损，其生产效率及加工能力的降低必然带来生产成本的上升，因此，劣化值必然是递增的。

在大多数情况下，设备劣化是没有规律的，也不是线性的，此时就需要用列表法来判断设备的经济寿命。

（2）列表法判断设备的经济寿命

【例 9-2】 设有一台设备，其原始价值为 10000 元，设备自然寿命为 10 年，第 1 年的运行成本为 700 元，劣化值变化与年末残值见表 9-1，求该设备的经济寿命。

解：设备经济寿命的计算见表 9-1。

表 9-1 设备的经济寿命计算

| 使用年限/年 (1) | 运行成本（元）(2) | 劣化值（元）(3) | 年末残值（元）(4) | 年均运行成本与劣化值（元）(5) = (2) + $\sum$(3) ÷ (1) | 年均设备购置费（元）(6) = [10000 − (4)] ÷ (1) | 年均费用（元）(7) = (5) + (6) |
|---|---|---|---|---|---|---|
| 1 | 700 | 0 | 7200 | 700 | 2800 | 3500 |
| 2 | 700 | 100 | 5300 | 750 | 2350 | 3100 |
| 3 | 700 | 150 | 3500 | 783 | 2167 | 2950 |
| 4 | 700 | 250 | 2200 | 825 | 1950 | 2775 |
| 5 | 700 | 400 | 1100 | 880 | 1780 | 2660 |
| 6 | 700 | 600 | 900 | 950 | 1517 | 2467 |
| 7 | 700 | 850 | 700 | 1036 | 1329 | 2365 |
| 8 | 700 | 1150 | 500 | 1138 | 1188 | 2326 |
| 9 | 700 | 1500 | 300 | 1256 | 1078 | 2334 |
| 10 | 700 | 2000 | 100 | 1400 | 990 | 2390 |

从表 9-1 可知，第 8 年设备的年均费用最小，为 2326 元，所以设备的经济寿命为 8 年。

### 2. 考虑资金时间价值的经济寿命

为了让项目评价更准确，更符合客观实际，在分析与评价中，通常要考虑资金的时间价值。

（1）计算单利时设备经济寿命的确定 假定设备年运行成本的劣化是线性增长的，每年运行成本增加额为 λ，若设备使用了 T 年，则第 T 年时的运行成本 $C_T$ 为

$$C_T = C_1 + (T-1)\lambda$$

T 年内设备运行成本的平均值为 $C_1 + \dfrac{T-1}{2}\lambda$。

在设备年均总费用中还有每年分摊的设备购置费用，其金额为 $\dfrac{K_0 - V_L}{T}$。

另外，还要考虑单利情况下，设备占有资金的利息为 $\dfrac{K_0 - V_L}{2}i$（$i$ 为银行利率）。则设备年总费用为

$$AC = C_1 + \frac{T-1}{2}\lambda + \frac{K_0 - V_L}{T} + \frac{K_0 - V_L}{2}i$$

求 AC 的最小值，对 $T$ 求导，令

$$\frac{d(AC)}{dT} = \frac{\lambda}{2} - \frac{K_0 - V_L}{T^2} = 0 \Rightarrow T_{\text{OPT}} = \sqrt{\frac{2(K_0 - V_L)}{\lambda}}$$

其最小年均费用为

$$AC_{\min} = C_1 + \frac{\sqrt{\dfrac{2(K_0 - V_L)}{\lambda}} - 1}{2}\lambda + \sqrt{\frac{(K_0 - V_L)}{2}}\lambda + \frac{K_0 - V_L}{2}i$$

如果不考虑设备的残值，其经济寿命为

$$T_{\text{OPT}} = \sqrt{\frac{2K_0}{\lambda}}$$

最小年均费用为

$$AC_{\min} = C_1 + \sqrt{2K_0\lambda} + \frac{K_0 i - \lambda}{2}$$

【例 9-3】 某设备初始投资为 10000 元，残值为 0，第 1 年运行成本为 2000 元，以后每年递增 1000 元，利润率为 5%，求该设备的经济寿命与最小年均费用。

**解：** 经济寿命 $T_{\text{OPT}} = \sqrt{\dfrac{2K_0}{\lambda}} = \sqrt{\dfrac{2 \times 10000}{1000}}$ 年 $\approx 4.5$ 年

最小年均费用为

$AC_{\min} = C_1 + \sqrt{2K_0\lambda} + \dfrac{K_0 i - \lambda}{2} = 2000\text{ 元} + \sqrt{2 \times 10000\text{ 元} \times 1000\text{ 元}} + \dfrac{10000\text{ 元} \times 5\% - 1000\text{ 元}}{2} = 6222$ 元

（2）计算复利时设备经济寿命的确定 考虑资金的时间价值，并以复利计息，年均费用并不是算术平均值，而是指按照资金时间价值公式计算的年费用值。具体做法为：先把各年的费用折算成现值，然后再将其看成是年金总额的现值，乘以资本回收系数，得到年金各年支付额，即为年均费用的时间调整平均值。其计算公式如下：

$$AC = K_0(A/P, i, n) - V_L(A/F, i, n) + C_1 + \left[\sum_{j=2}^{n}\lambda(P/F, i, j)\right](A/P, i, n)$$

式中　$\lambda$——劣化值增加额。

在给定基准折现率 $i$ 时，令 AC 最小，此时对应的年限就是设备在考虑资金时间价值情况下的经济寿命。

【例 9-4】 某设备购置费为 5000 元，第一年运行成本为 2000 元，以后每年递增 100 元，假定残值不计，年利率为 10%，计算设备的经济寿命。

**解**: $AC = K_0(A/P,i,n) - V_L(A/F,i,n) + C_1 + \left[\sum_{j=2}^{n}\lambda(P/F,i,j)\right](A/P,i,n)$

$= 5000\text{元} \times (A/P,10\%,n) + 2000\text{元} + \left[\sum_{j=2}^{n}100\text{元} \times (P/F,10\%,j)\right](A/P,10\%,n)$

采用列表法分别计算各年总费用（计算过程略）。由计算可知，第 12 年的年均费用最小，为 3137 元，可知设备经济寿命为 12 年。

在实际中，设备劣化值的变化比较复杂，故设备年均费用计算的一般公式为：

$$AC = K_0(A/P,i,n) - V_L(A/F,i,n) + \left[\sum_{j=1}^{n}W_j(P/F,i,j)\right](A/P,i,n)$$

或

$$AC = (K_0 - V_L)(A/P,i,n) + V_L i + \left[\sum_{j=1}^{n}W_j(P/F,i,j)\right](A/P,i,n)$$

式中 $W_j$——第 $j$ 年的运行成本；
$i$——基准收益率。

在实际工作中，要遵循资金时间价值计算原理，对设备的年均费用进行计算，上述的计算原理就是将不同时期的费用流都折算为设备的年均费用，年均费用最低的年份为设备的经济寿命。

## 9.3 设备更新技术经济分析

### 9.3.1 设备修理经济分析

**1. 修理的经济实质**

机械设备在使用过程中不断地经受着有形磨损。由于设备的零部件由各种不同性质材料制成，它们的使用条件和功能也各不相同，因此设备各部分有形磨损不均匀，即设备的零部件有着不同的使用寿命。

例如，某施工机械不同组成部分的使用寿命见表 9-2。

表 9-2 不同组成部分的使用寿命

| 部位 | 第一部分 | 第二部分 | 第三部分 | 第四部分 |
| --- | --- | --- | --- | --- |
| 使用寿命 | 4 年 | 2 年 | 1 年 | 半年 |

如果这台设备的平均寿命周期定为 4 年，那么在这个寿命周期内，设备的第二部分需要更换 1 次，第三部分需要更换 3 次，第四部分需要更换 7 次。

正是这种有形磨损的不均衡性决定了设备修理的可行性。因为如果设备的全部零件在相同的时间内磨损，并要求更换，那就不存在修理的问题了。因此，相当长时间内，修理仍是必要的。但是修理工作的必要性必须与经济性相结合，才能取得良好的经济效益。

修理就是恢复设备在使用过程中局部丧失的工作能力的过程。修理通常包括小修（保养）、中修和大修三种。小修（保养）是为了通过减少整机和零件磨损以保持设备性能，减少故障，内容包括清洁、检查、调整、紧固、润滑、防腐，必要时更换少量易损件；中修主要是排除设备运转中出现的突发故障和异常，以及对损坏严重的局部进行调整修理；大修是通过调整、修复或更换磨损的零部件，恢复设备的精度和生产率，使整机全部或接近全部恢复功能，基本达到设备原有的制造水平。

大修能够利用被保留下来的零部件，从而节约大量原材料及加工工时。这与购置新设备相比具有很大的优越性，因而它是保证修理经济性的先决条件。另外，大修是修理工作中规模最大、花钱最多的一种设备维修方式。因此，对修理经济性的研究，主要是就大修而言的。另外，在对设备进行大修决策时，必须同设备更新及设备其他再生产方式相比较。

**2. 设备大修的经济界限**

设备修理是有限度的，长期无止境地修理会导致设备性能的逐步劣化。如图 9-5 所示。

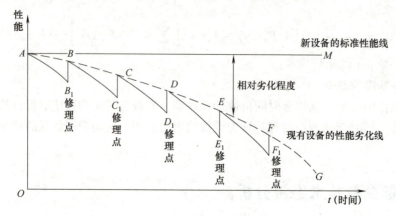

图 9-5 修理与设备性能劣化

在图中，AM 代表设备的标准性能线，设备在使用时其性能是沿 $AB_1$ 线下降的，如不修理仍继续使用，寿命一定很短。如果在 $B_1$ 点进行修理，设备的性能又恢复至 $B$ 点。这样多次反复修理直至 $G$ 点，设备就不能再修理了，其物理寿命宣告终结，把图 9-5 中 $A$、$B$、$C$、$D$、$E$、$F$、$G$ 各点相连，就形成了设备使用过程中的性能劣化曲线。随着性能降低，各种消耗随之增加，在经济上不合理，同时严重阻碍了技术进步。所以，不能只靠修理或大修来维持生产，应对设备修理进行经济分析，依靠技术进步来发展生产。

设备大修理的基本条件是

$$R < K_1 - V_L$$

即大修费用小于新置设备的价值扣除其残值的费用，则大修合理。

符合上述条件的大修，在经济上是否最佳，要看大修后使用该设备生产的单位产品成本是否小于使用新设备生产的单位产品成本，如果小于，则大修合理。

### 9.3.2 设备更新经济分析

设备更新不仅会影响企业眼前的利益，而且还会影响企业的长远经济效益。为了决定设备是否需要更新，应全面比较，权衡利弊，以经济效果的高低作为判断依据，这就是设备更新的经济分析。

设备更新经济分析包括两个方面的内容：一方面是确定设备更新的最佳时期，另一方面是对不同的更新方案进行比较,选择最优的更新方案。设备更新的最佳时期主要是依据设备的经济寿命,设备的经济寿命结束时间就是设备的最佳更新期。设备经济寿命的确定前面已经介绍,这里重点介绍设备不同更新方案的比选。

**1. 设备更新方案比较的特点和原则**

(1) 设备更新方案比较的特点

1) 在考虑设备更新方案的比较时,通常假定设备产生的收益相同,因此只需对各方案的费用进行比较。

2) 因不同设备方案的寿命可能不相同,因此通常利用年度费用进行比较。

(2) 设备更新方案比较的原则

1) 沉没成本不计原则。在进行方案比较时,原设备价值按目前实际值计算,而不管该设备过去是多少钱买来的,也不管该设备目前的折余价值(设备原值减历年折旧累计之和的余额)是多少。

2) 不要按方案的直接现金流量计算比较,而应从一个客观的立场去比较。新、旧设备进行比较时,不能把旧设备的销售收入作为新设备的现金流入,而应把旧设备所能卖的钱作为购买旧设备的费用。

【例 9-5】 某施工单位 2 年前花 6000 元购买了一台混凝土搅拌机 A,估计还可以使用 6 年。第 6 年年末估计残值为 500 元,年度使用费为 1000 元。现市场上出现了一种新型的混凝土搅拌机 B,售价为 8000 元,估计可以使用 10 年,第 10 年年末估计残值为 400 元,年度使用费为 800 元。现有两个方案:甲方案是继续使用搅拌机 A;乙方案是把旧的搅拌机 A 以 1000 元卖掉,然后购买新混凝土搅拌机 B。如果基准收益率为 8%,该施工单位应选择哪个方案?

**分析**:根据设备更新方案比较的原则,即沉没成本不计和不要按方案的直接现金流量计算比较,而从一个客观的立场上去比较。旧的混凝土搅拌机 A 可以卖 1000 元,这里相当于花 1000 元去购买旧混凝土搅拌机 A,旧混凝土搅拌机 A 的初始费用为 1000 元,与 2 年前花费的购买价 6000 元无关,这 6000 元是沉没成本。两个方案的现金流量图如图 9-6 所示。

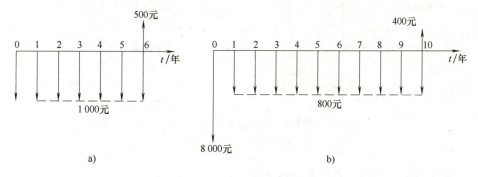

图 9-6 新旧混凝土搅拌机现金流量图
a) 甲方案 b) 乙方案

**解**:由图 9-6a 可以计算旧混凝土搅拌机 A 的年平均使用费为

$$AC_A = 1000 \text{元} + 1000 \text{元} \times (A/P, 8\%, 6) - 500 \text{元} \times (A/F, 8\%, 6) = 1148.15 \text{元}$$

由图 9-6b 可以计算新混凝土搅拌机 B 的年平均使用费为

$AC_B = 800\ 元 + 8000\ 元 \times (A/P, 8\%, 10) - 400\ 元 (A/F, 8\%, 10) = 1964.4\ 元$

由于 $AC_A < AC_B$，所以应选择甲方案，继续使用旧混凝土搅拌机 A。

**2. 设备更新方案的比较**

单台设备更新期的确定，常以设备的寿命周期为依据进行。但对多台设备，不仅要确定每台设备的合理更新期，还要对多方案进行比较。多台设备的比较也可以用设备的寿命周期为依据进行，但分析处理方案有些差异。下面重点介绍设备更新方案比较常见的方法。

（1）**以经济寿命为依据的更新分析** 在以经济寿命为依据的更新方案比较时，要使设备都使用到最有利的年限来进行分析，比较时必须注意以下几点：

1）沉没成本不计原则。

2）求出各种设备的经济寿命。如年度使用费固定不变，那么估计残值也固定不变，此时应尽可能选寿命周期长的方案；如果年度使用费逐年增加而目前残值和未来残值相等，应尽可能选寿命周期短的方案。

3）以达到经济寿命时年度费用最小者为优。

【例 9-6】 某企业 2 年前花 40000 元安装了一套设备。这套设备的年度使用费估计下年度为 10000 元，以后逐年增加 600 元。现有一套新设备，其原始费用为 12000 元，年度使用费估计第 1 年为 8000 元，以后逐年增加 900 元。新设备使用寿命估计为 15 年。如果这两套设备都能满足相同的需要，且其任何时刻的残值均为零。若基准折现率为 10%，问该企业是否应该对现有设备进行更新？

分析：企业 2 年前花 40000 元安装的旧设备是沉没成本，计算时不考虑。两套设备"任何时刻的残值均为零"说明旧设备的现在购买费用和将来的残值都为零，即 $P = F = 0$，新设备的 $F = 0$。两个设备的现金流量图如图 9-7 所示。

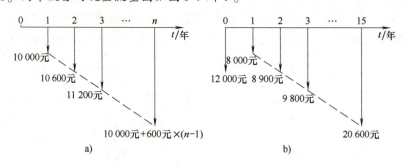

图 9-7 新旧设备现金流量图
a) 甲方案 b) 乙方案

解：由图 9-7a 计算旧设备的年平均使用费为

$$AC_0 = 10000\ 元 + 600\ 元 \times (A/G, 10\%, n)$$

要使 $AC_0$ 最小，只有当 $n = 1$ 时，$(A/G, 10\%, n) = 0$，这时 $AC_0$ 最小。也就是说旧设备的经济寿命为 1 年，此时的年度费用为 $AC_0 = 10000$ 元。

由图 9-7b 计算新设备的年平均使用费为

$$AC_1 = 8000 \text{元} + 900 \text{元} \times (A/G, 10\%, t) + 12000 \text{元} \times (A/P, 10\%, t)$$

列表计算新设备的经济寿命，计算过程见表 9-3。

**表 9-3 新设备经济寿命计算过程**                                   （单位：元）

| $n$ | 第1年使用费 | 900元×$(A/G,10\%,t)$ | 12000元×$(A/P,10\%,t)$ | $AC_1$ |
|---|---|---|---|---|
| 1 | 8000 | 0 | 13200.0 | 21200.0 |
| 2 | 8000 | 428.6 | 6914.4 | 15343.0 |
| 3 | 8000 | 842.9 | 4825.2 | 13668.1 |
| 4 | 8000 | 1243.1 | 3786.0 | 13029.1 |
| 5 | 8000 | 1629.1 | 3165.6 | 12794.7 |
| 6 | 8000 | 2001.2 | 2755.2 | 12756.4 |
| 7 | 8000 | 2359.4 | 2464.8 | 12842.2 |
| 8 | 8000 | 2704.1 | 2248.8 | 12952.9 |
| 9 | 8000 | 3035.2 | 2083.2 | 13118.4 |
| 10 | 8000 | 3353.0 | 1952.4 | 13305.4 |
| 11 | 8000 | 3657.7 | 1848.0 | 13505.7 |
| 12 | 8000 | 3949.6 | 1761.6 | 13711.2 |
| 13 | 8000 | 4228.9 | 1689.6 | 13918.5 |
| 14 | 8000 | 4496.0 | 1628.4 | 14124.4 |
| 15 | 8000 | 4751.0 | 1578.0 | 14329.0 |

由表 9-3 可知，新设备年平均费用最小在第 6 年，因此新设备的经济寿命是 6 年，此时年度费用为 12756.4 元，即 $AC_1 = 12756.4$ 元。

由于 $AC_0 < AC_1$，所以应继续使用旧设备。

（2）对寿命不等的方案的比选方法　设备更新方案的比较和工程项目投资方案的比较一样，对寿命不等的方案比较，也应该考虑时间上的可比性。在多方案比选中，对寿命不等的方案比选可以用年值法、最小公倍数法、研究期法。

【例 9-7】某企业正在使用一套设备 A，目前残值估计为 3000 元。根据估计，这套设备还可以使用 5 年，每年的使用费为 900 元，第 5 年年末的残值为零。但是这套设备生产能力有些不足，需要改进或更新。现在提出两个方案，甲方案：5 年之后用设备 B 代替设备 A。设备 B 的原始购买费用估计为 10000 元，寿命估计为 10 年，残值为 0，每年的使用费用为 600 元。乙方案：现在就用设备 C 来代替设备 A，设备 C 的原始购买费用为 8000 元，寿命估计也为 10 年，残值为 0，每年使用费用为 800 元。若基准折现率为 10%，试选择方案。

**解：** 根据已知条件，画出两方案的现金流量图，如图 9-8 所示。

两方案的费用年值分别为

$$AC_\text{甲} = \{[600 \text{元} \times (P/A,10\%,10) + 10000 \text{元}](P/F,10\%,5) + 900 \text{元} \times (P/A,10\%,5) + 3000 \text{元}\}(A/P,10\%,15) = 1960.6 \text{元}$$

$$AC_\text{乙} = 800 \text{元} + 8000 \text{元} \times (A/P,10\%,10) = 2101.6 \text{元}$$

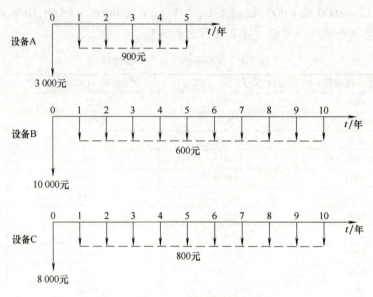

图 9-8 甲、乙两方案的现金流量图

从费用年值计算看，$AC_甲 < AC_乙$，因此应选甲方案，即 5 年以后再用设备 B 代替设备 A。

### 3. 各种因素下设备更新方案的比较

（1）由于能力不足而引起的更新　在企业生产经营中，有时尽管旧设备仍然完好，功能正常，但由于原有设备能力不能满足工程需要，就需要购置新的高效设备来替换原有设备；或者增加原有设备的数量，以保证生产能力满足企业生产经营的需要。

【例 9-8】　某企业在 4 年前花 20000 元买了一台设备，估计该设备的寿命为 15 年，年度使用费为 1000 元。由于企业产品数量增加了一倍，原来的设备能力已经不能满足生产要求。为满足生产需要，企业现提出两种解决方案：A 方案是原有设备继续使用，同时再花 15000 元购置一台与原设备消耗和能力相同的新设备；B 方案是将原来的旧设备以 5000 元售出，再花 26000 元购买一台能力增加一倍的设备，估计新设备的寿命为 15 年，年度使用费为 2200 元。三台设备的残值均为购置成本的 10%。如果基准折现率为 10%，试选择方案。

分析：由已知条件可知，A 方案中旧设备现在的购买价相当于 5000 元。旧设备的估计寿命为 15 年，但因为是 4 年前购买，因此，从现在算起旧设备的寿命就只有 11 年了。三台设备的残值计算分别用购置成本乘以 10%。因为 A 方案中的新设备的消耗和能力与旧设备相同，所以年固定使用费与旧设备相同，为每年 1000 元，寿命也与旧设备相同，为 11 年。A、B 两方案的现金流量图如图 9-9 和图 9-10 所示。

解：根据现金流量图，计算两方案的费用年值为

$AC_A = (5000\ 元 + 15000\ 元)(A/P, 10\%, 11) + 1000\ 元 \times 2 - (2000\ 元 + 1500\ 元)(A/F, 10\%, 11) = 4891\ 元$

$AC_B = 26000\ 元 \times (A/P, 10\%, 15) + 2200\ 元 - 2600\ 元 \times (A/F, 10\%, 15) = 5537.1\ 元$

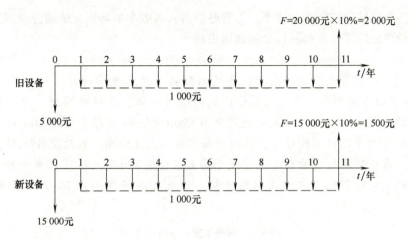

图 9-9　A 方案现金流量图

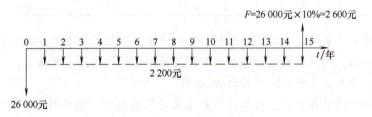

图 9-10　B 方案现金流量图

从费用年值看，$AC_A < AC_B$，所以 A 方案优于 B 方案，因此应选择 A 方案，即原有设备继续使用，同时再花 15000 元购置一台与原设备消耗和能力相同的新设备。

(2) 由于维修过多而引起的更新　机器设备在使用过程中发生磨损，需要进行临时性的修理或定期大修。在大修前，应分析计算大修和更新的优越性，看是继续大修合算还是更新合算。

【例 9-9】　某企业有一台设备已使用很多年，要继续使用就必须进行大修，大修需要费用 12000 元，大修后可以继续使用 5 年，每年的维修费为 2200 元。现有另一方案：新购置一台功能相同的设备，购置成本为 28000 元，可使用 10 年，每年的维修费为 700 元。如果基准折现率为 6%，问该企业是继续使用旧设备好还是更新设备好？

解：把大修的费用 12000 元看作购买旧设备的费用，用费用年值计算两方案的费用。设大修费用年值为 $AC_0$，更新费用年值为 $AC_1$。

$$AC_0 = 2200 \text{ 元} + 12000 \text{ 元} \times (A/P, 6\%, 5) = 5048.8 \text{ 元}$$
$$AC_1 = 700 \text{ 元} + 28000 \text{ 元} \times (A/P, 6\%, 10) = 4595.2 \text{ 元}$$

从费用年值看，$AC_0 > AC_1$，更新方案优于大修方案，因此该企业应选择更新设备。

(3) 由于效率降低而引起的更新　设备常常在开始使用时效率最高，以后随着磨损的产生效率不断降低。当效率的降低是由于机械的少数零件受到磨损而引起时，应定期更新这些零件,使整个机械保持较高的效率。但有些设备,其效率的降低无法通过修理来恢复,这时就要通过经济分析在一定的时候全部加以更新。

【例9-10】 一部带式输送机由于提斗逐渐磨损而使其效率降低,每年年初效率见表9-4。由于提斗的容量变小,必须延长输送机的运行时间,这样就增加了运行费。设原有输送机目前的残值为零,下一年度的使用费为8900元,以后每年递增100元。当提斗处于崭新状态时,为了完成运输任务,输送机每年应运行1200h。当效率降低时,每年运行时数就增加。每小时运行费为6.4元,提斗的更新费用为960元。现在有一台与原输送机崭新时性能相同的输送机可以替换原输送机,如果基准折现率为7%,问是否要更新输送机?

表9-4 输送机提斗运行效率

| 年 份 | 1 | 2 | 3 | 4 | 5 | 6 |
|---|---|---|---|---|---|---|
| 年初效率 | 1.00 | 0.94 | 0.88 | 0.84 | 0.80 | 0.76 |

**解**:旧输送机目前残值为零,因此旧输送机的年平均费用就等于年平均使用费,而年使用费是逐年增加的,所以旧输送机年平均费用最低的年份就在第1年年末,即旧输送机的经济寿命为1年,在第1年年末的费用为8900元。

计算新输送机的经济寿命。新机器随着使用时间的延长,效率降低。已知年初的效率,必须换算成年平均效率。

$$年平均效率 = \frac{年初效率 + 年末效率}{2}$$

当效率降低时,新输送机每年的运行时数就会增加,每年的运行时数为

$$年运行时数 = \frac{年总运行时数}{年平均效率}$$

$$年运行费 = 年运行时数 \times 每小时运行费$$

输送机的年平均费用为

$$年平均费用 = 年平均运行费 + 年折旧费$$

提斗更新费用960元就看作输送机现在的购买费用,新机器的残值也为零,输送机的年折旧费用为:

$$年折旧费 = 960元 \times (A/P, 7\%, t)$$

列表计算新输送机经济寿命,计算过程见表9-5。

表9-5 新输送机经济寿命计算过程

| 年 份 | 1 | 2 | 3 | 4 | 5 | 6 |
|---|---|---|---|---|---|---|
| 年初效率 | 1.00 | 0.94 | 0.88 | 0.84 | 0.80 | 0.76 |
| 年平均效率 | 0.97 | 0.91 | 0.86 | 0.82 | 0.78 | |
| 年运行时数/h | 1237 | 1319 | 1395 | 1463 | 1538 | |
| 年运行费 $Q^t$(元) | 7916.8 | 8441.6 | 8928 | 9363.2 | 9843.2 | |
| 年运行费的现值 $Q^t(1+7\%)^{-t}$(元) | 7398.8 | 7373.2 | 7287.9 | 7143.1 | 7018.1 | |
| $\sum Q^t(1+7\%)^{-t}$(元) | 7398.8 | 14772 | 22059.9 | 29203 | 36221.1 | |

(续)

| 年份 | 1 | 2 | 3 | 4 | 5 | 6 |
|---|---|---|---|---|---|---|
| 年平均运行费 $\left[\sum Q^t(1+7\%)^{-t}\right](A/P,7\%,t)$（元） | 7916.8 | 8170.4 | 8407 | 8620.7 | 8834.3 | |
| 960元 $\times(A/P,7\%,t)$ | 1027.2 | 531 | 365.9 | 283.4 | 234.1 | |
| 年平均费用（元） | 8944 | 8701.4 | 8772.9 | 8904.1 | 9068.4 | |

从表 9-5 可见，新输送机的经济寿命为 2 年，这时年平均费用最低，为 8701.4 元。在新旧输送机的经济寿命时刻，新输送机的费用低，因此，需要进行更新。

(4) 由于无形磨损而引起的更新　设备过时就会导致设备无形磨损加剧，当无形磨损达到一定限度，现代化的改装也不经济时，往往就采取更新的方案。

【例 9-11】　某企业在 10 年前用 8000 元购买了一台设备 A，用来制造零件，每个零件需要 0.0476h。现在市场上出现了一种新设备 B，价格为 16000 元，制造相同的零件需要 0.0384h。假定该企业每年准备生产零件 4 万个。新旧设备运行费每小时均为 8 元。旧设备 A 还可以使用 2 年，2 年年末的残值为 300 元。旧设备 A 可以出售 1300 元。新设备 B 估计可使用 10 年，10 年年末残值为原始费用的 10%。若基准折现率为 10%，问该企业是否应当更新旧设备？

**解：** 由已知条件可知：

旧设备 A 的年运行费 = 8 元/h × 0.0476h × 40000 = 15232 元

新设备 B 的年运行费 = 8 元/h × 0.0384h × 40000 = 12288 元

新设备 B 的期末残值 = 16000 元 × 10% = 1600 元

新旧设备的现金流量如图 9-11 所示。

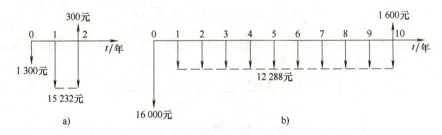

图 9-11　新旧设备的现金流量图

新旧设备的费用年值为

$AC_A = 15232$ 元 $+ 1300$ 元 $(A/P,10\%,2) - 300$ 元 $\times (A/F,10\%,2) = 15838.2$ 元

$AC_B = 12288$ 元 $+ 16000$ 元 $(A/P,10\%,10) - 1600$ 元 $\times (A/F,10\%,10) = 14790.9$ 元

从费用年值看，$AC_A > AC_B$，所以该企业应该更新设备。

## 9.3.3 设备现代化改装的经济分析

### 1. 设备现代化改装概述

设备现代化改装是指应用现代化的技术成就和先进经验，对旧设备进行局部改装，以改善旧设备的技术性能、增加功能、提高精度和生产效率，使其全部或局部达到新的水平。原有设备进行现代化改装并使之达到或接近先进水平的可能性是存在的。尤其是设备现代化改装针对生产的实际需要，经过改装的设备对生产的适应性很好，有时甚至超过新设备。在多数情况下，设备现代化改装所需投资要少于购置新设备的费用，另外，对专用设备进行现代化改装所费的时间，往往要比设计制造一台新设备节省得多。因此，在急于发展生产而又缺乏资金的情况下，实施设备现代化改装是迅速改变现有设备的技术陈旧状态、消除第Ⅱ类无形磨损、促进现有设备技术进步的有效途径。

设备现代化改装不是在任何情况下都可行的。对性能、结构全新的设备不存在现代化改装的问题。另外，当现代化改装致使现有设备结构发生重大改动，甚至是整机的改动时，不宜进行现代化改装。

### 2. 设备现代化改装的决策

设备现代化改装的决策要通过与达到同样目标的其他技术方案比较得出。在一般情况下，与现代化改装并行的方案有：设备大修、原设备继续使用、用相同结构的新设备更换、用全新设备更换。因此，需对几种更新方式进行比选。一般采用总费用法：计算各更新方式的总费用，从中选择总费用最低的更新方式。其计算公式如下：

$$TC_0 = I_0 - I_{0n} + \sum_{t=1}^{n} C_{0t}$$

$$TC_d = \frac{1}{\beta_d}(I_d + I_0 - L_{dn}) + \sum_{t=1}^{n} C_{dt}$$

$$TC_s = \frac{1}{\beta_s}(I_s + I_0 - L_{sn}) + \sum_{t=1}^{n} C_{st}$$

$$TC_g = \frac{1}{\beta_g}(I_g + I_0 - L_{gn}) + \sum_{t=1}^{n} C_{gt}$$

式中　$TC_0$、$TC_d$、$TC_s$、$TC_g$——分别为继续使用、大修、现代化改装、更换设备在 $n$ 年的总费用；

　　　　　　$I_0$——原设备继续使用的投资，即决策时原有设备实际能实现的估价；

　　　　$I_d$、$I_s$、$I_g$——分别为大修、现代化改装、更换设备的投资；

　　$L_{0n}$、$L_{dn}$、$L_{sn}$、$L_{gn}$——分别为继续使用、大修、现代化改装、更换的设备在第 $n$ 年年末的残值；

　　$C_{0t}$、$C_{dt}$、$C_{st}$、$C_{gt}$——分别为继续使用、大修、现代化改装、更换的设备在第 $t$ 年的使用费用；

　　　　$\beta_d$、$\beta_s$、$\beta_g$——分别为大修、现代化改装、更换设备的效率比。

【例 9-12】 某企业有一台设备，如果现在处理可得 5000 元，该设备估计还可以使用 4

年，4年年末残值为1000元，1~4年使用费分别为1000元、1200元、1400元、1600元。现提出了继续使用该设备、大修、现代化改装和更换四种方案，具体数据见表9-6。如果该项目尚需服务4~8年，问选用哪种方案最为经济？

表9-6 设备大修、现代化改装、更换数据表

| 方案 | 投资 $I$（元） | 效率 $\beta$ | 年使用费增额 $G$（元） | 第1年使用费（元） | 残值（元） | | | | |
|---|---|---|---|---|---|---|---|---|---|
| | | | | | 4 | 5 | 6 | 7 | 8 |
| 大修 | 8000 | 1 | 200 | 500 | 5000 | 4000 | 3000 | 2000 | 1000 |
| 现代化改装 | 10000 | 1.1 | 150 | 400 | 6000 | 5000 | 4000 | 3000 | 2000 |
| 更新 | 25000 | 1.2 | 100 | 350 | 8000 | 7000 | 6000 | 5000 | 4000 |

**解**：计算结果见表9-7。

表9-7 各方案费用表 （单位：元）

| 尚需服务年限 | 4 | 5 | 6 | 7 | 8 |
|---|---|---|---|---|---|
| 继续使用 | 9200 | | | | |
| 大修 | 11200 | 13500 | 16000 | 18700 | 21600 |
| 现代化改装 | 10682 | 12591 | 14650 | 16859 | 19218 |
| 更新 | 20333 | 21917 | 23600 | 25383 | 27267 |

由表9-7可知，如果项目尚需服务年限为4年，原设备继续使用最经济；如果尚需服务年限为5年以上，现代化改装最为经济。

## 9.4 设备租赁经济分析

当企业的资金来源满足不了设备投资计划的要求，或者是有些设备专业化程度高、结构复杂、价格昂贵，除了要委托别人修理外，还存在着设备老化和使用要求变化的风险，这时可借助于直接购买之外的其他财务形式获得设备的使用权，设备租赁就是一种可行的途径。

设备租赁就是指设备的使用者（或租赁者）根据合同，按规定的时间支付给设备出租者一定的费用而取得设备使用权的一种设备融资方式。常见的租赁方式有经营租赁和融资租赁。

### 9.4.1 设备租赁的方式和特点

**1. 经营租赁**

经营租赁又称营业租赁，是一种传统的设备租赁方式。它是指由出租人根据承租人的需要，与承租人订立租赁合同，在合同期内将设备有偿交给承租人，承租人按合同规定，向出租人支付租赁费的一种租赁业务。经营租赁经常用于通用设备的短期租赁。其特点是：

1）承租人可随时向出租人提出租赁资产的要求。

2）租赁期短，不涉及长期而固定的义务，且租赁费可以计入企业的成本，可减少企业的所得税。

3) 租赁合同比较灵活，在合理限制条件范围内，可以解除租赁契约。
4) 租赁期满，租赁资产一般还给出租人。
5) 出租人提供专门服务，如设备的保养、维修、保险等。

**2. 融资租赁**

融资租赁又称财务租赁，是一种融资与融物相结合的租赁方式，主要解决企业对于大型、贵重的设备或长期资产的长期需要，故又称为资本租赁。融资租赁是现代设备租赁的主要方式。融资租赁的主要特点是：

1) 一般由承租人向出租人提出正式申请，由出租人融通资金引进承租人所需设备，然后租给承租人使用。
2) 租期较长，租期一般为租赁财产寿命的一半以上。
3) 租赁合同比较稳定，在融资租赁期内，承租人必须连续支付租金，未经双方同意，中途不得退租，这样既能保证承租人长期使用资产，又能保证出租人在基本租期内收回投资并获得一定利润。
4) 租赁期满后，可选择将设备作价转让给承租人、出租人回收、延长租期续租三种方式处理租赁财产。
5) 在租赁期间，出租人一般不提供维修和保养设备方面的服务。

融资租赁的形式包括：

1) 售后租回。售后租回是指企业将某资产卖给出租人，再将其租回使用，资产的售价与市价大致等同。其好处是企业出售资产可以得到一笔资金，同时仍可以使用设备，利于项目建设及资金筹集。
2) 直接租赁。直接租赁是指承租人直接向出租人租入所需要的资产，并付租金，其出租人主要是制造厂商、租赁公司等。
3) 杠杆租赁。杠杆租赁涉及三方，即承租人、出租人和资金出借者。和其他租赁方式不同的是：出租人只出购买资产所需的部分资金，作为投资，其他不足部分以该资产作为担保从资金出借方借入，所以，它既是出租人又是借款人，既是资产所有权人，又是债务人。

融资租赁租入的设备属于固定资产，可以计提折旧并计入企业的成本，但租赁费不直接计入企业的成本，而由企业在税后支付，租赁费中的利息和手续费可在支付时计入企业的成本，作为纳税所得额中准予扣除的项目。

**3. 设备租赁的特点**

设备租赁与设备购买相比，具有以下特点：

1) 在缺乏资金购买设备的情况下，也能使用设备，即可以缓解企业资金紧张的矛盾。
2) 提高设备利用率，即可以减少购买设备后不能连续使用而闲置造成的无形磨损。
3) 设备租金可在所得税前扣除，能享受税金上的优惠。
4) 租金总额一般要超过设备的购买价，资金成本较高。

## 9.4.2 影响设备租赁或者购买的主要因素

**1. 设备租赁的优缺点**

租赁一般是企业财力不足时采用的方式，这使得承租人在使用设备时并不需要有相当于设备价值的一笔资金，而只需要逐期支付租金就可以了，因此对于中小型企业特别合适。设备租赁也有不足之处。设备在租赁期间,承租人只有设备的使用权而没有所有权,于是承租人一般无权随意对设备进行技术改造;同时,通常情况下,承租人租赁设备所付的租金要比直接购置设备的费用要高,因为租金中包含着出租人的管理费和边际利润;不管企业的现金流量和经营状况如何,都要按照合同按时支付租金。

**2. 影响设备是否租赁的基本因素**

企业在决定进行设备投资之前,必须详细地分析项目寿命周期内各年的现金流量和经营不确定性因素,确定以何种方式投资才能获得最佳的经济效益。企业通常要从支付方式、筹资方式、使用方式等几个基本角度考虑项目所需设备是租赁还是购置。

**3. 影响租赁决策的具体因素**

企业或某一个投资项目在决定自己所需要的设备是通过租赁还是购置的方式获得时,需要综合考虑以下具体因素:①项目的寿命周期或设备的经济寿命;②每期的设备支出费用;③预付货款或定金的多少;④付款期内的利率;⑤获得该设备的资金规划;⑥租赁所具有的帮助企业避免运用短期信用和保留其短期借款的能力;⑦企业的经营费用减少与折旧和利息减少的关系;⑧租赁的节税优惠。

### 9.4.3 设备租赁与购置分析

设备租赁需要大笔的资金,不仅需要一次性支付一定的资金,更多的是在租赁期间,需要长期支付租金。因此,为了提高资金的利用效率,必须对设备的租赁进行经济分析,看是否值得租赁,如果不值得,就不能租赁。对于设备使用者来讲,是采用新购置设备还是采用租赁设备,应取决于这两种方案在经济上的比较。其比较原则和方法与一般的互斥投资方案比选的方法并无实质性差别。设备租赁由于租金可以在税前扣除,所以和购置设备方案的比较在现金流上主要区别于所得税税额和租赁费以及设备购置费。

采用设备租赁方案,就没有年折旧费,租赁费可以直接进入生产成本,其净现金流量为

净现金流量 = 销售收入 − 经营成本 − 租赁费 − 税率 × (销售收入 − 经营成本 − 租赁费)

在相同条件下,设备购置方案的净现金流量为

净现金流量 = 销售收入 − 经营成本 − 设备购置费 − 税率 × (销售收入 − 经营成本 − 折旧费)

从上式可以看出,当租赁费等于折旧费时,二者区别仅在于税金的大小。当采用直线法折旧时,租赁费高于折旧费,因此所付的税金较少,有利于企业。

**【例 9-13】** 某企业的一台设备损坏,现有两种方案,一是购置,购置费为 10000 元,预计购置设备可以使用 10 年,残值为零;二是租赁,年租金为 1600 元。两种方案运行费都是每年 1200 元,若所得税税率为 25%,利率为 10%,采用直线法折旧,问企业应该选用哪个方案?

**解:** 企业若采用购置方案,采用直线折旧法,年折旧费 10000 元 ÷ 10 = 1000 元,计入总成本。而租赁方案每年的租赁费 1600 元也计入总成本,因此,后者每年税金少缴的金额为: 25% × (1600 元/年 − 1000 元/年) = 150 元/年

租赁方案每年少缴的税金在现金流量图中表现为收入。

租赁方案每年的租赁费和运行费和为:1600 元 + 1200 元 = 2800 元。两个方案的现金流量图如图 9-12 所示。

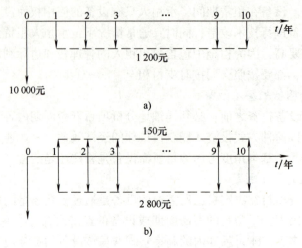

图 9-12 购置设备和租赁设备的现金流量图
a) 购置方案 b) 租赁方案

两个方案的年平均费用分别为

$$AC_{购} = 10000 \text{元} \times (A/P, 10\%, 10) + 1200 \text{元} = 2827 \text{元}$$
$$AC_{租} = 2800 \text{元} - 150 \text{元} = 2650 \text{元}$$

从计算可知，$AC_{购} > AC_{租}$，所以企业应该选择租赁方案。

## 思考题与练习题

1. 某单位 3 年前花 8000 元购买了一台设备 A，估计还可以使用 5 年。第 5 年年末估计残值为 600 元，年度使用费为 1100 元。现市场上出现了一种新型设备 B，售价为 10000 元，估计可以使用 10 年，第 10 年年末估计残值为 500 元，年度使用费为 900 元。该单位现有两个方案：甲方案是继续使用设备 A；乙方案是把旧的设备 A 以 1200 元卖掉，然后购买新设备 B。如果基准折现率为 10%，该单位应选择哪个方案最为经济？

2. 某单位正在使用一套设备 A，目前残值估计为 2800 元。估计这套设备还可以使用 6 年，每年的使用费为 1000 元，第 6 年年末的残值为零。但是这套设备生产能力不足，须改进或更新。现在提出两个方案：甲方案是 6 年之后用设备 B 代替设备 A。设备 B 的原始购买费用估计为 12000 元，寿命估计为 12 年，残值为 0，每年的使用费用为 550 元。乙方案是，现在就用设备 C 来代替设备 A，设备 C 的原始购买费用为 9000 元，寿命估计也为 12 年，残值为零，每年使用费用为 700 元。若基准折现率为 10%，问该单位应选择哪个方案？

3. 某企业的一条新生产线需购置一种设备，在市场上有两种同类型的机型 A 和 B，A 设备的总投资为 20000 元，估计其寿命为 8 年，残值率为 5%，运行费每年为 1500 元，B 方案的总投资为 25000 元，寿命也为 8 年，残值率也为 5%，运行费每年 1000 元，若按现值折算，选用哪种设备较为有利？若按年度费用计算，选用哪种设备有利（基准折现率取 12%）？

4. 某工厂需要安装污水处理设备，现有两种方案：A 方案为购置较便宜的设备，只需 15 万元，每年运行费为 6 万元，寿命为 10 年，但 10 年后仍需再购置一台同样的设备替代原设备才能满足污水处理需要。B 方案为购置质量较高的设备，需投资 30 万元，其运行费前 10 年，每年为 4 万元，后 10 年每年为 6 万元，该设备的寿命为 20 年，两种设备的残值均为零，基准收益率为 12%，则折算成年度费用，哪个方案较优？

若折算成现值,哪个方案较优?较优的设备能便宜多少?

5. 某研究所急需某种化学仪器,经市场调查,有两种方案可供选择:一种方案是花费 35 万元购置一台仪器,估计其寿命为 10 年,第 10 年年末的残值为 1.5 万元,运行费为 2 万元/年,维修费为 1 万元/年;另一种方案是租用仪器,每年租赁费为 5 万元。假设所得税税率为 25%,采用直线折旧法计提折旧,基准折现率为 12%,则该企业应该采用购置方案还是租赁方案?

## 二维码形式客观题

微信扫描二维码,可自行做客观题,提交后可查看答案。

第9章
客观题

# 第 10 章
# 国民经济评价

▶ **本章主要知识点**:

国民经济评价的概念、作用、必要性、基本方法、适用范围、国民经济评价与财务评价的区别与联系;国民经济评价的步骤、费用效益识别(基本原则、直接效益与直接费用、间接效益与间接费用)、转移支付;影子价格(使用影子价格的原因、影子价格的特点、影子价格确定原则、市场定价货物的影子价格)、影子汇率、影子工资、社会折现率,国民经济评价指标体系(评价指标,如经济净现值、经济内部收益率等,国民经济评价费用效益报告表);国民经济评价中的费用效果分析方法。

▶ **本章重点与难点**:

费用效益识别;影子价格计算;国民经济评价指标体系(国民经济评价指标、费用效益报告表的编制)。

在市场经济条件下,大部分工程项目财务评价结论可以满足投资决策的要求,但由于存在市场失灵,项目还需要进行国民经济评价,以便站在全社会的角度判别项目配置经济资源的合理性。

## 10.1 国民经济评价概述

### 10.1.1 国民经济评价的概念及作用

**1. 国民经济评价的概念**

国民经济评价是按照资源合理配置的原则,从整个国家和全社会的角度考察项目的效益和费用,运用影子价格、影子工资、影子汇率和社会折现率等经济参数,计算分析项目需要国家付出的代价和对国家的贡献,以考察投资行为的经济合理性的活动。国民经济评价结果是对项目进行决策的首要依据。

对项目进行国民经济评价的目的,是把国家有限的各种资源(包括劳动力、资金、土地和自然资源等)投入到最需要的项目上去,使有限的资源能够得到合理配置和有效利用,以取得最大的经济效益。

通过国民经济评价,对那些本身财务效益好但经济效益差的项目进行调控,对那些本身财务效益差而经济效益好的项目予以鼓励。

**2. 国民经济评价的作用**

1）国民经济评价是宏观上合理配置国家有限资源的需要。

2）国民经济评价是真实反映项目对国民经济净贡献的需要。

3）国民经济评价是政府审批或批准项目的重要依据，有助于实现企业利益和社会利益的统一。

**3. 国民经济评价的必要性**

1）由于企业和国家是两个不同的评价角度，企业利益并不总是与国家利益完全一致，因此，一个项目对国家和企业的费用和效益范围不完全一致。财务盈利效果仅是项目内部的直接经济效果，不包括其对外部的影响。

2）财务分析是预测价格。由于种种原因，项目的投入品和产出品财务价格失真，不能正确反映其对国民经济的真实价值。

3）不同项目的财务分析包括了不尽相同的税收、补贴和贷款条件，使不同项目的财务盈利失去了公正的效果。

基于以上三方面内容，项目的财务评价不能说明项目对国民经济的真实贡献，需要进行国民经济评价。

**4. 国民经济评价的基本方法**

国民经济评价强调站在整个社会的角度，分析社会资源占用的经济效益，其分析方法应根据项目的具体情况选用。国民经济评价的主要方法包括以下几种：

1）经济费用效益比较分析法。即效益（效果）与费用比较的理论方法，寻求以最小的投入（费用）获取最大的产出（效益、效果）。

2）经济分析采取"有无对比"法识别项目的费用和效益。

3）定性分析法。即对项目的各种经济影响进行全面陈述，为投资决策提供依据。

4）经济分析采取影子价格估算效益和费用，且遵照效益和费用计算范围对应一致的基本原则。

**5. 国民经济评价的适用范围**

财务评价是从项目角度考察项目的盈利能力和偿债能力。在市场经济条件下，大部分项目财务评价结论可以满足投资决策的要求，但有些项目需要进行国民经济评价，从国民经济的角度评价项目是否可行。需要进行国民经济评价的项目主要有：①国家及地方政府参与投资的项目；②国家给予财政补贴或者减免税费的项目；③主要的基础设施项目，包括铁路、公路、航道整治疏浚等交通基础设施建设项目；④较大的水利水电项目；⑤国家控制的战略性资源开发项目；⑥动用社会资源和自然资源较大的中外合资项目；⑦主要产出物和投入物的市场价格不能反映其真实价值的项目。

上述无法完全依靠市场配置资源的项目，往往具有以下特征：

1）项目的产出物不具有市场价格。由于公共产品和外部效果等因素的影响，无法对其进行市场定价。

2）市场价格虽然存在，但无法确切地反映投入物和产出物的边际社会效益和成本，因而在竞争市场上提供这些服务得到的利益将无法充分地反映这些供给所产生的社会净利益。

## 10.1.2 国民经济评价与财务评价的区别与联系

项目的经济评价主要分为两个部分：财务评价和国民经济评价。财务评价是从投资项目或企业角度进行经济分析，而国民经济评价是从整个国家（或国民经济）的角度考察项目的经济效果和社会效果。财务评价和国民经济评价既有区别又有联系。

**1. 国民经济评价与财务评价的主要区别**

（1）**评价角度不同**　国民经济评价是按照资源合理配置的原则，从国家整体角度考虑项目的效益和费用。财务评价则站在项目的层次上，从项目的财务主体、投资者、未来债权人的角度计算项目直接发生的财务效益和费用，考察项目的盈利能力、偿债能力和财务生存能力等财务状况，据以判别项目的财务可行性。

由于二者的评价角度不同，对某些项目会产生财务评价和国民经济评价结论不一致的情况。例如造纸厂，按其产出收入和投入成本计算，财务效果很好，但是该厂排出的污水严重污染周围环境，其污染环境所造成的损失远远高于其所带来的净利润，从整个国家经济角度来看，该项目不可取。当财务评价和国民经济评价结论不一致时，应以国民经济评价的结论为决策依据。对某些国计民生急需的项目，如国民经济评价可行，而财务评价不可行，应重新考虑方案，采取措施，使项目具有财务上的生存能力。

（2）**费用、效益的含义及划分范围不同**　财务评价是从企业角度出发，凡是企业内部流向企业之外的货币都是财务评价的支出，由外部流向内部的货币都为财务评价的收入。国民经济评价是从全社会的角度考察项目的费用和效益，任何导致社会最终产品或劳务的减少都是国民经济评价的费用，任何导致社会最终产品或劳务的增加都是国民经济评价的效益。有些在财务评价中视为费用和效益的财务收支如税金、国内贷款利息和补贴等，在国民经济评价中不视为费用和效益；财务评价中不考虑的间接费用和间接利益，如项目对环境的破坏或改善等，在国民经济评价中却必须视为费用和效益。

（3）**费用与效益的计算价格不同**　财务评价采用实际的项目财务收支价格计算费用与效益，而国民经济评价则采用能够反映资源真实经济价值的影子价格来计量项目的费用和效益。

（4）**评价的依据不同**　财务评价的主要依据是行业基准收益率或设定的折现率，国民经济评价的主要依据是社会折现率。财务评价所依据的行业基准收益率在不同行业是不同的，而社会折现率是统一的。

**2. 国民经济评价与财务评价的共同之处**

（1）**评价目的相同**　无论是财务评价还是国民经济评价，都要寻求以最小的投入获得最大的产出。

（2）**评价基础一致**　国民经济评价和财务评价都是在完成项目产品市场分析、方案构造、投资估算以及资金筹措等基础上进行的。

（3）**评价方法相似**　两者都是经济评价；都用货币作为统一的尺度，同时考虑货币的时间价值因素；都是以现金流量分析（国民经济评价中称为费用效益流量分析）为主要方法；都是通过编制基本报表计算净现值、内部收益率等指标。

### 10.1.3 国民经济评价的步骤

**1. 在财务评价基础上进行国民经济评价的步骤**

1）效益和费用范围的调整
① 剔除转移支付。
② 识别项目间接费用和间接效益，可定量的计算，不能定量的定性。
2）效益和费用数值的调整
① 固定资产投资的调整。
② 流动资金调整。
③ 经营类（外购材料、燃料、工资福利、修理费）费用的调整。
④ 销售收入的调整。
⑤ 外汇的调整。
3）编制费用效益流量表，计算各评价指标。
4）对于产出物出口或替代进口的项目，编制经济外汇流量表、国内资源流量表。

在财务评价基础上编制国民经济费用效益流量表应注意：

1）剔除转移支付。将财务现金流量表中列支的销售税金及附加、特种基金、国内借款利息作为转移支付剔除。
2）计算外部效益与外部费用，并保持效益费用计算口径的统一。
3）用影子价格、影子汇率逐项调整建设投资中的各项费用，剔除价差预备费、税金、国内借款建设期利息等转移支付项目。进口设备购置费通常要剔除进口关税、增值税等转移支付。建筑安装工程费用按材料费、劳动力的影子价格进行调整，土地费用按土地影子价格进行调整。
4）应收、应付款及现金并没有实际耗用国民经济资源的，在国民经济评价中应将其从流动资金中剔除。
5）用影子价格调整各项经营费用，对主要原材料、燃料及动力费价格进行调整；对劳动工资及福利费，用影子工资进行调整。
6）用影子价格调整计算项目产出物的销售收入。
7）国民经济评价各项销售收入和费用支出中的外汇部分，应用影子汇率调整，计算外汇价值。从国外引入的资金和向国外支付的投资收益，也应用影子汇率进行调整。

**2. 直接做国民经济评价的步骤**

识别或计算直接、间接效益和费用，再以影子价格、影子工资、影子汇率计算固定资产投资、流动资金、经营费用、销售收入，计算评价指标。

## 10.2 费用效益识别与转移支付

### 10.2.1 费用效益识别

**1. 费用效益识别的基本原则**

在项目的财务分析中，只根据项目直接发生的财务收支，计算项目的直接效益和费用，很容易识别。但对国民经济评价而言，费用和效益的识别比较困难。

（1）全面识别原则　凡是项目对社会经济所做的贡献，均计为项目的经济效益；凡是社会经济对项目所付出的代价，均计为项目的经济费用。

（2）边界原则　财务评价从项目自身的利益出发，其系统分析的边界是项目。凡是流入项目的资金，就是财务效益，如销售收入；凡是流出项目的资金，就是财务费用，如投资支出、经营成本和税金。国民经济评价则从国民经济的整体利益出发，其系统分析的边界是整个国家。国民经济分析不仅要识别项目自身的内部效果，而且需要识别项目对国民经济其他部门和单位产生的外部效果。

（3）资源变动原则　在计算财务收益和费用时，依据的是货币变动。凡是流入项目的货币就是直接效益，凡是流出项目的货币就是直接费用。国民经济评价以实现资源最优配置从而保证国民收入最大增长为目标。经济资源的稀缺性，就意味着一个项目的资源投入会减少这些资源在国民经济其他方面的可用量，从而减少了其他方面的国民收入，从这种意义上说，该项目对资源的使用产生了国民经济费用。同理，项目的产出是国民经济收益，是由于项目的产出能够增加社会资源——最终产品的缘故。因此不难理解，在考察国民经济费用和效益的过程中，依据不是货币，而是社会资源真实的变动量。凡是减少社会资源的项目投入都产生国民经济费用，凡是增加社会资源的项目产出都产生国民经济收益。

需要注意的是，这里提到的资源应是稀缺的经济资源，而不是闲置或不付出代价就可自由使用的资源。

**2. 直接效益与直接费用**

直接效益是指由项目产出物直接生成，并在项目范围内计算的经济效益。一般表现为：增加项目产出物或者服务的数量以满足国内需求的效益；替代效益较低的相同或类似企业的产出物或者服务，使被替代企业减产（停产）从而减少国家有用资源耗费或者损失的效益；增加出口或者减少进口从而增加或者节支外汇的效益等。

直接效益的确定分为以下几种情况：

1）如果项目的产出物用以增加国内市场的供应量，其效益就是所满足的国内需求，也就等于消费者的支付意愿。

2）如果国内市场的供应量不变，则若项目产出物增加了出口量，其效益为所获得的外汇；若项目产出物减少了总进口量，即替代了进口货物，其效益为节约的外汇；若项目产出物顶替了原有项目的生产，致使原有项目减少或停产，其效益为原有项目减产或停产而节约的资源。

直接费用是指由项目使用投入物所形成，并在项目范围内计算的费用。一般表现为投入项目的各种物料、人工、资金、技术以及自然资源而带来的社会资源的消耗。项目直接费用的确定分为以下几种情况：

1）其他部门为供应本项目投入物而扩大生产规模所耗用的资源费用。

2）减少对其他项目（或最终消费）投入物的供应而放弃的效益。

3）增加进口（或减少出口）所耗用（或减少）国家外汇的费用。

此外，项目范围内主要为本项目服务的商业、教育、卫生、文化、住宅等生活福利设施投资，应计为项目的费用（这些生活福利设施所产生的效益，可视为已经体现在项目的产出效益中，一般不必单独核算）。

直接效益和直接费用也可以统称为内部效果。

### 3. 间接效益与间接费用

间接效益是指由项目引起的，但在直接效益中未得到反映的那部分效益。例如技术扩散和示范效果等。

间接费用是指由项目引起的，而在直接费用中未得到反映的那部分费用，例如生态破坏和环境污染等。

间接效益与间接费用主要包括以下几个方面：

（1）**技术扩散和示范效果**　技术扩散和示范效果是由于建设技术先进的项目会培养和造就大量的技术人员和管理人员。他们除了为本项目服务外，由于人员流动、技术交流等会对整个社会经济发展带来好处。

（2）**环境和生态效果**　例如造纸厂在给自身带来经济效果的同时，污水的排放也会给社会环境带来巨大损害。

（3）**产业关联效果**　例如，建设一个水电站，一般除发电、防洪、灌溉和供水等直接经济效果外，还必然带来养殖和水上运动的发展，以及旅游业的增进等间接效益；此外，农业还会因土地淹没而遭受一定的损失（间接费用）。这些都是修建水电站而产生的产业关联效果。

## 10.2.2 转移支付

微课16 转移支付

项目的某些财务收益和支出，从国民经济角度看，并没有造成资源的实际增加或者减少，而是国民经济内部的"转移支付"，不计作项目的国民经济效益与费用。转移支付主要包括税金、补贴、国内贷款的还本付息和国外贷款的还本付息四部分内容。

### 1. 税金

对企业来说，这些税金都是财务支出。但是，对国民经济整体而言，企业纳税并未减少国民收入，只不过是将企业的这笔货币收入转移到政府手中而已，是收入的再分配。前面谈到，考察项目的国民经济评价系统，是从资源增减的角度区别收益和费用的，税金既然是国民收入的再分配，并不伴随资源的变动，所以，在国民经济评价中既不能把税金列为效益，也不能把税金列为费用。

### 2. 补贴

补贴是一种货币流动方向与税金相反的转移支付。政府如果对某些产品实行价格补贴，可能会降低项目投入的支付费用，或者会增加项目的收入，从而增加项目的净收益。但是这种收益的增加仍然是国民收入从政府向企业的一种转移，仅仅是资源的支配权发生变动，而既未增加社会资源，也未减少社会资源，因而补贴不被视作国民经济评价中的费用和收益。

### 3. 国内贷款的还本付息

项目的国内贷款及其还本付息也是一种转移支付，在项目投资人的财务评价中被视作财务支出。但从国民经济角度看，情况则不同，还本付息并没有减少国民收入，这种货币流动过程仅仅代表资源支配权力的转移，社会实际资源并未增加或减少，因而在国民经济评价中，不被视为费用。

### 4. 国外贷款的还本付息

国外贷款还本付息的处理分以下三种情况：

（1）**评价国内投资经济效益的处理办法**　项目的国民经济评价是以项目所在国的经济利益为根本出发点，所以必须考察国外贷款还本付息对项目举办国的真实影响。如果国外贷款利率很高，高于全部投资的内部收益率，那么一个全投资效益好的项目，也可能由于偿还国外债务造成大部分肥水外流的局面，致使本国投资得不偿失。为了能够揭示这种情况，如实判断本国投资资金的盈利水平，必须进行国内投资的经济效益分析。在分析时，由于还本付息意味着国内资源流入国外，因而应当视作费用（现金流出）。

（2）**国外贷款不指定用途时的处理办法**　对项目进行国民经济评价的目的是使有限的资源得到最佳配置。因此，应当对项目所用全部资源的利用效果做出分析评价，这种评价就是包括国外贷款在内的全投资国民经济评价。不过，对使用国外贷款的项目进行全投资经济评价应是有条件的，这个条件就是国外贷款不是针对某一项目专款专用，该贷款还允许用于其他项目。这种情况下，与贷款对应的实际资源虽然来自国外，但受贷国在如何有效利用这些资源的问题上，面临着与国内资源同样的优化配置任务，因而应当对包括国外贷款在内的全部资源的利用效果做出评价。在这种评价中，国外贷款还本付息既不视作效益，也不视作费用，不出现在国民经济评价所用的项目国民经济费用效益流量表中。

（3）**国外贷款指定用途的处理办法**　如果不上马拟建项目，就不能得到国外贷款，这时便无须进行全投资的经济效益评价，可只进行国内投资资金的经济评价。因为全投资经济效益评价的目的在于对包括国外贷款在内的全部资源多种用途进行比较选优，既然国外贷款的用途已经唯一限定，别无其他选择，也就没有必要对其利用效果做出评价了。

## 10.3　国民经济评价主要参数及指标计算

### 10.3.1　国民经济评价主要参数

**1. 影子价格**

微课17 使用影子价格的原因

（1）**影子价格的含义**　影子价格是指项目国民经济评价专用的计算价格。影子价格依据经济分析的定价原则，反映社会对这些货物真实价值的度量，是投资项目经济评价的通用参数。广义的影子价格还包括资金的影子价格（社会折现率）、土地的影子价格、工资的影子价格（影子工资）、外汇的影子价格（影子汇率）等。从宏观角度讲，在一定的生产和技术条件下，可供利用的资源是有限的，资源存在最优分配问题。要实现资源的最优分配，就应该把稀缺资源优先分配给经济效益好的投资项目。资源在最优利用状况下，单位（资源的计量单位）效益增量价值，便是资源的影子价格。资源稀缺程度与影子价格成正比，资源越稀缺，资源单位效益增量值就越大，价格也就越高；反之，当资源可以满足全社会需求时，资源单位效益增量价值就越小，当供大于求时影子价格则为零。

（2）**使用影子价格的原因**　在费用和效益的衡量阶段，作为衡量尺度的价格成为问题的关键。财务评价采用的是市场预测价格，如果在较完全的市场机制下，这样的价格能够真实反映各种资源的经济价值。然而，由于市场缺陷的存在，市场价格往往不能真实反映项目实际效益，不能作为资源配置的正确信号和计量依据。因此，项目国民经济评价应采用计算国民经济效益与费用时的专用价格——影子价格。如图 10-1 所示。

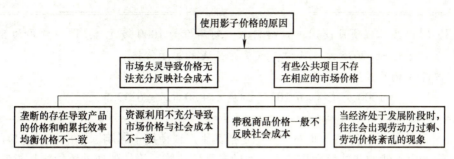

图 10-1　使用影子价格的原因

(3) 影子价格的特点
1) 反映各种生产资源的稀缺程度。
2) 与市场自由竞争的均衡价格一致。
3) 资源的影子价格反映该资源的边际生产力。
4) 与机会成本含义一致。

(4) 影子价格确定原则　影子价格是依据一定原则确定的，能够反映投入物和产出物真实经济价值，反映市场供求状况，反映资源稀缺程度，使资源得到合理配置的价格。

影子价格是根据国家经济增长目标和资源可获性来确定的。如果某种资源数量稀缺，同时有许多用途完全依靠于它，那么它的影子价格就高。如果这种资源的供应量增多，那么它的影子价格就会下降。

进行国民经济评价时，项目的主要投入物和产出物价格，原则上都应采用影子价格。

确定影子价格时，对于投入物和产出物，首先要区分为市场定价货物、政府调控价格货物和特殊投入物三大类别，然后根据投入物和产出物对国民经济的影响分别处理。

1) 市场定价货物的影子价格

① 外贸货物影子价格。外贸货物是指其生产或使用会直接或间接影响国家出口或进口的货物。原则上石油、金属材料、金属矿物、木材及可出口的商品煤，一般都划为外贸货物。外贸货物影子价格的定价基础是国际市场价格。尽管国际市场价格并非就是完全理想的价格，但在国际市场上起主导作用的还是市场机制，各种商品的价格主要由供需规律所决定，多数情况下不受个别国家和集团的控制，一般比较接近物品的真实价值。

外贸货物中的进口品应满足：国内生产成本 ≥ 到岸价（CIF 价）

外贸货物中的出口品应满足：国内生产成本 ≤ 离岸价（FOB 价）

到岸价与离岸价统称口岸价。

在国民经济评价中，影子价格实际计算公式如下：

$$直接进口投入物的影子价格 = 到岸价(CIF 价) \times 影子汇率 + 进口费用$$

$$直接出口产出物的影子价格 = 离岸价(FOB 价) \times 影子汇率 - 出口费用$$

进口费用和出口费用是指货物进出口环节在国内所发生的各种相关费用，包括货物的交易、储运、再包装、装卸、保险、检验等环节上的费用支出，还包括长途费用、资金占用的机会成本等。

间接出口、间接进口、替代进口、替代出口的货物在实践中为简化方便，按国内市场价格定价。

【例 10-1】 某工程项目使用进口材料 A，到岸价为 1000 美元/t，进口费用为 50 元/t，影子汇率为 1 美元 = 6.2075 元人民币，试求材料 A 的影子价格。

**解**：材料 A 属直接进口货物，其影子价格为

$$1000 \text{ 美元}/t \times 6.2075 \text{ 元}/\text{美元} + 50 \text{ 元}/t = 6257.5 \text{ 元}/t$$

② 非外贸货物影子价格。非外贸货物是指其生产或使用不影响国家出口或进口的货物。非外贸货物分为天然的非外贸货物和非天然的非外贸货物。天然的非外贸货物是指使用和服务天然地限于国内，包括国内施工和商业以及国内运输和其他国内服务。非天然的非外贸货物是指由于经济原因或政策原因不能进行外贸的货物，包括由于国家的政策和法令限制不能外贸的货物，还包括因国内生产成本加上到口岸的运输、贸易费用后的总费用高于离岸价，致使出口得不偿失而不能出口，同时，国外商品的到岸价又高于国内生产同样商品的经济成本，致使其也不能从国外进口的货物。

在忽略国内运输费用和贸易费用的前提下，由于经济性原因造成的非外贸货物满足：

$$\text{离岸价} < \text{国内生产成本} < \text{到岸价}$$

随着我国市场经济发展和贸易范围的扩大，大部分货物的价格由市场形成，价格可以近似反映其真实价值。进行国民经济评价可将这些货物的市场价格加上或者减去国内运杂费作为影子价格。

工程项目非外贸货物的影子价格按下述公式计算：

$$\text{产出物的影子价格(产出物的出厂价格)} = \text{市场价格} - \text{国内运杂费}$$
$$\text{投入物的影子价格(投入物的到厂价格)} = \text{市场价格} + \text{国内运杂费}$$

2）政府调控价格货物的影子价格。考虑到效率优先兼顾公平的原则，市场经济条件下有些货物或服务不能完全由市场机制形成价格，而需由政府调控价格。例如，政府为了帮助城市中低收入家庭，对经济适用房制定指导价和最高限价。

政府调控的货物或服务的价格不能完全反映其真实价值，确定这些货物或服务的影子价格的原则是：投入物按照机会成本分解定价，产出物按照对经济增长的边际贡献率或消费者的支付意愿定价。

政府主要调控的水、电力、铁路运输等作为投入物和产出物时影子价格的确定方法如下：

① 水作为项目投入物的影子价格，按后备水源的边际成本分解定价，或者按恢复水资源存量的成本计算；水作为项目产出物的影子价格，按消费者支付意愿或者消费者承受能力加政府补贴计算。

② 电力作为项目投入物时的影子价格，一般按完全成本分解定价，电力过剩时按变动成本分解定价；电力作为项目产出物的影子价格，可按电力对当地经济的边际贡献率定价。

③ 铁路运输作为项目投入物的影子价格，一般按完全成本分解定价，对运能富余的地区，按变动成本分解定价；铁路运输作为产出物的影子价格，可按铁路运输对国民经济的边际贡献来定价。

3）特殊投入物影子价格的确定

① 影子工资。影子工资主要包括劳动力的机会成本和新增资源耗费。

劳动力的机会成本是指该劳动力不被拟建项目招用，而从事其他生产经营活动所创造的最大效益。

新增资源耗费是指社会为劳动力就业而付出的，但职工又未得到的其他代价，如为劳动力就业而支付的搬迁费、培训费、城市交通费等。

影子工资与劳动力的技术熟练程度和供求状况（过剩与稀缺）有关，技术越熟练，稀缺程度越高，其机会成本越高；反之越低。

② 土地的影子价格。我国目前取得土地使用权的方式有行政划拨、协商议价、招标投标、拍卖等。采用不同的方式获得土地使用权，投资项目占用的土地可能具有不同的财务费用，甚至其财务费用为零，但是占用土地的经济费用几乎总是存在的，而且同一块地在一定时期其经济费用应是唯一的。

项目占用土地致使这些土地对国民经济的其他潜在贡献不能实现，这种因为有了项目而不能实现的最大潜在贡献，就是项目占用土地的机会成本。因此，土地的影子价格也是建立在被放弃的最大收益这一机会成本概念上的。

如果项目占用的土地是没有用处的荒山野岭，其机会成本可视为零；若项目所占用的是农业土地，其机会成本为原来的农业净收益和拆迁费用及劳动力安置费；如果项目占用城市用地，应以土地市场价格计算土地的影子价格，主要包括土地出让金、基础设施建设费、拆迁安置补偿费等。

③ 自然资源影子价格。自然资源是一种特殊的投入物，项目使用的矿产资源、水资源、森林资源等都是对国家资源的占用和消耗。矿产等不可再生资源的影子价格按资源的会计成本计算。水和森林等可再生自然资源的影子价格按资源再生费用计算。

### 2. 影子汇率

影子汇率是反映外汇真实价值的汇率。影子汇率主要由一个国家或地区一段时期内进出口的结构和水平、外汇的机会成本及发展趋势、外汇供需状况等因素确定。一旦上述因素发生较大变化，影子汇率值需做相应的调整。

影子汇率是从国民经济角度对外汇价值的估量，是外汇的影子价格。

在国民经济评价中，影子汇率通过影子汇率换算系数计算，影子汇率换算系数是影子汇率与国家外汇牌价的比值。影子汇率的计算公式如下：

$$影子汇率 = 外汇牌价 \times 影子汇率换算系数 \qquad (10\text{-}1)$$

目前，根据我国外汇收支、外汇供求、进出口结构、进出口关税、进出口增值税及出口退税补贴等情况，影子汇率换算系数为 1.08。

【例 10-2】 某一时刻中国银行外汇牌价为 1 美元兑换 6.2075 元人民币，试求此时的影子汇率。

**解：** 由式（10-1）可得

影子汇率 = 外汇牌价 × 影子汇率换算系数 = 1.08 × 6.2075 元/美元 = 6.7041 元/美元

此时的影子汇率为 1 美元等于 6.7041 元人民币。

### 3. 影子工资

影子工资是指项目增加一名劳动力，社会为此付出的代价。影子工资与财务工资有一定的区别：财务工资是项目的财务成本，并非劳动力的真实价值，工资由劳动力用于其消费及储蓄，财务工资要根据项目所处地区、行业、劳动力的种类等核实工资。影子工资则要按劳动力的潜在社会价值计算，而其潜在价值则要从分析项目使用劳动力会给国家和社会带来的影响中得到。

项目使用劳动力，给国家和社会带来以下影响：①项目的实施给社会提供了新的就业机会；②项目使用劳动力，社会损失了劳动力的边际产出或机会成本；③劳动力转移会发生新增的社会资源消耗（学校、医院、水电、粮食）；④使用劳动力增加就业人数和就业时间，也会使劳动力减少闲暇时间比、增加体力消耗和生活资料消耗。

影子工资的计算公式为

$$影子工资 = 财务工资 \times 影子工资换算系数$$

国民经济评价影子工资的确定，应符合下列规定：

1）影子工资应根据项目所在地劳动力就业状况、就业或转移成本测定。

2）技术劳动力的工资报酬一般可由市场供求决定，影子工资一般可以以财务实际支付的工资计算，即影子工资换算系数为1。

3）对于非技术劳动力，根据我国非技术劳动力就业状况，其影子工资换算系数一般取为0.25~0.8；具体系数可根据当地的非技术劳动力供求状况确定，非技术劳动力较为富余的地区可取较低值，不太富余的地区可取较高值，中间状况可取0.5。

### 4. 社会折现率

社会折现率代表社会资金被占用应获得的最低收益率。社会折现率是用以衡量资金时间价值的重要参数，也是用作不同年份价值换算的折现率。社会折现率根据社会经济发展多种因素确定，由专门机构统一测算发布。2006年国家发改委、建设部《关于印发建设项目经济评价方法与参数的通知》附件中推荐的我国现阶段社会折现率为8%，对于收益为长期的建设项目，如果远期效益较大，效益实现的风险较小，社会折现率可适当降低，但不应低于6%。

社会折现率是经济内部收益率的基准值，用以衡量项目的经济效益。社会折现率也是经济净现值、经济外汇净现值、经济换汇成本、经济节汇成本等指标计算时使用的折现率。社会折现率可以用于间接调控宏观投资规模，取值高低会影响项目的选优和方案的比较。

## 10.3.2 国民经济评价指标体系

国民经济评价指标体系如图10-2所示。

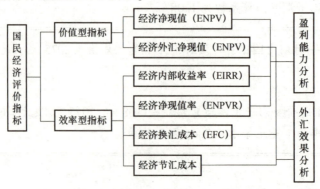

图10-2 国民经济评价指标体系

**1. 国民经济分析指标**

(1) 经济净现值　经济净现值（ENPV）是指用社会折现率将项目计算期内各年净效益流量折算到项目建设期初的现值之和。经济净现值的表达式为

$$\text{ENPV} = \sum_{t=1}^{n}(B-C)_t(1+i_s)^{-t}$$

式中　$i_s$——社会折现率。

经济净现值是反映项目对国民经济净贡献的绝对指标。项目的经济净现值等于或大于零，表示国家为拟建项目付出代价后，可以得到符合社会折现率所要求的社会盈余，或者还可以得到超额的社会盈余，并且以现值表示这种超额社会盈余的量值。经济净现值越大，表示项目所带来的以绝对数值表示的经济效益越大，项目的盈利能力也就越高。

(2) 经济内部收益率　经济内部收益率（EIRR）是使项目在计算期内的经济净现值等于零时的折现率。它是项目国民经济评价中的主要判别依据，其表达式为

$$\sum_{t=1}^{n}(B-C)_t(1+\text{EIRR})^{-t} = 0$$

式中　$B$——经济效益流量；

$C$——经济费用流量；

$(B-C)_t$——第 $t$ 年的经济净效益流量。

项目经济内部收益率的计算方法与项目财务内部收益率的计算方法相同，也需要使用插值法试算得到。其计算公式如下：

$$\text{EIRR} = I_1 + (I_2 - I_1)\frac{|\text{ENPV}_1|}{|\text{ENPV}_1| + |\text{ENPV}_2|}$$

式中　$I_1$——试算的低折现率；

$I_2$——试算的高折现率；

$\text{ENPV}_1$——低折现率的经济净现值（正值）；

$\text{ENPV}_2$——高折现率的经济净现值（负值）。

项目经济内部收益率是反映项目对国民经济贡献大小的一项相对指标。根据项目内部收益率的这一特性，如果项目的经济内部收益率大于社会折现率，且项目的经济净现值大于零，则项目在经济上是完全可行的；如果项目的经济内部收益率小于社会折现率，且项目的经济净现值小于零，则项目在经济上完全不可行；如果项目经济内部收益率等于社会折现率，且项目的经济净现值等于零，则项目在经济上是相对可行的边缘性项目。

**2. 国民经济评价费用效益报告表**

(1) 项目投资经济费用效益流量表　项目投资经济费用效益流量表见表 10-1。

表 10-1　项目投资经济费用效益流量表

| 序　号 | 项　目 | 计　算　期 | | | | | |
|---|---|---|---|---|---|---|---|
| | | 1 | 2 | 3 | 4 | … | n |
| 1 | 效益流量 | | | | | | |
| 1.1 | 项目直接效益 | | | | | | |
| 1.2 | 回收固定资产余值 | | | | | | |
| 1.3 | 回收流动资金 | | | | | | |

(续)

| 序 号 | 项 目 | 计 算 期 ||||||
|---|---|---|---|---|---|---|---|
| | | 1 | 2 | 3 | 4 | … | n |
| 1.4 | 项目间接效益 | | | | | | |
| 2 | 费用流量 | | | | | | |
| 2.1 | 建设投资 | | | | | | |
| 2.2 | 流动资金 | | | | | | |
| 2.3 | 经营费用 | | | | | | |
| 2.4 | 项目间接费用 | | | | | | |
| 3 | 净效益流量（1－2） | | | | | | |

计算指标：项目投资经济内部收益率；项目投资经济净现值（$i_s=8\%$）。

（2）国内投资经济费用效益流量表　国内投资经济费用效益流量表见表10-2。

表 10-2　国内投资经济费用效益流量表

| 序 号 | 项 目 | 计 算 期 ||||||
|---|---|---|---|---|---|---|---|
| | | 1 | 2 | 3 | 4 | … | n |
| 1 | 效益流量 | | | | | | |
| 1.1 | 项目直接效益 | | | | | | |
| 1.2 | 回收固定资产余值 | | | | | | |
| 1.3 | 回收流动资金 | | | | | | |
| 1.4 | 项目间接效益 | | | | | | |
| 2 | 费用流量 | | | | | | |
| 2.1 | 建设投资中国内资金 | | | | | | |
| 2.2 | 流动资金中国内资金 | | | | | | |
| 2.3 | 经营费用 | | | | | | |
| 2.4 | 流到国外的资金 | | | | | | |
| 2.4.1 | 国外借款本金偿还 | | | | | | |
| 2.4.2 | 国外借款利息支付 | | | | | | |
| 2.4.3 | 外方利润 | | | | | | |
| 2.4.4 | 其他 | | | | | | |
| 2.5 | 项目间接费用 | | | | | | |
| 3 | 国内投资净效益流量（1－2） | | | | | | |

计算指标：项目投资经济内部收益率；项目投资经济净现值（$i_s=8\%$）。

（3）报表编制方式　投资经济费用效益流量表栏目与财务现金流量表基本相同，主要区别如下：

1）表中效益流量和费用，均按影子价格计算，外币换算采用影子汇率。

2）销售税金及附加属于国民经济内部的转移支付，所以既不作为费用，也不作为效益。

3）由于是从国民经济角度考察项目的效益和费用，因此在效益流量和费用流量中分别增加了"项目间接效益"和"项目间接费用"。

4）财务现金流量表中作为现金流出的营业外净支出，由于内容较多，而且有些内容在国民经济评价中不属于费用，为简化计算起见，未做详细划分，均不列为费用。

## 10.4 国民经济评价中的费用效果分析

### 10.4.1 费用效果分析概述

费用效果分析是通过对项目预期效果和所支付费用的比较，判断项目费用的有效性和项目经济合理性的分析方法。

效果是指项目引起的效应或效能，表示项目目标的实现程度，往往不能或难以货币量化。费用是指社会经济为项目所付出的代价，是可以货币量化计算的。

费用效果分析是项目决策分析与评价的基本方法之一，当项目效果不能或难以货币量化时，或货币量化的效果不是项目目标主体时，在经济分析中可采用费用效果分析方法，其结论作为项目投资决策的依据。例如医疗卫生保健、政府资助的普及教育、气象、地震预报、交通信号设施、军事设施等项目。

费用效益分析和费用效果分析各自有自身的优缺点和使用领域。

费用效益分析的优点是简洁、明了、结果透明，易于被人们接受。在市场经济中，货币是最为统一和认可的参照物，在不同产出物（效果）的叠加计算中，各种产出物的价格往往是市场认可的公平权重。在项目经济分析中，当项目效果或其中主要部分易于货币量化时采用费用效益分析方法。

费用效果分析回避了效果定价的难题，直接用非货币量化的效果指标与费用进行比较，方法相对简单，最适用于效果难以货币量化的领域。例如环境的价值、生态的价值、生命和健康的价值、人类自然和文化遗产的价值、通过义务教育促进人的全面发展的价值等，这些往往很难定价，而且不同的测算方法可能有数十倍的差距。勉强定价，往往引起争议，降低评价的可信度。因此，适宜采用费用效果分析方法。

### 10.4.2 费用效果分析方法

#### 1. 采用费用效果分析原则

费用效果分析应遵循多方案比选的原则，所分析的项目应满足以下五个主要条件：

1）备选方案不少于两个，且为互斥型方案或可转化为互斥型方案。
2）备选方案应具有共同的目标，目标不同的方案、不满足最低效果要求的方案，不可进行比较。
3）备选方案的费用应能货币量化，且资金用量不应突破资金限制。
4）效果应采用同一非货币计量单位衡量，如果有多个效果，将其指标加权处理形成单一综合指标。
5）备选方案应具备可比的寿命期。

#### 2. 费用效果分析步骤

1）确立项目目标，确定一个最优方案来实现这项目标。
2）对实现上述目标的具体要求做出说明和规定。
3）构想和建立备选方案。
4）建立各方案达到规定要求的量度指标，如功能、效率、可靠性、安全性、可维护性和可供应性等。
5）确定各方案达到上述量度指标的水平。

### 3. 费用效果分析指标

费用效果分析可采用效果费用比为基本指标，其计算公式为

$$R_{C/E} = \frac{C}{E}$$

式中　$R_{C/E}$——效果费用比；
　　　$E$——项目效果；
　　　$C$——项目的计算期费用，用现值或年值表示。

费用应包含从项目投资开始到项目终结的整个期间内所发生的全部费用。

### 4. 费用效果分析的基本方法

1）最小费用法。也称固定效果法，选取费用最小的备选方案。

2）最大效果法。也称固定费用法，应在费用相同的条件下，选取效果最大的备选方案。

3）增量分析法。当效果与费用均不固定，且分别具有较大幅度的差别时，应比较两个备选方案之间的费用差额和效果差额，分析获得增量效果所付出的增量费用是否值得，不可盲目选择效果费用比较大或费用效果比较小的方案。

采用费用效果增量分析时应先确定基准指标，如果增加的效果能够抵补增加的费用，选择费用高的方案，否则选择费用低的方案。

如果项目有两个以上的备选方案进行增量分析，应按下列步骤进行选优：

第一步，将方案费用由小到大排列。

第二步，从费用最小的两个方案开始比较，通过增量分析法选择优势方案。

第三步，将优胜方案与紧邻的下一个方案进行增量分析，并选出新的优势方案。

第四步，重复第三步，直至最后一个方案。最终被选定的优势方案为最优方案。

## 思考题与练习题

1. 什么是国民经济评价？它与财务评价有何异同？
2. 简述国民经济评价的适用范围。
3. 简述间接效益与间接费用主要包括的内容。
4. 什么是影子价格？影子价格有何特点？
5. 某投资项目，正式投产运营时要购置两台机器设备，一台可在国内购得，其国内市场价格为300万元/台，影子价格与国内市场价格的换算系数为1.3；另一台设备必须进口，其到岸价为150万美元/台，影子汇率换算系数为1.06，外汇牌价是8.63元/美元，进口设备的国内运杂费和贸易费用为10万元和5万元。试求该种产品进行生产时，两台设备的影子价格和所需设备的总成本。
6. 某公司生产出一种产品，只在国内出售，为进行项目的国民经济评价，需计算其影子价格。已知该产品的市场价格为450元/t。该产品所占用的固定资产投资原值为1560元/t，所用原材料及燃料动力的市场价格为150元/t和50元/t，影子价格与国内市场价格的换算系数分别为1.2、1.1，该产品所占用的流动资金为500元/t，社会折现率取10%，固定资产的寿命为10年。试采用成本分解法求该产品的出厂影子价格。

## 二维码形式客观题

微信扫描二维码，可自行做客观题，提交后可查看答案。

# 下篇
## 工程经济相关知识

# 第 11 章
# 工程项目可行性研究

▶ **本章主要知识点：**

可行性研究的概念、可行性研究的作用、可行性研究阶段性划分；可行性研究报告编制的依据、可行性研究报告编制的步骤；工程项目可行性研究的内容及深度；房地产开发项目可行性研究报告的基本内容；改扩建项目可行性研究报告的编制要点；市政公用设施可行性研究报告的编制要点。

▶ **本章重点与难点：**

工程项目可行性研究的内容，房地产开发项目可行性研究报告的基本内容，改扩建项目可行性研究报告的编制要点，市政公用设施可行性研究报告的编制要点。

## 11.1 工程项目可行性研究概述

### 11.1.1 可行性研究的理解

#### 1. 可行性研究的概念

可行性，按字典上解释，指"可以做成的""可以实现的""行得通的""可以成功的"，即"可能的"同义语。可行性研究，是对投资建议、工程项目建设、科研课题等方案的确定所进行的系统、科学、综合性的研究、分析和论证的一种工作方法，是运用多种科学研究成果，对建设项目投资决策进行技术经济论证的一门综合性学科。

可行性研究的基本任务是通过广泛的调查研究，对项目进行全面、综合的技术经济分析论证，为项目决策提供科学可靠的依据和可行的建议。

可行性研究广泛应用于新建、改建和扩建等项目。通过做好可行性研究，使项目的投资决策工作建立在科学性和可靠性的基础之上，从而实现项目投资决策科学化，减少和避免投资决策的失误，提高项目投资的经济效益。

#### 2. 可行性研究的作用

（1）**作为工程项目投资决策的依据** 由于可行性研究对与工程项目有关的各个方面都进行了调查研究和分析，并以大量数据论证了项目的先进性、合理性和经济性，以及其他方面的可行性，因此它是工程项目投资建设的首要环节。项目主管机关主要是根据项目可行性研究的评价结果，并结合国家的财政经济条件和国民经济发展的需要，做出此项目是否应该投资和如何进行投资的决定。

（2）**作为筹集资金和向银行申请贷款的依据**　银行通过审查项目可行性研究报告，确认了项目的经济效益水平和偿还能力，并不承担过大的风险后，才能同意贷款。这对合理利用资金、提高投资的经济效益具有积极作用。

（3）**作为工程设计的依据**　按建设程序规定，工程项目必须严格按批准的可行性研究报告内容进行设计，而不得随意变更可行性研究报告已确定的建设规模、产品方案、建设标准、建设地址和总投资等控制指标。

（4）**作为该项目科研试验、机构设置、职工培训、生产组织的依据**　根据批准的可行性研究报告，可进行与工程项目有关的科技试验，设置相应的组织机构，进行职工培训，以及合理安排组织生产等。

（5）**作为向当地职能部门申请建设执照的依据**　可行性研究报告经审查，符合当地职能部门的规定或经济立法，对污染处理得当，不造成环境污染时，方能发给建设执照。

（6）**作为该项目与有关部门互订协议、签订合同的依据**　在可行性研究报告中对拟建项目的原材料、燃料、动力、运输、通信等需要协作的情况与供应量做了详细说明，并提供有关数据资料，这是签订有关外协协议的依据。尤其是对引进技术设备的项目，国家有关部门规定，必须有批准的可行性研究报告，方可与外商签约。

（7）**作为该项目工程建设的基础资料**　工程项目的可行性研究报告是项目工程建设的重要基础资料。对于项目建设过程中的技术性更改，应认真分析其对项目经济效益指标的影响程度。

（8）**作为对该项目考核的依据**　工程项目竣工，正式投产后的生产考核，应以可行性研究所制定的生产纲领、技术标准以及经济效果指标作为考核标准。

### 3. 可行性研究阶段性划分

生产性工程建设项目，从筹备建设到建成投产，直至报废，其发展过程大体可以分为三个时期，即建设准备时期（规划时期，也称投资前期）、建设时期（也称投资时期或实施阶段）、生产时期。联合国工业发展组织编写的《工业可行性研究手册》把工程建设项目发展周期划分成如图 11-1 所示。我国基建程序与国外工程项目进展周期的对应情况如图 11-2 所示。

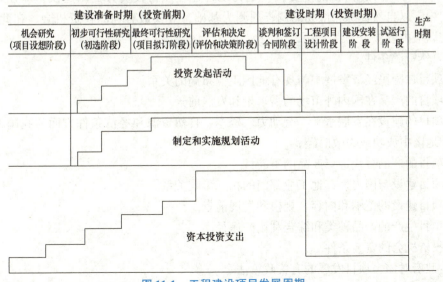

图 11-1　工程建设项目发展周期

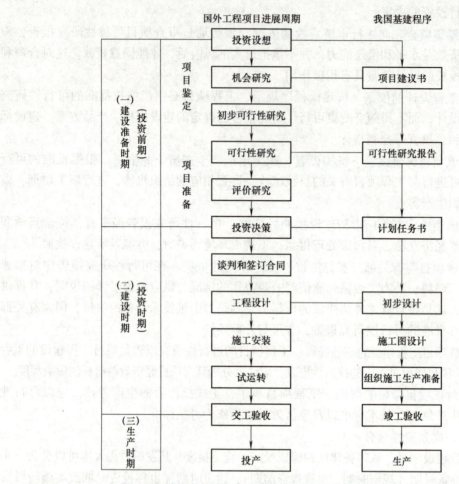

图 11-2 我国基建程序与国外工程项目进展周期的对应情况

（1）**机会研究** 该阶段的主要任务是为工程建设项目投资方提出建议，即在一定的地区和部门内，以自然资源和市场的调查预测为基础，寻找最有利的投资机会。在此阶段中，必须研究以下内容：

1）自然资源条件。
2）项目在国民经济发展中与现有地区工业布局的关系。
3）项目的产品在国内外市场的需求量和发展前景。
4）项目的建设在发展水平、劳动力、资本、自然资源和经济条件方面与我国大致相似的国家和地区中成功或失败的经验。
5）项目的产品替代进口产品的可能性。
6）项目建设与国内外其他工业部门的相互影响关系。
7）项目建设的范围和内容、规模和发展前景。
8）项目生产的产品种类和综合利用的途径。
9）投资机会的资金条件。
10）政府对该类项目发展的有关政策法令。

11）项目的经济和财务因素的初步研究。

机会研究分为一般机会研究和特定项目的机会研究。前者又分三种：地区研究、分部门研究、以资源为基础的研究。后者是要选择确定项目的投资机遇，将项目意向变为概略的投资建议。机会研究比较粗略，主要依靠笼统的估计而不是详细的分析。该阶段投资估算的精度为 ±30%，所需费用约占投资总额的 0.2% ~ 1.0%。如果机会研究证明投资项目是可行的，就可以进行下一阶段的研究。

（2）**初步可行性研究** 初步可行性研究也称"预可行性研究"或"前可行性研究"。它是在机会研究的基础上，进一步对项目建设的可能性与潜在的效益进行论证分析。它主要解决以下问题：

1）分析机会研究的结论，在详细资料的基础上做出是否投资的决定。
2）是否应该进行最终可行性研究。
3）有哪些关键性问题需要做辅助研究。

在初步可行性研究阶段需对以下内容进行粗略的审查：市场和生产能力、材料供应状况、建厂地区和厂址、项目设计、管理费、人力资源、项目进度、项目财务分析等。初步可行性研究阶段投资估算的精确度可达 ±20%，所需费用约占总投资额的 0.25% ~ 1.5%。

（3）**最终可行性研究** 最终可行性研究也称详细可行性研究。它是建设项目投资决策的基础，是在分析项目在技术上、财务上、经济上的可行性后做出投资与否的关键步骤。这一阶段对建设投资估算的精确度在 ±10%，小型项目所需费用约占总投资的 1.0% ~ 3.0%，大型复杂工程的所需费用约占 0.2% ~ 1.0%。

最终可行性研究应满足以下几项要求：

1）作为投资决策和编制设计任务书的依据。
2）作为向银行和其他金融机构申请贷款的依据。
3）作为建设部门申请建设执照和同有关部门签订合同的依据。
4）作为项目下阶段设计的依据。
5）作为采用新技术、新设备计划的依据。
6）作为补充资料和政府有关部门审查的依据。

可行性研究应由建设单位或委托咨询机构完成，并经国家财政部门或银行提出审查意见。

（4）**项目评估和决策** 按照国家发改委规定，对于大中型和限额以上项目及重要的小型项目，必须经有权审批单位委托有资格的工程咨询单位进行评估论证。未经评估的建设项目，任何单位不准审批，更不准组织建设。

项目评估是由投资决策部门组织或授权于国家开发银行、建设银行及投资银行、工程咨询公司或有关专家，代表国家或投资方对上报的建设项目可行性研究报告进行全面审核和再评价，其主要任务是对拟建项目的可行性研究报告提出评价意见，其内容包括：

1）全面审核可行性研究报告中反映的各项情况是否属实。
2）分析可行性报告中各项指标的计算是否正确，包括各种参数、基础数据、定额费率的选择。
3）从企业、国家和社会等方面综合分析和判断工程项目的经济效益和社会效果。
4）分析和判断可行性研究的可靠性、真实性和客观性，对项目做出最终投资决策，最后写出项目评估报告。

项目评估和决策工作程序如图 11-3 所示。项目评估的目的是使所选择的项目能合理地利用国家有限的资源和各种基础设施，兴建那些对国家和社会贡献大的项目，使有限的资源得到最有效的分配和利用。

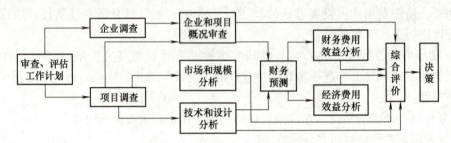

图 11-3　项目评估和决策工作程序

## 11.1.2　建设项目可行性研究报告的编制

**1. 可行性研究报告编制的依据**

在我国，建设项目可行性研究报告编制的依据主要有：

1）国家和地区经济建设的方针、政策和长远规划。
2）经批准的项目建议书或同等效力的文件。
3）国家批准的资源报告、工业基地规划、国土开发整治规划、交通网络规划、河流流域规划等。
4）自然、地理、气象、地质、水文、经济、社会等基础资料。
5）有关工程技术方面的标准、规范、指标、要求等资料。
6）国家统一规定的经济参数和指标。

**2. 可行性研究报告编制的步骤**

（1）筹划准备　在项目建议书被批准之后，建设单位（主管部门或企业）即可委托工程咨询公司对拟建项目进行可行性研究，双方签订合同协议，明确规定可行性研究的工作范围、目标意图、进度安排、费用支付办法及协作方式等内容；承担单位接受委托时，应获得项目建议书和有关项目背景及文件，明白委托者的目的和要求，明确研究内容，制订工作计划，并收集有关基础资料、基本参数、指标、规范、标准等基本依据。

（2）调查研究　主要从市场调查和资源调查两方面进行。市场调查应查明和预测产品的需求量、价格和竞争能力，以便确定产品方案和经济规模；资源调查包括原材料、能源、工艺技术、厂址、建材、劳动力、运输条件、外围基础设施、环境保护、组织管理和人员培训等自然、社会、经济的调查，为选定建设地点、生产工艺、技术方案、设备选型、组织机构和定员等提供确切的技术经济分析资料。

（3）方案选择和优化　根据项目建议书的要求，结合市场和资源调查，在收集到的资料和数据的基础上，建立几种可供选择的技术方案和建设方案，进行反复的方案论证和比较，会同委托部门明确方案选择的重大原则问题和优选标准，从若干个方案中选择合理方案，研究论证项目在技术上的可行性，进一步确定产品方案、生产的经济规模、工艺流程、设备选型、车间组成、组织机构、人员配置等方案。

（4）**财务分析与经济评价**　对经上述分析后所确定的最佳方案进行详细的财务预测、财务分析、经济效益和国民经济评价。由项目的投资、成本和销售收益进行盈利性分析、费用效益分析和不确定性分析，研究论证项目在经济上的合理性和盈利性，进一步提出资金筹措建议和项目实施总进度计划。

（5）**编制可行性研究报告**　经过上述分析与评价，即可编制详尽的可行性研究报告，推荐一个以上的可行方案和实施计划，提出结论性意见和措施建议，供决策部门作为决策的依据。可行性研究的工作程序如图 11-4 所示。

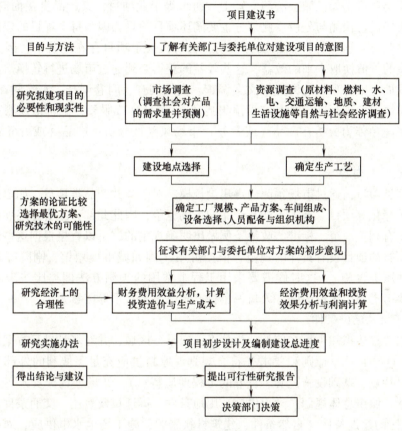

图 11-4　可行性研究的工作程序

## 11.2　工程项目可行性研究报告编制的主要内容

### 11.2.1　工程项目可行性研究报告的内容

**1. 总论**

此部分是对某一具体项目可行性研究报告内容的总体性和粗线条式概括，并说明可行性研究报告编制的依据。其主要内容包括：项目概要（名称、性质、场址）；可行性研究报告的依据与范围（立项批复、相关政策文件、城市总体规划、专项规划、规范、统计年鉴、可行性研究指南、委托书）；建设单位及法人简介；项目提出的背景；结论与建议（主要是各章节内容的简要概括，其中主要的技术和经济指标一般用表格的方式进行描述）。

### 2. 项目背景及必要性

此部分主要交代项目的来源、建设的必要性，使决策者对项目建设的背景及建成后所起到的作用有所了解。其主要内容包括：①项目的背景，编写时可以从政策背景、行业背景、现实背景入手；②项目建设的重要性与必要性（国家政策、行业发展规划、产业政策、完善城市功能、促进经济社会发展、改善居住条件、改变现状等需要）。

### 3. 市场预测与分析

对于竞争类项目，如机械、医药、轻工、纺织等工业项目，其产品直接面向竞争市场，因此需要对市场进行预测与分析。此部分主要阐述项目前景，因为每个项目的建成都必须有产出，产出（物品、服务等）如果没有市场，也就失去了项目存在的价值，因为项目建设就是牺牲现在的价值换取未来的效益，这些效益的获得必须通过市场进行转换。其主要内容包括：本地及周边市场现状的调查（文案调查、实地调查、问卷调查、实验调查）；本地及外地市场供需情况的预测（定性与定量预测结合）；产品（或服务）的价格预测；产品（或劳务）的市场竞争能力分析；产品（或劳务）市场风险性分析；产品（或劳务）的基本营销策略。

### 4. 建设规模及内容

对于竞争类项目，通过市场预测确定建设规模；对于公共产品类项目，如道路交通、文化卫生、园林绿化等项目，基本不涉及产品的市场竞争，因此此部分主要论述项目建设规模的确定；对于有相关规范、标准、政策条例做出明确规定的，可以直接根据这些依据来确定建设规模，而有的项目没有具体的规范、依据可用（例如城市规划馆、剧院等最近几年刚刚兴起的公共服务设施），这时候需要采用工程上常用的预测方法即类比法来确定建设规模，同时也要考虑城市定位、服务人口、半径、经济发展水平等因素。

### 5. 项目选址及建设条件

此部分主要描述拟建项目在何处，为什么选定某一区域，并对场址进行方案比选。其主要内容包括：①项目选址原则和要求（符合规划、原料供应充足、便利的外部交通、地形地貌适合项目特点、基础设施配套、良好的工程地质特点）；②场址选择及方案比选（土地利用总体规划、城市总体规划、动力供应、用地条件、拆迁量及费用、交通条件，可列表表示）；③项目区的建设条件（自然条件、建筑材料来源、施工场地水电供应、周边基础设施配套、社会环境条件等）。

### 6. 项目建设方案

此部分主要描述项目建设的生产工艺技术方案、设备方案及总图布置。其主要内容包括：

1) 生产工艺技术方案比选（先进性、适用性、可靠性、可得性、安全环保和经济合理性）。
2) 设备方案比选（在技术先进、可靠、成熟的条件下，优先采用国内设备）。
3) 总图布置（项目性质不同，总图考虑的侧重点也不同，要根据项目特点考虑特定因素）。总图布置一般包括以下几方面的内容：①总体布置要求：对于规模较大的项目，一般要进行总体布置，对厂区、水源、电源、热源、运输、平面竖向、防洪排水、发展预留用地、施工用地等进行全面规划。分期建设时，要正确处理近期与远期的关系。②厂区总平面布置：在总体布置的基础上，根据工厂的性质、规模、生产流程、交通运输、环保、防火、安全、卫生、施工、生产、经营管理等要求，结合当地自然条件、场外设施分布等因素，紧凑、合理地布置，经方案比选后择优确定。③竖向布置：应与总平面布置相协调，充分利用和合理改造场区自然地形，从而合理确定建构筑物、道路等标高。④交通组织：满足生产、运输和消防要求，使交通顺畅、人行方便，合理分散车流与人流；区内道路应与区外道路衔接顺畅，便于直接接入外部路网。⑤绿化：根据场地及项目性质的不同，合理布置绿化。⑥总图技术经济指标：占地面积、容积率、建筑密度、绿地率等（列表）。

对于建筑类项目，还应包括建筑方案（功能分区、建筑造型、建筑特征）、结构方案（结构安全等级、使用年限、抗震设防类别、设计荷载、结构形式、基础形式）的论述。

### 7. 公用及辅助设施工程

此部分主要内容一般包括以下几部分：

（1）**给排水工程** 包括水源、用水量计算、给水系统、消防给水、排水方式、排水量、管材等。

（2）**供电工程** 包括电源（变电站名称、规模、电压等级、供电现状、距建设项目的距离）、供电系统（负荷计算、负荷等级、供电方案、功率因数补偿、防雷及接地系统、电线和电缆、变配电所布置、容量、主要电气设备选择等）、照明等。

（3）**通信工程** 一般包括行政电话系统、电话调度系统、无线通信系统、扩音对讲系统、火灾报警系统、电视监督系统和智能化系统等。

（4）**供热工程** 包括热源选择（余热利用热源、集中热源、企业自备热源）、热负荷确定（一般按生产、采暖、生活、制冷和通风空调等负荷计算并列表）。对于建筑类项目，主要内容为冷热源、空调系统、通风系统、防排烟系统等。

（5）**消防工程** 贯彻"预防为主、防消结合"原则，一般包括消防给水系统（消防水源/消防水池、泵房、消防用水量、消防给水管网和消火栓，以及消防水炮、水喷淋和水喷雾）、泡沫灭火系统、自动灭火系统、火灾报警系统等内容。

（6）**人防工程** 现在的建筑类项目一般都是高层建筑，具有很大规模的地下建筑面积，因此需要进行人防工程的论述；一般按照建筑、给排水、暖通、电气等专业进行论述。

### 8. 原材料及动力供应

此部分主要内容一般包括：主要原材料及其需求量、来源、动力供应等。

### 9. 节约能源

此部分主要内容包括：①节能的依据；②相关专业的节能措施（工艺、建筑、结构、电气、给排水、暖通与空调、动力等专业）；③耗能指标（耗能总量、单位产品综合能耗、项目产值能耗、单位投资能耗等指标）；④效果分析（通过单位产品能耗、主要工序能耗指标、单位投资能耗等与国际国内进行对比分析，说明设计指标能否达到同行业国内或国际先进水平）。

### 10. 环境保护与安全生产

此部分主要内容包括：①项目区环境现状分析（周边工矿企业分布及水、空气、噪声环境）；②项目实施及运行过程中主要污染源与污染物（废气、废水、固体废弃物、噪声、其他污染物）；③对污染源及污染物采取的措施；④项目建成后对生态环境的影响；⑤项目生产过程中危害安全的因素分析；⑥主要的安全生产措施；⑦劳动保护。

**11. 项目组织管理与实施计划**

此部分主要描述项目准备与建设、运行过程中，主要的组织机构及管理措施及建设周期、实施计划。主要内容包括：①项目筹建时期的组织与管理；②项目运营时期（包括项目建设后期）的组织与管理；③劳动定员（管理人员、技术人员、工人等）与技术培训；④建设周期；⑤实施进度及投产时间；⑥编制项目实施进度表或网络图。

**12. 招标方案**

此部分主要内容包括：①招投标的意义；②国家规定招标内容；③本项目招标内容；④招标方式（列表）。

**13. 投资估算与资金筹措**

此部分是项目可行性研究报告中的一个重要章节，主要阐述项目投资的需要量与分布，描述资金筹集的方式与渠道，并说明投资的大体计划。主要内容包括：①总投资估算；②资金筹措方式与渠道；③资本金；④投资使用计划。

**14. 财务评价**

主要内容包括：①价格确定原则；②成本估算；③销售收入与销售税金估算；④项目的财务评价：盈利能力分析、偿债能力分析、不确定性分析、风险分析；⑤国民经济评价。

**15. 社会稳定风险分析**

根据《国家发改委办公厅关于印发〈重大固定资产投资项目社会稳定风险分析篇章和评估报告编制大纲（试行）〉的通知》（发改办投资〔2013〕428号）文件的规定，编制本章内容，具体包括：编制原则、风险调查、风险识别、风险估计、风险防范和化解措施、风险等级、风险分析结论。

**16. 社会评价**

社会评价是识别和评价项目的各种社会影响，分析当地社会环境对拟建项目的适应性和可接受程度，评价项目的社会可行性，以促进利益相关者对项目建设的有效参与，规避项目的社会风险。主要内容包括：项目对所在地的社会影响分析、互适性分析、社会风险分析、社会综合评价。

**17. 结论与建议**

此部分是在充分论证前面各章节的基础上，对该项目可行性研究的总体评价与建议。主要内容包括：①可行性研究的结论（背景与必要性、规模、工艺、投资与资金筹措等简要总结）；②主要建议（对下一阶段工作提出的建议）。

## 11.2.2 工程项目可行性研究报告的深度

**1. 基本要求**

（1）**预见性** 可行性研究不仅是对历史、现状资料进行研究分析，更重要的是应对未来的市场需求、投资效益进行预测和估算。

（2）**客观公正性** 可行性研究必须坚持实事求是，在调查研究的基础上，按照客观情况进行论证和评价。

（3）**可靠性** 可行性研究应认真研究确定项目的技术经济措施，以保证项目的可靠性，同时也应否定不可行的项目和方案，以避免投资损失。

（4）**科学性** 可行性研究必须应用现代科学技术手段进行市场预测，运用科学的评价指标体系和方法分析评价项目的财务效益、经济效益和社会影响，为项目决策提供科学依据。

**2. 可行性研究报告的深度要求**

（1）内容齐全、数据准确、论据充分、结论明确的要求，以满足决策者定方案、定项目的需要。

（2）选用的主要设备的规格、参数应能满足预订货的要求。引进技术设备的资料应能满足合同谈判的要求。

（3）可行性研究中确定的主要工程技术数据，应能满足项目初步设计的要求。

## 11.3 典型项目可行性研究报告的编制要点

### 11.3.1 房地产开发项目可行性研究报告的编制要点

**1. 房地产开发项目的特点**

房地产开发项目一般由生地、毛地、熟地、在建工程和建成后的物业（含土地）等单个项目或综合项目组成。房地产开发项目一般具有如下特点：

1）房地产开发项目具有产品不可移动性、保值增值性、区域性、政策影响性、相互影响性、建设与经营同步性和计算期短的特点。

2）房地产开发项目一般需要进行财务分析，涉及区域开发的项目应进行国民经济分析。

3）房地产开发项目的资金一般来源于商品房合法预售所得款。

4）房地产开发项目分为出售型、出租型和混合型。项目的收益和成本分摊方式依据类型而不同。自营部分的投资可转换成项目的固定资产，出售、出租部分的投资转换成开发成本。开发企业大量的资产以流动资产的形式存在。

5）房地产开发项目不按租售合同而按房地产开发项目可能得到的财务收入估算现金流入，并依此估算经营成本。

6）房地产开发项目的效益一般为售房收入、租房收入、土地（生地或熟地）出让收入、配套设施出售（租）收入以及自营收入。

7）房地产开发项目总成本费用主要包括开发建设期间发生的开发产品成本和经营期间发生的运营费用、修理费用等。

8）房地产开发项目除缴纳流转税和所得税外，尚需缴纳土地增值税、城镇土地使用税、耕地占用税、房产税等。

**2. 房地产开发项目可行性研究报告的基本内容**

（1）总论

1）项目的背景与概况，包括项目名称、承办单位概况、可行性研究报告编制的依据、项目提出的理由、项目拟建地点、项目预期目标、项目主要建设条件。

2）主要技术经济指标。

3）问题与建议。

（2）项目投资环境与市场研究

1) 投资环境分析,包括国家政治经济形势及有关政策,选择开发地区的经济社会情况及管理、政策因素。
2) 市场供求分析(需求分析和供给分析)。
3) 销售预测。
4) 营销策略。

(3) 建设规模与项目开发条件
1) 建设规模方案比选。
2) 推荐建设规模方案。
3) 项目现状,包括地点与地理位置、土地权属类别及占地面积、现有土地状况。
4) 项目建设条件,包括地形、地貌条件、工程地质、水文地质条件,周边建筑物与环境条件,城市规划或区域性规划要求,交通条件,社会环境条件,法律支持条件,公共设施条件、给排水、供热、燃气、道路等,征地拆迁条件,施工条件。
5) 拟建设地址条件比选,包括拟建地址建设条件比选和投资条件比选。
6) 推荐建设地址方案。

(4) 建筑方案选择
1) 建筑设计指导思想与原则。
2) 项目总体规划方案,包括总平面布置和功能要求、规划设计方案描述、绘制规划设计图,以及主要参数的选定。
3) 建筑方案,包括建筑方案的描述(建筑艺术与风格、建筑特征与结构)、建筑功能、建筑物与城市的协调(主体工程与辅助工程、主要工艺设备系统、配套设施)。
4) 建筑方案比选。
5) 主要技术经济指标,如建筑密度、建筑面积密度、容积率、绿化率、建筑物的体形系数、使用率。
6) 规划设计参数与用地经济性的关系。

(5) 节能节水措施 包括节能措施及能耗指标分析、节水措施及水耗指标分析。

(6) 环境影响评价 包括项目建设环境现状、项目建设与运营对环境的影响、环境保护措施、环境保护设施与投资、环境影响评价。

(7) 劳动安全卫生与消防 包括危害因素及危害程度分析(主要隐患部位、有害物质种类及危害性分析)、安全设施、消防设施。

(8) 组织机构与人力资源配置 包括组织机构、人力资源配置等。

(9) 项目实施进度 包括建设工期、项目实施进度安排(项目实施进度表)。

(10) 投资估算与资金筹措 包括投资估算依据;投资估算(土地征用及拆迁补偿费)、前期工程费(包括规划、设计勘探、项目可行性研究、测绘、"三通一平"支出)、建筑安装工程费用,设备及工器具购置费、工程建设其他费用、基础设施费、公共设施配套费、基本预备费、价差预备费、建设期利息;编制投资估算表(总投资估算汇总表、分年投资计划表);资金筹措方式与来源(自有资金、借债资金)。

(11) 财务评价 包括:财务评价基础数据选取[财务价格(销售价格或租金)、计算期、财务基准收益率设定];销售、出租收入估算(编制收入估算表);编制财务评价报表(财务现金流量表、利润与利润分配表、资金来源与运用表、借款还本付息计划表),计算财务评价指标，进行成本估算。

（12）社会评价　包括项目对社会的影响分析、社会风险分析、社会评价结论等。

（13）研究结论与建议　包括具体的结论、建议。

## 11.3.2　改扩建项目可行性研究报告的编制要点

**1. 改扩建项目**

改扩建项目是指既有企业利用原有资产与资源，投资形成新的生产（服务）设施，扩大或完善原有生产（服务）系统的活动，包括改建、扩建、迁建和停产复建等。其目的在于增加产品供给，开发新型产品，调整产品结构，提高技术水平，降低资源消耗，节约运行费用，提高产品质量，改善劳动条件，治理生产环境等。

**2. 改扩建项目的特点**

1）项目是既有企业的有机组成部分，同时项目的活动与企业的活动在一定程度上是有区别的。

2）项目的融资主体是既有企业，项目的还款主体也是既有企业。

3）项目一般要利用既有企业的部分或全部资产与资源，且不发生资产与资源的产权转移。

4）建设期内既有企业生产（运营）与项目建设一般同时进行。

**3. 改扩建项目的分析数据及范围界定**

（1）改扩建项目的数据分析　在进行改扩建项目的可行性研究，特别是经济评价时，需要使用的主要数据有：

1）"有项目"数据。"有项目"数据是指实施该项目后计算期内的总量效益和费用数据，是数值序列。

2）"无项目"数据。"无项目"数据是指不实施该项目时，在现状基础上考虑计算期内效益和费用的变化趋势（其变化值可能大于、等于或小于零），经合理预测得出的数值序列。

3）"增量"数据。"增量"数据是指"有项目"的流量减"无项目"的流量，是时间序列的数据。"有项目"的投资减"无项目"的投资是增量投资，"有项目"的效益减"无项目"的效益是增量效益，"有项目"的费用减"无项目"的费用是增量费用。

4）"现状"数据。"现状"数据是指项目实施前的资产与资源、效益与费用数据，也可称为基本值，是一个时点数。"现状"数据对比较"项目前"的流量与"现状"及"项目后"的效果有重要作用。"现状"数据也是预测"有项目"和"无项目"的基础。"现状"数据一般可用实施前一年的数据，当概念数据不具有代表性时，可选用有代表性年份的数据或近几年数据的平均值，其中，特别对生产能力的估计，应慎重取值。

5）"新增"数据。"新增"数据是指项目实施过程各时点"有项目"的流量与"现状"数据之差，也是时间序列的数据。新增建设投资包括建设投资和流动资金，还包括原有资产的改良支出、拆除、运输和重新安装费用。新增投资是改扩建项目筹措资金的依据。

6）"无项目"时的效益由"老产品"产生，费用为"老产品"投入；"有项目"时的效益一般由"新产品"与"老产品"共同产生，费用包含为"新产品"和"老产品"的投入之和。"老产品"的效益与费用在"有项目"与"无项目"时有较大差异。

(2) 改扩建项目的范围界定　改扩建项目的范围界定是改扩建项目可行性研究中经济评价的重要环节，界定出的范围是否合适与项目的经济效益和评价的繁简程度有直接关系。

1) 对于"整体改扩建项目"，项目范围包括整个既有企业，除要使用既有企业的部分原有资产、场地、设备，还要另外新投入一部分资金进行扩建或技术改造。企业的投资主体、融资主体、还债主体、经营主体是统一的，项目的范围就是企业的范围。"整体改扩建项目"不仅要识别和估算与项目直接有关的费用和效益，而且要识别和估算既有企业其余部分的费用和效益。

2) 对于"局部改扩建项目"，项目范围只包括既有企业的一部分，只使用既有企业的一部分原有资产、资源、场地、设备，加上新投入的资金，形成改扩建项目。企业的投资主体、融资主体与还债主体仍然是一致的，但可能与经营主体分离。整个企业只有一部分包含在项目"范围内"，还有相当一部分在"企业内"，但属于项目"范围外"。

### 4. 改扩建项目的经济评价

(1) 改扩建项目对企业经济效益的影响　改扩建项目是实现既有企业总体战略目标的手段，其目的是通过实施项目提高既有企业总体经济效益。企业总体经济效益可表现在多个方面：对于有直接财务收益的改扩建项目，项目的增量收入或减少亏损一定会增加既有企业的经济效益；对于环境治理与环境保护的项目，既有企业虽不能得到直接的财务收益，但是可以减少排污费，进而节约生产成本，减少社会为治理污染发生的费用，从而节约经济费用，最终提高既有企业的财务与经济效率。改扩建项目对既有企业的生产活动可能还有乘数效应，或对既有企业上下游产业链条有带动作用。

分析项目对既有企业经济效益的影响，在财务上主要看营业收入和利润总额的影响，指标比较直观，计算比较简单。由于有分配的影响，税后利润一般不作为考核指标。对于整体改扩建项目，有条件时也可做财务或净现金流分析。

(2) 改扩建项目经济评价与投资决策　改扩建项目的投资决策要考虑项目与既有企业两个方面的因素。首先要考虑的项目级因素有：能否在预定时间内回收投资；有无盈利能力，如果有盈利，盈利水平是否能达到预期的水平；项目能否有能力偿还与项目有关的债务；如果项目自身还款资金不足，需要既有企业支持多少资金，什么时候支持；项目财务持续能力如何；项目的经济合理性是否有保障，资源配置是否合理。

考虑项目层次的因素是改扩建项目投资决策的必要条件，而项目给既有企业带来的实惠就是改扩建项目投资的充分条件，即先做项目分析，然后求出"有项目"与"现状"之差，求出"新增"数值。"新增"数值就是项目给企业带来的"实惠"。有些项目，如环境治理或保护项目，本身可能无效益，也不可能靠项目自身的能力偿还借款，但是，污染减少节省了成本，能使企业整体效益提高，为既有企业实现战略目标创造了有利条件。所以，既有企业绩效指标的改善程度也是改扩建项目投资决策的重要因素。

(3) 改扩建项目经济评价的简化　改扩建项目经济评价一般要用到"有项目""无项目""现状""新增""增量"数据，增大了数据预测的工作量。在企业规模比较大时，有些必要的企业数据难以获得，即使得到了其可靠性也比较差。而且还款主体与经营主体异位时，一般要进行项目层次与企业层次的分析，因此，改扩建项目经济评价比较复杂，在项目评价的实践中，往往简化成新建项目进行评价。

1) 项目与既有企业的生产经营活动相对独立。在这种情况下，项目的边界比较清楚，可以进行独立核算，项目的费用与效益比较好识别，现金流入与流出比较好测度，符合新建项目评价的基本条件，可以简化处理。

2）以增加产量为主要目的的项目，增量产出占企业产出比例较小。在这种情况下，既有企业产出规模大，项目增量产出不会对既有企业现金流量产生较大影响，项目实际上也相对独立，可以简化成新建项目处理。

3）利用既有企业的固定资产量与新增量相比，所占比例较小。被使用的既有企业的固定资产量小，意味着"有项目"情况下现金流入与流出基本不受既有企业的影响。新增投资是项目建设期内主要的现金流出，项目其他现金流入和流出也是总现金流的主要组成部分，所以可以简化处理，使用新建项目的评价过程。

4）效益和费用的增量流量较容易确定。"有无对比"是改扩建项目评价的根本原则，对比的结果是求出增量现金流量，增量现金流量可直接用于项目（含新建项目）的盈利能力分析。新建项目实际是改扩建项目的特例，即"无项目"的净现金流量为零，也不利用既有企业的任何资产，增量现金流量可以视作"无项目"的流量为零时"有项目"的现金流量。

5）对于可以进行简化处理的项目，一定要阐述简化处理的理由，不能直接用新建项目的做法进行估算和分析。

**5. 改扩建项目经济评价应注意的问题**

（1）计算期的可比性　根据"费用与效益口径一致"的原则，既有企业改扩建项目经济评价的计算期一般取"有项目"情况下的计算期。如果"无项目"的计算期短于"有项目"的计算期，可以通过追加投资（局部更新或全部更新）来维持"无项目"的计算期，延长其寿命周期至"有项目"的结束期，并于计算期末回收资产余值；若在经济或技术上延长寿命不可行，则适时终止"无项目"的计算期，其后各期现金流量计为零。

（2）原有资产的利用问题　既有企业改扩建项目范围内的原有资产可分为"可利用的"和"不可利用的"两个部分。"有项目"是原有资产无论利用与否，均与新增投资一起计入投资费用。"可利用"的资产要按其净值提取折旧与修理费。"不可利用"的资产如果变卖，其价值按变卖时间和变卖价值计作现金流入（新增投资资金来源），不能冲减新增投资。如果"不可利用"的资产不变现或报废，就仍然是资产的一部分，但是计算项目的折旧时不予考虑。

（3）停产减产损失　改扩建项目的改建活动与生产活动总是同时进行，但一般总会造成部分生产停止或减产。这一部分停产减产损失的直接结果是减少"老产品"的营业收入，同时也会减少相应的生产费用。这些变化均应在销售收入表和生产成本表中有所体现，最终反映在现金流量表中，因此不必单独计算。

（4）沉没成本的处理　沉没成本是指既有企业过去投资决策发生的，非现在决策能改变（或不受现在决策影响），已经计入过去投资费用回收计划的费用。如前期工程为后期工程预留的场地与设备，均为前期工程的沉没成本，不计入后期投资决策费用。沉没成本是"有项目"和"无项目"都存在的成本，对于实现项目的效益不会增加额外的费用。对于项目是否实施的决策来说，沉没成本不应包括在项目增量费用中。改扩建项目的经济效果不取决于项目开始前已经支出多少费用，而仅仅取决于在改扩建过程中投入的费用。改扩建项目的效益也只能是超出原有效益之上的部分。对沉没成本的这种处理办法可能导致项目的内部收益率很高，但这恰恰反映了当前决策的性质。如果为了弄清原来的投资决策是否合理，可以计算整个项目（"有项目"状态，包括已经建成和计划实施的项目）的收益率，这时应把沉没成本计算在内。

（5）**机会成本** 如果项目利用的现有资产有明确的其他用途（出售、出租或有明确的使用效益），那么将资产用于该用途能为企业带来的收益被看作项目使用资产的机会成本，也是"无项目"时的收入，按照有无对比识别效益和费用的原则，应该将其作为"无项目"时的现金收入。

### 11.3.3 市政公用设施项目可行性研究报告的编制要点

市政公用设施项目包括给水排水、道路桥梁、燃气、供热、快速轨道交通、垃圾处理等单个或综合项目。

1）市政公用设施项目具有服务公共性、自然垄断性、网络系统性、外部效果显著以及沉没资本大、价格受管制等特点。

2）市政公用设施项目应按收费与否选择经济评价内容。收费项目一般只进行经济费用效益分析，但应安排债务偿还计划及运营费用来源，进行费用平衡分析或费用效果分析。效果难以量化时进行定性分析。

3）市政公用设施项目经济评价一般应包括处理厂（设施）与网（管、路）的综合分析，必要时厂与网也可分别进行经济评价。

4）市政公用设施项目的经济效益表现为促进城镇社会经济发展、合理利用自然资源、减少环境污染损失以及提高人民群众生活水平和生活质量。

5）市政公用设施项目的财务收入表现为营业收入和补贴收入。

6）市政公用设施项目的费用包括土地费用、设备购置费用、安装工程费、生产（运营）费用及其他费用。

7）市政公用设施项目的价格应根据政府政策、消费者支付意愿和承受能力，遵循补偿成本、保本微利、节约资源、公平负担原则测算。具备条件时，可分别针对不同的用户测算不同的价格。

### 思考题与练习题

1. 什么是可行性研究？为什么要对工程项目开展可行性研究工作？
2. 工程项目可行性研究划分为哪几个阶段？其中最终可行性研究应满足哪些要求？
3. 我国建设项目可行性研究编制的依据主要有哪些？
4. 工程项目可行性研究报告包括哪些内容？
5. 简述工程项目可行性研究报告的深度要求。
6. 简述房地产开发项目可行性研究报告的基本内容。
7. 什么是改扩建项目？对其进行经济评价应注意哪些问题？
8. 简述市政公用设施项目可行性研究报告的编制要点。

### 二维码形式客观题

微信扫描二维码，可自行做客观题，提交后可查看答案。

第11章 客观题

# 第 12 章
## 工程项目寿命周期成本与价值工程

> **本章主要知识点：**
>
> 工程项目寿命周期成本的含义、构成、分析方法，工程项目寿命周期成本分析法与传统投资计算的区别以及工程项目寿命周期成本分析法的局限性；价值工程原理、工作程序、对象选择方法和功能分析、价值工程中的功能评价、方案创造及评价。
>
> **本章重点与难点：**
>
> 工程项目寿命周期成本的构成、工程项目寿命周期成本分析方法；价值工程对象选择方法、价值工程的功能分析、价值工程中的功能评价。

## 12.1 工程项目寿命周期成本

### 12.1.1 工程项目寿命周期成本的含义

**工程项目寿命周期**是指工程产品从研究开发、设计、建造、使用直到报废所经历的全部时间。在工程寿命周期成本（Life Cycle Cost，LCC）中，不仅包括经济意义上的成本，还包括环境成本和社会成本。

**1. 工程项目寿命周期经济成本**

**工程项目寿命周期经济成本**是指工程项目从项目构思到项目建成投入使用直至工程寿命终结全过程所发生的一切可直接体现为资金耗费的投入总和，包括建设成本和使用成本。建设成本是指建筑产品从筹建开始到竣工验收为止所投入的全部成本费用。使用成本则是指建筑产品在使用过程中发生的各种费用，包括各种能耗成本、维护成本和管理成本等。从其投入性质上讲，这种投入可以是资金的直接投入，也可以是资源性投入，如人力资源、自然资源等。从其投入时间上讲，可以是一次性投入，如建设成本；也可以是分批、连续投入，如使用成本。

**2. 工程寿命周期环境成本**

根据国际标准化组织环境管理体系（ISO14000）精神，**工程项目寿命周期环境成本**是指工程产品系列在其全寿命周期内对环境的潜在和显在的不利影响。工程建设对于环境的影响可能是正面的，也可能是负面的，前者体现为某种形式的收益，后者则体现为某种形式的成本。在分析及计算环境成本时，应对环境影响进行分析甄别，剔除不属于成本的系列。在计量环境成本时，由于这种成本并不直接体现为某种货币化数值，必须借助于其他技术手段将环境影响货币化。这是计量环境成本的一个难点。例如，住宅产品寿命周期可能影响环境的各个阶段如图 12-1 所示。

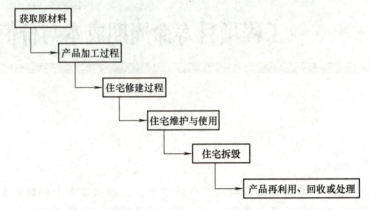

图 12-1　住宅产品寿命周期可能影响环境的各个阶段

**3. 工程项目寿命周期社会成本**

**工程项目寿命周期社会成本**是指工程产品在从项目构思、产品建成投入使用直至报废不再使用的全过程中对社会的不利影响。与环境成本一样，工程建设及工程产品对社会的影响可以是正面的，也可以是负面的。因此，也必须进行甄别，剔除不属于成本的系列。比如，一方面，建设某个工程项目可以增加社会就业率，有助于社会安定，这种影响就不应计算为成本；另一方面，如果一个工程项目的建设会增加社会的运行成本，如由于工程建设引起大规模的移民，可能增加社会的不安定因素，这种影响就应计算为社会成本。

在工程项目寿命周期成本中，环境成本和社会成本都是隐性成本，它们不直接表现为量化成本，而必须借助于其他方法转化为可直接计量的成本，这就使得它们比经济成本更难以计量。但在工程建设及运行的全过程中，这类成本始终是发生的。目前，在我国工程建设实践中，往往只偏重于经济成本的管理，而对于环境成本和社会成本则考虑得较少。这也是我国的成本管理与西方发达国家差距较大的一个地方。在主观上，对项目自身的财务效果考虑得多，对环境、社会等的项目外部效果尚不够重视，项目国民经济评价虽然也做外部效果评价，但往往是流于形式；在客观上，由于环境和社会成本难以计量，对其在实践中的地位也有影响。考虑到各种因素，本书仍主要考虑工程项目寿命周期的经济成本。

## 12.1.2　工程项目寿命周期成本的构成

**工程项目寿命周期成本**是工程设计、开发、建造、使用、维修和报废等过程中发生的费用，也即该项工程在其确定的寿命周期内或在预定的有效期内所需支付的研究开发费、制造安装费、运行维修费、报废回收费等费用的总和。典型的寿命周期成本状态如图 12-2 所示。对于不同的工程项目，图 12-2 中的数据可能有所不同，而且在一般情况下，运营与维护成本往往大于项目建设的一次性投入。因此，在分析寿命周期成本时，首先要明确寿命周期成本所包括的费用项目，也就是必须建立寿命周期成本的构成体系。无论选择什么样的结构，计算寿命周期成本时都不应遗漏重要的项目，也不能有重复项目。明确各项费用的内容和范围，以及它们在费用构成体系中的相互关系，是十分重要的。

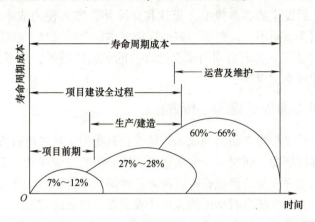

图 12-2 典型的寿命周期成本状态

图 12-3 所示为典型的寿命周期成本构成体系。寿命周期成本的一级构成包括设置费

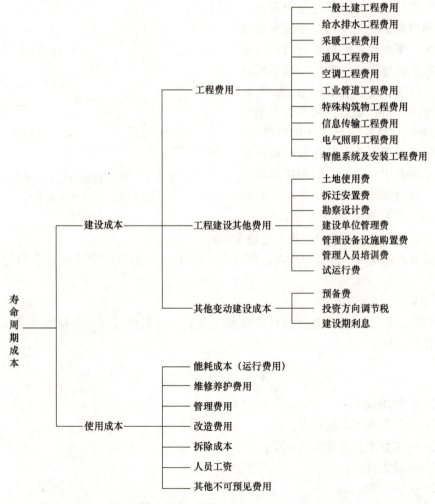

图 12-3 典型的寿命周期成本构成体系

（或建设成本）和维持费（或使用成本）。在工程竣工验收之前发生的成本费用归入建设成本，工程竣工验收之后发生的成本费用（贷款利息除外）归入使用成本。图 12-3 之所以具有典型示例性，是因为该图不一定包括了寿命周期成本的全部项目。在实际使用时，应根据数据（资料）的齐全情况、各项费用的重要性以及问题的性质等，参考图 12-3 编制出符合工程项目实际情况的成本构成体系。

### 12.1.3 工程项目寿命周期成本分析方法

**寿命周期成本分析**又称为寿命周期成本评价，它是指为了从各可行方案中筛选出最佳方案，以有效地利用稀缺资源，而对项目方案进行系统分析的过程或者活动。换言之，寿命周期成本评价是为了使用户所用的系统具有经济寿命周期成本，在系统开发阶段将寿命周期成本作为设计的参数，而对系统进行彻底的分析比较后做出决策的方法。

寿命周期成本分析是对于项目全寿命周期而言，而非一些人为设定的时间跨度（如一个五年计划）。图 12-4 表示了某幢建筑物在寿命周期内不同阶段的寿命周期成本。

在通常情况下，从追求寿命周期成本最低的立场出发，首先是确定寿命周期成本的各要素，将各要素的成本降低到普通水平；其次是将建设成本和使用成本两者进行权衡，以便确定研究的侧重点，从而使总成本更为经济；最后，从寿命周期成本和系统效率的关系这个角度进行研究。此外，由于寿命周期成本是在长时期内发生的，因此对费用发生的时间顺序必须加以掌握。材料费和劳务费用的价格一般都会发生波动，在估算时要对此加以考虑。同时，在寿命周期成本分析中必须考虑资金的时间价值。

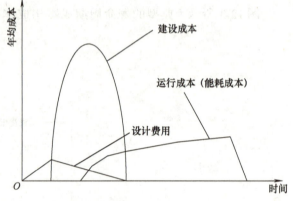

图 12-4 某幢建筑物在寿命周期内不同阶段的寿命周期成本

常用的寿命周期成本评价方法有费用效率（CE）法、固定效率法和固定费用法、权衡分析法等。

**1. 费用效率（CE）法**

**费用效率（CE）** 是指工程项目系统效率（SE）与工程项目寿命周期成本（LCC）的比值。其计算公式如下：

$$CE = \frac{SE}{LCC} = \frac{SE}{IC + SC}$$

式中　CE——费用效率；
　　　SE——工程项目系统效率；
　　　LCC——工程项目寿命周期成本；
　　　IC——设置费；
　　　SC——维持费。

投资目的是多种多样的，当计算 CE 时，哪些应作为投资所得的"成果"计入 SE（分

子要素),哪些应计入LCC(分母要素),有时是难以区分的。因此,可采用如下方式加以区分:

首先,列出式中分子、分母所包含的各主要项目,如图12-5所示。

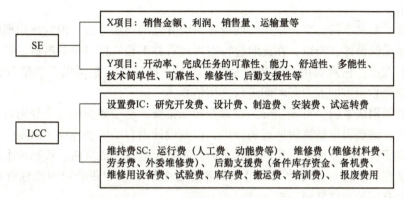

图12-5 SE与LCC的主要构成

其次,列出投资的目的:增产、维持生产能力、提高质量、稳定质量、降低成本等,然后判断成果所属的项目,见表12-1。

表12-1 投资目的和成果的计算方法

| | 投资目的 | 在CE式中所属项目(SE、LCC) |
|---|---|---|
| A | • 增产<br>• 维持生产能力 | • 增产所得的增收额列入X项<br>• 防止生产能力下降的部分相当于Y项 |
| B | • 提高质量<br>• 稳定质量 | • 提高质量所得的增收额列入X项<br>提高质量的增收额 = 平均售价提高部分 × 销售量<br>• 防止质量下降而投入的部分列入Y项 |
| C | • 降低成本 | • 由于节约所得的增收额列入X项(注意:产品的材料费节约额不包括在LCC的SC中,应计入分子SE中)<br>• 由于减少劳动量而节省的劳务费应计入分母SC费用科目中,SE不变 |

费用效率公式的分子需根据对象和目的的不同,用不同的量化值来表示。究竟采用何种量化值,有时较难确定。相比之下,分母是系统寿命周期内的总费用,故比较明确。可以把费用效率公式看成是单位费用的输出值。因此,CE值越大越好。如果分子为一定值,则可认为寿命周期成本少者为好。

(1)系统效率 系统效率是投入寿命周期成本后所取得的效果或者说明任务完成到什么程度的指标。如以寿命周期成本为输入,则系统效率为输出。通常,系统的输出为经济效益、价值、效率(效果)等。

由于系统的目的不同,输出系统效率的具体表现方式也有所不同。它可以用完成任务的数量、年平均产量、利用率、可靠性、维修性、后勤支援效率等来表示,也可以用销售额、附加价值、利润、产值等来表示。用来表示系统效率的量化值有很多。如果系统效率可以由销售额、附加值、利润、销售量中的一项来表示,则在计算上非常方便。当不能用一个综合要素来表示时,就必须采用几个单项要素。

但是，为了求出费用效率，在任何情况下都必须进行定量计算。当系统的寿命很长时，它在寿命周期内的全部输出都要列为计算对象。

（2）寿命周期成本　寿命周期成本为设置费和维持费的合计额，也就是系统在寿命周期内的总费用。

对于寿命周期成本的估算，应尽可能地在系统开发的初期进行。因为在初期阶段还没有做出完整而详尽的设计，所以，在此时进行费用估算并不是一件容易的事情。如果设计进行到了相当深的程度，估算费用会比较容易些。但是，即使是达到可以看清楚具体内容的程度，也需要花费相当多的人力和时间进行费用估算。

估算寿命周期成本时，可先粗分为设置费和维持费。至于如何进一步分别对设置费和维持费进行估算，则要根据估算时所处的阶段，以及设计内容的明确程度来决定。

对设置费而言，当掌握了工程的内容之后，则要根据过去的资料，按物价上涨率加以修正，折算成现在的价格后方可使用。过去的实际业务资料、专业公司的投标资料和估算书等，都是非常有用的估算资料。

对于维持费的估算，如果存有过去的资料，能够说明在什么条件下支出了什么费用、花费的金额有多少等，则在估算时就方便得多。

费用估算的方法有很多，常用的有：

1）费用模型估算法。费用模型是指汇总各项实际资料后用某种统计方法分析求得的数学模型，它是针对所需计算的费用（因变量），运用对其起作用的要因（自变量）经简化归纳而成的数学表达式。

2）参数估算法。这种方法在研制设计阶段运用。该方法将系统分解为各个子系统和组成部分，运用过去的资料制定出物理的、性能的、费用的适当参数逐个分别进行估算，将结果累计起来便可求出总估算额。所用的参数有时间、重量、性能、费用等。

3）类比估算法。这种方法在开发研究的初期阶段运用。通常在不能采用费用模型估算法和参数估算法时才采用，但实际上是应用最广泛的方法。这种方法是参照过去已有的相似系统或其"部分"，做类比后算出估算值。为了更好地进行这种类比，需要有相当丰富的经验和专门知识，而且由于在时间上有过去和将来的差别，还必须考虑通货膨胀和当地的具体情况。

4）费用项目分别估算法。进行系统总费用的估算，无论运用哪一种现成的方法，都要充分研究使用的条件，必要时应进行适当的修正。

**2. 固定效率法和固定费用法**

固定费用法是将费用值固定下来，然后选出能得到最佳效率的方案。固定效率法则是将效率值固定下来，然后选取能达到这个效率而费用最低的方案。

各种方案都可用这两种评价法进行比较。例如，住宅的预算只有一个规定的数额，要根据这个数额的预算选出效果最佳的方案，就可采取固定费用法。又如，要建设一个供水系统，可以在完成供水任务的前提下选取费用最低的方案，这就是固定效率法。

根据系统情况的不同，有的只需采用固定费用法或固定效率法即可，有的则需同时运用两种方法。

**3. 权衡分析法**

权衡分析是对性质完全相反的两个要素做适当的处理，其目的是提高总体的经济性。寿命周期成本评价法的重要特点是进行有效的权衡分析。通过有效的权衡分析，可使系统的任务能较好地完成，既保证了系统的性能，又可使有限的资源（人、财、物）得到有效的利用。

在寿命周期成本评价法中，权衡分析的对象包括以下五种情况：①设置费与维持费的权衡分析；②设置费中各项费用之间的权衡分析；③维持费中各项费用之间的权衡分析；④系统效率和寿命周期成本之间的权衡分析；⑤从开发到系统设置完成这段时间与设置费之间的权衡分析。

【例 12-1】 某机械加工产品生产线有关数据资料见表 12-2。试对其进行权衡分析。

表 12-2 某机械加工产品生产线有关数据资料 （单位：万元）

| 规划方案 | 系统效率 SE | 设置费 IC | 维持费 SC |
| --- | --- | --- | --- |
| 原规划方案一 | 6000 | 1000 | 2000 |
| 新规划方案二 | 6000 | 1500 | 1200 |
| 新规划方案三 | 7200 | 1200 | 2100 |

解：(1) 设置费与维持费的权衡分析 设原规划方案一的费用效率为 $CE_1$；新规划方案二的费用效率为 $CE_2$，则

$$CE_1 = \frac{6000\ 万元}{1000\ 万元 + 2000\ 万元} = 2.00; \quad CE_2 = \frac{6000\ 万元}{1500\ 万元 + 1200\ 万元} = 2.22$$

通过上述设置费与维持费的权衡分析可知：方案二的设置费虽比原规划方案增加了 500 万元，但使维持费减少了 800 万元，从而使寿命周期成本 $LCC_2$ 比 $LCC_1$ 减少了 300 万元，结果是费用效率由 2.00 提高到 2.22。表明设置费的增加带来维持费的下降是可行的，即新规划方案二在费用效率上比原规划方案一好。

为了提高费用效率，该机械加工产品生产线还可以采用以下各种有效的手段：

1) 改善原设计材质，降低维修频度。
2) 支出适当的后勤支援费，改善作业环境，减少维修作业。
3) 制定防震、防尘、冷却等对策，提高可靠性。
4) 进行维修性设计。
5) 置备备用的配套件、部件和整机，设置迂回的工艺路线，提高可维修性。
6) 进行节省劳力的设计，减少操作人员的费用。
7) 进行节能设计，节省运行所需的动力费用。
8) 进行防止操作和维修失误的设计。

(2) 设置费中各项费用之间的权衡分析

1) 进行充分的研制，降低制造费。
2) 将预知维修系统装入机内，减少备件的购置量。
3) 购买专利的使用权，从而减少设计、试制、制造、试验费用。
4) 采用整体结构，减少安装费。

(3) 维持费中各项费用之间的权衡分析

1) 采用计划预修，减少停机损失。

2) 对操作人员进行充分培训，使操作人员能自己进行维修，可减少维修人员的劳务费。

3) 反复地完成具有相同功能的行为，其产生效果的体现形式便是缩短时间，减少用料，最终表现为费用减少。而且，重复的次数越多，这种效果就越显著，这就是熟练曲线。计算寿命周期成本时，系统效率中的作业时间和准备时间，以及定期维修作业时间等，都可能适用熟练曲线，必须予以注意。

(4) 系统效率与寿命周期成本之间的权衡分析　由表12-2的数据可知，新规划方案三的费用效率 $CE_3$ 为

$$CE_3 = \frac{7200\ 万元}{1200\ 万元 + 2100\ 万元} = 2.18$$

通过系统效率与寿命周期成本之间的权衡分析可知：方案三的寿命周期成本增加了300万元（其中：设置费增加了200万元，维持费增加了100万元），但由于系统效率增加了1200万元，其结果是使费用效率由2.00提高到2.18。这表明方案三在费用效率上比原规划方案一好。因为方案三系统效率增加的幅度大于其寿命周期成本增加的幅度，故费用效率得以提高。

在系统效率和寿命周期成本之间权衡时，可以采用以下的有效手段：
1) 通过增加设置费使系统的能力增大（例如增加产量）。
2) 通过增加设置费使产品精度提高，从而有可能提高产品的售价。
3) 通过增加设置费提高材料的周转速度，使生产成本降低。
4) 通过增加设置费，使产品的使用性能具有更大的吸引力（例如，使用简便、舒适性提高，容易掌握，具有多种用途等），可使售价和销售量得以提高。

(5) 从开发到系统设置完成这段时间与设置费之间的权衡分析　如果要在短时期内实现从开发到设置完成的全过程，往往就得增加设置费。如果将开发到设置完成这段期限规定得太短，便不能进行充分研究，致使设计有缺陷，将会造成维持费增加的不利后果。因此，这一期限与费用之间也有着重要的关系。进行这项权衡分析时，可以运用计划评审技术（PERT）。

---

综上所述，寿命周期成本评价法在很大程度上依赖于权衡分析的彻底程度。从寿命周期成本评价法的基本原理来看，可以认为：

寿命周期成本评价法 ≈ 权衡分析

## 12.1.4　工程项目寿命周期成本分析法与传统投资计算的区别

寿命周期成本评价的目的是降低系统的寿命周期成本，提高系统的经济性。在不考虑技术细节问题的基础上，与过去传统的概念和工作方法相比，寿命周期成本评价法具有以下显著特点：
1) 当选择系统时，不仅考虑设置费，还要研究所有的费用。
2) 在系统开发的初期就考虑寿命周期成本。
3) 进行"费用设计"，像系统的性能、精度、重量、容积、可靠性、维修性等技术规定一样，将寿命周期成本作为系统开发的主要因素。

4）透彻地进行设置费和维持费之间的权衡、系统效率和寿命周期成本之间的权衡，以及开发、设置所需的时间和寿命周期成本之间的权衡。

**1. 费用效率 CE 与传统成本法的比较**

如果 CE 公式的分子为一定值，可认为寿命周期成本越低越好。从这方面来看，CE 公式和传统的成本法有着相同的基点。

**2. 寿命周期成本评价与回收期法的比较**

回收期法同样可以进行寿命周期成本评价。但需注意的是，过去所用的投资回收期计算方法，是按用多少年能够回收投资额（即设置费）来考虑的。现在考虑的是多少年能够回收寿命周期成本总额。

**3. 费用效率 CE 与传统的投资收益率的比较**

传统的投资收益率和费用效率 CE 的计算式分别为

$$投资收益率\ R = \frac{销售额\ S - 成本\ C}{投资额\ IC} = \frac{以金额表示的效率\ B}{投资额\ IC}$$

$$费用效率\ CE = \frac{系统效率\ SE}{寿命周期费用\ LCC} = \frac{以量化值或金额表示的效率\ SE}{设置费\ IC + 维持费\ SC}$$

值得注意的是，CE 公式并不是投资收益率公式的简单扩大，CE 公式中的分母采用了 LCC，因此，在选择系统时要考虑总费用 IC + SC，并在 IC 和 SC 之间加以权衡（是在 IC 方面多花钱，还是在 SC 方面多花钱，从而使总的费用最低）。

## 12.1.5　工程项目寿命周期成本分析法的局限性

尽管寿命周期成本分析法得到越来越广泛的应用，但仍然存在着局限性。

**1. 假定项目方案有确定的寿命周期**

寿命周期成本分析考察的时间对象是工程的整个寿命周期，但是在实践中，计算期限往往很难确定。因此，对于项目寿命周期的确定，只有通过假设方法来预测，其合理性和准确性将直接关系到寿命周期成本的准确性。而由于各种原因，工程寿命周期往往可能发生变化。例如，技术进步或者人们对于工程产品功能的要求发生变化，都可能影响工程寿命周期，这种变化在进行寿命周期成本分析时是无法预见的，这样就可能对其分析效果产生影响。

**2. 由于在寿命周期早期进行评价，可能会影响评价结果的准确性**

工程寿命周期成本分析是工程投资决策的一项重要工作，其作用在于辅助决策，因此必须在项目早期进行，否则就失去其意义。这一特点也对其分析评价结果准确性有所影响。原因在于，工程项目的建设周期和运行周期都较长，影响成本的因素众多，而在项目早期，不可能预见到一切变化，从而使寿命成本分析法的应用具有一定的局限性。

**3. 进行工程寿命周期成本分析的高成本使得其未必适用于所有的项目**

工程寿命周期成本分析是一项系统工程，涉及因素众多，专业性、技术性强，需要经济、技术、管理、环境、工程造价等方面的专家或者行家来完成这项工作。寿命周期成本分析必须负担较高的成本，这一点也限制了其应用范围，并不是所有的工程建设项目都适宜或者必须进行寿命周期成本分析。

**4. 高敏感性使其分析结果的可靠性、有效性受到影响**

工程寿命周期成本分析中涉及的参数、指标相当多，而这些指标、参数对于相关因素的敏感性很强，对于政策、法律、金融等宏观环境的变化也相当敏感。一旦其中的某个因素发生变化，寿命周期成本分析的结果就可能不适用或者失去其作为决策依据的作用。

## 12.2 价值工程

### 12.2.1 价值工程原理

**1. 价值工程的含义**

价值工程（Value Engineering，VE）是以提高产品或作业价值为目的，通过有组织的创造性工作，寻求用最低的寿命周期成本，可靠地实现使用者所需功能的一种管理技术。价值工程中所述的"价值"，是指作为某种产品（或作业）所具有的功能与获得该功能的全部费用的比值。它不是对象的使用价值，也不是对象的交换价值，而是对象的比较价值，是作为评价事物有效程度的一种尺度提出来的。这种对比关系可用一个数学公式表示为

$$V = \frac{F}{C}$$

式中　$V$——研究对象的价值；
　　　$F$——研究对象的功能；
　　　$C$——研究对象的成本，即寿命周期成本。

由此可见，价值工程涉及价值、功能和寿命周期成本三个基本要素。

**2. 价值工程的特点**

1）价值工程的目标是以最低的寿命周期成本，使产品具备它所必须具备的功能。产品的寿命周期成本由生产成本和使用及维护成本组成。产品生产成本是指用户购买产品的费用，包括产品的科研、实验、设计、试制、生产、销售等费用及税收和利润等；而产品使用及维护成本是指用户在使用过程中支付的各种费用的总和，它包括使用过程中的能耗费用、维修费用、人工费用、管理费用等，有时还包括报废拆除所需的费用（扣除残值）。

在一定范围内，产品的生产成本和使用及维护成本存在此消彼长的关系。随着产品功能水平提高，产品的生产成本 $C_1$ 增加，使用及维护成本 $C_2$ 降低；反之，产品功能水平降低，其生产成本降低，但使用及维护成本会增加。因此，当功能水平逐步提高时，寿命周期成本 $C = C_1 + C_2$，呈马鞍形变化，如图12-6所示。

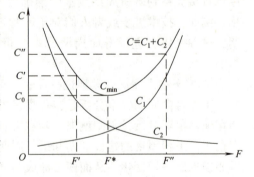

图 12-6　产品功能与寿命周期成本的关系图

寿命周期成本为最小值 $C_{min}$ 时，所对应的功能水平是仅从成本方面考虑的最适宜功能水平。从图12-6可以看出，在 $F'$ 点，产品功能水平较低，此时虽然生产成本较低，但由于不能满足使用者的基本需要，使用及维护成本较高，因此，寿命周期成本较高；在 $F''$ 点，虽然使用及维护成本较低，但由于存在着多余的功能，致使生产成本过高。同样，寿命周期成本也较高。只有在 $F^*$ 点，产品功能既能满足用户的需求，又使得寿命周期成本比较低，体

现了比较理想的功能与寿命周期成本之间的关系。

由此可见，工程产品的寿命周期成本与其功能是辩证统一的关系。寿命周期成本的降低，不仅关系到生产企业的利益，同时也能满足用户的要求，并与社会节约密切相关。

2）价值工程的核心是对产品进行功能分析。价值工程中的功能是指对象能够满足某种要求的一种属性，具体讲，功能就是效用。例如，住宅的功能是提供居住空间，建筑物基础的功能是承受荷载等。用户向生产企业购买产品，是要求生产企业提供这种产品的功能，而不是产品的具体结构（或零部件）。企业生产的目的，也是通过生产获得用户所期望的功能，而结构、材质等是实现这些功能的手段。目的是主要的，手段可以广泛地选择。因此，价值工程分析产品，首先不是分析其结构，而是分析其功能。在分析功能的基础之上，再去研究结构、材质等问题。

3）价值工程将产品价值、功能和成本作为一个整体同时来考虑。也就是说，价值工程中对价值、功能、成本的考虑，不是片面和孤立的，而是在确保产品功能的基础上综合考虑生产成本和使用及维护成本，兼顾生产者和用户的利益，从而创造出总体价值最高的产品。

4）价值工程强调不断改革和创新，开拓新构思和新途径，获得新方案，创造新功能载体，从而简化产品结构，节约原材料，节约能源，绿色环保，提高产品的技术经济效益。

5）价值工程要求将功能定量化，即将功能转化为能够与成本直接相比的量化值。

6）价值工程是以集体智慧开展的有计划、有组织的管理活动。开展价值工程，要组织科研、设计、制造、管理、采购、供销、财务等各方面有经验的人员参加，组成一个智力结构合理的集体，发挥各方面、各环节人员的知识、经验和积极性，博采众长地进行产品设计，以达到提高产品价值的目的。

### 3. 提高产品价值的途径

由于价值工程以提高产品价值为目的，这既是用户的需要，又是生产经营者追求的目标，两者的根本利益是一致的。因此，企业应当研究产品功能与成本的最佳匹配。价值工程的基本原理是 $V = F/C$，不仅深刻地反映出产品价值与产品功能和实现此功能所耗成本之间的关系，而且也为如何提高价值提供了有效途径。提高产品价值的途径有以下五种：

1）在提高产品功能的同时，又降低产品成本，这是提高价值最为理想的途径。但对生产者要求较高，往往要借助科学技术的突破才能实现。

2）在产品成本不变的条件下，通过提高产品的功能，提高利用资源的效果或效用，达到提高产品价值的目的。

3）在保持产品功能不变的前提下，通过降低产品的寿命周期成本，达到提高产品价值的目的。

4）产品功能有较大幅度提高，产品成本有较少提高。

5）产品功能略有下降、产品成本大幅度降低。在某些情况下，为了满足购买力较低的用户需求，或对一些注重价格竞争而不需要高档的产品，适当生产价廉的低档品，也能取得较好的经济效益。

总之，在产品形成的各个阶段都可以应用价值工程提高产品的价值。但应注意，在不同的阶段进行价值工程活动，其经济效果的提高幅度却大不相同。对于大型复杂的产品，应用价值工程的重点是在产品的研究、设计阶段，产品的设计图一旦设计完成并投入生产后，产品的价值就已基本确定，这时再进行价值工程分析就变得更加复杂。不仅原来的许多工作成果要付之东流,而且改变生产工艺、设备工具等可能会造成很大的浪费,使价值工程活动的技术经济效果大大下降。因此,价值工程活动更侧重在产品的研究、设计阶段,以寻求技术突破,取得最佳的综合效果。

## 12.2.2 价值工程工作程序

价值工程的工作程序一般可分为准备、分析、创新、实施与评价四个阶段。其工作步骤实质上就是针对产品的功能和成本提出问题、分析问题和解决问题的过程,见表12-3。

表12-3 价值工程的工作程序

| 工作阶段 | 工作步骤 | 对应问题 |
| --- | --- | --- |
| 一、准备阶段 | 对象选择<br>组成价值工程工作小组<br>制订工作计划 | (1) 价值工程的研究对象是什么?<br>(2) 围绕价值工程对象需要做哪些准备工作? |
| 二、分析阶段 | 收集整理资料<br>功能定义<br>功能整理<br>功能评价 | (3) 价值工程对象的功能是什么?<br>(4) 价值工程对象的成本是多少?<br>(5) 价值工程对象的价值是多少? |
| 三、创新阶段 | 方案创造<br>方案评价<br>方案编写 | (6) 有无其他方式可实现同样的功能?<br>(7) 新方案的成本是多少?<br>(8) 新方案能满足要求吗? |
| 四、实施与评价阶段 | 方案审批<br>方案实施<br>成果评价 | (9) 如何保证新方案的实施?<br>(10) 价值工程活动的效果如何? |

## 12.2.3 价值工程对象选择方法

价值工程是就某个具体对象开展的有针对性的分析评价和改进,有了对象才有分析的具体内容和目标。对企业来讲,凡是为获取功能而发生费用的事物,都可以作为价值工程的研究对象,如产品、工艺、工程、服务或它们的组成部分等。

价值工程的对象选择过程就是逐步收缩研究范围、寻找目标、确定主攻方向的过程。因为生产建设中的技术经济问题很多,涉及的范围也很广,为了节省资金,提高效率,只能精选其中的一部分来实施,并非企业生产的全部产品,也不一定是构成产品的全部零部件。因此,能否正确选择对象是价值工程收效大小与成败的关键。

**1. 价值工程对象选择的一般原则**

一般说来,选择价值工程的对象需遵循以下原则:

1) 从设计方面看,对产品结构复杂、性能和技术指标差距大、体积大、重量大的产品进行价值工程活动,可使产品结构、性能、技术水平得到优化,从而提高产品价值。

2) 从生产方面看,对量多面广、关键部件、工艺复杂、原材料和能源消耗高、废品率高的产品或零部件,特别是对量多、产值比重大的产品,只要成本下降,所取得的经济效果就大。

3) 从市场销售方面看,选择用户意见多、系统配套差、维修能力低、竞争力差、利润率低、寿命周期较长、市场上畅销但竞争激烈的产品或零部件，选择新产品、新工艺等。

4）从成本方面看，选择成本高于同类产品、成本比重大的，如材料费、管理费、人工费等。

对生产企业，有以下情况之一者，应优先选择为价值工程的对象：

1）结构复杂或落后的产品。

2）制造工序多或制造方法落后及手工劳动较多的产品。

3）原材料种类繁多和互换材料较多的产品。

4）在总成本中所占比重大的产品。

对由各组成部分组成的产品，应优先选择以下部分作为价值工程的对象：

1）造价高的组成部分。

2）占产品成本比重大的组成部分。

3）数量多的组成部分。

4）体积或重量大的组成部分。

5）加工工序多的组成部分。

6）废品率高和关键性的组成部分。

**2. 价值工程对象选择的几种方法**

价值工程对象选择往往要兼顾定性分析和定量分析，因此，对象选择的方法有多种，不同方法适宜于不同的价值工程对象。应根据具体情况选用适当的方法，以取得较好的效果。常用的方法有以下几种：

（1）因素分析法　该法又称经验分析法，是指根据价值工程对象选择应考虑的各种因素，凭借分析人员的经验集体研究确定选择对象的一种方法。因素分析法是一种定性分析方法，依据分析人员的经验做出选择，简便易行。特别是在被研究对象彼此相差比较大以及时间紧迫的情况下比较适用。在对象选择中还可以将这种方法与其他方法相结合，往往能取得更好的效果。因素分析法的缺点是缺乏定量依据，准确性较差，对象选择的正确与否，主要取决于价值工程活动人员的经验及工作态度，有时难以保证分析质量。为了提高分析的准确程度，可以选择技术水平高、经验丰富、熟悉业务的人员参加，并且要发挥集体智慧，共同确定对象。

（2）ABC分析法　该法又称重点选择法或不均匀分布定律法，是指应用数理统计分析的方法来选择对象。这种方法由意大利经济学家帕累托提出，其基本原理为"关键的少数和次要的多数"，抓住关键的少数可以解决问题的大部分。在价值工程中，这种方法的基本思路是：首先将一个产品的各种部件（或企业各种产品）按成本的大小由高到低排列起来，然后绘成费用累计分配图（图12-7）。然后将占总成本70%~80%而占零部件总数10%~20%的零部件划分为A类部

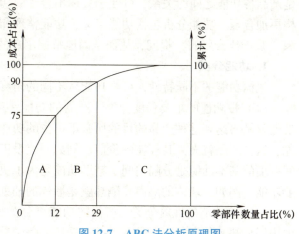

图 12-7　ABC 法分析原理图

件；将占总成本 5%~10% 而占零部件总数 60%~80% 的零部件划分为 C 类；其余为 B 类。其中 A 类零部件是价值工程的主要研究对象。

有些产品不是由各个部件组成，如工程项目投资等，对这类产品可按费用构成项目分类，如分为管理费、动力费、人工费等，将其中所占比重最大的，作为价值工程的重点研究对象。这种分析方法也可从产品成本利润率、利润比重角度分析，其中，利润额占总利润比重最低，而且成本利润率也是最低的，应当考虑作为价值工程的研究对象。

ABC 分析法以成本比重大的零部件或工序作为研究对象，有利于集中精力重点突破，取得较大效果，同时简便易行，因此，广泛为人们所采用。但在实际工作中，有时由于成本分配不合理，造成成本比重不大但用户认为功能重要的对象可能被漏选或排序推后。ABC 分析法的缺点可以通过经验分析法、强制确定法等方法补充修正。

(3) 强制确定法  该法是以功能重要程度作为选择价值工程对象的标准的一种分析方法。具体做法是：先求出分析对象的成本系数、功能系数，然后得出价值系数，以揭示出分析对象的功能与成本之间是否相符。如果不相符，价值低的则被选为价值工程的研究对象。这种方法在功能评价和方案评价中也有应用。

强制确定法从功能和成本两方面综合考虑，比较实用、简便，不仅能明确揭示出价值工程的研究对象，而且具有数量概念。但这种方法是人为打分，不能准确反映功能差距的大小，只适用于部件间功能差别不太大且比较均匀的对象，而且一次分析的部件数目也不能太多，以不超过 10 个为宜。在零部件很多时，可以先用 ABC 法、经验分析法选出重点部件，然后再用强制确定法细选；也可以用逐层分析法，从部件选起，然后在重点部件中选出重点零件。

(4) 百分比法  这是一种通过分析某种费用或资源对企业的某个技术经济指标的影响程度的大小（百分比），来选择价值工程对象的方法。

(5) 价值指数法  这是通过比较各个对象（或零部件）之间的功能水平位次和成本位次，寻找价值较低的对象（零部件），并将其作为价值工程研究对象的一种方法。

### 12.2.4 价值工程中的功能分析

功能分析是价值工程活动的核心和基本内容。它通过分析信息资料，用动词和名词的组合方式简明、正确地表达各对象的功能，明确功能特性要求，并绘制功能系统图，从而弄清楚产品各功能之间的关系，以便于去掉不合理的功能，调整功能间的比重，使产品的功能结构更加合理。功能分析包括功能定义、功能整理和功能计量等内容。通过功能分析，回答对象"是干什么用的"提问，从而准确地掌握用户的功能要求。

**1. 功能分类**

根据功能的不同特性，可将功能从不同的角度进行分类：

(1) 按功能的重要程度分类  产品的功能一般可分为基本功能和辅助功能两类。基本功能就是要达到这种产品的目的所必不可少的功能，是产品的主要功能，如果不具备这种功能，这种产品就失去其存在的价值。例如，建设工程承重外墙的基本功能是承受荷载，室内间壁墙的基本功能是分隔空间。辅助功能是为了更有效地实现基本功能而附加的功能，是次要功能。例如，墙体的隔声、隔热就是墙体的辅助功能。

(2) 按功能的性质分类  产品的功能可分为使用功能和美学功能。使用功能是从功能的内涵反映其使用属性，是一种动态功能。美学功能是从产品的外观反映功能的艺术属性，是一种静态的外观功能。建筑产品的使用功能一般包括可靠性、安全性和维修性等,其美学功能一般包括造型、色彩、图案等。无论是使用功能和美学功能,都是通过基本功能和辅助功能来实现的。建筑产品构配件的使用功能和美学功能要根据产品的特点而有所侧重。有的产品应突出其使用功能,例如,地下电缆、地下管道等;有的应突出其美学功能,例如,塑料墙纸、陶瓷壁画等。当然,有的产品二者功能兼而有之。

(3) 按用户的需求分类  产品的功能可分为必要功能和不必要功能。必要功能是指用户所要求的功能以及与实现用户所需求的功能有关的功能,使用功能、美学功能、基本功能、辅助功能等均为必要功能。不必要功能是不符合用户要求的功能,又包括三类:一是多余功能;二是重复功能;三是过剩功能。不必要功能必然产生不必要的费用,这不仅增加了用户的经济负担,而且还浪费了国家的资源。因此,功能分析是为了可靠地实现必要功能。对这部分功能,无论是使用功能,还是美学功能,都应当充分而可靠地实现,即充分满足用户必不可少的功能要求。

(4) 按功能量化标准分类  产品的功能可分为过剩功能与不足功能。这是相对于功能的标准而言的,从定量角度对功能采用的分类。过剩功能是指某些功能虽属必要,但满足需要有余,在数量上超过了用户要求或标准功能水平。不足功能是相对于过剩功能而言的,表现为产品整体功能或零部件功能水平在数量上低于标准功能水平,不能完全满足用户需要。

总之,用户购买一项产品,其目的不是获得产品本身,而是通过购买该项产品来获得其所需要的功能。因此,价值工程中的功能一般是指必要功能。价值工程对产品的分析,首先是对其功能的分析,通过功能分析,弄清哪些功能是必要的,哪些功能是不必要的,从而在创新方案中去掉不必要的功能,补充不足的功能,使产品的功能结构更加合理,达到可靠地实现使用者所需功能的目的。

**2. 功能定义**

任何产品都具有使用价值,即功能。功能定义就是以简洁的语言对产品的功能加以描述。这里要求描述的是"功能",而不是对象的结构、外形或材质。因此,功能定义的过程就是解剖分析的过程,如图 12-8 所示。

通过对功能下定义,可以加深对产品功能的理解,并为以后提出功能代用方案提供依据。功能定义一定要

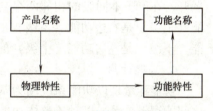

图 12-8  功能定义的过程

抓住问题的本质,头脑里要问几个为什么。如这是干什么用的,为什么它是必不可少的,没有它行不行,等等。功能定义通常用一个动词和一个名词来描述,不宜太长,以简洁为好。动词是功能承担体发生的动作。而动作的对象就是作为宾语的名词。例如,基础的功能是"承受荷载",这里基础是功能承担体,"承受"是表示功能承担体(基础)发生动作的动词,"荷载"则是作为动词宾语的名词。但是,并不是只要动词加名词就是功能定义。对功能所下的定义是否准确,对下一步工作的影响很大。因此,对功能进行定义需要反复推敲,既简明准确,便于测定,又要系统全面,一一对应。

**3. 功能整理**

在进行功能定义时,只是把认识到的功能用动词加名词列出来,但因实际情况很复杂,这种表述不一定都很准确和很有条理,因此,需要进一步加以整理。

(1) 功能整理的目的  功能整理是用系统的观点将已经定义了的功能加以系统化,找

出各局部功能相互之间的逻辑关系,并用图表形式表达,以明确产品的功能系统,从而为功能评价和方案构思提供依据。通过功能整理,应满足以下要求:

1) 明确功能范围。弄清楚基本功能,这些基本功能通过什么功能实现的。

2) 检查功能之间的准确程度。定义下得正确的就肯定下来,不正确的加以修改,遗漏的加以补充,不必要的就取消。

3) 明确功能之间的上下位关系和并列关系。

按逻辑关系,把产品的各个功能相互联系起来,对局部功能和整体功能的相互关系进行研究,达到掌握必要功能的目的。

(2) 功能整理的一般程序 功能整理的主要任务就是建立功能系统图。因此,功能整理的过程也就是绘制功能系统图的过程,其工作程序如下:

1) 编制功能卡片。把功能定义写在卡片上,每条写一张卡片,这样便于排列、调整和修改。

2) 选出最基本的功能。从基本功能中挑选出一个最基本的功能,也就是最上位的功能(产品和目的),排列在最左边。其他卡片按功能的性质,以树状结构的形式向右排列,并分别列出上位功能和下位功能。

3) 明确各功能之间的关系。逐个研究功能之间的关系,也就是找出功能之间的上下位关系。

4) 对功能定义做必要的修改、补充和取消。

5) 按上下位关系,将经过调整、修改和补充的功能,排列成功能系统图。

功能系统图是按照一定的原则和方式,将定义的功能连接起来,从单个到局部、再从局部到整体而形成的一个完整的功能体系。其一般形式如图 12-9 所示。

在图 12-9 中,从整体功能 $F$ 开始,由左向右逐级展开,在位于不同级的相邻两个功能之间,左边的功能(上级)是右边功能(下级)的目标,而右边的功能(下级)是左边功能(上级)的手段。

### 4. 功能计量

功能计量是以功能系统图为基础,依据各个功能之间的逻辑关系,以对象整体功能的定量指标为出发点,从左向右地逐级测算、分析,确定出各级功能程度的数量指标,揭示出各级功能领域中有无功能不足或功能过剩,从而为保证必要功能、剔除过剩功能、补足不足功能的后续活动(功能评价、方案创新等)提供定性与定量相结合的依据。

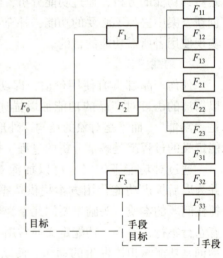

图 12-9 功能系统图

功能计量又分为对整体功能的量化和对各级子功能的量化。

(1) 整体功能的量化 整体功能的计量应以使用者的合理要求为出发点,以一定的手段、方法确定其必要功能的数量标准,它应能在质和量两个方面充分满足使用者的功能要求而无过剩或不足。整体功能的计量是对各级子功能进行计量的主要依据。

(2) 各级子功能的量化 产品整体功能的数量标准确定之后,就可依据"手段功能必须满足目的功能要求"的原则,运用目的一手段的逻辑判断,由上而下逐级推算、测定各级手段功能的数量标准。各级子功能的量化方法有很多,如理论计算法、技术测定法、统计分析法、类比类推法、德尔菲法等，可根据具体情况灵活选用。

## 12.2.5 价值工程中的功能评价

通过功能分析与整理明确必要功能后，价值工程的下一步工作就是功能评价。功能评价，即评定功能的价值，是指找出实现功能的现实成本和功能的目标成本（又称功能评价值），计算两者的差异值（改善期望值），然后选择功能价值低、改善期望值大的功能作为价值工程活动的重点对象。功能评价工作可以更准确地选择价值工程研究对象，同时，制定目标成本，有利于提高价值工程的工作效率，并增加工作人员的信心。

功能评价的程序如图 12-10 所示。

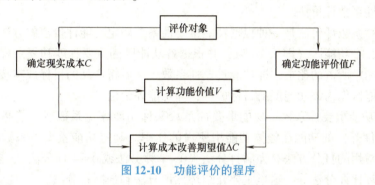

图 12-10 功能评价的程序

**1. 功能现实成本及指数的计算**

（1）功能现实成本的计算　功能现实成本的计算与一般的传统成本核算既有相同点，也有不同之处。两者的相同点是指它们在成本费用的构成项目上是完全相同的，如建筑产品的成本费用都是由人工费、材料费、施工机械使用费、措施费、规费、企业管理费等构成；而两者的不同之处在于功能现实成本的计算是以对象的功能为单位，而传统的成本核算是以产品或零部件为单位。因此，在计算功能现实成本时，就需要根据传统的成本核算资料，将产品或零部件的现实成本换算成功能的现实成本。具体地讲，当一个零部件只具有一个功能时，该零部件的成本就是它本身的功能成本；当一项功能要由多个零部件共同实现时，该功能的成本就等于这些零部件的功能成本之和。当一个零部件具有多项功能或同时与多项功能有关时，就需要将零部件成本根据具体情况分摊给各项有关功能。表 12-4 所示即为一项功能由若干零部件组成或一个零部件具有几个功能的情形。

表 12-4　功能现实成本计算表　　　　　　　　　　　　　　（单位：元）

| 零部件 | | | 功能区或功能领域 | | | | | |
|---|---|---|---|---|---|---|---|---|
| 序号 | 名称 | 成本 | $F_1$ | $F_2$ | $F_3$ | $F_4$ | $F_5$ | $F_6$ |
| 1 | 甲 | 300 | 100 | | 100 | | | 100 |
| 2 | 乙 | 500 | | 50 | 150 | 200 | | 100 |
| 3 | 丙 | 60 | | | | 40 | | 20 |
| 4 | 丁 | 140 | 50 | 40 | | | 50 | |
| | | $C$ | $C_1$ | $C_2$ | $C_3$ | $C_4$ | $C_5$ | $C_6$ |
| 合计 | | 1000 | 150 | 90 | 250 | 240 | 50 | 220 |

（2）成本指数的计算　成本指数是指评价对象的现实成本在全部成本中所占的比率。

其计算式如下：

$$第i个评价对象的成本指数 C_1 = \frac{第i个评价对象的现实成本 C_i}{全部成本}$$

**2. 功能评价值的计算**

对象的功能评价值 $F$（目标成本）是指可靠地实现用户要求功能的最低成本，它可以定义为是企业有把握，或者说应该达到的实现用户要求功能的最低成本。从企业目标的角度来看，功能评价值可以看成是企业预期的、理想的成本目标值。功能评价值一般以货币价值形式表达。

功能的现实成本较易确定，而功能评价值较难确定。求功能评价值的方法较多，这里仅介绍功能重要性系数评价法。

功能重要性系数评价法是一种根据功能重要性系数确定功能评价值的方法。这种方法是把功能划分为几个功能区（即子系统），并根据各功能区的重要程度和复杂程度，确定各个功能区在总功能中所占的比重，即功能重要性系数。然后将产品的目标成本按功能重要性系数分配给各功能区作为该功能区的目标成本，即功能评价值。

(1) 确定功能重要性系数　功能重要性系数又称功能评价系数或功能指数，是指评价对象（如零部件等）的功能在整体功能中所占的比率。确定功能重要性系数的关键是对功能进行打分，常用的打分方法有强制打分法（0-1评分法或0-4评分法）、多比例评分法、逻辑评分法、环比评分法等。这里主要介绍环比评分法和强制打分法。

1) 环比评分法。环比评分法又称 DARE 法，是一种通过确定各因素的重要性系数来评价和选择创新方案的方法。具体做法如下：

① 根据功能系统图（图12-11）决定评价功能的级别，确定功能区 $F_1$、$F_2$、$F_3$、$F_4$，见表12-5的第（1）栏。

② 对上下相邻两项功能的重要性进行对比打分，打分作为暂定重要性系数。如表12-5中第（2）栏的数据。将 $F_1$ 与 $F_2$ 进行对比，如果 $F_1$ 的重要性是 $F_2$ 的1.5倍，就将1.5记入第（2）栏内，同样，$F_2$ 与 $F_3$ 对比为2.0倍，$F_3$ 与 $F_4$ 对比为3.0倍。

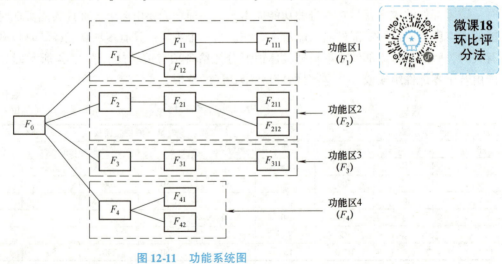

图 12-11　功能系统图

表 12-5　功能重要性系数计算表

| 功能区 | 功能重要性评价 | | |
|---|---|---|---|
| | 暂定重要性系数 | 修正重要性系数 | 功能重要性系数 |
| (1) | (2) | (3) | (4) |
| $F_1$ | 1.5 | 9.0 | 0.47 |
| $F_2$ | 2.0 | 6.0 | 0.32 |
| $F_3$ | 3.0 | 3.0 | 0.16 |
| $F_4$ | | 1.0 | 0.05 |
| 合计 | | 19.0 | 1.00 |

③ 对暂定重要性系数进行修正。首先将最下面一项功能性的重要性系数定为1.0，称为修正重要性系数，填入第（3）栏。由第（2）栏知道，由于 $F_3$ 的暂定重要性是 $F_4$ 的3倍，故应得 $F_3$ 的修正重要性系数为3.0（=3.0×1.0），而 $F_2$ 为 $F_3$ 的2倍，故 $F_2$ 定为6.0（=3.0×2.0）。同理，$F_1$ 的修正重要性系数为9.0（=6.0×1.5），填入第（3）栏。将第（3）栏的各数相加，即得全部功能区的总分19.0。

④ 将第（3）栏中各功能的修正重要性系数除以全部功能总分19.0，即得各功能区的重要性系数，填入第（4）栏中。如 $F_1$ 的功能重要性系数为9.0/19.0＝0.47，$F_2$、$F_3$、$F_4$ 的功能重要性系数依次为0.32、0.16和0.05。

环比评分法适用于各个评价对象之间有明显的可比关系，能直接对比，并能准确地评定功能重要程度比值的情况。

2）强制评分法。强制评分法又称FD法，包括0-1评分法和0-4评分法两种方法。它是采用一定的评分规则，采用强制对比打分来评定评价对象的功能重要性。

① 0-1评分法。0-1评分法是请5~15名对产品熟悉的人员参加功能的评价。首先按照功能重要程度两两对比打分，重要的打1分，相对不重要的打0分，见表12-6。表中，要分析的对象（零部件）自己与自己相比不得分，用"×"表示。最后，根据每个参与人员选择该零部件得到的功能重要性系数 $W_i$，可以得到该零部件的功能重要性系数平均值 $W$ 为

$$W = \frac{\sum_{i=1}^{k} W_i}{k}$$

式中　$k$——参加功能评价的人数。

为避免不重要的功能得零分，可将各功能累计得分加1分进行修正，用修正后的总分分别去除各功能累计得分即得到功能重要性系数。

表 12-6　功能重要性系数计算表

| 零部件 | A | B | C | D | E | 功能总分（分） | 修正得分（分） | 功能重要性系数 |
|---|---|---|---|---|---|---|---|---|
| A | × | 1 | 1 | 0 | 1 | 3 | 4 | 0.267 |
| B | 0 | × | 1 | 0 | 1 | 2 | 3 | 0.200 |
| C | 0 | 0 | × | 0 | 1 | 1 | 2 | 0.133 |
| D | 1 | 1 | 1 | × | 1 | 4 | 5 | 0.333 |
| E | 0 | 0 | 0 | 0 | × | 0 | 1 | 0.067 |
| 合计 | | | | | | 10 | 15 | 1.000 |

② 0-4 评分法。0-1 评分法中的重要程度差别仅为 1 分,不能拉开档次。为弥补这一不足,将分档扩大为 4 级,其打分矩阵仍同 0-1 评分法。档次划分如下:

a. $F_1$ 比 $F_2$ 重要得多:$F_1$ 得 4 分,$F_2$ 得 0 分。
b. $F_1$ 比 $F_2$ 重要:$F_1$ 得 3 分,$F_2$ 得 1 分。
c. $F_1$ 与 $F_2$ 同等重要:$F_1$ 得 2 分,$F_2$ 得 2 分。
d. $F_1$ 不如 $F_2$ 重要:$F_1$ 得 1 分,$F_2$ 得 3 分。
e. $F_1$ 远不如 $F_2$ 重要:$F_1$ 得 0 分,$F_2$ 得 4 分。

强制打分法适用于评价对象在功能重要程度上的差异不太大,并且评价对象子功能数目不太多的情况。

以各部件功能得分占总分的比例确定各部件功能重要性系数:

$$\text{第 } i \text{ 个评价对象的功能重要性系数 } F_i = \frac{\text{第 } i \text{ 个评价对象的功能得分 } F_i}{\text{全部功能得分}}$$

功能评价指数大,说明功能重要;反之,说明功能不太重要。

(2) 确定功能评价值 $F$　功能评价值的确定分以下两种情况:

1) 新产品设计。产品设计之前,根据市场供需情况、价格、企业利润与成本水平,已初步设计了目标成本。在功能重要性系数确定之后,就可将新产品设定的目标成本(如为800 元)按已有的功能重要性系数加以分配计算,求得各个功能区的功能评价值,并将此功能评价值作为功能的目标成本,见表 12-7。

表 12-7　新产品功能评价值计算表

| 功能区 (1) | 功能重要性系数 (2) | 功能评价值 $F$<br>(3) = (2) ×800 元 |
|---|---|---|
| $F_1$ | 0.47 | 376 元 |
| $F_2$ | 0.32 | 256 元 |
| $F_3$ | 0.16 | 128 元 |
| $F_4$ | 0.05 | 40 元 |
| 合计 | 1.00 | 800 元 |

如需要进一步求出各功能区所有各项功能的功能评价值,可采取同样的方法。

2) 既有产品的改进设计。既有产品应以现实成本为基础确定功能评价值,进而确定功能的目标成本。由于既有产品已有现实成本,没有必要再假定目标成本。但既有产品的现实成本原已分配到各功能区中去的比例不一定合理,这就需要根据改进设计中新确定的功能重要性系数,重新分配既有产品的原有成本。从分配结果看,各功能区新分配成本与原分配成本之间有差异。正确分析和处理这些差异,就能合理确定各功能区的功能评价值,求出产品功能区的目标成本。现设既有产品的现实成本为 500 元,即可计算出功能评价值或目标成本,见表 12-8。

表 12-8　既有产品功能评价值计算表

| 功　能　区 | 功能现实成本 $C$(元) | 功能重要性系数 | 根据产品实现成本和功能重要性系数重新分配的功能区成本(元) | 功能评价值 $F$(或目标成本)(元) | 成本降低幅度 $\Delta C = (C-F)$(元) |
|---|---|---|---|---|---|
| | (1) | (2) | (3) = (2) ×500 | (4) | (5) |
| $F_1$ | 130 | 0.47 | 235 | 130 | 0 |

(续)

| 功 能 区 | 功能现实成本 $C$（元） | 功能重要性系数 | 根据产品实现成本和功能重要性系数重新分配的功能区成本（元） | 功能评价值 $F$（或目标成本）（元） | 成本降低幅度 $\Delta C=(C-F)$（元） |
|---|---|---|---|---|---|
| $F_2$ | 200 | 0.32 | 160 | 160 | 40 |
| $F_3$ | 80 | 0.16 | 80 | 80 | 0 |
| $F_4$ | 90 | 0.05 | 25 | 25 | 65 |
| 合计 | 500 | 1.00 | 500 | 395 | 105 |

表 12-8 中第（3）栏是把产品的现实成本 $C=500$ 元，按改进设计方案的新功能重要性系数重新分配给各功能区的结果。此分配结果可能有三种情况：

① 功能区新分配的成本等于现实成本，如 $F_3$。此时应以现实成本作为功能评价值 $F$。

② 新分配成本小于现实成本，如 $F_2$ 和 $F_4$。此时应以新分配的成本作为功能评价值 $F$。

③ 新分配的成本大于现实成本，如 $F_1$。为什么会出现这种情况，需要进行具体分析。如果是因为功能重要性系数定高了，经过分析后可以将其适当降低。因功能重要性系数确定过高可能会存在多余功能，如果是这样，先调整功能重要性系数，再确定功能评价值。如因成本确实投入太少而不能保证必要功能，可以允许适当提高。除此之外，即可用目前成本作为功能评价值 $F$。

**3. 功能价值的计算**

通过计算和分析对象的价值 $V$，可以分析成本功能的合理匹配程度。功能价值 $V$ 的计算方法可分为两大类，即功能成本法和功能指数法。

（1）功能成本法　功能成本法又称绝对值法，是通过一定的测算方法，测定实现应有功能所必须消耗的最低成本，同时计算为实现应有功能所耗费的现实成本，经过分析、对比，求得对象的价值系数和成本降低期望值，确定价值工程的改进对象。其表达式如下：

$$\text{第 }i\text{ 个评价对象的功能指数 }V=\frac{\text{第 }i\text{ 个评价对象的功能得分 }F}{\text{第 }i\text{ 个评价对象的现实成本 }C}$$

一般可采用表 12-9 进行定量分析。

表 12-9　功能评价值与价值系数计算表

| 项 目 序 号 | 子项目 | 功能重要性系数① | 功能评价值② =目标成本×① | 现实成本③ | 价值系数 ④=②/③ | 改善幅度 ⑤=③-② |
|---|---|---|---|---|---|---|
| 1 | A | | | | | |
| 2 | B | | | | | |
| 3 | C | | | | | |
| 4 | D | | | | | |
| 合计 | | | | | | |

功能的价值计算出来后，需要进行分析，以揭示功能与成本之间的内在联系，确定评价对象是否为功能改进的重点，以及其功能改进的方向及幅度，从而为后面的方案创造工作奠定良好的基础。

功能的价值系数计算结果有以下三种情况：

1）$V=1$。即功能评价值等于功能现实成本。这表明评价对象的功能现实成本与实现功能所必需的最低成本大致相当。此时，说明评价对象的价值为最佳，一般无须改进。

2）$V<1$。即功能现实成本大于功能评价值。表明评价对象的现实成本偏高，而功能要求不高。这时，一种可能是由于存在着过剩的功能，另一种可能是功能虽无过剩，但实现功能的条件或方法不佳，以致使实现功能的成本大于功能的实际需要。这两种情况都应列入功能改进的范围，并且以剔除过剩功能及降低现实成本为改进方向，使成本与功能比例趋于合理。

3）$V>1$。即功能现实成本低于功能评价值，表明该部件功能比较重要，但分配的成本较少。此时，应进行具体分析，功能与成本的分配可能已较理想，或者有不必要的功能，或者应该提高成本。

应注意一个情况，即 $V=0$ 时，要进一步分析。如果是不必要的功能，该部件应取消；但如果是最不重要的必要功能，则要根据实际情况处理。

（2）功能指数法　功能指数法又称相对值法。在功能指数法中，功能的价值用价值指数 $V_I$ 来表示，它是通过评定各对象功能的重要程度，用功能指数来表示其功能程度的大小，然后将评价对象的功能指数与相对应的成本指数进行比较，得出该评价对象的价值指数，从而确定改进对象，并求出该对象的成本改进期望值。其表达式如下：

$$\text{第 } i \text{ 个评价对象的价值指数 } V_I = \frac{\text{第 } i \text{ 个评价对象的功能指数 } F_I}{\text{第 } i \text{ 个对象的成本指数 } C_I}$$

功能指数法的特点是用归一化数值来表达功能程度的大小，以便使系统内部的功能与成本具有可比性，由于评价对象的功能水平和成本水平都用它们在总体中所占的比率来表示，这样就可以方便地定量表达评价对象价值的大小。因此，在功能指数法中，价值指数是作为评定对象功能价值的指标。

根据功能指数和成本指数计算价值指数，可以通过列表进行，见表 12-10。

表 12-10　价值指数计算表

| 零部件名称 | 功能指数① | 现实成本②（元） | 成本指数③ | 价值指数④=①/③ |
|---|---|---|---|---|
| A |  |  |  |  |
| B |  |  |  |  |
| C |  |  |  |  |
| ⋮ |  |  |  |  |
| 合计 | 1.00 |  | 1.00 |  |

价值指数的计算结果有以下三种情况：

1）$V_I=1$。此时评价对象的功能比重与成本比重大致平衡，合理匹配，可以认为功能的现实成本是比较合理的。

2）$V_I<1$。此时评价对象的成本比重大于其功能比重，表明相对于系统内的其他对象而言，目前所占的成本偏高，从而会导致该对象的功能过剩。应将评价对象列为改进对象，改善方向主要是降低成本。

3）$V_I>1$。此时评价对象的成本比重小于其功能比重。出现这种结果的原因可能有三种：①由于现实成本偏低，不能满足评价对象实现其应具有的功能要求，致使对象功能偏低，这种情况应列为改进对象，改善方向是增加成本；②对象目前具有的功能已经超过其应该具有的水平，也即存在过剩功能，这种情况也应列为改进对象，改善方向是降低功能水平；③对象在技术、经济等方面具有某些特征，在客观上存在着功能很重要而需要消耗的成本却很少的情况，这种情况一般不列为改进对象。

**4. 确定功能价值对象改进范围**

对产品部件进行价值分析，就是使每个部件的价值系数（或价值指数）尽可能趋近于1。根据此标准，就明确了改进的方向、目标和具体范围。确定对象改进范围的原则如下：

（1）$F/C$ 值低的功能区域　计算出来的 $V<1$ 的功能区域，基本上都应进行改进，特别是 $V$ 值比1小得较多的功能区域，应力求使 $V=1$。

（2）$C-F$ 值大的功能区域　通过核算和确定对象的实际成本和功能评价值，分析、测算成本改善期望值，从而排列出改进对象的重点及优先次序。成本改善期望值的表达式为

$$\Delta C = C - F$$

式中　$\Delta C$——成本改善期望值，即成本降低幅度。

当 $n$ 个功能区域的价值系数同样低时，就要优先选择 $\Delta C$ 数值大的功能区域作为重点对象。一般情况下，当 $\Delta C$ 大于零时，$\Delta C$ 大者为优先改进对象。如表12-8中 $F_4$、$F_2$ 即为价值工程优先选择的改进对象。

（3）复杂的功能区域　复杂的功能区域，说明其功能是通过采用很多零件来实现的。一般的，复杂的功能区域其价值系数（或价值指数）也较低。

## 12.2.6　价值工程中的方案创造及评价

**1. 方案创造**

方案创造是从提高对象的功能价值出发，在正确的功能分析和评价的基础上，针对应改进的具体目标，通过创造性的思维活动，提出能够可靠地实现必要功能的新方案。从某种意义上讲，价值工程可以说是创新工程，方案创造是价值工程取得成功的关键一步。因为前面所论述的一些问题，如选择对象、收集资料、功能成本分析、功能评价等，虽然都很重要，但都是为方案创造服务的。前面的工作做得再好，如果不能创造出高价值的创新方案，也就不会产生好的效果。所以，从价值工程技术实践来看，方案创造是决定价值工程成败的关键阶段。

方案创造的理论依据是功能载体具有替代性。这种功能载体替代的重点应放在以功能创新的新产品替代原有产品和以功能创新的结构替代原有结构方案。而方案创造的过程是思想高度活跃、进行创造性开发的过程。为了引导和启发创造性的思考，可以采取各种方法，比较常用的方法有以下几种：

（1）头脑风暴法　头脑风暴法是指自由奔放地思考问题。具体地说，就是由对改进对象有较深了解的人员组成的小集体在非常融洽和不受任何限制的气氛中进行讨论、座谈，打破常规、积极思考、互相启发、集思广益，提出创新方案。这种方法可使获得的方案新颖、全面、富于创造性，并可以防止片面和遗漏。

这种方法以5~10人的小型会议的方式进行为宜，会议的主持者应熟悉研究对象，思想活跃，知识面广，善于启发引导，使会议气氛融洽，使与会者广开思路，畅所欲言。会议应按以下原则进行：

1）欢迎畅所欲言，自由地发表意见。

2）希望提出的方案越多越好。

3) 对所有提出的方案不加任何评价。

4) 要求结合别人的意见提设想，借题发挥。

5) 会议应有记录，以便于整理研究。

(2) 哥顿法　这是美国人哥顿（T. Gordon）在1964年提出的方法。这个方法也是在会议上提方案，但究竟研究什么问题、目的是什么，只有会议的主持人知道，以免其他人受约束。例如，想要研究试制一种新型剪板机，主持会议者请大家就如何把东西切断和分离提出方案。当会议进行到一定的时机，再宣布会议的具体要求，在此联想的基础上研究和提出各种新的具体方案。

这种方法的指导思想是把要研究的问题适当抽象，以利于开拓思路。在研究到新方案时，会议主持人开始并不全部摊开要解决的问题，而是只对大家做一番抽象笼统的介绍，要求大家提出各种设想，以激发出有价值的创新方案。这种方法要求会议主持人机智灵活、提问得当。提问太具体，容易限制思路；提问太抽象，则方案可能离题太远。

(3) 专家意见法　这种方法又称德尔菲（Delphi）法，是由组织者将研究对象的问题和要求函寄给若干有关专家，使他们在互不商量的情况下提出各种建议和设想，专家返回设想意见，经整理分析后，组织者归纳出若干较合理的方案和建议，再函寄给有关专家征求意见，再回收整理，如此经过几次反复后专家意见趋向一致，从而最后确定出新的功能实现方案。这种方法的特点是专家们彼此不见面，研究问题的时间充裕，可以无顾虑、不受约束地从各种角度提出意见和方案。缺点是花费时间较长，缺乏面对面的交谈和商议。

(4) 专家检查法　该方法由主管设计的工程师做出设计，提出完成所需功能的办法和生产工艺，然后按顺序请各方面的专家（如材料方面的、生产工艺的、工艺装备的、成本管理的、采购方面的）审查。这种方法先由熟悉的人进行审查，以提高效率。

### 2. 方案评价

在方案创造阶段提出的设想和方案是多种多样的，能否付诸实施，就必须对各个方案的优缺点和可行性进行分析、比较、论证和评价，并在评价过程中进一步完善有希望的方案。方案评价包括概略评价和详细评价两个阶段，其评价内容都包括技术评价、经济评价、社会评价以及综合评价，如图12-12所示。

在对方案进行评价时，无论是概略评价还是详细评价，一般可先做技术评价，再分别进行经济评价和社会评价，最后进行综合评价。

(1) 概略评价　概略评价是对方案创新阶段提出的各个方案设想进行初步评价，目的是淘汰那些明显不可行的方案，筛选出少数几

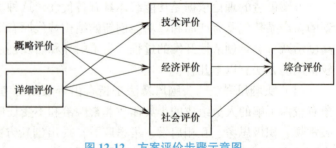

图 12-12　方案评价步骤示意图

个价值较高的方案，以供详细评价做进一步的分析。概略评价的内容包括以下几个方面：

1) 技术可行性方面，应分析和研究创新方案能否满足所要求的功能及其本身在技术上能否实现。

2) 经济可行性方面，应分析和研究产品成本能否降低和降低的幅度，以及实现目标成本的可能性。

3）社会评价方面，应分析研究创新方案对社会利害影响的大小。

4）综合评价方面，应分析和研究创新方案能否使价值工程活动对象的功能和价值有所提高。

（2）详细评价　详细评价是在掌握大量数据资料的基础上，对通过概略评价的少数方案，从技术、经济、社会三个方面进行详尽的评价分析，为提案的编写和审批提供依据。

详细评价的内容包括以下几个方面：

1）技术可行性方面，主要以用户需要的功能为依据，对创新方案的必要功能条件实现的程度做出分析评价。特别对产品或零部件，一般要对功能的实现程度（包括性能、质量、寿命等）、可靠性、维修性、操作性、安全性以及系统的协调性等进行评价。

2）经济可行性方面，主要考虑：成本、利润、企业经营的要求；创新方案的适用期限与数量；实施方案所需费用、节约额与投资回收期以及实现方案所需的生产条件等。

3）社会评价方面，主要研究和分析创新方案给国家和社会带来的影响（如环境污染、生态平衡、国民经济效益等）。

4）综合评价方面，是在上述三种评价的基础上，对整个创新方案的诸因素做出全面系统的评价。为此，首先要明确评价项目，即确定评价所需的各种指标和因素；其次分析各个方案对每一评价项目的满足程度；最后再根据方案对各评价项目的满足程度来权衡利弊，判断各方案的总体价值，从而选出总体价值最大的方案，即技术上先进、经济上合理和社会上有利的最优方案。

（3）方案综合评价方法　用于方案综合评价的方法有很多，常用的定性方法有德尔菲法、优缺点列举法等；常用的定量方法有直接评分法、加权评分法、比较价值评分法、环比评分法、强制评分法、几何平均值评分法等。下面简要介绍几种方法：

1）优缺点列举法。优缺点列举法是指把每一个方案在技术上、经济上的优缺点详细列出，进行综合分析，并对优缺点做进一步调查，用淘汰法逐步缩小考虑范围，从范围不断缩小的过程中找出最后的结论。

2）直接评分法。直接评分法是指根据各种方案能达到各项功能要求的程度，按10分制（100分制）评分，再算出每个方案达到功能要求的总分，比较各方案总分，做出采纳、保留、舍弃的决定，再对采纳、保留的方案进行成本比较，最后确定最优方案。

3）加权评分法。加权评分法又称矩阵评分法，是将功能、成本等各种因素，根据要求的不同进行加权计算，权数大小应根据它在产品中所处的地位而定，算出综合分数，最后与各方案寿命周期成本进行综合分析，选择最优方案。加权评分法主要包括以下四个步骤：①确定评价项目及其权重系数；②根据各方案对各评价项目的满足程度进行评分；③计算各方案的评分权数和；④计算各方案的价值系数，以较大的为优。

方案经过评价，不能满足要求的就淘汰，有价值的就保留。

在方案实施过程中，应该对方案的实施情况进行检查，发现问题及时解决。方案实施完成后，要进行总结评价和验收。

## 思考题与练习题

1. 什么是工程项目寿命周期和寿命周期成本？
2. 价值工程的价值含义是什么？提高价值有哪些途径？
3. 价值工程中为什么要考虑寿命周期成本？

4. 怎样根据功能评价结果选择价值工程的改进对象?

5. 某房地产公司对其公寓开发项目征集到若干设计方案,筛选后对其中四个设计方案 A、B、C、D 做进一步的技术经济评价。有关专家决定从五个方面(分别以 $F_1 \sim F_5$ 表示)对不同方案的功能进行评价,并对各功能的重要性关系达成以下共识 $F_1 : F_2 : F_3 : F_4 : F_5 = 14 : 9 : 9 : 4 : 4$;此后,各专家对该四个方案的功能满足程度分别打分,其结果见表 12-11。试用功能价值系数选择最佳设计方案。

表 12-11 某公寓项目方案专家打分表

| 功 能 | 方案功能得分(分) | | | |
| --- | --- | --- | --- | --- |
| | 方案 A | 方案 B | 方案 C | 方案 D |
| $F_1$ | 9 | 10 | 9 | 8 |
| $F_2$ | 10 | 10 | 8 | 9 |
| $F_3$ | 9 | 9 | 10 | 9 |
| $F_4$ | 8 | 8 | 8 | 7 |
| $F_5$ | 9 | 7 | 9 | 6 |
| 单位造价(元/m²) | 1420 | 1230 | 1150 | 1360 |

6. 某市为改善越江交通状况,提出以下两个方案:

方案一:加固、扩建,预计投资 4000 万元,可通行 8 年。年需维护费 100 万元。每 4 年需要进行一次大修,大修费用为 300 万元,报废没有残值。

方案二:拆除原址新建,预计投资 7000 万元,可通行 10 年。年需维护费 100 万元。每 5 年进行一次大修,大修费用为 500 万元。残值为 700 万元。

不考虑两方案建设期的差异,基准收益率为 10%。专家对 5 个功能进行比较的结果见表 12-12,对两个方案的功能的评价得分见表 12-13。

表 12-12 功能比较表

| | $F_1$ | $F_2$ | $F_3$ | $F_4$ | $F_5$ | 得分 | 权重 |
| --- | --- | --- | --- | --- | --- | --- | --- |
| $F_1$ | — | 2 | 3 | 4 | 4 | | |
| $F_2$ | | — | 3 | 4 | 4 | | |
| $F_3$ | | | — | 3 | 4 | | |
| $F_4$ | | | | — | 3 | | |
| $F_5$ | | | | | — | | |

表 12-13 功能评分表

| | $F_1$ | $F_2$ | $F_3$ | $F_4$ | $F_5$ |
| --- | --- | --- | --- | --- | --- |
| 方案一 | 6 | 7 | 6 | 9 | 8 |
| 方案二 | 10 | 9 | 7 | 9 | 9 |

问题:(1) 在表 12-12 中计算各功能的权重。

(2) 计算两方案费用现值;用价值工程方法进行方案选择(成本指数以费用现值为基础)。

## 二维码形式客观题

微信扫描二维码,可自行做客观题,提交后可查看答案。

第12章 客观题

# 第 13 章
## 工程项目投资物有所值及财政承受能力评价

▶ **本章主要知识点**：

物有所值的含义和物有所值评价的作用、准备工作和适用范围，物有所值评价方法和评价流程；物有所值定性评价概念、定性评价指标、定性评价结果应用；物有所值定量评价的概念、定量评价的逻辑思路、物有所值定量评价计算、定量评价结果及应用；物有所值评价的影响因素及局限性；工程项目投资财政承受能力的测算、财政承受能力与政府财政承诺。

▶ **本章重点与难点**：

物有所值定量评价计算；工程项目投资财政承受能力的测算。

## 13.1 工程项目投资物有所值评价

### 13.1.1 物有所值评价概述

**1. 物有所值的含义**

物有所值（Value for Money，简称 VfM，直译为"钱花得值"），简单理解就是少花钱、多办事，办好事，如图 13-1 所示。

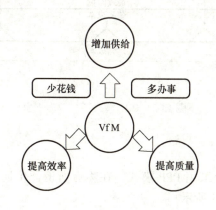

图 13-1 物有所值的含义

物有所值评价是判断是否采用政府和社会资本合作（PPP）模式代替政府传统采购模式提供公共服务项目的一种评价方法。

与政府自投、自建、自营的传统供给方式相比，政府采用PPP模式向社会资本购买公共服务，这笔钱花得值不值，能不能切实提高公共服务的数量、质量和效率？

在传统模式下，政府前期投入多，年度支出波动大，如图13-2所示。

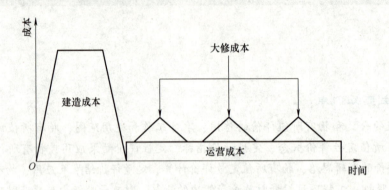

图13-2 传统模式下的政府支付

PPP模式下，政府年度支出相对较稳，如图13-3所示。

物有所值评价与财政承受能力论证均是财政部门的重要工作。

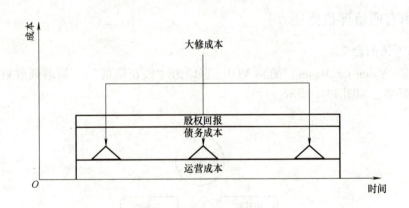

图13-3 PPP模式下的政府支出

**2. 物有所值评价的作用**

物有所值评价决定是否采用PPP模式，在物有所值评价通过的情况下，开展项目的财政承受能力评估，如图13-4所示。

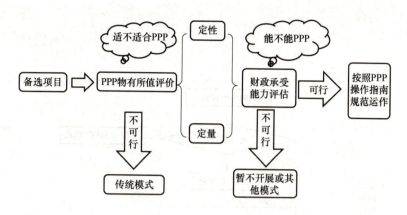

图 13-4　物有所值评价的作用

**3. 物有所值评价的准备工作**

（1）资料准备　物有所值评价资料主要包括：（初步）实施方案、项目产出说明、风险识别和分配情况、存量公共资产的历史资料、新建或改扩建项目的（预）可行性研究报告、设计文件等。

（2）评价准备　开展物有所值评价时项目本级财政部门（或 PPP 中心）会同行业主管部门，明确是否开展定量评价，并明确定性评价程序、指标及其权重、评分标准等基本要求。

**4. 适用范围**

拟采用 PPP 模式实施的项目，原则上应至少在项目识别或准备阶段开展一次物有所值定性评价。

鼓励在项目全寿命周期内开展物有所值定量评价，并将其作为决策参考依据及绩效评价的组成部分。

**5. 物有所值评价方法**

定性评价和定量评价是物有所值评价的两种方法，现阶段强制开展定性评价，鼓励开展定量评价。中华人民共和国境内拟采用 PPP 模式实施的项目应至少在项目识别或准备阶段开展一次物有所值定性评价，鼓励在项目全寿命周期内开展物有所值定量评价。

（1）定性评价　在项目识别或准备阶段开展，从采用 PPP 模式的可行性、合理性和可实现性三大方面，判断项目采用 PPP 模式与采用政府传统采购模式相比，能否优化风险分配、增加公共供给、提高效率、促进创新和公平竞争，是否具有较强的可行性等。

（2）定量评价　在项目全寿命周期内均可开展，其中在识别、准备、采购阶段可作为评价项目是否采用 PPP 模式或选择何种投标方案更能实现物有所值的重要决策依据，在项目执行期内和期满后可作为绩效评价的重要组成部分。

**6. 物有所值评价流程**

物有所值评价流程如图 13-5 所示。

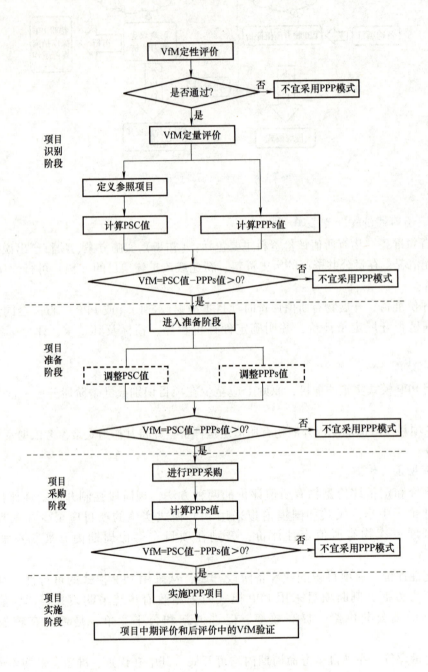

图 13-5 物有所值评价流程

## 13.1.2 物有所值定性评价方法

**1. 物有所值定性评价的概念**

通过专业评价,分析项目采用PPP模式和传统采购模式在全寿命周期整合程度、风险识别与分配、绩效导向与鼓励创新、潜在竞争程度、政府机构能力、融资可获得性等方面的区别。判断项目采用PPP模式代替传统采购模式提供公共服务项目是不是更有优势。

**2. 物有所值定性评价的基本流程**

定性评价采用专家评分法。

(1) 组织评价专家组  定性评价专家组由不少于七名专家组成,至少包括财政、行业、工程技术、金融财务、项目管理和法律专家各一名。

(2) 召开专家组会议  项目本级财政部门(或PPP中心)会同行业主管部门组织召开专家组会议。专家组会议基本程序如下:

1) 专家在充分讨论后按评价指标逐项打分,专家打分表见表13-1。
2) 按照指标权重计算加权平均分,得到评分结果,形成专家组意见。

表13-1 物有所值定性评价专家打分表

| 指标 | | 权重 | 评分(分) |
|---|---|---|---|
| 基本指标 | ① 全寿命周期整合程度 | | |
| | ② 风险识别与分配 | | |
| | ③ 绩效导向与鼓励创新 | | |
| | ④ 潜在竞争程度 | | |
| | ⑤ 政府机构能力 | | |
| | ⑥ 可融资性 | | |
| | 基本指标小计 | 80% | — |
| 补充指标 (不少于三项) | | | |
| | | | |
| | | | |
| | | | |
| | 补充指标小计 | 20% | — |
| | 合计 | 100% | — |

专家签字:

年 月 日

(3) 形成定性评价结论　项目本级财政部门（或 PPP 中心）会同行业主管部门根据评分结果和专家组意见，做出定性评价结论。

原则上，评分结果在 60 分（含）以上的，通过定性评价；否则，未通过定性评价。

**3. 物有所值定性评价指标**

定性评价指标包括全寿命周期整合程度、风险识别与分配、绩效导向与鼓励创新、潜在竞争程度、政府机构能力、可融资性六项基本评价指标，以及不少于三项补充指标。

(1) 全寿命周期整合程度　主要考核在项目全寿命周期内，项目设计、投融资、建造、运营和维护等环节能否实现长期、稳定、充分整合。

(2) 风险识别与分配　主要考核在项目全寿命周期内，各风险因素是否得到充分识别并在政府和社会资本之间进行合理分配。

(3) 绩效导向与鼓励创新　主要考核是否建立以公共服务供给数量、质量和效率为导向的绩效指标和监控机制，能否鼓励社会资本创新。

(4) 潜在竞争程度　潜在竞争程度指标考察项目将引起社会资本或其联合体之间相互竞争的潜力，以及是否采取鼓励竞争的措施等。

(5) 政府机构能力　政府机构能力指标考察政府方贯彻 PPP 理念、获取 PPP 技能和进行项目全寿命周期履约及管理的意愿和能力。

(6) 可融资性　可融资性指标考察项目获得融资的能力。

(7) 补充指标　包括但不限于项目规模大小、预期使用寿命长短、主要固定资产种类、全寿命周期成本测算准确性、运营收入增长潜力、行业示范性等。

说明：①关于指标权重。六项基本指标权重为 80%，其中任一指标权重一般不超过 20%；补充指标权重为 20%，其中任一指标权重一般不超过 10%。②关于指标评分等级与标准。指标的评分分为五个等级，即有利、较有利、一般、较不利、不利，对应分值分别为 81~100 分、61~80 分、41~60 分、21~40 分、0~20 分。

**4. 定性评价结果应用**

物有所值定性评价结果包括"通过定性评价"和"未通过定性评价"两种结论。通过定性评价的项目，进行财政承受能力论证；未通过定性评价的项目，可在调整实施方案后重新进行评价，重新评价仍未通过的，不再采用 PPP 模式。

## 13.1.3　物有所值定量评价方法

**1. 物有所值定量评价的概念**

用量化的方法来评价采用 PPP 模式代替政府传统采购模式提供公共服务项目是不是更有优势。即用测算来证明某个项目是否值得干，是否值得用 PPP 模式建造和管理。

**2. 定量评价的逻辑思路**

假定采用 PPP 模式与政府传统采购模式产出绩效相同的前提下，通过对 PPP 项目全寿命周期内政府方支出净成本现值（PPP 值）与公共部门比较值（PSC 值）进行对比，判断 PPP 模式能否降低项目全生命周期成本。

传统模式下项目全生命周期的成本现值简称公共部门比较值（PSC 值）；PPP 模式下项目全生命周期的成本现值简称 PPP 值。评价标准为

VfM = PSC 值 − PPP 值
若 PSC 值 > PPP 值：物有所值；
若 PSC 值 < PPP 值：非物有所值
若 PSC 值 = PPP 值：均可

物有所值定量评价的逻辑思路如图 13-6 所示。

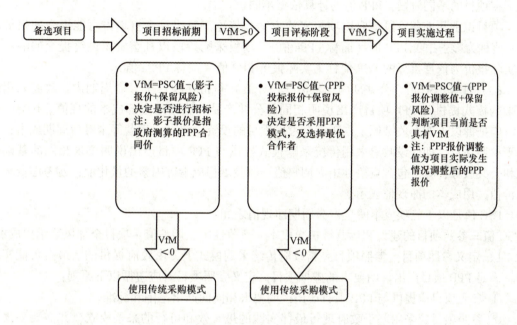

图 13-6　物有所值定量评价的逻辑思路

**3. 物有所值定量评价计算**

（1）定量评价计算要素　物有所值定量评价计算要素如图 13-7 所示。

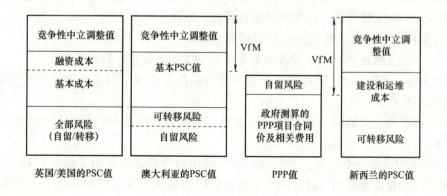

图 13-7　物有所值定量评价计算要素

(2) 计算 PPP 值　PPP 值是指政府采用 PPP 模式实施项目并达到产出说明要求所应承担的全寿命周期净成本和自留风险承担成本之和的净现值。

PPP 值等于 PPP 项目全寿命周期内财政支出责任的净现值。按照《政府和社会资本合作项目财政承受能力论证指引》（财金〔2015〕21 号）及有关规定的测算，PPP 值主要包括政府对 PPP 项目的股权投资、运营补贴、风险承担和配套投入等财政支出责任。

$$PPP 值 = 政府对 PPP 项目的股权投资 + 运营补贴 + 风险承担 + 配套投入$$

在项目的不同阶段，PPP 值的计算依据不同。

项目识别和准备阶段政府以项目实施方案为依据测算出社会资本方可能提交的报价的 PPP 值称为影子报价 PPP 值（简称 PPPs 值），项目采购阶段以社会资本最终提交的响应文件实际报价为依据折算的 PPP 值称为实际报价 PPP 值（简称 PPPa 值）。

(3) 计算 PSC 值　公共部门比较值（PSC 值）是指在项目全寿命周期内，政府采用传统采购模式提供与 PPP 项目产出说明相同的公共产品和服务的全部成本的现值。计算 PSC 值时应把握以下四个关键原则：①综合考虑项目的投资、建设、运营等全寿命周期成本；②基于参照项目，即假设政府采用传统采购模式提供与 PPP 项目产出说明要求相同的基础设施和公共服务；③应包含竞争性中立调整值、风险承担成本等因素的量化值；④考虑资金时间价值，用成本的净现值表示。

PSC 值是以下三项成本的全寿命周期净现值之和：

$$PSC 值 = 参照项目的建设和运营维护净成本 + 竞争性中立调整值 + 项目全部风险承担成本$$

1) 定义参照项目。参照项目是指政府传统采购模式下，由政府提供的、最有可能实现的、满足 PPP 项目产出说明要求的虚拟项目。定义参照项目时应遵循以下原则：

① 参照项目应提供与 PPP 项目产出说明要求相同的产出范围和标准。

② 参照项目应采用基于政府现行最佳实践的最有效和可行的采购模式，并需要妥善记录各项假设和项目特征。

③ 参照项目不需要假设所有项目内容均由政府直接采购，政府也可将项目部分内容外包给第三方建设或运营，但外包部分的合同成本应计入参照项目成本。

④ 定义参照项目应基于具体的财务模型，而不是简单的数据分析；财务模型的建立应由熟悉项目特点和产出说明要求的专家负责，参与建模的专家还可参与项目产出标准制定、合同草拟以及响应文件评选，以保障评价口径的一致性。

2) 计算初始 PSC 值。初始 PSC 值的计算公式如下：

$$初始 PSC 值 = 建设净成本 + 运营维护净成本 + 其他成本$$

① 建设成本主要包括：项目设计、建设等方面投入的现金以及固定资产、土地使用权等实物和无形资产。

参照项目全寿命周期内产生的转让、租赁或处置资产所获得的资本性收益应抵减建设成本。

② 运营维护成本主要包括：参照项目全寿命周期内运营维护所需的原材料、设备、人工等成本，以及管理费用和行政费用等。项目资产的升级与改造费用不属于运营维护成本，应计入建设成本。

参照项目全寿命周期内，政府在满足公共需求之外向第三方提供基础设施和公共服务产生的第三方收入应抵减运营维护成本。

③ 其他成本主要包括：项目前期的咨询服务费用、交易费用等。

上述成本可基于同类政府传统采购项目的历史数据计算，并可考虑根据效率提升、时间价值等因素进行适当修正。

3) 竞争性中立调整。竞争性中立调整的目的是：消除政府传统采购模式下因其公有体制所具有的竞争优势和竞争劣势，使得在进行物有所值定量评价时政府和社会资本之间能够获得公平、相似的比较基础。

4) 计算风险承担成本

① 可转移风险承担成本。可转移风险包括拟由社会资本单方承担的风险以及双方共担风险中拟由社会资本方承担的部分，其成本是指在风险分配框架下政府方为向社会资本方转移风险所付出的成本。

② 自留风险承担成本。自留风险包括拟由政府单方承担的风险以及双方共担风险中政府方承担的部分。其成本是指在风险分配框架下政府方为自留风险所承担的成本。

5) PSC 值的调整。项目实施方案编制和交易谈判过程中发生重大条件变化（如改变项目产出范围和标准），对 PSC 值计算产生实质性的影响时，应对 PSC 值进行相应调整，如图 13-8 所示。

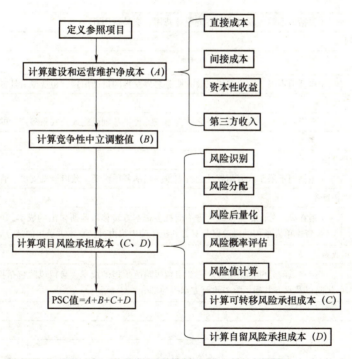

图 13-8　公共部门比较值（PSC 值）计算图

### 4. 定量评价结果及应用

定量评价结果通常以物有所值量值或物有所值指数的形式表示。

$$\text{VfM 量值} = \text{PSC 值} - \text{PPP 值}$$

$$\text{VfM 指数} = \frac{\text{PSC 值} - \text{PPP 值}}{\text{PSC 值}} \times 100\%$$

当物有所值量值或指数为正时，采用 PPP 模式替代传统采购模式提供公共产品和服务可实现物有所值。物有所值量值或指数越大，说明采用 PPP 模式替代传统采购模式提供公共产品和服务可实现的价值越大。

除以上静态物有所值评估外，为了评估量化评估中的关键假设变化的影响，采购部门应对物有所值中的 PSC 值和 PPP 值进行敏感性分析。

**5. 项目不同阶段物有所值定量评价**

项目识别、准备阶段的 VfM 测算表见表 13-2。

表 13-2 项目识别、准备阶段的 VfM 测算表

| 一、PSC 值计算 | |
|---|---|
| （一）初始 PSC 值 | |
| 全寿命周期成本 | |
| 投资成本 | |
| | （包括但不限于设计成本、施工成本、物资采购成本、土地费用等）|
| 运营维护成本 | |
| | （包括但不限于政府在项目运行及维护方面所投入的原材料、设备、人力等成本以及行政费用、管理费用等）|
| 其他成本 | |
| | （包括但不限于项目前期咨询服务费用、交易费用等）|
| 全寿命周期成本合计 | |
| 资本性收益（-） | |
| | （包括但不限于政府在提供公共服务之外获得的资产出售、租赁或者处置收益）|
| 第三方收入（-） | |
| | （是指政府在提供公共服务之外向第三方提供基础设施或公共服务产生的收入）|
| 初始 PSC 值 | |
| （二）竞争性中立调整值 | |
| | （包括但不限于政府相较社会资本少支出的各项税费、政府审批支出、管理费用等）|
| （三）可转移风险承担成本 | |
| | （指在风险分配框架下政府方为向社会资本方转移风险所付出的成本，可转移风险包括拟由社会资本单方承担的风险以及双方共担风险中拟由社会资本方承担的部分）|
| （四）自留风险承担成本 | |
| | （指在风险分配框架下政府方为自留风险所承担的成本，自留风险包括拟由政府单方承担的风险以及双方共担风险中政府方承担的部分）|
| 二、PPPs 值计算 | |
| 全寿命周期成本 | |
| 投资成本 | |
| | （包括但不限于政府在项目设计、建设、融资等方面投入的现金以及土地使用权、固定资产、周边土地或商业开发收益权等非现金资产）|
| 运营维护成本 | |
| | （包括但不限于政府向社会资本方支付的运营维护费、财政补贴等）|
| 其他成本 | |
| | （包括但不限于政府承担的咨询服务费用、市场测试费用、社会资本未中标补偿金以及移交补偿款等）|

（续）

| 全寿命周期成本合计 | |
|---|---|
| 资本性收益（-） | |
| | （包括但不限于政府在公共资产转让、租赁、处置等方面所获得的收入） |
| 第三方收入（-） | |
| | （包括但不限于政府从社会资本方获得的特许权费用、超额运营收入分成等） |
| 自留风险承担成本 | |
| | （包括但不限于政府因承担法律、政策、最低用量等风险所需支出的成本） |
| 三、定量评价结论 | |
| | VfM = PSC 值 - PPPs 值 |
| | VfM 指数 =（PSC 值 - PPPs 值）/PSC 值 × 100% |

## 13.1.4 物有所值评价的影响因素及局限性

**1. 物有所值评价的影响因素**

（1）折现率

1）折现率的选取。折现率包括四种典型类型：资本的社会机会成本、社会时间偏好折现率、利用资本资产定价模型（CAPM）确定的折现率、无风险利率。折现率由省级财政部门会同行业主管部门按基础设施及公共服务的行业分类制定和发布并定期更新。

2）折现期的选取。折现期应为 PPP 项目全寿命周期的总年数。

3）折现率计算公式。PSC 值和 PPP 值的计算采用现金流折现（Discounted Cash Flows, DCF）法，计算公式如下：

$$\text{DCF} = \sum_{n=1}^{N} \frac{\text{FV}}{(1+r)^n}$$

式中　FV——项目现金流；
　　　$r$——折现率；
　　　$N$——折现期。

注意：用于测算 PSC 值的折现率应当与用于测算 PPP 值的折现率相同。

（2）合理利润率　在计算 PPP 值时，应当充分考虑合理利润率变化对运营补贴支出的影响。

合理利润率应以商业银行中长期贷款利率水平为基准，充分考虑可用性付费、使用量付费、绩效付费的不同情景，结合风险等因素确定。

（3）定价调价机制　PPP 项目实施方案中的定价和调价机制通常与消费物价指数、劳动力市场指数等因素挂钩，会影响运营补贴支出责任。在可行性缺口补助模式下，运营补贴支出责任受到使用者付费数额的影响，而使用者付费的多少因定价和调价机制而变化。在计算 PPP 值时，应当充分考虑定价和调价机制的影响。

（4）数据来源　计算 PSC 值、PPP 值的主要数据来源包括：

1）国家或省级、行业建设主管部门颁布的有关计价依据和办法。

2）工程项目决算及国有企业的审计数据。

3）有资质的造价咨询师的数据。

4）外部专业顾问（技术顾问、财务顾问）的数据等。

**2. 定量评价的局限性**

1）VfM 分析时没有考虑到 PPP 模式和传统模式除成本外其他方面的不同。目前的 VfM 分析只关注成本而简单地认为 PPP 模式和传统模式其他任何因素都相同。社会资本通过 PPP 模式的盈利情况与通过传统模式是完全不同的。采取 PPP 模式，社会资本也许能够增加收费率，从主营业务中获得更高的利润。

2）风险价值的不准确。VfM 需要决策者识别所有风险并估算风险的价值；识别风险的过程非常复杂，并且会花费金钱和时间，而且需要基于对项目信息广泛的收集和科学有效的计算方法。

3）狭义 VfM 与广义 VfM。狭义 VfM 仅是指物有所值评价，并不包括社会效益，不能充分地衡量项目的价值。而广义 VfM 包括社会效益。

## 13.2 工程项目投资财政承受能力论证

财政承受能力论证是 PPP 项目入库和实施的前提条件。财政部《政府和社会资本合作项目财政管理暂行办法》（财金〔2016〕92 号）规定，各级财政部门要对本地区拟实施的 PPP 项目出具财政承受能力论证报告审核意见，审核通过的方可纳入 PPP 项目开发目录管理，即 PPP 项目入库。即 PPP 项目必须在财政承受能力范围内实施。对 PPP 项目进行财政承受能力论证，是财政安排 PPP 项目财政支出责任预算的重要依据，是控制 PPP 项目投资风险的重要措施。

### 13.2.1 财政承受能力概述

**1. 财政承受能力论证的概念**

财政承受能力论证是指识别、测算政府和社会资本合作项目的各项财政支出责任，科学评估项目实施对当前及今后年度财政支出的影响，为 PPP 项目财政管理提供依据。

**2. 投资项目开展财政承受能力论证的必要性**

1）项目发起阶段：确保项目选址适当。明确要采用国际上通用的物有所值评价方法，保证 PPP 模式下项目全寿命周期成本低于传统政府投资模式的成本。

2）项目筛选和物有所值评价阶段：确保财政中长期的可持续性。要求 PPP 项目实施必须通过财政承受能力论证，将政府对 PPP 项目的财政支出纳入年度预算和中期财政规划，保证政府能够履行合同支付责任，避免产生中长期财政风险。

3）财政承受能力论证有助于项目选择和确定项目的优先开发顺序。

**3. 开展财政承受能力论证的前提条件**

1）通过经济可行性分析，即财务成本最小化，使项目符合国家政策。

2）恰当地分配风险。可以将风险分配给最能控制和管理风险的一方，从而实现最大化的物有所值。

**4. 开展财政承受能力论证的作用**

1）财政部在 2015 年 4 月 7 日颁布的《政府和社会资本合作项目财政承受能力论证指引》，主要关注 PPP 项目对地方财政支出的影响，其中规定了可以采用定量和定性方法进行分析，政府或者公共服务部门将这些方法用于 PPP 项目识别，并作为决策工具（判断 PPP

模式是否在公共产品或服务提供方面比政府传统"采购""提供"模式取得更高的效率及更好的效果)。

2) 通过财政承受能力论证,各级财政部门应当在编制年度预算和中期财政规划时,将项目财政支出责任纳入预算统筹安排。未通过论证的项目,则不宜采用 PPP 模式。

**5. 财政承受能力论证的流程**

财政承受能力论证的流程框架如图 13-9 所示,单个 PPP 项目财政承受能力论证流程如图 13-10 所示。

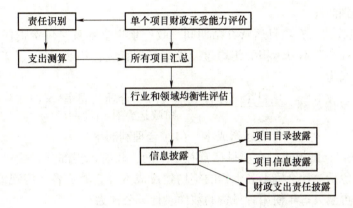

图 13-9 财政承受能力论证的流程框架

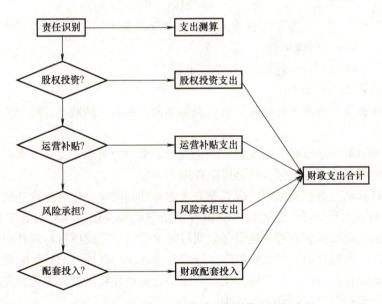

图 13-10 单个 PPP 项目财政承受能力论证流程

## 13.2.2 财政承受能力的测算

**1. 直接承诺的财政支出资金额度测算**

(1) 股权投资  股权投资支出应当依据项目资本金要求以及项目公司股权结构合理确定。股权投资支出责任中的土地等实物投入或无形资产投入,应依法进行评估,合理确定价值。政府以土地等实物资产入股（包括存量项目）或者无形资产入股，要有评估机构进行评估。关于项目用地：划拨方式下，不得改变土地用途；租赁方式下，租金收入参照土地出让收入纳入政府性基金预算。计算公式为

$$股权投资支出 = 项目资本金 \times 政府占项目公司股权比例$$

例如一个学校项目，预计投资额为2亿元，项目资本金30%，政府和社会资本方的出资比例为2:8，则政府股权投资支出 = 20000万元 × 30% × 20% = 1200万元。

（2）运营补贴支出　应当根据项目建设成本、运营成本及利润水平合理确定，并按照不同付费模式分别测算。

① 政府付费模式。在项目运营补贴期间，政府承担全部直接付费责任。政府每年直接付费数额包括：社会资本方承担的年均建设成本（折算成各年度现值）、年度运营成本和合理利润。计算公式为

$$当年运营补贴支出数额 = \frac{项目全部建设成本 \times (1+合理利润率) \times (1+年度折现率)^n}{财政运营补贴周期(年)} +$$

$$年度运营成本 \times (1+合理利润率)$$

② 可行性缺口补助模式。在项目运营补贴期间，政府承担部分直接付费责任。政府每年直接付费数额包括：社会资本方承担的年均建设成本（折算成各年度现值）、年度运营成本和合理利润，再减去每年使用者付费的数额。计算公式为

$$当年运营补贴支出数额 = \frac{项目全部建设成本 \times (1+合理利润率) \times (1+年度折现率)^n}{财政运营补贴周期(年)} +$$

$$年度运营成本 \times (1+合理利润率) - 当年使用者付费数额$$

式中　　　　$n$——折现年数；

财政运营补贴周期——财政提供运营补贴的年数。

运营补贴计算的说明如下：

第一，年度折现率应考虑财政补贴支出发生年份，并参照同期地方政府债券收益率合理确定。

第二，合理利润率应以商业银行中长期贷款利率水平为基准，充分考虑可用性付费、使用量付费、绩效付费的不同情景，结合风险等因素确定。

第三，在计算运营补贴支出时，应当充分考虑合理利润率变化对运营补贴支出的影响。

（3）配套投入支出责任　配套投入支出责任是指政府提供的项目配套工程等其他投入责任，通常包括土地征收和整理、建设部分项目配套设施、完成项目与现有相关基础设施和公用事业的对接、投资补助、贷款贴息等。应综合考虑政府将提供的其他配套投入总成本和社会资本方为此支付的费用。配套投入支出责任中的土地等实物投入或无形资产投入，应依法进行评估，合理确定价值。计算公式为

$$配套投入支出数额 = 政府拟提供的其他投入总成本 - 社会资本方支付的费用$$

**2. PPP项目或有负债**（风险承担支出责任）**的测算**

PPP项目或有负债也称风险承担支出责任，是指项目实施方案中政府承担风险带来的财政或有支出责任。通常由政府承担的法律责任、政策风险、最低要求风险以及因政府方原因导致项目合同终止等突发情况，会产生财政或有支出责任。

（1）测算方法　风险承担支出应充分考虑各类风险出现的概率和带来的支出责任，可

采用比例法、情景分析法及概率法进行测算，见表13-3。

表13-3　几种测算方法

| 风险支出 \ 概率 | 确定 | 不确定 |
|---|---|---|
| 确定 | 概率法 | 情景分析法 |
| 不确定 | — | 比例法 |

(2) 测算公式　如果PPP合同约定保险赔款的第一受益人为政府，则风险承担支出应为扣除该风险赔款金额的净额。

① 比例法。在各类风险支出数额和概率难以进行准确测算的情况下，可以按照项目的全部建设成本和一定时期内的运营成本的一定比例确定风险承担支出。计算公式为

风险承担支出额 =（建设成本 + 运营成本）× 一定比例

② 情景分析法。在各类风险支出数额可以进行测算、但出现概率难以确定的情况下，可针对影响风险的各类事件和变量进行"基本""不利"及"最坏"等情景假设，测算各类风险发生带来的风险承担支出。计算公式为

风险承担支出额 = 基本情景下财政支出数额 × 基本情景出现的概率 +
不利情景下财政支出数额 × 不利情景出现的概率 +
最坏情景下财政支出数额 × 最坏情景出现的概率

③ 概率法。在各类风险支出数额和发生概率均可进行测算的情况下，可将所有可变风险参数作为变量，根据概率分布函数，计算各种风险发生带来的风险承担支出。

风险承担支出额 = $\sum$ 每类风险承担支出数额 × 概率分布函数

**3. PPP的财政承受能力评估**

财政部门（或PPP中心）识别和测算单个项目的财政支出责任后，汇总年度全部已实施和拟实施的PPP项目，进行财政承受能力评估。

财政承受能力评估包括财政支出能力评估以及行业和领域平衡性评估。

1）财政支出能力评估：根据PPP项目预算支出责任，评估PPP项目实施对当前及今后年度财政支出的影响。

在进行财政支出能力评估时，未来年度一般公共预算支出数额可参照前五年相关数额的平均值及平均增长率计算，并根据实际情况进行适当调整。

2）行业和领域均衡性评估：根据PPP模式适用的行业和领域范围，以及经济社会发展需要和公众对公共服务的需求，平衡不同行业和领域PPP项目，防止某一行业和领域PPP项目过于集中。

鼓励列入地方政府性债务风险预警名单的高风险地区，采取PPP模式化解地方融资平台公司存量债务。同时，审慎控制新建PPP项目规模，防止因项目实施加剧财政收支矛盾。

**4. PPP的财政承受能力论证与预算支出**

（1）各地在推进PPP工作中要科学规划，量力而行，有序推进，统筹考虑地方基础设施、公共服务设施需求及财政承受能力，不能"一哄而上"，要切实防范财政风险，实现财政中长期的可持续性。

（2）通过财政承受能力论证的PPP项目，各级财政部门要在编制年度预算和中期财政

规划时,将 PPP 项目的财政支出责任纳入预算统筹安排。

(3) 核心指标:每一年度全部 PPP 项目需要从预算中安排的支出责任,占一般公共预算支出比例应当不超过 10%。

## 13.2.3 财政承受能力与政府财政承诺

**1. 政府财政承诺的形式**

政府财政承诺的形式如图 13-11 所示。

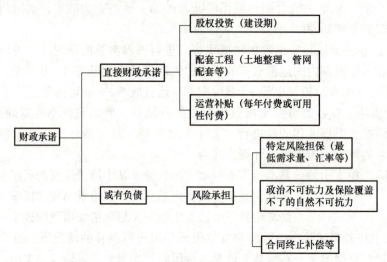

图 13-11 政府财政承诺的形式

地方政府应将财政承诺分类评估结果纳入政府资产负债表,评估当前的财政负担能力,应根据地方政府的资产和债务现状设定各类政府负担的预算限额。

**2. 政府财政承诺管理框架**

政府财政承诺管理框架如图 13-12 所示。

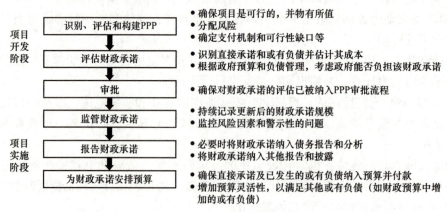

图 13-12 政府财政承诺管理框架

**3. PPP 财政承诺的识别与调查分析**

(1) 识别与估算 PPP 财政承诺

1) 不能为了控制财政承诺而导致风险分担。风险转移不足,会导致对项目绩效的激励不足;过度转移风险,会给政府造成较大的隐性或有成本。

2)设计、建造、融资、运营等大部分风险由社会资本承担。

3)确定支付机制:政府对服务的付费部分。

4)确定政府对 PPP 的相关投入职责。

(2)对财政承诺的调查分析 针对不同的财政承诺类型,要开展相应的调查分析,见表 13-4。

表 13-4 对财政承诺的调查分析

| 财政承诺的类型 | 建议开展的调查分析 |
|---|---|
| 所有 PPP 项目 | 估算 PPP 项目的负债 |
| 直接财政支持 | • 项目全寿命周期的年度财政成本(股权投资和运营补贴)<br>• 长期财政承诺支付额的现值 |
| 特定风险变量的担保(如需求风险担保、汇率风险担保) | • 估算每个风险变量不同情景下的年度财政成本<br>• "触发点"分析——基本情景下的变化使得或有负债成为需要实际支付的事项,如政府担保需求风险,还要对这些变化的可能性绩效进行定性分析 |
| 合同终止承诺的支付 | • 因终止而支付的最大额度(最大值出现在项目试运行期)<br>• 对项目公司违约导致终止的政府支付,应分析其可能的违约触发点(如需求下降导致现金流不足以还本付息)及对违约风险进行定性分析 |
| 政府投入和配套工程成本 | 政府在合同中承诺的投入和配套工程、投资补助、贷款贴息等的总成本 |

(3)评估财政承受能力的关键比率 评估财政承受能力的关键比率见表 13-5。

表 13-5 评估财政承受能力的关键比率

| 财政承诺类型 | 关 键 比 率 |
|---|---|
| 长期直接财政承诺 | 年度支付(从预算中执行部分)占年度一般预算支出的百分比 |
| 担保风险(如最低需求量) | 预计年度支付额(分为基本情景和不利情景)占年度一般预算的百分比或占预算中"或有负债"的比例 |
| 因 PPP 合同终止而支付 | 提前终止预计支付额占预算中"或有负债"的比例或者占年度一般预算的百分比 |
| 政府承担的风险(不可抗力、土地整理等) | 预计支付额占年度一般预算的百分比或预算中"或有负债"的比例 |
| 政府的投入和配套工程成本 | (从预算中执行部分)占年度一般预算支出的百分比 |

(4)报告和披露 PPP 财政承诺

1)由于 PPP 可以延迟政府的财政支出和负债增加,因此,政府决定是否及何时将 PPP 的财政承诺作为负债记入政府财务报表中。

2)将财政支出记入政府财务报告中的依据是政府综合财务报告制度,应采用权责发生制。

3)PPP 的报告信息包括直接承诺和或有负债信息。

(5)直接承诺的报告格式示例 直接承诺的报告格式示例见表 13-6。

表 13-6　直接承诺的报告格式示例

| PPP 项目 | 对承诺的描述 | 项目投资总成本 | 三个预算年度的年支付额 | | | | 预计未来支付额的总现值 |
|---|---|---|---|---|---|---|---|
| | | | 当前年度 | 预算年度第 1 年 | 预算年度第 2 年 | 预算年度第 3 年 | |
| 收费公路 A | 年度支付的影子价格；期限（×年）；货币计价 | | | | | | |
| 收费公路 B | | | | | | | |
| 收费公路 C | | | | | | | |
| 交通领域合计 | | | | | | | |
| 监狱 A | 政府按结果每年付费；期限（×年）；货币计价 | | | | | | |
| 医院 A | 年度补贴；期限（×年）；货币计价 | | | | | | |
| 其他领域合计 | | | | | | | |
| 总计 | | | | | | | |

（6）或有负债的报告格式示例　或有负债的报告格式示例见表 13-7。

表 13-7　或有负债的报告格式示例

| PPP 项目 | 项目描述 | 或有负债描述 | 实际支付 | 中期支出预算预计支付 | | | 未来支付额的总现值 |
|---|---|---|---|---|---|---|---|
| | | | 当前年度 | 中期支出预算第 1 年 | 中期支出预算第 2 年 | 中期支出预算第 3 年 | |
| 收费公路 A | 100km 收费公路；25 年合同，期限始于 2015 年；自 2017 年开始运行 | 政府承担两项或有负债；最低收入担保和汇率担保。合同终止情况下，政府有一项支付承诺，价值在 $X$ 百万～$Y$ 百万，具体数额取决于合同终止的原因 | | | | | |
| 收费公路 B | | | | | | | |
| 收费公路 C | | | | | | | |
| 交通领域合计 | | | | | | | |
| 监狱 A | | | | | | | |
| 医院 A | | | | | | | |
| 其他领域合计 | | | | | | | |
| 总计 | | | | | | | |

## 思 考 题

1. 什么是物有所值？为什么要进行项目物有所值评价？
2. 物有所值评价的准备工作和评价方法有哪些？
3. 什么是物有所值定性评价？它的基本流程是什么？
4. 物有所值定性评价指标有哪些？
5. 什么是物有所值定量评价？其逻辑思路是什么？
6. 如何计算物有所值评价中的 PPP 值？
7. 如何计算物有所值评价中的 PSC 值？
8. 进行物有所值评价的影响因素有哪些？
9. 什么是财政承受能力论证？为什么要开展财政承受能力论证？
10. 如何进行直接承诺的财政支出资金额度测算？

## 二维码形式客观题

微信扫描二维码，可自行做客观题，提交后可查看答案。

第13章 客观题

# 第 14 章 工程项目后评价

> **本章主要知识点：**
> 工程项目后评价的概念、特点，项目后评价与项目前评价的差别，项目后评价的作用、分类、原则和程序，项目后评价的内容和方法；项目前期工作后评价和项目实施后评价；项目运营后评价的目的与意义、内容与方法。

> **本章重点与难点：**
> 项目后评价的内容和方法；项目前期工作后评价和项目实施后评价；项目运营后评价的内容与方法。

## 14.1 工程项目后评价的内容和方法

### 14.1.1 工程项目后评价相关知识

**1. 工程项目后评价的概念**

**工程项目后评价**是指在工程项目建设完成以后，对项目目的、执行过程、效益、作用和影响所进行的全面、系统、客观的分析评价。通过对投资活动实践的检查总结，检验投资目的是否合理有效，项目经济效益是否按期实现，通过分析对比找出项目成败的主客观原因，总结建设项目实践正反两方面的经验、教训；并通过及时有效的评价信息反馈，使项目决策者、管理者和建设者获得有效信息，学到更加合理的方法和策略，完善和调整相关方针、政策与管理程序，提高项目决策、管理和建设的水平，对完善已建项目、改进在建项目和指导待建项目都有重要意义。

通常把开始进行后评价的时间称为项目后评价的时点。项目后评价的时点一般选择在所建项目的能力或建设工程的直接经济效益呈现出来的时候。也就是在项目完工后，贷款项目在账户关闭之后，生产经营达到设计能力时进行项目后评价。后评价时点在基本建设寿命周期的位置如图 14-1 所示。

在此时点进行项目后评价，可以全面系统地总结分析项目的实施过程，检查确定建设项目的实际运营与预期目标的偏差，比较准确地预测项目未来的效益；可以更好地总结经验教训，为今后类似项目的宏观导向、政策和管理反馈信息提供参考，为完善拟建项目、调整在建项目和指导待建项目服务。

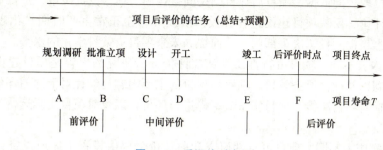

图 14-1　后评价时点图

一般来讲，从项目开工一直到项目寿命周期终止的任一时点上进行项目后评价，都是可以的。通常是在项目建成投产后 1~2 年进行后评价。此时项目已经过竣工验收，经历了一定时期的生产经营活动，初步取得了经济效益并产生了一定的社会、环境影响，具备了后评价的基本条件。当然，在实际工作中由于种种原因，项目后评价的时点不是一成不变的，应视项目的特殊情况具体分析。对那些效益和影响显现所需时间很短或很长的项目，应适当地提前或推迟后评价的时点。

**2. 项目后评价的特点**

（1）现实性　项目后评价分析研究的是项目实际情况，所依据的数据资料是现实发生的真实数据或根据实际情况重新预测的数据；而项目可行性研究和项目前评价分析的是项目未来的状况，所用的数据都是预测数据。

（2）全面性　在进行项目后评价时，既要分析其投资过程，又要分析经营过程；不仅要分析项目投资经济效益，而且要分析其经营管理的状况，发掘项目的潜力。

（3）探索性　项目后评价要分析企业现状，发现问题并探索未来的发展方向，因而要求项目后评价人员具有较高的素质和创造性，能把握影响项目效益的主要因素，并提出切实可行的改进措施。

（4）反馈性　项目可行性研究和前评价的目的在于为计划部门投资决策提供依据；而项目后评价的目的在于为有关部门反馈信息，为今后项目管理、投资计划的制订和投资决策积累经验，并用来检测项目投资决策正确与否。

（5）合作性　项目可行性研究和项目前评价一般只通过评价单位与投资主体间的合作，由专职的评价人员就可以提出评价报告；而后评价需要多方面的合作，如专职技术经济人员、项目经理、企业经营管理人员、投资项目主管部门等，只有各方融洽合作，项目后评价工作才能顺利进行。

**3. 项目后评价与项目前评价的差别**

（1）在项目建设中所处阶段不同　项目可行性研究和前评价属于项目前期工作，它决定项目是否可以进行建设。项目后评价是项目竣工投产并达到设计生产能力或正常运营状态后对项目进行的再评价，是项目管理的延伸。

（2）比较标准不同　项目可行性研究和项目前评价依据定额标准、国家参数来衡量建设项目的必要性、合理性和可行性。项目后评价主要是在直接与项目前评价的预测情况或其他同类项目进行对比，检测项目实际情况与预测情况的差距，并分析原因，提出改进措施。

（3）在投资决策中的作用不同　项目可行性研究和前评价直接作用于项目决策，前评价的结论是项目取舍的依据。项目后评价则是间接作用于项目投资决策，是投资决策的信息反馈。通过后评价，反映项目建设过程和投产阶段（乃至正常生产时期）出现的一系列问题，将各类信息反馈到投资决策部门，从而提高未来项目决策科学化的水平。

(4) 评价内容不同　项目可行性研究和前评价分析研究的内容是项目建设条件、设计方案、实施计划以及社会经济效果。项目后评价的主要内容是除针对上述前评价内容进行再评价外，还包括对项目决策、项目实施效率等进行评价，以及对项目实际运营状况进行较深入的分析。

(5) 组织实施上不同　项目可行性研究和前评价主要由投资主体或投资计划部门组织实施。项目后评价则由投资运行的监督管理机关或单独设立的后评价机构进行，以确保项目后评价的公正性和客观性。

### 4. 项目后评价的作用

从项目后评价的定义、特点及其在项目管理中的地位可以看出，项目后评价对提高建设项目决策科学化水平、改进项目管理和提高投资效益等方面发挥着重要作用。具体来说，项目后评价的作用主要表现在以下几个方面：

(1) 总结项目管理经验教训，提高项目管理水平　由于建设项目管理是一项极其复杂的活动，它涉及银行、计划、主管部门、企业、物资供应、施工等许多部门，因此项目能否顺利完成关键在于这些部门之间的配合与协调。通过项目后评价，对建成项目的实际情况进行分析研究，有利于指导未来项目的管理活动，从而提高项目管理水平。

(2) 提高项目决策科学化水平　项目前评价是项目投资决策的依据，但前评价中所做的预测是否准确，需要后评价来检验。通过建立完善的项目后评价制度和科学的方法体系，一方面可以增强前评价人员的责任感，提高项目预测的准确性；另一方面可以通过项目后评价的反馈信息，及时纠正项目决策中存在的问题，从而提高未来项目决策的科学化水平。

(3) 为国家投资计划、政策的制订提供依据　项目后评价能够发现宏观投资管理中的不足，从而使国家可以及时地修正某些不适合经济发展的技术经济政策，修订某些已经过时的指标参数。同时，还可根据反馈的信息，合理确定投资规模和投资流向，协调各产业、各部门之间及其内部的各种比例关系。此外，国家还可以充分运用法律、经济、行政的手段，建立必要的法律、法规、各项制度和机构，促进投资管理的良性循环。

我国基本建设程序尚缺乏对项目决策和实施效果的反馈环节，而项目后评价刚好弥补了这一弱点，它对我国基本建设程序的完善、改进宏观决策将起到越来越重要的作用。

(4) 为银行部门及时调整信贷政策提供依据　通过开展项目后评价，能及时发现项目建设资金使用中存在的问题，分析研究贷款项目成功或失败的原因，从而为银行部门调整信贷政策提供依据，并确保资金按期回收。

(5) 可对企业经营管理进行"诊断"，促使项目运营状态正常化　项目后评价根据评价的分类在项目结束时和项目运营阶段进行，因而可以分析和研究项目建设过程、投产初期和达产时期的实际情况，比较实际情况与预测情况的偏离程度，探索产生偏差的原因，提出切实可行的措施，从而促使项目运营状态正常化，提高项目的经济效益和社会效益。

### 5. 项目后评价的分类

项目后评价一般分为两种情况（图14-2）：

(1) 项目管理后评价。在项目结束时，对项目进行验收评估及对项目建设的全过程进行全面评价，即项目管理后评价。

（2）项目跟踪后评价。在项目运营阶段，继续对项目进行追踪、统计、调查、分析项目的社会反应，即项目跟踪后评价。

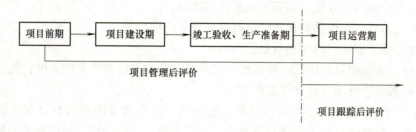

图14-2 项目后评价的分类

**6. 项目后评价的原则**

（1）独立客观性原则 独立客观性原则是项目后评价工作的首要原则。独立性意味着后评价应不受外界及上级部门的干预，由项目工程建设者和项目业主以外的第三方单独进行，特别要避免项目决策者和管理者自我评价的情况。

（2）可信性原则 后评价的可信性以评价者的独立性和实际经验为基础，资料信息的可靠性和评价方法的适用性是可信性的重要前提条件，能同时反映出风险管理的成功经验和失败教训是可信性的一个重要标志，这往往要求评价者具有广泛的阅历和丰富的经验。

（3）可操作性原则 为了实现后评价成果对决策的指导作用，后评价报告必须具有可操作性，即实用性。后评价报告要有很强的时效性、针对性，紧紧围绕项目存在的问题和症结展开分析，要求文字简练，针对性强，避免引用过多的专业术语。

（4）现实性原则 后评价要针对项目的实际情况，收集项目实施过程中实际发生的真实数据，把项目建设实施的结果与规划目标相比较，与国内外同期、同类项目相比较，分析存在的经验和教训，发现问题和差距，判断决策实施是否正确，衡量项目成败得失，以便采取对策措施，改善项目建设和管理。

（5）全面性原则 后评价要对项目立项决策、设计施工、生产运营等全过程进行系统评价。这种评价不仅要涉及项目寿命周期的各个阶段，还要涉及经济效益、社会影响、环境影响、项目综合管理等，因此项目后评价是比较系统、全面的技术经济活动。

（6）反馈性原则 反馈性原则是后评价的一个重要原则。后评价的目的在于检验和总结项目前期所做的预测和判断是否准确，分析项目各个阶段实际情况与预计情况的偏离程度及产生原因，总结项目管理各个环节、各个阶段、各个方面的经验教训，为有关部门反馈信息，为以后改进项目管理、制订科学合理的投资和管理计划提供参考依据，以提高决策和管理水平。

（7）合作性原则 项目后评价工作涉及范围广，人员多，比如项目经理、技术经济人员、企业经营管理人员等，需要各方面的组织机构和有关人员通力合作才能做好。因此，合作性原则是后评价的一个重要原则。

**7. 项目后评价的程序**

（1）后评价项目选择 一般根据下列条件选择必须开展后评价的项目：

1）政府投资项目中规定需要进行后评价的项目。

2) 特殊项目（如大型项目、复杂项目和试验性的新项目等）。
3) 可为即将实施的国家预算、宏观战略和规划制订提供信息的项目。
4) 具有未来发展方向的、有代表性的项目。
5) 对行业或地区的投资发展有重要意义的项目。
6) 竣工运营后与前评估的预测结果有重大变化的项目。
7) 其他需要了解项目作用和效果的项目。

原则上讲，为使项目的运营、管理更加完善和本着对投资者负责的态度，大、中型投资项目有条件的都应进行项目后评价工作。

(2) 后评价计划的制订　后评价计划一般由项目投资者或决策者制订安排。对于项目管理部门而言，项目后评价工作要及早准备。一般来说，后评价计划制订得越早越好，最好是在工程的可行性研究和执行阶段就制订出来，以便工程项目管理者和执行者早做准备。后评价计划必须对评价对象、评价方法、评价时间、专家名单、评价内容、工作进度、质量要求、经费预算、报告格式等予以说明。

(3) 项目后评价的范围
1) 项目后评价的目的。
2) 项目后评价的范围与内容。
3) 项目后评价的方法。
4) 项目后评价采用的指标体系。
5) 项目后评价所需的经费。
6) 项目后评价的时间安排。

(4) 项目后评价机构和咨询专家的选择　项目后评价一般分为两个阶段：自我后评价和独立后评价。自我后评价通常由项目实施单位和项目使用单位，并以项目使用单位为主来完成，重点是记录和收集项目运行的原始数据，从使用者的角度进行后评价。独立后评价由独立的评价机构完成。评价机构接受任务后，要确定一名专业负责人，并由专业负责人组织相关专家成立后评价小组，评价小组成员与被评价项目没有经济和社会利益关系，以保证项目后评价的公正性。后评价机构也可聘请机构以外的独立后评价咨询专家，共同完成项目后评价任务，以提高公正性和评价质量。

(5) 项目后评价的实施　项目后评价的具体实施，大致包括以下三个方面：
1) 项目后评价信息资料的收集。应尽可能全面地收集与后评价项目有关的原始资料，包括项目可行性论证报告、立项审批书、项目变更资料、竣工验收资料、决算审计报告、各项设计文件、项目运营情况的原始记录以及自我后评价报告等资料。
2) 项目后评价的现场调查资料。现场调查要预先做好现场调查设计，根据项目后评价内容的需要设计调查的内容和问题、调查对象、调查形式以及具体安排等。调查的内容要包括项目实施情况、项目目标的实现情况、项目各经济技术指标的合理性、项目产生的作用及影响等。
3) 项目后评价资料的整理与分析。资料的整理过程中要注意资料的客观性和有效性，只有同时满足这两者要求的资料才是合格的资料，非正常条件下及偶然因素作用下获取的信息数据，不应作为项目后评价的分析依据。分析主要从三个方面进行：一是项目后评价结果与项目前评估预测结果的对比分析；二是对项目后评价本身结果所做的分析；三是对项目未来发展的分析。

### 14.1.2 项目后评价的内容

**1. 项目目标后评价**

项目目标后评价主要是将项目目标实际情况与项目可行性研究和评估中制定的项目目标进行对照，讨论项目目标的确定正确与否，找出变化、差距并分析目标偏离的主要原因，判断项目目标是否符合项目进一步发展的要求。

**2. 项目的过程后评价**

项目的过程后评价是项目建设程序控制评价的主要内容，它是指依据国家现行的有关法律、制度和规定，在项目投入运营后，对项目的投资前期、建设时期、生产运营时期全过程的实际结果与决策阶段的预期目标进行全面的对比分析和评价，找出偏差并分析原因，总结经验教训。过程后评价有利于查明项目成功或失败的原因。项目过程后评价应说明项目实施的基本特点，对照决策预期目标找出主要变化，分析变化的原因及其对项目效益的影响。项目过程后评价的内容如图14-3所示。

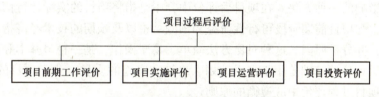

图14-3 项目过程后评价的内容

（1）项目前期工作评价　项目前期工作也称项目准备工作，包括从项目建议书编制到项目正式开工这一过程的各项工作内容。一般来说，项目前期工作费用支出不大，但所需时间较长。前期工作对项目投资效益影响有重大作用，有时可以从根本上决定项目的成败。因此，前期工作后评价是整个后评价工作的重要内容之一。前期工作后评价要能全面分析评价前期工作的基本情况，分析评价项目建设的必要性，同时还要结合审批文件，分析前期工作阶段主要指标的变化情况。

项目前期工作评价主要内容有：项目筹备工作评价、项目决策评价、选址评价、征地拆迁工作评价、勘察设计工作评价、委托施工评价、资金落实情况评价。

（2）项目实施评价　项目实施阶段包括从项目开工到竣工验收、交付使用的全过程，包括项目开工、施工、生产准备、竣工验收等重要环节。项目实施阶段是项目财力、物力集中投放和使用的过程，对项目能够达到预期效益有着十分重要的意义。项目实施评价的主要内容有：项目开工评价、项目变更情况评价、施工项目组织与管理评价、项目建设资金使用评价、项目建设工期评价、项目建设成本评价、项目工程质量和安全情况评价、项目竣工验收评价。

（3）项目运营评价　项目运营评价是根据项目的实际运营，对照预期目标，找出差距并分析原因，评价项目外部和内部条件，如市场变化、政策变化、管理制度、管理者水平、技术水平等的变化，预测未来项目的发展。项目运营评价的主要内容有：运营管理状况评价、项目技术指标完成情况评价、项目达产年限评价、项目产品生产成本评价、企业利润评价。

（4）项目投资评价　项目投资评价主要分析项目总投资、主要资金来源和融资成本的变化与影响，找出变化原因，分析项目资金实际到位情况与资金年度计划的偏差及影响等。项目投资评价包括：资金筹措情况评价、资金投入情况及变化、工程项目总投资控制情况评价、主要工程量评价和独立费用与主要设备价格变化评价。

由于投资评价工作主要是从资金的使用、流转和效果方面展开，贯穿于项目的前期工作、实施和运营三个阶段，相应的评价内容也贯穿于三个阶段中，因此不再单独对投资评价进行阐述。

## 14.1.3　项目后评价的方法

### 1. 比较评价法

比较评价法是把项目的实际运营情况，与项目立项时确定的直接目标、宏观目标以及其他目标对比，找出偏差和变化并分析原因，从而得出结论和经验教训。它是项目后评价的基本方法之一，包括前后对比、有无对比和横向对比等。

（1）前后对比　前后对比是指将项目完成之后与项目实施之前的情况加以对比，以确定项目效益和影响的一种方法。在项目后评价中，则是指将项目的实际运行情况及在评价时所做的新预测，与项目前期阶段可行性研究和预测结论以及预期的技术经济指标相比较，发现存在的偏差，并分析原因。这种对比方法简单、易于操作，是一种最基本和最常用的科学方法；是进行后评价的基础，用于揭示计划、决策和实施的质量，测定项目的效益和影响；是投资主体在项目过程评价中应遵循的原则。

（2）有无对比　有无对比是指在项目地区内，将项目的建设及投产后产生的实际效果和影响，同假如没有这个项目可能发生的情况进行对比分析，以度量项目的真实效益、影响和作用。由于项目建设需要一定的周期，特别是对于一些大型社会项目，建设周期往往需要几年时间，在这个过程中，项目建设运营的外部环境可能会发生比较大变化，简单的前后对比不能得出真正的项目效果的结论，因此，进行项目后评价不仅要考虑项目本身带来的影响，还要分析项目以外的其他因素的作用，才能判定项目的真实效果。这种对比方法的关键是要分清项目自身的作用和影响与项目以外因素的作用和影响。有无对比是进行项目后评价的主要方法之一，用于项目的效益评价和影响评价。需要注意的是，项目的有无对比不是前后对比，也不是项目实际效果与预测效果对比，而是项目实际效果与若无此项目实际或可能产生的效果对比。

（3）横向对比　横向对比是指将项目与国内外同类项目进行比较，通过对投资水平、技术水平、产品质量和经济效益指标的对比，评价项目的实际竞争能力。

### 2. 成功度评价法

成功度评价法是项目后评价的一种综合评价方法，也就是通常所说的打分方法。成功度评价法通常依靠评价专家或专家组的经验，结合项目的运行制定系统标准或评价指标体系，根据项目各方面的执行情况综合评价各项指标，对各项指标打分或评级，最后得到项目的综合评级，对项目实施预期目标的成功程度做出定性的结论。在较大的投资项目上可以尝试采用这种方法进行后评价。

成功度评价法是以逻辑框架法分析项目目标的实现程度和经济效益，并以分析的评价结论为基础，以项目目标和效益为核心所进行的全面系统评价。成功度评价法需要对照项目立项阶段所确定的目标和计划，分析实际结果与其目标之间的偏差，以评价项目目标的实现程度。在做项目成功度评价时，要十分注意项目预期目标的合理性、可靠性以及环境条件变化所带来的影响并进行分析，以便更好地根据实际情况评价项目的成功度。成功度评价法的核心在于根据经验建立合理的指标体系。

（1）评价指标体系的确定　评价指标可以分为一级指标和二级指标。

（2）指标权重的确定　指标权重的确定可以采用经验判断法，一般要设计相应的调研表，请专家组对指标权重做出评价，打出相应分值，取用专家打分的平均值决定指标权重。

（3）评价等级的确定　项目评价的成功度可分为五个等级。

1）完全成功（O）。项目的各项目标都已全面实现或超过；相对成本而言，项目取得巨大效益和影响。

2）成功（A）。项目在产出、成本和时间进度上实现了项目原定的大部分目标；按投入成本计算，项目获得了重大经济效益；对社会发展有良好的影响。

3）部分成功（B）。项目在产出、成本和时间进度上实现了项目原定的部分目标，项目投资超支过多或时间进度延误过长；按成本计算，项目获得了部分经济效益；项目对社会发展的作用和影响是积极的。

4）不成功（C）。项目在产出、成本和时间进度上只能实现原定的小部分目标；按成本计算，项目效益很小或难以确定；项目对社会发展没有或只有极小的积极作用和影响。

5）失败（D）。项目原定的各项目标基本上都没有实现；项目效益为零或负值；对社会发展的作用和影响是消极或有害的，或项目被撤销、终止等。

在实际操作中，首先应根据项目的特点进行分类，确立项目绩效评价指标，然后根据项目成功度的评价等级标准对每个绩效评价指标进行专家打分。通过对指标的重要性分析，结合单项指标成功度结论，可以得到整个项目的成功度指标。

项目成功度评价表（表14-1）可设置评价项目的主要指标。在评定具体项目成功度时，并不一定要测定所有的指标，评价人员首先根据具体项目的类型和特点，确定表中指标与项目相关的程度，按重要性分为重要、次重要和不重要三类。相关重要性不重要的指标就不用测定。对每项指标的成功度进行评价后，综合单项指标的成功度结论和指标重要性，可得到整个项目的成功度评价结论。

表 14-1　项目成功度评价表

| 评定项目指标 | 项目相关重要性 | 评价等级 | 备注 |
| --- | --- | --- | --- |
| 1. 宏观目标和产业政策 | | | |
| 2. 决策及其程序 | | | |
| 3. 布局与规模 | | | |
| 4. 项目目标及市场 | | | |
| 5. 设计与技术装备水平 | | | |
| 6. 资源和建设条件 | | | |
| 7. 资金来源和融资 | | | |
| 8. 项目进度及其控制 | | | |
| 9. 项目质量及其控制 | | | |
| 10. 项目投资及其控制 | | | |

| 评定项目指标 | 项目相关重要性 | 评价等级 | 备注 |
|---|---|---|---|
| 11. 项目经营 | | | |
| 12. 机构和管理 | | | |
| 13. 项目财务效益 | | | |
| 14. 项目经济效益和影响 | | | |
| 15. 社会和环境影响 | | | |
| 16. 项目可持续性 | | | |
| 项目总评 | | | |

**3. 逻辑框架法**

逻辑框架法（LFA）是美国国际开发署（USAID）在1970年开发并使用的一种设计、计划和评价工具，目前已有2/3的国际组织把LFA作为援助项目计划管理和后评价的主要方法。

（1）逻辑框架法的含义　LFA是一种概念化论述项目的方法，即用一张简单的框图来清晰地分析一个复杂项目的内涵和关系，使之更易理解。LFA是将几个内容相关、必须同步考虑的动态因素组合起来，通过分析其相互之间的关系，从设计策划到目的目标等方面来评价的一项活动或工作。LFA为项目计划者和评价者提供了一种分析框架，用以确定工作的范围和任务，并对项目目标和达到目标所需要的手段进行逻辑关系分析。

（2）逻辑框架法的模式　LFA的模式是一个4×4的矩阵，行代表项目目标层次（垂直逻辑），列代表这些目标是否达到（水平逻辑）。垂直逻辑用于分析项目计划做什么，弄清项目手段与结果之间的关系，确定项目本身和项目所在地的社会、物质、政治环境中的不确定因素。水平逻辑的目的是要衡量项目的资源和结果，确立客观的验证指标及其指标的验证方法来进行分析。水平逻辑要求对垂直逻辑四个层次上的结果做出详细说明。其基本模式见表14-2。

表14-2　逻辑框架法的基本模式

| 层次描述 | 客观验证指标 | 验证方法 | 重要外部条件 |
|---|---|---|---|
| 目标 | 目标指标 | 监测和监督手段及方法 | 实现目标的主要条件 |
| 目的 | 目的指标 | 监测和监督手段及方法 | 实现目的的主要条件 |
| 产出 | 产出物<br>定量指标 | 监测和监督手段及方法 | 实现产出的主要条件 |
| 投入 | 投入物<br>定量指标 | 监测和监督手段及方法 | 实现投入的主要条件 |

（3）项目后评价的逻辑框架　项目后评价通过应用LFA来分析项目原定的预期目标、各种目标的层次、目标实现的程度和原因，以评价其效果、作用和影响。

## 14.2　项目前期工作与实施的后评价

### 14.2.1　项目前期工作后评价

**1. 项目前期工作后评价的任务与意义**

项目前期工作也称项目准备工作，包括从编制项目建议书到项目正式开工过程中的各项工作内容。对其进行后评价的任务，主要是评价项目前期工作的实效，分析和总结项目前期工作的经验教训。其意义在于，分析研究项目投资实际效益与预测效益的偏差在多大程度上是由于前期工作失误所致，其原因何在，为以后加强工作管理积累经验。

**2. 项目前期工作后评价的主要内容**

1）项目筹备工作的评价。
2）项目决策的评价。
3）厂址选择的评价。
4）勘察设计工作的评价。
5）"三通一平"工作的评价。
6）资金落实情况的评价。
7）物资落实情况的评价。

## 14.2.2 项目实施后评价

**1. 项目实施后评价的任务与意义**

正式开工后，就意味着项目建设工作从前期工作转入实施阶段，包括从项目开工起到竣工验收、交付使用为止的全过程。对其进行后评价的任务，主要是评价项目实施过程中各主要环节的工作实效，分析和总结项目实施管理中的经验和教训。其意义在于，分析和研究项目实际投资效益与预计效益的偏差在多大程度上是由项目实施过程中造成的，为以后进一步改进项目管理工作积累经验。

**2. 项目实施后评价的内容**

项目实施后评价的内容主要包括以下诸方面：

（1）项目开工的评价　主要分析和评价：
1）项目开工条件是否具备，手续是否齐全。
2）项目实际开工时间与计划开工时间是否相符，提前或延迟的原因何在，对整个项目建设乃至投资效益发挥的影响如何。

（2）项目变更情况的评价　主要分析和评价：
1）项目范围变更与否，变更的原因是什么。
2）项目设计变更与否，变更的原因是什么。
3）项目范围变更、设计变更对项目建设工期、造价、质量的实际影响如何。

（3）项目施工组织与管理的评价　主要分析和评价：
1）施工组织方式是否科学合理。
2）是否推行了工程项目管理，效果如何。
3）施工项目进度控制方法是否科学，成效如何。
4）施工项目成本控制方法是否科学合理，成效如何。
5）施工技术与方案制订的依据是什么，有何独到之处，对项目实施有何影响，有何主要经验。

（4）项目建设资金供应与使用情况的评价　主要分析和评价：
1）建设资金供应是否适时适度，是否发生过施工单位停工待料或整个项目因资金不足而停建缓建的情况，其原因何在。

2) 建设资金运用是否符合国家财政信贷制度规定，使用是否合理，能否充分挖掘建设单位内部潜力、精打细算地使用资金，以保证建设任务按期完成或提前完成。

3) 资金占用情况是否合理。

4) 考核和分析全部资金的实际作用效率。

(5) 项目建设工期的评价　主要分析和评价：

1) 核实各单位工程实际开工、竣工日期，查明实际开工推迟的原因并计算实际建设工期。

2) 计算实际建设工期变化率，主要是竣工项目定额工期率指标，并分析实际建设工期与计划工期产生偏差的原因。

3) 计算建筑安装单位工程的施工工期，以分析建设工期的变化。在进行项目建设工期后评价时，还应分析和研究投产前生产准备工作情况及其对建设工期的影响。

(6) 项目建设成本的评价　主要分析和评价：

1) 主要实物工程量的实际数量是否超出预计数量，超出多少，原因何在。

2) 设备购置费和工程建设其他费用是否与实际情况相符，设备的选型是否按设计中所列的规格、型号、质量标准采购，如果不一致，其原因何在，它对建设成本的增减有何影响。

3) 主要材料的实际消耗量是否与计划的情况相符，材料实际购进价格是否超出了概预算中的预算价格；是否出现过因采购供应的材料、规格、质量达不到设计要求而造成浪费的现象；如果出现上述几种情况，原因何在，对建设成本的增减有何影响。

4) 各项管理费用的取费标准是否符合国家的有关规定，是否与工程预算中的取费标准相一致，不一致的原因何在。

(7) 项目工程质量和安全情况的评价　主要分析和评价：

1) 计算实际工程质量合格品率、实际工程质量优良品率。

2) 将实际工程质量指标与合同文件规定的或设计规定的工程质量状况进行比较，找出偏差，进行分析。

3) 设备质量情况如何，设备及安装工程质量能否保证投产后正常生产的需要。

4) 有无重大质量事故，产生事故的原因何在。

5) 计算和分析工程质量事故的经济损失。包括计算返工损失率，因质量事故拖延建设工期所造成的实际损失，以及分析无法补救的工程质量事故对项目投产后投资效益的影响程度。

6) 有无重大工程安全事故，其原因何在，所带来的实际影响如何。

(8) 项目竣工验收的评价　主要分析和评价：

1) 项目竣工验收组织工作及其效率，竣工验收委员会的成员组成是否符合国家的有关规定。

2) 项目竣工验收的程序是否符合国家有关规定。

3) 项目竣工验收是否遵守有关部门规定的验收标准，未遵循标准的原因何在，对项目投资效益的发挥有何影响。

4) 项目竣工验收各项技术资料是否齐全，是否按有关规定对各项技术资料进行系统整理。

5）项目投资包干、招标投标等有关合同执行情况如何，合同不能履行的原因何在；项目投资包干、招标投标的具体形式有何特色，对今后改进项目管理有何经验教训。

6）收尾工程和遗留问题的处理情况、处理方案实际执行情况如何，是否对投资效益有重大影响。

（9）同步建设的评价　主要分析和评价：

1）相关项目在时间安排上是否同步，不同步的原因何在，有何影响。

2）建设项目所采用的技术与前、后续项目的技术水平是否同步，不同步的原因何在，对项目投资效益的发挥有何影响。

3）相关项目之间的实际生产能力是否协调、配套，不配套的原因何在，对项目投资效益的发挥有何影响。

4）建设项目内部各单项工程之间建设速度是否满足要求，不满足要求的原因何在。

5）项目同步建设方面有何经验教训，并提出改进意见。

（10）项目实际生产能力和单位生产能力投资的评价　主要分析和评价：

1）项目实际生产能力有多大，与设计生产能力的偏差情况如何，产生的原因何在，对项目实际投资效益的发挥影响程度如何。

2）项目实际生产能力与产品实际成本的高低有何关系，项目所形成的生产规模是否处在最优的经济规模区间。

3）项目实际生产能力与产品实际市场需求量的关系如何。

4）项目实际生产能力与实际原材料来源和燃料、动力供应及交通运输条件是否相适应，应如何调整，对项目投资效益的影响程度如何。

实际单位生产能力投资是项目后评价的一个综合指标，它反映项目建设所取得的实际投资效果。它是竣工验收项目全部投资使用额与竣工验收项目形成的综合生产能力之间的比率。将它与设计概（预）算的单位生产能力造价比较，可以衡量项目建设成果的计划完成情况，综合反映项目建设的工作质量和投资使用的节约或浪费；与同行业、同规模的竣工项目比较，在消除不同建设条件因素后可以反映项目建设的管理水平。实际单位生产能力投资的评价，也可通过计算单位生产能力投资变化率来进行，以此来衡量项目实际单位生产能力投资与预计的或与其他同类项目实际的单位生产能力投资的偏差程度，并具体分析产生偏差的原因。

## 14.3　项目运营后评价

### 14.3.1　项目运营后评价的目的与意义

项目运营后评价的目的是通过项目投产后的有关实际数据资料或重新预测的数据，衡量项目的实际经营情况和实际投资效益，分析和衡量项目实际经营状况和投资效益与预测情况或其他同类项目的经营状况和投资效益的偏离程度及其原因，系统地总结项目投资的经验教训，并为进一步提高项目投资效益提出切实可行的建议。项目运营后评价的意义主要表现为以下几个方面：

1）全面衡量项目实际投资效益。

2）系统地总结项目投资的经验教训，指导未来项目投资活动。

3）通过采取一些补救措施，提高项目运营的实际经济效益。

### 14.3.2 项目运营后评价的内容与方法

项目运营阶段包括从项目投产到项目寿命周期末的全过程。由于项目后评价的时机一般选择在项目达到设计生产能力1~2年内，项目的实际投资效益还未充分体现出来，所以项目运营后评价除了对项目实际运营状况进行分析和评价外，还需要根据投产后的实际数据来推测未来发展状况，需要对项目未来发展趋势进行科学的预测。项目运营后评价主要有以下七方面内容：

**1. 企业经营管理状况的评价**

1）企业投产以来经营管理机构的设置与调整情况，设置的机构是否科学合理，调整的依据是什么，调整前后运行效率的比较，是否适应企业生存和发展的需要等。

2）企业管理领导班子情况。

3）企业管理人员配备情况。

4）经营管理的主要策略是什么。

5）企业现行管理规章制度情况。

6）企业承包责任制情况。

7）从企业经营管理中可以吸取哪些经验教训，并提出改善企业经营管理、进一步发挥项目投资效益的切实可行的建议。

**2. 项目产品方案的评价**

1）项目投产后到项目后评价时为止的产品规格和品种的变化情况。

2）产品方案调整对发挥项目投资效益有何影响，产品方案调整的成本有多大。

3）现行的产品方案是否适应消费对象的消费需求；现行产品方案与前评价或可行性研究时设计的产品方案相比，有多大程度的变化；产品方案的变化在多大程度上影响到项目投资效益。

4）产品销售方式的选择。

**3. 项目达产年限的评价**

项目达产年限是指投产的建设项目从投产之日起到其生产产量达到设计生产能力时所经历的全部时间，一般以年表示。项目达产年限有设计达产年限与实际达产年限之分。设计达产年限是指在设计文件或可行性研究报告中所规定的项目达产年限；实际达产年限是指从项目投产起到实际产量达到设计生产能力时所经历的时间。建设项目的设计达产年限与实际达产年限由于受各种因素的影响难免出现不一致的情况，所以在项目后评价时，有必要对项目达产年限进行单独评价。

项目达产年限评价的内容和步骤是：

1）计算项目实际达产年限。

2）计算实际达产年限的变化情况。主要与设计或者前评价预测的达产年限进行比较，可以用实际达产年限变化率或实际达产年限与设计或预测的达产年限的差额来表示。

3）实际达产年限与设计达产年限相比发生变化的原因是什么。

4）计算项目达产年限变化所带来的实际效益或损失。

5）项目达产年限评价的结论是什么，其经验教训是什么，为促使项目早日达产有何可行的对策措施。

**4. 项目产品生产成本的评价**

产品生产成本是反映产品生产过程中物资资料和劳动力消耗的一个主要指标，是企业在一定时期内，为研制、生产和销售一定数量的产品所支出的全部费用。项目产品生产成本的高低对项目投资效益的发挥会产生显著作用。生产成本高，则项目销售利润减少，项目投资效益降低；生产成本低，则项目销售利润增多，项目投资效益增多。项目后评价时，进行项目产品生产成本评价的目的，在于考核项目的实际生产成本，衡量项目实际生产成本与预测生产成本的偏离程度，分析产生这种偏离的原因，为今后项目投资进行成本预测提供经验，同时为提高项目实际投资效益提出切实可行的建议。

项目产品生产成本评价的内容和步骤如下：

1）计算项目实际产品生产成本，包括生产总成本和单位生产成本。在项目后评价时，产品生产成本也可以不重新计算，而从企业有关财务报表中查得。

2）分析总成本的构成及其变化情况。

3）分析实际单位生产成本的构成及其变化情况。

4）与项目前评价或可行性研究中的预测成本相比较，计算实际生产成本变化率并分析实际生产成本与预测成本的偏差及其产生的原因。

5）分析项目实际生产成本发生变化对项目投资效益的影响程度有多大，降低项目实际生产成本的有效措施是什么。

**5. 项目产品销售利润的评价**

销售利润是综合反映项目投资效益的指标。对其进行评价的目的在于考核项目的实际产品销售利润和投产后各年产品销售利润的变化情况，比较和分析实际产品销售利润与项目前评价或可行性研究中的预测销售利润的偏离程度及其原因，提出进一步提高项目产品销售利润，从而提高项目投资效益的有效措施。

产品销售利润评价的内容和程序如下：

1）计算投产后历年实际产品销售利润产生变化的原因。

2）计算实际产品销售利润变化率。

3）分析项目实际产品销售利润偏离预测产品销售利润的原因，计算各种因素对实际产品销售利润的影响程度。

4）提出提高实际产品销售利润的对策和建议。

**6. 项目经济后评价**

项目经济后评价是项目后评价的核心内容之一。项目经济后评价的目的是衡量项目投资的实际经济效果。一方面比较和分析项目实际投资效益与预测投资效益的偏离程度及其原因；另一方面通过信息反馈，为今后提高项目决策科学化水平服务。经济后评价分为项目财务后评价和国民经济后评价两项内容。

**7. 对项目可行性研究水平进行综合评价**

尽管在项目前期工作后评价和实施后评价中都已从某种角度对项目可行性研究水平做出过评价，但只有在项目运营后评价时，才有可能对项目可行性研究水平进行综合评价。因为项目运营阶段是项目实际投资效益发挥的时期，通过项目运营后评价，尤其是通过项目经济后评价，才能具体计算出项目的实际投资效益指标，这样才便于与可行性研究中的有关预测指标进行比较。项目可行性研究水平评价的内容主要是对项目可行性研究的内容和深度进行评价。其评价的内容和步骤是：

1）考核项目实施过程的实际情况与预测情况的偏差。

2）考核项目预测因素的实际变化与预测情况的偏离程度，主要包括投资费用、产品产量、生产成本、销售收入、产品价格、市场需求、影子价格、国家参数和各项费率等的偏差。

3）考核可行性研究各种假设条件与实际情况的偏差，主要包括产品销售量、通货膨胀率、贷款利率等的偏差。

4）考核实际投资效益指标与预测投资效益指标的偏离程度，主要是实际投资利润率、实际投资利税率、实际净现值、实际投资回收期、实际贷款偿还期、实际内部收益率等的变化。

5）考核项目实际敏感性因素和敏感性水平。

6）对可行性研究深度进行总体评价。方法是通过上述各项的考察，综合计算预测情况与实际情况的偏差幅度，然后根据设定的标准，评价可行性研究的深度。根据国外项目后评价情况，并结合我国的实际，可行性研究深度的评价标准应该是：①偏离程度小于15%时，可行性研究深度符合合格要求；②偏离程度在15%~25%时，可行性研究深度相当于预测可行性研究水平；③偏离程度在25%~35%时，可行性研究深度相当于编制项目建议书阶段的预测水平；④偏离程度超过35%时，可行性研究的深度不合格。

7）具体研究和分析项目实际可行性研究水平表现为6）中②~④三种情况的原因，是预测依据不可靠还是预测方法不科学，是预测人员素质差还是人为干预所致，是预测水平所致还是由客观环境演变造成的等。

8）总结可供今后提高项目可行性研究水平的经验教训。

## 思 考 题

1. 简述工程项目后评价的概念及特点。
2. 简述项目后评价与项目可行性研究的差别。
3. 简述项目后评价的作用及评价原则。
4. 简述项目过程后评价的内容。
5. 简述项目实施后评价的内容。
6. 简述项目运营后评价的意义与内容。

## 二维码形式客观题

微信扫描二维码，可自行做客观题，提交后可查看答案。

第14章 客观题

# 附录 复利系数表

表 A-1 1%的复利系数表

| 年 份 | 一次支付 | | 等额系列 | | | |
|---|---|---|---|---|---|---|
| | 终值系数 | 现值系数 | 年金终值系数 | 年金现值系数 | 资本回收系数 | 偿债基金系数 |
| n | F/P, i, n | P/F, i, n | F/A, i, n | P/A, i, n | A/P, i, n | A/F, i, n |
| 1 | 1.0100 | 0.9901 | 1.000 | 0.9901 | 1.0100 | 1.0000 |
| 2 | 1.0201 | 0.9803 | 2.010 | 1.9704 | 0.5075 | 0.4975 |
| 3 | 1.0303 | 0.9706 | 3.030 | 2.9410 | 0.3400 | 0.3300 |
| 4 | 1.0406 | 0.9610 | 4.060 | 3.9020 | 0.2563 | 0.2463 |
| 5 | 1.0510 | 0.9515 | 5.101 | 4.8534 | 0.2060 | 0.1960 |
| 6 | 1.0615 | 0.9420 | 6.152 | 5.7955 | 0.1725 | 0.1625 |
| 7 | 1.0721 | 0.9327 | 7.214 | 6.7282 | 0.1486 | 0.1386 |
| 8 | 1.0829 | 0.9235 | 8.286 | 7.6517 | 0.1307 | 0.1207 |
| 9 | 1.0937 | 0.9143 | 9.369 | 8.5660 | 0.1167 | 0.1067 |
| 10 | 1.1046 | 0.9053 | 10.462 | 9.4713 | 0.1056 | 0.0956 |
| 11 | 1.1157 | 0.8963 | 11.567 | 10.3676 | 0.0965 | 0.0865 |
| 12 | 1.1268 | 0.8874 | 12.683 | 11.2551 | 0.0888 | 0.0788 |
| 13 | 1.1381 | 0.8787 | 13.809 | 12.1337 | 0.0824 | 0.0724 |
| 14 | 1.1495 | 0.8700 | 14.947 | 13.0037 | 0.0769 | 0.0669 |
| 15 | 1.1610 | 0.8613 | 16.097 | 13.8651 | 0.0721 | 0.0621 |
| 16 | 1.1726 | 0.8528 | 17.258 | 14.7179 | 0.0679 | 0.0579 |
| 17 | 1.1843 | 0.8444 | 18.430 | 15.5623 | 0.0643 | 0.0543 |
| 18 | 1.1961 | 0.8360 | 19.615 | 16.3983 | 0.0610 | 0.0510 |
| 19 | 1.2081 | 0.8277 | 20.811 | 17.2260 | 0.0581 | 0.0481 |
| 20 | 1.2202 | 0.8195 | 22.019 | 18.0456 | 0.0554 | 0.0454 |
| 21 | 1.2324 | 0.8114 | 23.239 | 18.8570 | 0.0530 | 0.0430 |
| 22 | 1.2447 | 0.8034 | 24.472 | 19.6604 | 0.0509 | 0.0409 |
| 23 | 1.2572 | 0.7954 | 25.716 | 20.4558 | 0.0489 | 0.0389 |
| 24 | 1.2697 | 0.7876 | 26.973 | 21.2434 | 0.0471 | 0.0371 |
| 25 | 1.2824 | 0.7798 | 28.243 | 22.0232 | 0.0454 | 0.0354 |
| 26 | 1.2953 | 0.7720 | 29.526 | 22.7952 | 0.0439 | 0.0339 |
| 27 | 1.3082 | 0.7644 | 30.821 | 23.5596 | 0.0424 | 0.0324 |
| 28 | 1.3213 | 0.7568 | 32.129 | 24.3164 | 0.0411 | 0.0311 |
| 29 | 1.3345 | 0.7493 | 33.450 | 25.0658 | 0.0399 | 0.0299 |
| 30 | 1.3478 | 0.7419 | 34.785 | 25.8077 | 0.0387 | 0.0287 |
| 40 | 1.4889 | 0.6717 | 48.886 | 32.8347 | 0.0305 | 0.0205 |
| 50 | 1.6446 | 0.6080 | 64.463 | 39.1961 | 0.0255 | 0.0155 |

表 A-2　2%的复利系数表

| 年份 | 一次支付 | | 等额系列 | | | |
|---|---|---|---|---|---|---|
| | 终值系数 | 现值系数 | 年金终值系数 | 年金现值系数 | 资本回收系数 | 偿债基金系数 |
| $n$ | $F/P, i, n$ | $P/F, i, n$ | $F/A, i, n$ | $P/A, i, n$ | $A/P, i, n$ | $A/F, i, n$ |
| 1 | 1.0200 | 0.9804 | 1.0000 | 0.9804 | 1.0200 | 1.0000 |
| 2 | 1.0404 | 0.9612 | 2.0200 | 1.9416 | 0.5150 | 0.4950 |
| 3 | 1.0612 | 0.9423 | 3.0604 | 2.8839 | 0.3468 | 0.3268 |
| 4 | 1.0824 | 0.9238 | 4.1216 | 3.8077 | 0.2626 | 0.2426 |
| 5 | 1.1041 | 0.9057 | 5.2040 | 4.7135 | 0.2122 | 0.1922 |
| 6 | 1.1262 | 0.8880 | 6.3081 | 5.6014 | 0.1785 | 0.1585 |
| 7 | 1.1487 | 0.8706 | 7.4343 | 6.4720 | 0.1545 | 0.1345 |
| 8 | 1.1717 | 0.8535 | 8.5830 | 7.3255 | 0.1365 | 0.1165 |
| 9 | 1.1951 | 0.8368 | 9.7546 | 8.1622 | 0.1225 | 0.1025 |
| 10 | 1.2190 | 0.8203 | 10.9497 | 8.9826 | 0.1113 | 0.0913 |
| 11 | 1.2434 | 0.8043 | 12.1687 | 9.7868 | 0.1022 | 0.0822 |
| 12 | 1.2682 | 0.7885 | 13.4121 | 10.5753 | 0.0946 | 0.0746 |
| 13 | 1.2936 | 0.7730 | 14.6803 | 11.3484 | 0.0881 | 0.0681 |
| 14 | 1.3195 | 0.7579 | 15.9739 | 12.1062 | 0.0826 | 0.0626 |
| 15 | 1.3459 | 0.7430 | 17.2934 | 12.8493 | 0.0778 | 0.0578 |
| 16 | 1.3728 | 0.7284 | 18.6393 | 13.5777 | 0.0737 | 0.0537 |
| 17 | 1.4002 | 0.7142 | 20.0121 | 14.2919 | 0.0700 | 0.0500 |
| 18 | 1.4282 | 0.7002 | 21.4123 | 14.9920 | 0.0667 | 0.0467 |
| 19 | 1.4568 | 0.6864 | 22.8406 | 15.6785 | 0.0638 | 0.0438 |
| 20 | 1.4859 | 0.6730 | 24.2974 | 16.3514 | 0.0612 | 0.0412 |
| 21 | 1.5157 | 0.6598 | 25.7833 | 17.0112 | 0.0588 | 0.0388 |
| 22 | 1.5460 | 0.6468 | 27.2990 | 17.6580 | 0.0566 | 0.0366 |
| 23 | 1.5769 | 0.6342 | 28.8450 | 18.2922 | 0.0547 | 0.0347 |
| 24 | 1.6084 | 0.6217 | 30.4219 | 18.9139 | 0.0529 | 0.0329 |
| 25 | 1.6406 | 0.6095 | 32.0303 | 19.5235 | 0.0512 | 0.0312 |
| 26 | 1.6734 | 0.5976 | 33.6709 | 20.1210 | 0.0497 | 0.0297 |
| 27 | 1.7069 | 0.5859 | 35.3443 | 20.7069 | 0.0483 | 0.0283 |
| 28 | 1.7410 | 0.5744 | 37.0512 | 21.2813 | 0.0470 | 0.0270 |
| 29 | 1.7758 | 0.5631 | 38.7922 | 21.8444 | 0.0458 | 0.0258 |
| 30 | 1.8114 | 0.5521 | 40.5681 | 22.3965 | 0.0446 | 0.0246 |
| 40 | 2.2080 | 0.4529 | 60.4020 | 27.3555 | 0.0366 | 0.0166 |
| 50 | 2.6916 | 0.3715 | 84.5794 | 31.4236 | 0.0318 | 0.0118 |

表 A-3  4%的复利系数表

| 年份 | 一次支付 | | 等额系列 | | | |
|---|---|---|---|---|---|---|
| | 终值系数 | 现值系数 | 年金终值系数 | 年金现值系数 | 资本回收系数 | 偿债基金系数 |
| $n$ | $F/P, i, n$ | $P/F, i, n$ | $F/A, i, n$ | $P/A, i, n$ | $A/P, i, n$ | $A/F, i, n$ |
| 1 | 1.0400 | 0.9615 | 1.0000 | 0.9615 | 1.0400 | 1.0000 |
| 2 | 1.0816 | 0.9246 | 2.0400 | 1.8861 | 0.5302 | 0.4902 |
| 3 | 1.1249 | 0.8890 | 3.1216 | 2.7751 | 0.3603 | 0.3203 |
| 4 | 1.1699 | 0.8548 | 4.2465 | 3.6299 | 0.2755 | 0.2355 |
| 5 | 1.2167 | 0.8219 | 5.4163 | 4.4518 | 0.2246 | 0.1846 |
| 6 | 1.2653 | 0.7903 | 6.6330 | 5.2421 | 0.1908 | 0.1508 |
| 7 | 1.3159 | 0.7599 | 7.8983 | 6.0021 | 0.1666 | 0.1266 |
| 8 | 1.3686 | 0.7307 | 9.2142 | 6.7327 | 0.1485 | 0.1085 |
| 9 | 1.4233 | 0.7026 | 10.5828 | 7.4353 | 0.1345 | 0.0945 |
| 10 | 1.4802 | 0.6756 | 12.0061 | 8.1109 | 0.1233 | 0.0833 |
| 11 | 1.5395 | 0.6496 | 13.4864 | 8.7605 | 0.1141 | 0.0741 |
| 12 | 1.6010 | 0.6246 | 15.0258 | 9.3851 | 0.1066 | 0.0666 |
| 13 | 1.6651 | 0.6006 | 16.6268 | 9.9856 | 0.1001 | 0.0601 |
| 14 | 1.7317 | 0.5775 | 18.2919 | 10.5631 | 0.0947 | 0.0547 |
| 15 | 1.8009 | 0.5553 | 20.0236 | 11.1184 | 0.0899 | 0.0499 |
| 16 | 1.8730 | 0.5339 | 21.8245 | 11.6523 | 0.0858 | 0.0458 |
| 17 | 1.9479 | 0.5134 | 23.6975 | 12.1657 | 0.0822 | 0.0422 |
| 18 | 2.0258 | 0.4936 | 25.6454 | 12.6593 | 0.0790 | 0.0390 |
| 19 | 2.1068 | 0.4746 | 27.6712 | 13.1339 | 0.0761 | 0.0361 |
| 20 | 2.1911 | 0.4564 | 29.7781 | 13.5903 | 0.0736 | 0.0336 |
| 21 | 2.2788 | 0.4388 | 31.9692 | 14.0292 | 0.0713 | 0.0313 |
| 22 | 2.3699 | 0.4220 | 34.2480 | 14.4511 | 0.0692 | 0.0292 |
| 23 | 2.4647 | 0.4057 | 36.6179 | 14.8568 | 0.0673 | 0.0273 |
| 24 | 2.5633 | 0.3901 | 39.0826 | 15.2470 | 0.0656 | 0.0256 |
| 25 | 2.6658 | 0.3751 | 41.6459 | 15.6221 | 0.0640 | 0.0240 |
| 26 | 2.7725 | 0.3607 | 44.3117 | 15.9828 | 0.0626 | 0.0226 |
| 27 | 2.8834 | 0.3468 | 47.0842 | 16.3296 | 0.0612 | 0.0212 |
| 28 | 2.9987 | 0.3335 | 49.9676 | 16.6631 | 0.0600 | 0.0200 |
| 29 | 3.1187 | 0.3207 | 52.9663 | 16.9837 | 0.0589 | 0.0189 |
| 30 | 3.2434 | 0.3083 | 56.0849 | 17.2920 | 0.0578 | 0.0178 |
| 40 | 4.8010 | 0.2083 | 95.0255 | 19.7928 | 0.0505 | 0.0105 |
| 50 | 7.1067 | 0.1407 | 152.6671 | 21.4822 | 0.0466 | 0.0066 |

表 A-4　5%的复利系数表

| 年 份 | 一次支付 | | 等 额 系 列 | | | |
|---|---|---|---|---|---|---|
| | 终值系数 | 现值系数 | 年金终值系数 | 年金现值系数 | 资本回收系数 | 偿债基金系数 |
| $n$ | $F/P, i, n$ | $P/F, i, n$ | $F/A, i, n$ | $P/A, i, n$ | $A/P, i, n$ | $A/F, i, n$ |
| 1 | 1.0500 | 0.9524 | 1.0000 | 0.9524 | 1.0500 | 1.0000 |
| 2 | 1.1025 | 0.9070 | 2.0500 | 1.8594 | 0.5378 | 0.4878 |
| 3 | 1.1576 | 0.8638 | 3.1525 | 2.7232 | 0.3672 | 0.3172 |
| 4 | 1.2155 | 0.8227 | 4.3101 | 3.5460 | 0.2820 | 0.2320 |
| 5 | 1.2763 | 0.7835 | 5.5256 | 4.3295 | 0.2310 | 0.1810 |
| 6 | 1.3401 | 0.7462 | 6.8019 | 5.0757 | 0.1970 | 0.1470 |
| 7 | 1.4071 | 0.7107 | 8.1420 | 5.7864 | 0.1728 | 0.1228 |
| 8 | 1.4775 | 0.6768 | 9.5491 | 6.4632 | 0.1547 | 0.1047 |
| 9 | 1.5513 | 0.6446 | 11.0266 | 7.1078 | 0.1407 | 0.0907 |
| 10 | 1.6289 | 0.6139 | 12.5779 | 7.7217 | 0.1295 | 0.0795 |
| 11 | 1.7103 | 0.5847 | 14.2068 | 8.3064 | 0.1204 | 0.0704 |
| 12 | 1.7959 | 0.5568 | 15.9171 | 8.8633 | 0.1128 | 0.0628 |
| 13 | 1.8856 | 0.5303 | 17.7130 | 9.3936 | 0.1065 | 0.0565 |
| 14 | 1.9799 | 0.5051 | 19.5986 | 9.8986 | 0.1010 | 0.0510 |
| 15 | 2.0789 | 0.4810 | 21.5786 | 10.3797 | 0.0963 | 0.0463 |
| 16 | 2.1829 | 0.4581 | 23.6575 | 10.8378 | 0.0923 | 0.0423 |
| 17 | 2.2920 | 0.4363 | 25.8404 | 11.2741 | 0.0887 | 0.0387 |
| 18 | 2.4066 | 0.4155 | 28.1324 | 11.6896 | 0.0855 | 0.0355 |
| 19 | 2.5270 | 0.3957 | 30.5390 | 12.0853 | 0.0827 | 0.0327 |
| 20 | 2.6533 | 0.3769 | 33.0660 | 12.4622 | 0.0802 | 0.0302 |
| 21 | 2.7860 | 0.3589 | 35.7193 | 12.8212 | 0.0780 | 0.0280 |
| 22 | 2.9253 | 0.3418 | 38.5052 | 13.1630 | 0.0760 | 0.0260 |
| 23 | 3.0715 | 0.3256 | 41.4305 | 13.4886 | 0.0741 | 0.0241 |
| 24 | 3.2251 | 0.3101 | 44.5020 | 13.7986 | 0.0725 | 0.0225 |
| 25 | 3.3864 | 0.2953 | 47.7271 | 14.0939 | 0.0710 | 0.0210 |
| 26 | 3.5557 | 0.2812 | 51.1135 | 14.3752 | 0.0696 | 0.0196 |
| 27 | 3.7335 | 0.2678 | 54.6691 | 14.6430 | 0.0683 | 0.0183 |
| 28 | 3.9201 | 0.2551 | 58.4026 | 14.8981 | 0.0671 | 0.0171 |
| 29 | 4.1161 | 0.2429 | 62.3227 | 15.1411 | 0.0660 | 0.0160 |
| 30 | 4.3219 | 0.2314 | 66.4388 | 15.3725 | 0.0651 | 0.0151 |
| 40 | 7.0400 | 0.1420 | 120.7998 | 17.1591 | 0.0583 | 0.0083 |
| 50 | 11.4674 | 0.0872 | 209.3480 | 18.2559 | 0.0548 | 0.0048 |

表 A-5  6％的复利系数表

| 年 份 | 一次支付 | | 等 额 系 列 | | | |
|---|---|---|---|---|---|---|
| | 终值系数 | 现值系数 | 年金终值系数 | 年金现值系数 | 资本回收系数 | 偿债基金系数 |
| $n$ | $F/P, i, n$ | $P/F, i, n$ | $F/A, i, n$ | $P/A, i, n$ | $A/P, i, n$ | $A/F, i, n$ |
| 1 | 1.0600 | 0.9434 | 1.0000 | 0.9434 | 1.0600 | 1.0000 |
| 2 | 1.1236 | 0.8900 | 2.0600 | 1.8334 | 0.5454 | 0.4854 |
| 3 | 1.1910 | 0.8396 | 3.1836 | 2.6730 | 0.3741 | 0.3141 |
| 4 | 1.2625 | 0.7921 | 4.3746 | 3.4651 | 0.2886 | 0.2286 |
| 5 | 1.3382 | 0.7473 | 5.6371 | 4.2124 | 0.2374 | 0.1774 |
| 6 | 1.4185 | 0.7050 | 6.9753 | 4.9173 | 0.2034 | 0.1434 |
| 7 | 1.5036 | 0.6651 | 8.3938 | 5.5824 | 0.1791 | 0.1191 |
| 8 | 1.5938 | 0.6274 | 9.8975 | 6.2098 | 0.1610 | 0.1010 |
| 9 | 1.6895 | 0.5919 | 11.4913 | 6.8017 | 0.1470 | 0.0870 |
| 10 | 1.7908 | 0.5584 | 13.1808 | 7.3601 | 0.1359 | 0.0759 |
| 11 | 1.8983 | 0.5268 | 14.9716 | 7.8869 | 0.1268 | 0.0668 |
| 12 | 2.0122 | 0.4970 | 16.8699 | 8.3838 | 0.1193 | 0.0593 |
| 13 | 2.1329 | 0.4688 | 18.8821 | 8.8527 | 0.1130 | 0.0530 |
| 14 | 2.2609 | 0.4423 | 21.0151 | 9.2950 | 0.1076 | 0.0476 |
| 15 | 2.3966 | 0.4173 | 23.2760 | 9.7122 | 0.1030 | 0.0430 |
| 16 | 2.5404 | 0.3936 | 25.6725 | 10.1059 | 0.0990 | 0.0390 |
| 17 | 2.6928 | 0.3714 | 28.2129 | 10.4773 | 0.0954 | 0.0354 |
| 18 | 2.8543 | 0.3503 | 30.9057 | 10.8276 | 0.0924 | 0.0324 |
| 19 | 3.0256 | 0.3305 | 33.7600 | 11.1581 | 0.0896 | 0.0296 |
| 20 | 3.2071 | 0.3118 | 36.7856 | 11.4699 | 0.0872 | 0.0272 |
| 21 | 3.3996 | 0.2942 | 39.9927 | 11.7641 | 0.0850 | 0.0250 |
| 22 | 3.6035 | 0.2775 | 43.3923 | 12.0416 | 0.0830 | 0.0230 |
| 23 | 3.8197 | 0.2618 | 46.9958 | 12.3034 | 0.0813 | 0.0213 |
| 24 | 4.0489 | 0.2470 | 50.8156 | 12.5504 | 0.0797 | 0.0197 |
| 25 | 4.2919 | 0.2330 | 54.8645 | 12.7834 | 0.0782 | 0.0182 |
| 26 | 4.5494 | 0.2198 | 59.1564 | 13.0032 | 0.0769 | 0.0169 |
| 27 | 4.8223 | 0.2074 | 63.7058 | 13.2105 | 0.0757 | 0.0157 |
| 28 | 5.1117 | 0.1956 | 68.5281 | 13.4062 | 0.0746 | 0.0146 |
| 29 | 5.4184 | 0.1846 | 73.6398 | 13.5907 | 0.0736 | 0.0136 |
| 30 | 5.7435 | 0.1741 | 79.0582 | 13.7648 | 0.0726 | 0.0126 |
| 40 | 10.2857 | 0.0972 | 154.7620 | 15.0463 | 0.0665 | 0.0065 |
| 50 | 18.4202 | 0.0543 | 290.3359 | 15.7619 | 0.0634 | 0.0034 |

表 A-6　8%的复利系数表

| 年份 | 一次支付 | | 等额系列 | | | |
|---|---|---|---|---|---|---|
| | 终值系数 | 现值系数 | 年金终值系数 | 年金现值系数 | 资本回收系数 | 偿债基金系数 |
| $n$ | $F/P, i, n$ | $P/F, i, n$ | $F/A, i, n$ | $P/A, i, n$ | $A/P, i, n$ | $A/F, i, n$ |
| 1 | 1.0800 | 0.9259 | 1.0000 | 0.9259 | 1.0800 | 1.0000 |
| 2 | 1.1664 | 0.8573 | 2.0800 | 1.7833 | 0.5608 | 0.4808 |
| 3 | 1.2597 | 0.7938 | 3.2464 | 2.5771 | 0.3880 | 0.3080 |
| 4 | 1.3605 | 0.7350 | 4.5061 | 3.3121 | 0.3019 | 0.2219 |
| 5 | 1.4693 | 0.6806 | 5.8666 | 3.9927 | 0.2505 | 0.1705 |
| 6 | 1.5869 | 0.6302 | 7.3359 | 4.6229 | 0.2163 | 0.1363 |
| 7 | 1.7138 | 0.5835 | 8.9228 | 5.2064 | 0.1921 | 0.1121 |
| 8 | 1.8509 | 0.5403 | 10.6366 | 5.7466 | 0.1740 | 0.0940 |
| 9 | 1.9990 | 0.5002 | 12.4876 | 6.2469 | 0.1601 | 0.0801 |
| 10 | 2.1589 | 0.4632 | 14.4866 | 6.7101 | 0.1490 | 0.0690 |
| 11 | 2.3316 | 0.4289 | 16.6455 | 7.1390 | 0.1401 | 0.0601 |
| 12 | 2.5182 | 0.3971 | 18.9771 | 7.5361 | 0.1327 | 0.0527 |
| 13 | 2.7196 | 0.3677 | 21.4953 | 7.9038 | 0.1265 | 0.0465 |
| 14 | 2.9372 | 0.3405 | 24.2149 | 8.2442 | 0.1213 | 0.0413 |
| 15 | 3.1722 | 0.3152 | 27.1521 | 8.5595 | 0.1168 | 0.0368 |
| 16 | 3.4259 | 0.2919 | 30.3243 | 8.8514 | 0.1130 | 0.0330 |
| 17 | 3.7000 | 0.2703 | 33.7502 | 9.1216 | 0.1096 | 0.0296 |
| 18 | 3.9960 | 0.2502 | 37.4502 | 9.3719 | 0.1067 | 0.0267 |
| 19 | 4.3157 | 0.2317 | 41.4463 | 9.6036 | 0.1041 | 0.0241 |
| 20 | 4.6610 | 0.2145 | 45.7620 | 9.8181 | 0.1019 | 0.0219 |
| 21 | 5.0338 | 0.1987 | 50.4229 | 10.0168 | 0.0998 | 0.0198 |
| 22 | 5.4365 | 0.1839 | 55.4568 | 10.2007 | 0.0980 | 0.0180 |
| 23 | 5.8715 | 0.1703 | 60.8933 | 10.3711 | 0.0964 | 0.0164 |
| 24 | 6.3412 | 0.1577 | 66.7648 | 10.5288 | 0.0950 | 0.0150 |
| 25 | 6.8485 | 0.1460 | 73.1059 | 10.6748 | 0.0937 | 0.0137 |
| 26 | 7.3964 | 0.1352 | 79.9544 | 10.8100 | 0.0925 | 0.0125 |
| 27 | 7.9881 | 0.1252 | 87.3508 | 10.9352 | 0.0914 | 0.0114 |
| 28 | 8.6271 | 0.1159 | 95.3388 | 11.0511 | 0.0905 | 0.0105 |
| 29 | 9.3173 | 0.1073 | 103.9659 | 11.1584 | 0.0896 | 0.0096 |
| 30 | 10.0627 | 0.0994 | 113.2832 | 11.2578 | 0.0888 | 0.0088 |
| 40 | 21.7245 | 0.0460 | 259.0565 | 11.9246 | 0.0839 | 0.0039 |
| 50 | 46.9016 | 0.0213 | 573.7702 | 12.2335 | 0.0817 | 0.0017 |

表 A-7　10%的复利系数表

| 年　份 | 一次支付 | | 等额系列 | | | |
|---|---|---|---|---|---|---|
| | 终值系数 | 现值系数 | 年金终值系数 | 年金现值系数 | 资本回收系数 | 偿债基金系数 |
| $n$ | $F/P, i, n$ | $P/F, i, n$ | $F/A, i, n$ | $P/A, i, n$ | $A/P, i, n$ | $A/F, i, n$ |
| 1 | 1.1000 | 0.9091 | 1.0000 | 0.9091 | 1.1000 | 1.0000 |
| 2 | 1.2100 | 0.8264 | 2.1000 | 1.7355 | 0.5762 | 0.4762 |
| 3 | 1.3310 | 0.7513 | 3.3100 | 2.4869 | 0.4021 | 0.3021 |
| 4 | 1.4641 | 0.6830 | 4.6410 | 3.1699 | 0.3155 | 0.2155 |
| 5 | 1.6105 | 0.6209 | 6.1051 | 3.7908 | 0.2638 | 0.1638 |
| 6 | 1.7716 | 0.5645 | 7.7156 | 4.3553 | 0.2296 | 0.1296 |
| 7 | 1.9487 | 0.5132 | 9.4872 | 4.8684 | 0.2054 | 0.1054 |
| 8 | 2.1436 | 0.4665 | 11.4359 | 5.3349 | 0.1874 | 0.0874 |
| 9 | 2.3579 | 0.4241 | 13.5795 | 5.7590 | 0.1736 | 0.0736 |
| 10 | 2.5937 | 0.3855 | 15.9374 | 6.1446 | 0.1627 | 0.0627 |
| 11 | 2.8531 | 0.3505 | 18.5312 | 6.4951 | 0.1540 | 0.0540 |
| 12 | 3.1384 | 0.3186 | 21.3843 | 6.8137 | 0.1468 | 0.0468 |
| 13 | 3.4523 | 0.2897 | 24.5227 | 7.1034 | 0.1408 | 0.0408 |
| 14 | 3.7975 | 0.2633 | 27.9750 | 7.3667 | 0.1357 | 0.0357 |
| 15 | 4.1772 | 0.2394 | 31.7725 | 7.6061 | 0.1315 | 0.0315 |
| 16 | 4.5950 | 0.2176 | 35.9497 | 7.8237 | 0.1278 | 0.0278 |
| 17 | 5.0545 | 0.1978 | 40.5447 | 8.0216 | 0.1247 | 0.0247 |
| 18 | 5.5599 | 0.1799 | 45.5992 | 8.2014 | 0.1219 | 0.0219 |
| 19 | 6.1159 | 0.1635 | 51.1591 | 8.3649 | 0.1195 | 0.0195 |
| 20 | 6.7275 | 0.1486 | 57.2750 | 8.5136 | 0.1175 | 0.0175 |
| 21 | 7.4002 | 0.1351 | 64.0025 | 8.6487 | 0.1156 | 0.0156 |
| 22 | 8.1403 | 0.1228 | 71.4027 | 8.7715 | 0.1140 | 0.0140 |
| 23 | 8.9543 | 0.1117 | 79.5430 | 8.8832 | 0.1126 | 0.0126 |
| 24 | 9.8497 | 0.1015 | 88.4973 | 8.9847 | 0.1113 | 0.0113 |
| 25 | 10.8347 | 0.0923 | 98.3471 | 9.0770 | 0.1102 | 0.0102 |
| 26 | 11.9182 | 0.0839 | 109.1818 | 9.1609 | 0.1092 | 0.0092 |
| 27 | 13.1100 | 0.0763 | 121.0999 | 9.2372 | 0.1083 | 0.0083 |
| 28 | 14.4210 | 0.0693 | 134.2099 | 9.3066 | 0.1075 | 0.0075 |
| 29 | 15.8631 | 0.0630 | 148.6309 | 9.3696 | 0.1067 | 0.0067 |
| 30 | 17.4494 | 0.0573 | 164.4940 | 9.4269 | 0.1061 | 0.0061 |
| 40 | 45.2593 | 0.0221 | 442.5926 | 9.7791 | 0.1023 | 0.0023 |
| 50 | 117.3909 | 0.0085 | 1163.9085 | 9.9148 | 0.1009 | 0.0009 |

## 表 A-8 12%的复利系数表

| 年 份 | 一次支付 | | 等 额 系 列 | | | |
|---|---|---|---|---|---|---|
| | 终值系数 | 现值系数 | 年金终值系数 | 年金现值系数 | 资本回收系数 | 偿债基金系数 |
| $n$ | $F/P, i, n$ | $P/F, i, n$ | $F/A, i, n$ | $P/A, i, n$ | $A/P, i, n$ | $A/F, i, n$ |
| 1 | 1.1200 | 0.8929 | 1.0000 | 0.8929 | 1.1200 | 1.0000 |
| 2 | 1.2544 | 0.7972 | 2.1200 | 1.6901 | 0.5917 | 0.4717 |
| 3 | 1.4049 | 0.7118 | 3.3744 | 2.4018 | 0.4163 | 0.2963 |
| 4 | 1.5735 | 0.6355 | 4.7793 | 3.0373 | 0.3292 | 0.2092 |
| 5 | 1.7623 | 0.5674 | 6.3528 | 3.6048 | 0.2774 | 0.1574 |
| 6 | 1.9738 | 0.5066 | 8.1152 | 4.1114 | 0.2432 | 0.1232 |
| 7 | 2.2107 | 0.4523 | 10.0890 | 4.5638 | 0.2191 | 0.0991 |
| 8 | 2.4760 | 0.4039 | 12.2997 | 4.9676 | 0.2013 | 0.0813 |
| 9 | 2.7731 | 0.3606 | 14.7757 | 5.3282 | 0.1877 | 0.0677 |
| 10 | 3.1058 | 0.3220 | 17.5487 | 5.6502 | 0.1770 | 0.0570 |
| 11 | 3.4785 | 0.2875 | 20.6546 | 5.9377 | 0.1684 | 0.0484 |
| 12 | 3.8960 | 0.2567 | 24.1331 | 6.1944 | 0.1614 | 0.0414 |
| 13 | 4.3635 | 0.2292 | 28.0291 | 6.4235 | 0.1557 | 0.0357 |
| 14 | 4.8871 | 0.2046 | 32.3926 | 6.6282 | 0.1509 | 0.0309 |
| 15 | 5.4736 | 0.1827 | 37.2797 | 6.8109 | 0.1468 | 0.0268 |
| 16 | 6.1304 | 0.1631 | 42.7533 | 6.9740 | 0.1434 | 0.0234 |
| 17 | 6.8660 | 0.1456 | 48.8837 | 7.1196 | 0.1405 | 0.0205 |
| 18 | 7.6900 | 0.1300 | 55.7497 | 7.2497 | 0.1379 | 0.0179 |
| 19 | 8.6128 | 0.1161 | 63.4397 | 7.3658 | 0.1358 | 0.0158 |
| 20 | 9.6463 | 0.1037 | 72.0524 | 7.4694 | 0.1339 | 0.0139 |
| 21 | 10.8038 | 0.0926 | 81.6987 | 7.5620 | 0.1322 | 0.0122 |
| 22 | 12.1003 | 0.0826 | 92.5026 | 7.6446 | 0.1308 | 0.0108 |
| 23 | 13.5523 | 0.0738 | 104.6029 | 7.7184 | 0.1296 | 0.0096 |
| 24 | 15.1786 | 0.0659 | 118.1552 | 7.7843 | 0.1285 | 0.0085 |
| 25 | 17.0001 | 0.0588 | 133.3339 | 7.8431 | 0.1275 | 0.0075 |
| 26 | 19.0401 | 0.0525 | 150.3339 | 7.8957 | 0.1267 | 0.0067 |
| 27 | 21.3249 | 0.0469 | 169.3740 | 7.9426 | 0.1259 | 0.0059 |
| 28 | 23.8839 | 0.0419 | 190.6989 | 7.9844 | 0.1252 | 0.0052 |
| 29 | 26.7499 | 0.0374 | 214.5828 | 8.0218 | 0.1247 | 0.0047 |
| 30 | 29.9599 | 0.0334 | 241.3327 | 8.0552 | 0.1241 | 0.0041 |
| 40 | 93.0510 | 0.0107 | 767.0914 | 8.2438 | 0.1213 | 0.0013 |
| 50 | 289.0022 | 0.0035 | 2400.0182 | 8.3045 | 0.1204 | 0.0004 |

表 A-9  14%的复利系数表

| 年 份 | 一次支付 | | 等额系列 | | | |
|---|---|---|---|---|---|---|
| | 终值系数 | 现值系数 | 年金终值系数 | 年金现值系数 | 资本回收系数 | 偿债基金系数 |
| $n$ | $F/P, i, n$ | $P/F, i, n$ | $F/A, i, n$ | $P/A, i, n$ | $A/P, i, n$ | $A/F, i, n$ |
| 1 | 1.1400 | 0.8772 | 1.0000 | 0.8772 | 1.1400 | 1.0000 |
| 2 | 1.2996 | 0.7695 | 2.1400 | 1.6467 | 0.6073 | 0.4673 |
| 3 | 1.4815 | 0.6750 | 3.4396 | 2.3216 | 0.4307 | 0.2907 |
| 4 | 1.6890 | 0.5921 | 4.9211 | 2.9137 | 0.3432 | 0.2032 |
| 5 | 1.9254 | 0.5194 | 6.6101 | 3.4331 | 0.2913 | 0.1513 |
| 6 | 2.1950 | 0.4556 | 8.5355 | 3.8887 | 0.2572 | 0.1172 |
| 7 | 2.5023 | 0.3996 | 10.7305 | 4.2883 | 0.2332 | 0.0932 |
| 8 | 2.8526 | 0.3506 | 13.2328 | 4.6389 | 0.2156 | 0.0756 |
| 9 | 3.2519 | 0.3075 | 16.0853 | 4.9464 | 0.2022 | 0.0622 |
| 10 | 3.7072 | 0.2697 | 19.3373 | 5.2161 | 0.1917 | 0.0517 |
| 11 | 4.2262 | 0.2366 | 23.0445 | 5.4527 | 0.1834 | 0.0434 |
| 12 | 4.8179 | 0.2076 | 27.2707 | 5.6603 | 0.1767 | 0.0367 |
| 13 | 5.4924 | 0.1821 | 32.0887 | 5.8424 | 0.1712 | 0.0312 |
| 14 | 6.2613 | 0.1597 | 37.5811 | 6.0021 | 0.1666 | 0.0266 |
| 15 | 7.1379 | 0.1401 | 43.8424 | 6.1422 | 0.1628 | 0.0228 |
| 16 | 8.1372 | 0.1229 | 50.9804 | 6.2651 | 0.1596 | 0.0196 |
| 17 | 9.2765 | 0.1078 | 59.1176 | 6.3729 | 0.1569 | 0.0169 |
| 18 | 10.5752 | 0.0946 | 68.3941 | 6.4674 | 0.1546 | 0.0146 |
| 19 | 12.0557 | 0.0829 | 78.9692 | 6.5504 | 0.1527 | 0.0127 |
| 20 | 13.7435 | 0.0728 | 91.0249 | 6.6231 | 0.1510 | 0.0110 |
| 21 | 15.6676 | 0.0638 | 104.7684 | 6.6870 | 0.1495 | 0.0095 |
| 22 | 17.8610 | 0.0560 | 120.4360 | 6.7429 | 0.1483 | 0.0083 |
| 23 | 20.3616 | 0.0491 | 138.2970 | 6.7921 | 0.1472 | 0.0072 |
| 24 | 23.2122 | 0.0431 | 158.6586 | 6.8351 | 0.1463 | 0.0063 |
| 25 | 26.4619 | 0.0378 | 181.8708 | 6.8729 | 0.1455 | 0.0055 |
| 26 | 30.1666 | 0.0331 | 208.3327 | 6.9061 | 0.1448 | 0.0048 |
| 27 | 34.3899 | 0.0291 | 238.4993 | 6.9352 | 0.1442 | 0.0042 |
| 28 | 39.2045 | 0.0255 | 272.8892 | 6.9607 | 0.1437 | 0.0037 |
| 29 | 44.6931 | 0.0224 | 312.0937 | 6.9830 | 0.1432 | 0.0032 |
| 30 | 50.9502 | 0.0196 | 356.7868 | 7.0027 | 0.1428 | 0.0028 |
| 40 | 188.8835 | 0.0053 | 1342.0251 | 7.1050 | 0.1407 | 0.0007 |
| 50 | 700.2330 | 0.0014 | 4994.5213 | 7.1327 | 0.1402 | 0.0002 |

表 A-10　15％的复利系数表

| 年份 | 一次支付 | | 等额系列 | | | |
|---|---|---|---|---|---|---|
| | 终值系数 | 现值系数 | 年金终值系数 | 年金现值系数 | 资本回收系数 | 偿债基金系数 |
| n | F/P, i, n | P/F, i, n | F/A, i, n | P/A, i, n | A/P, i, n | A/F, i, n |
| 1 | 1.1500 | 0.8696 | 1.0000 | 0.8696 | 1.1500 | 1.0000 |
| 2 | 1.3225 | 0.7561 | 2.1500 | 1.6257 | 0.6151 | 0.4651 |
| 3 | 1.5209 | 0.6575 | 3.4725 | 2.2832 | 0.4380 | 0.2880 |
| 4 | 1.7490 | 0.5718 | 4.9934 | 2.8550 | 0.3503 | 0.2003 |
| 5 | 2.0114 | 0.4972 | 6.7424 | 3.3522 | 0.2983 | 0.1483 |
| 6 | 2.3131 | 0.4323 | 8.7537 | 3.7845 | 0.2642 | 0.1142 |
| 7 | 2.6600 | 0.3759 | 11.0668 | 4.1604 | 0.2404 | 0.0904 |
| 8 | 3.0590 | 0.3269 | 13.7268 | 4.4873 | 0.2229 | 0.0729 |
| 9 | 3.5179 | 0.2843 | 16.7858 | 4.7716 | 0.2096 | 0.0596 |
| 10 | 4.0456 | 0.2472 | 20.3037 | 5.0188 | 0.1993 | 0.0493 |
| 11 | 4.6524 | 0.2149 | 24.3493 | 5.2337 | 0.1911 | 0.0411 |
| 12 | 5.3503 | 0.1869 | 29.0017 | 5.4206 | 0.1845 | 0.0345 |
| 13 | 6.1528 | 0.1625 | 34.3519 | 5.5831 | 0.1791 | 0.0291 |
| 14 | 7.0757 | 0.1413 | 40.5047 | 5.7245 | 0.1747 | 0.0247 |
| 15 | 8.1371 | 0.1229 | 47.5804 | 5.8474 | 0.1710 | 0.0210 |
| 16 | 9.3576 | 0.1069 | 55.7175 | 5.9542 | 0.1679 | 0.0179 |
| 17 | 10.7613 | 0.0929 | 65.0751 | 6.0472 | 0.1654 | 0.0154 |
| 18 | 12.3755 | 0.0808 | 75.8364 | 6.1280 | 0.1632 | 0.0132 |
| 19 | 14.2318 | 0.0703 | 88.2118 | 6.1982 | 0.1613 | 0.0113 |
| 20 | 16.3665 | 0.0611 | 102.4436 | 6.2593 | 0.1598 | 0.0098 |
| 21 | 18.8215 | 0.0531 | 118.8101 | 6.3125 | 0.1584 | 0.0084 |
| 22 | 21.6447 | 0.0462 | 137.6316 | 6.3587 | 0.1573 | 0.0073 |
| 23 | 24.8915 | 0.0402 | 159.2764 | 6.3988 | 0.1563 | 0.0063 |
| 24 | 28.6252 | 0.0349 | 184.1678 | 6.4338 | 0.1554 | 0.0054 |
| 25 | 32.9190 | 0.0304 | 212.7930 | 6.4641 | 0.1547 | 0.0047 |
| 26 | 37.8568 | 0.0264 | 245.7120 | 6.4906 | 0.1541 | 0.0041 |
| 27 | 43.5353 | 0.0230 | 283.5688 | 6.5135 | 0.1535 | 0.0035 |
| 28 | 50.0656 | 0.0200 | 327.1041 | 6.5335 | 0.1531 | 0.0031 |
| 29 | 57.5755 | 0.0174 | 377.1697 | 6.5509 | 0.1527 | 0.0027 |
| 30 | 66.2118 | 0.0151 | 434.7451 | 6.5660 | 0.1523 | 0.0023 |
| 40 | 267.8635 | 0.0037 | 1779.0903 | 6.6418 | 0.1506 | 0.0006 |
| 50 | 1083.6574 | 0.0009 | 7217.7163 | 6.6605 | 0.1501 | 0.0001 |

## 表 A-11  20%的复利系数表

| 年 份 | 一 次 支 付 | | 等 额 系 列 | | | |
|---|---|---|---|---|---|---|
| | 终值系数 | 现值系数 | 年金终值系数 | 年金现值系数 | 资本回收系数 | 偿债基金系数 |
| $n$ | $F/P, i, n$ | $P/F, i, n$ | $F/A, i, n$ | $P/A, i, n$ | $A/P, i, n$ | $A/F, i, n$ |
| 1 | 1.2000 | 0.8333 | 1.0000 | 0.8333 | 1.2000 | 1.0000 |
| 2 | 1.4400 | 0.6944 | 2.2000 | 1.5278 | 0.6545 | 0.4545 |
| 3 | 1.7280 | 0.5787 | 3.6400 | 2.1065 | 0.4747 | 0.2747 |
| 4 | 2.0736 | 0.4823 | 5.3680 | 2.5887 | 0.3863 | 0.1863 |
| 5 | 2.4883 | 0.4019 | 7.4416 | 2.9906 | 0.3344 | 0.1344 |
| 6 | 2.9860 | 0.3349 | 9.9299 | 3.3255 | 0.3007 | 0.1007 |
| 7 | 3.5832 | 0.2791 | 12.9159 | 3.6046 | 0.2774 | 0.0774 |
| 8 | 4.2998 | 0.2326 | 16.4991 | 3.8372 | 0.2606 | 0.0606 |
| 9 | 5.1598 | 0.1938 | 20.7989 | 4.0310 | 0.2481 | 0.0481 |
| 10 | 6.1917 | 0.1615 | 25.9587 | 4.1925 | 0.2385 | 0.0385 |
| 11 | 7.4301 | 0.1346 | 32.1504 | 4.3271 | 0.2311 | 0.0311 |
| 12 | 8.9161 | 0.1122 | 39.5805 | 4.4392 | 0.2253 | 0.0253 |
| 13 | 10.6993 | 0.0935 | 48.4966 | 4.5327 | 0.2206 | 0.0206 |
| 14 | 12.8392 | 0.0779 | 59.1959 | 4.6106 | 0.2169 | 0.0169 |
| 15 | 15.4070 | 0.0649 | 72.0351 | 4.6755 | 0.2139 | 0.0139 |
| 16 | 18.4884 | 0.0541 | 87.4421 | 4.7296 | 0.2114 | 0.0114 |
| 17 | 22.1861 | 0.0451 | 105.9306 | 4.7746 | 0.2094 | 0.0094 |
| 18 | 26.6233 | 0.0376 | 128.1167 | 4.8122 | 0.2078 | 0.0078 |
| 19 | 31.9480 | 0.0313 | 154.7400 | 4.8435 | 0.2065 | 0.0065 |
| 20 | 38.3376 | 0.0261 | 186.6880 | 4.8696 | 0.2054 | 0.0054 |
| 21 | 46.0051 | 0.0217 | 225.0256 | 4.8913 | 0.2044 | 0.0044 |
| 22 | 55.2061 | 0.0181 | 271.0307 | 4.9094 | 0.2037 | 0.0037 |
| 23 | 66.2474 | 0.0151 | 326.2369 | 4.9245 | 0.2031 | 0.0031 |
| 24 | 79.4968 | 0.0126 | 392.4842 | 4.9371 | 0.2025 | 0.0025 |
| 25 | 95.3962 | 0.0105 | 471.9811 | 4.9476 | 0.2021 | 0.0021 |
| 26 | 114.4755 | 0.0087 | 567.3773 | 4.9563 | 0.2018 | 0.0018 |
| 27 | 137.3706 | 0.0073 | 681.8528 | 4.9636 | 0.2015 | 0.0015 |
| 28 | 164.8447 | 0.0061 | 819.2233 | 4.9697 | 0.2012 | 0.0012 |
| 29 | 197.8136 | 0.0051 | 984.0680 | 4.9747 | 0.2010 | 0.0010 |
| 30 | 237.3763 | 0.0042 | 1181.8816 | 4.9789 | 0.2008 | 0.0008 |
| 40 | 1469.7716 | 0.0007 | 7343.8578 | 4.9966 | 0.2001 | 0.0001 |
| 50 | 9100.4382 | 0.0001 | 45497.1908 | 4.9995 | 0.2000 | 0.0000 |

表 A-12　25%的复利系数表

| 年　份 | 一　次　支　付 | | 等　额　系　列 | | | |
|---|---|---|---|---|---|---|
| | 终值系数 | 现值系数 | 年金终值系数 | 年金现值系数 | 资本回收系数 | 偿债基金系数 |
| $n$ | $F/P, i, n$ | $P/F, i, n$ | $F/A, i, n$ | $P/A, i, n$ | $A/P, i, n$ | $A/F, i, n$ |
| 1 | 1.2500 | 0.8000 | 1.0000 | 0.8000 | 1.2500 | 1.0000 |
| 2 | 1.5625 | 0.6400 | 2.2500 | 1.4400 | 0.6944 | 0.4444 |
| 3 | 1.9531 | 0.5120 | 3.8125 | 1.9520 | 0.5123 | 0.2623 |
| 4 | 2.4414 | 0.4096 | 5.7656 | 2.3616 | 0.4234 | 0.1734 |
| 5 | 3.0518 | 0.3277 | 8.2070 | 2.6893 | 0.3718 | 0.1218 |
| 6 | 3.8147 | 0.2621 | 11.2588 | 2.9514 | 0.3388 | 0.0888 |
| 7 | 4.7684 | 0.2097 | 15.0735 | 3.1611 | 0.3163 | 0.0663 |
| 8 | 5.9605 | 0.1678 | 19.8419 | 3.3289 | 0.3004 | 0.0504 |
| 9 | 7.4506 | 0.1342 | 25.8023 | 3.4631 | 0.2888 | 0.0388 |
| 10 | 9.3132 | 0.1074 | 33.2529 | 3.5705 | 0.2801 | 0.0301 |
| 11 | 11.6415 | 0.0859 | 42.5661 | 3.6564 | 0.2735 | 0.0235 |
| 12 | 14.5519 | 0.0687 | 54.2077 | 3.7251 | 0.2684 | 0.0184 |
| 13 | 18.1899 | 0.0550 | 68.7596 | 3.7801 | 0.2645 | 0.0145 |
| 14 | 22.7374 | 0.0440 | 86.9495 | 3.8241 | 0.2615 | 0.0115 |
| 15 | 28.4217 | 0.0352 | 109.6868 | 3.8593 | 0.2591 | 0.0091 |
| 16 | 35.5271 | 0.0281 | 138.1085 | 3.8874 | 0.2572 | 0.0072 |
| 17 | 44.4089 | 0.0225 | 173.6357 | 3.9099 | 0.2558 | 0.0058 |
| 18 | 55.5112 | 0.0180 | 218.0446 | 3.9279 | 0.2546 | 0.0046 |
| 19 | 69.3889 | 0.0144 | 273.5558 | 3.9424 | 0.2537 | 0.0037 |
| 20 | 86.7362 | 0.0115 | 342.9447 | 3.9539 | 0.2529 | 0.0029 |
| 21 | 108.4202 | 0.0092 | 429.6809 | 3.9631 | 0.2523 | 0.0023 |
| 22 | 135.5253 | 0.0074 | 538.1011 | 3.9705 | 0.2519 | 0.0019 |
| 23 | 169.4066 | 0.0059 | 673.6264 | 3.9764 | 0.2515 | 0.0015 |
| 24 | 211.7582 | 0.0047 | 843.0329 | 3.9811 | 0.2512 | 0.0012 |
| 25 | 264.6978 | 0.0038 | 1054.7912 | 3.9849 | 0.2509 | 0.0009 |
| 26 | 330.8722 | 0.0030 | 1319.4890 | 3.9879 | 0.2508 | 0.0008 |
| 27 | 413.5903 | 0.0024 | 1650.3612 | 3.9903 | 0.2506 | 0.0006 |
| 28 | 516.9879 | 0.0019 | 2063.9515 | 3.9923 | 0.2505 | 0.0005 |
| 29 | 646.2349 | 0.0015 | 2580.9394 | 3.9938 | 0.2504 | 0.0004 |
| 30 | 807.7936 | 0.0012 | 3227.1743 | 3.9950 | 0.2503 | 0.0003 |
| 40 | 7523.1638 | 0.0001 | 30088.6554 | 3.9995 | 0.2500 | 0.0000 |
| 50 | 70064.9232 | 0.0000 | 280255.6929 | 3.9999 | 0.2500 | 0.0000 |

表 A-13　30%的复利系数表

| 年份 | 一次支付 | | 等额系列 | | | |
|---|---|---|---|---|---|---|
| | 终值系数 | 现值系数 | 年金终值系数 | 年金现值系数 | 资本回收系数 | 偿债基金系数 |
| n | F/P, i, n | P/F, i, n | F/A, i, n | P/A, i, n | A/P, i, n | A/F, i, n |
| 1 | 1.3000 | 0.7692 | 1.0000 | 0.7692 | 1.3000 | 1.0000 |
| 2 | 1.6900 | 0.5917 | 2.3000 | 1.3609 | 0.7348 | 0.4348 |
| 3 | 2.1970 | 0.4552 | 3.9900 | 1.8161 | 0.5506 | 0.2506 |
| 4 | 2.8561 | 0.3501 | 6.1870 | 2.1662 | 0.4616 | 0.1616 |
| 5 | 3.7129 | 0.2693 | 9.0431 | 2.4356 | 0.4106 | 0.1106 |
| 6 | 4.8268 | 0.2072 | 12.7560 | 2.6427 | 0.3784 | 0.0784 |
| 7 | 6.2749 | 0.1594 | 17.5828 | 2.8021 | 0.3569 | 0.0569 |
| 8 | 8.1573 | 0.1226 | 23.8577 | 2.9247 | 0.3419 | 0.0419 |
| 9 | 10.6045 | 0.0943 | 32.0150 | 3.0190 | 0.3312 | 0.0312 |
| 10 | 13.7858 | 0.0725 | 42.6195 | 3.0915 | 0.3235 | 0.0235 |
| 11 | 17.9216 | 0.0558 | 56.4053 | 3.1473 | 0.3177 | 0.0177 |
| 12 | 23.2981 | 0.0429 | 74.3270 | 3.1903 | 0.3135 | 0.0135 |
| 13 | 30.2875 | 0.0330 | 97.6250 | 3.2233 | 0.3102 | 0.0102 |
| 14 | 39.3738 | 0.0254 | 127.9125 | 3.2487 | 0.3078 | 0.0078 |
| 15 | 51.1859 | 0.0195 | 167.2863 | 3.2682 | 0.3060 | 0.0060 |
| 16 | 66.5417 | 0.0150 | 218.4722 | 3.2832 | 0.3046 | 0.0046 |
| 17 | 86.5042 | 0.0116 | 285.0139 | 3.2948 | 0.3035 | 0.0035 |
| 18 | 112.4554 | 0.0089 | 371.5180 | 3.3037 | 0.3027 | 0.0027 |
| 19 | 146.1920 | 0.0068 | 483.9734 | 3.3105 | 0.3021 | 0.0021 |
| 20 | 190.0496 | 0.0053 | 630.1655 | 3.3158 | 0.3016 | 0.0016 |
| 21 | 247.0645 | 0.0040 | 820.2151 | 3.3198 | 0.3012 | 0.0012 |
| 22 | 321.1839 | 0.0031 | 1067.2796 | 3.3230 | 0.3009 | 0.0009 |
| 23 | 417.5391 | 0.0024 | 1388.4635 | 3.3254 | 0.3007 | 0.0007 |
| 24 | 542.8008 | 0.0018 | 1806.0026 | 3.3272 | 0.3006 | 0.0006 |
| 25 | 705.6410 | 0.0014 | 2348.8033 | 3.3286 | 0.3004 | 0.0004 |
| 26 | 917.3333 | 0.0011 | 3054.4443 | 3.3297 | 0.3003 | 0.0003 |
| 27 | 1192.5333 | 0.0008 | 3971.7776 | 3.3305 | 0.3003 | 0.0003 |
| 28 | 1550.2933 | 0.0006 | 5164.3109 | 3.3312 | 0.3002 | 0.0002 |
| 29 | 2015.3813 | 0.0005 | 6714.6042 | 3.3317 | 0.3001 | 0.0001 |
| 30 | 2619.9956 | 0.0004 | 8729.9855 | 3.3321 | 0.3001 | 0.0001 |
| 40 | 36118.8648 | 0.0000 | 120392.8827 | 3.3332 | 0.3000 | 0.0000 |
| 50 | 497929.2230 | 0.0000 | 1659760.7433 | 3.3333 | 0.3000 | 0.0000 |

表 A-14　35％的复利系数表

| 年 份 | 一 次 支 付 | | 等 额 系 列 | | | |
|---|---|---|---|---|---|---|
| | 终值系数 | 现值系数 | 年金终值系数 | 年金现值系数 | 资本回收系数 | 偿债基金系数 |
| $n$ | $F/P, i, n$ | $P/F, i, n$ | $F/A, i, n$ | $P/A, i, n$ | $A/P, i, n$ | $A/F, i, n$ |
| 1 | 1.3500 | 0.7407 | 1.0000 | 0.7407 | 1.3500 | 1.0000 |
| 2 | 1.8225 | 0.5487 | 2.3500 | 1.2894 | 0.7755 | 0.4255 |
| 3 | 2.4604 | 0.4064 | 4.1725 | 1.6959 | 0.5897 | 0.2397 |
| 4 | 3.3215 | 0.3011 | 6.6329 | 1.9969 | 0.5008 | 0.1508 |
| 5 | 4.4840 | 0.2230 | 9.9544 | 2.2200 | 0.4505 | 0.1005 |
| 6 | 6.0534 | 0.1652 | 14.4384 | 2.3852 | 0.4193 | 0.0693 |
| 7 | 8.1722 | 0.1224 | 20.4919 | 2.5075 | 0.3988 | 0.0488 |
| 8 | 11.0324 | 0.0906 | 28.6640 | 2.5982 | 0.3849 | 0.0349 |
| 9 | 14.8937 | 0.0671 | 39.6964 | 2.6653 | 0.3752 | 0.0252 |
| 10 | 20.1066 | 0.0497 | 54.5902 | 2.7150 | 0.3683 | 0.0183 |
| 11 | 27.1439 | 0.0368 | 74.6967 | 2.7519 | 0.3634 | 0.0134 |
| 12 | 36.6442 | 0.0273 | 101.8406 | 2.7792 | 0.3598 | 0.0098 |
| 13 | 49.4697 | 0.0202 | 138.4848 | 2.7994 | 0.3572 | 0.0072 |
| 14 | 66.7841 | 0.0150 | 187.9544 | 2.8144 | 0.3553 | 0.0053 |
| 15 | 90.1585 | 0.0111 | 254.7385 | 2.8255 | 0.3539 | 0.0039 |
| 16 | 121.7139 | 0.0082 | 344.8970 | 2.8337 | 0.3529 | 0.0029 |
| 17 | 164.3138 | 0.0061 | 466.6109 | 2.8398 | 0.3521 | 0.0021 |
| 18 | 221.8236 | 0.0045 | 630.9247 | 2.8443 | 0.3516 | 0.0016 |
| 19 | 299.4619 | 0.0033 | 852.7483 | 2.8476 | 0.3512 | 0.0012 |
| 20 | 404.2736 | 0.0025 | 1152.2103 | 2.8501 | 0.3509 | 0.0009 |
| 21 | 545.7693 | 0.0018 | 1556.4838 | 2.8519 | 0.3506 | 0.0006 |
| 22 | 736.7886 | 0.0014 | 2102.2532 | 2.8533 | 0.3505 | 0.0005 |
| 23 | 994.6646 | 0.0010 | 2839.0418 | 2.8543 | 0.3504 | 0.0004 |
| 24 | 1342.7973 | 0.0007 | 3833.7064 | 2.8550 | 0.3503 | 0.0003 |
| 25 | 1812.7763 | 0.0006 | 5176.5037 | 2.8556 | 0.3502 | 0.0002 |
| 26 | 2447.2480 | 0.0004 | 6989.2800 | 2.8560 | 0.3501 | 0.0001 |
| 27 | 3303.7848 | 0.0003 | 9436.5280 | 2.8563 | 0.3501 | 0.0001 |
| 28 | 4460.1095 | 0.0002 | 12740.3128 | 2.8565 | 0.3501 | 0.0001 |
| 29 | 6021.1478 | 0.0002 | 17200.4222 | 2.8567 | 0.3501 | 0.0001 |
| 30 | 8128.5495 | 0.0001 | 23221.5700 | 2.8568 | 0.3500 | 0.0000 |
| 40 | 163437.1347 | 0.0000 | 466960.3848 | 2.8571 | 0.3500 | 0.0000 |
| 50 | 3286157.8795 | 0.0000 | 9389019.6556 | 2.8571 | 0.3500 | 0.0000 |

# 参 考 文 献

[1] 全国一级建造师执业资格考试用书编写委员会. 建设工程经济 [M]. 北京：中国建筑工业出版社, 2017.
[2] 邵颖红, 黄渝祥, 等. 工程经济学 [M]. 5版. 上海：同济大学出版社, 2015.
[3] 刘晓君, 工程经济学 [M]. 3版. 北京：中国建筑工业出版社, 2015.
[4] 李忠富, 杨晓冬. 工程经济学 [M]. 2版. 北京：科学出版社, 2016.
[5] 黄有亮, 徐向阳, 等. 工程经济学 [M]. 3版. 南京：东南大学出版社, 2015.
[6] 胡斌. 工程经济学 [M]. 北京：清华大学出版社, 2016.
[7] 徐兰英, 刘晓伟. 工程项目融资 [M]. 沈阳：东北大学出版社, 2015.
[8] 刘亚臣. 工程项目融资 [M]. 2版. 北京：机械工业出版社, 2017.
[9] 孙玉梅. 工程项目融资 [M]. 成都：西南交通大学出版社, 2016.
[10] 汤伟纲, 李丽红. 工程项目投资与融资 [M]. 2版. 北京：人民交通出版社, 2015.
[11] 高华. 项目可行性研究与评估 [M]. 北京：机械工业出版社, 2014.
[12] BLANK L, TARQUIN A. 工程经济学：第5版. [M]. 影印版. 北京：清华大学出版社, 2003.
[13] 宋维佳, 可行性研究与项目评估 [M]. 4版. 大连：东北财经大学出版社, 2015.
[14] 国家发展和改革委员会, 建设部. 建设项目经济评价方法与参数 [M]. 3版. 北京：中国计划出版社, 2006.
[15] 田洋, 王成东, 等. 项目可行性研究 [M]. 哈尔滨：哈尔滨工程大学出版社, 2015.
[16] 林文俏, 姚燕. 建设项目投资财务分析评价 [M]. 3版. 广州：中山大学出版社, 2014.
[17] 王锋宪, 李猛. 建设项目经济评价 [M]. 成都：西南交通大学出版社, 2016.
[18] 周兰萍. PPP项目运作实务 [M]. 北京：法律出版社, 2016.
[19] 财政部政府和社会资本合作中心. PPP物有所值研究 [M]. 北京：中国对外经济贸易出版社, 2014.
[20] 中国建筑股份有限公司法律事务部. PPP全流程运作实务：核心要点图解与疑难问题剖析 [M]. 北京：中国法制出版社, 2017.
[21] 金诺律师事务所. 政府和社会资本合作（PPP）全流程指引 [M]. 北京：法律出版社, 2017.
[22] 财政部政府和社会资本合作中心. PPP财政承诺管理 [M]. 北京：中国商务出版社, 2014.
[23] 杜俊慧. 固定资产投资项目后评价方法研究 [M]. 北京：经济管理出版社, 2012.